南京市公共图书馆藏古籍善本题录

金陵图书馆 编

凤凰出版社

图书在版编目（CIP）数据

南京市公共图书馆藏古籍善本题录 / 金陵图书馆编.
-- 南京 : 凤凰出版社, 2018.3
ISBN 978-7-5506-2742-0

Ⅰ. ①南… Ⅱ. ①金… Ⅲ. ①公共图书馆－古籍－善本－南京－题录 Ⅳ. ①Z838

中国版本图书馆CIP数据核字(2018)第032273号

书　　名	南京市公共图书馆藏古籍善本题录
编　　者	金陵图书馆
责任编辑	常宁文
出版发行	凤凰出版社(原江苏古籍出版社) 发行部电话025-83223462
出版社地址	南京市中央路165号,邮编:210009
出版社网址	http://www.fhcbs.com
照　　排	南京凯建图文制作有限公司
印　　刷	苏州市越洋印刷有限公司 苏州市吴中区南官渡路20号,邮编:215104
开　　本	787×1092毫米　1/16
印　　张	16.5
字　　数	268千字
版　　次	2018年3月第1版　2018年3月第1次印刷
标准书号	ISBN 978-7-5506-2742-0
定　　价	198.00元

(本书凡印装错误可向承印厂调换,电话:0512-68180638)

《南京市公共图书馆藏古籍善本题录》

编委会

序　一

古籍文献是中国传统文化的重要载体，中华民族在数千年的岁月里创造出浩如烟海的文献典籍。据统计，目前我国2000余家公藏单位收藏的汉文古籍有20万个品种、45万个版本，超过5000万册件。这些文献典籍记载着中华民族的辉煌历程，延续着中华民族的精神血脉，是国家和民族生存发展的精神基石。

南京，是我国著名四大古都之一，拥有着6000多年文明史、近2600年建城史和近500年建都史，素有“六朝都会”“十朝古都”之称。在中华文明发展史上，南京具有得天独厚的重要地位。深厚的文化底蕴和独特的地理优势，给南京留下了卷帙浩繁的文献典籍。经过历朝历代有识之士代代相传，它们生生不息、历久弥新，成为中华传统文化的重要组成部分。这些珍贵的文献典籍主要收藏于南京图书馆、金陵图书馆、南京博物院、南京大学图书馆、南京师范大学图书馆、南京中医药大学图书馆等公藏机构中，成为南京城市的历史文化“基因”，对于传承地方文化，推动学术研究，促进城市发展，彰显文化魅力，具有重要的历史意义和现实意义。

2007年，国务院主持设立国家级重大文化工程“中华古籍保护计划”，这是新中国历史上首次由国家主持开展的全国性古籍保护工程。南京市政府积极组织实施，下发《市政府办公厅关于进一步加强古籍保护工作的意见》，明确南京市古籍保护工作的目标与任务，为古籍保护工作设立专项经费。作为全国古籍重点保护单位，金陵图书馆在古籍普查、书库建设、古籍修复、古籍数字化、宣传推广与展览展示等方面，一直走在全省前列，在全市公共图书馆中起着引领和示范作用。为了推动全市公共图书馆系统古籍保护事业的发展，金陵图书馆成立了南京市古籍保护中心，在南京市文化广播电视新闻出版局的关心支持下，积极开展全市古籍存藏调研，举办古籍保护专业人员培训班，帮助区图书馆开展古籍普查，推动古籍库房升级改造等一系列工作，取得了令人瞩目的成绩，培养了一支具有较高专业水平的古籍保护人才队伍。南京市各区图书馆古籍保护工作也可圈可点：鼓楼区图书馆利用古籍保护志愿者的力量完成了古籍普查任务；秦淮区图书馆在新馆中建设了标准化古籍库房；六合区图书馆对古籍书库进行了彻底改造。2017 年，秦淮区图书馆和六合区图书馆均被省文化厅命名为“江苏省古籍保护单位”。

2017 年底，南京市公共图书馆完成了古籍普查，摸清了古籍家底，为古籍保护事业的进一步发展奠定了坚实基础。为了总结和展示古籍保护成果，金陵图书馆在出版《江苏省金陵图书馆古籍普查登记目录》的基础上，又组织编辑出版了《南京市公共图书馆藏古籍善本题录》。该书的出版，凝聚了南京市公共图书馆古籍保护工作者的智慧结晶，体现了图书馆人自强不息、孜孜以求的敬业和奉献精神。它不仅是南京市公共图书馆古籍保护事业的阶段性成果，也是我省“中华古籍保护计划”成就的重要组成部分。

《南京市公共图书馆藏古籍善本题录》汇集了金陵图书馆、秦淮区图书馆等 6 家图书馆所藏的古籍善本，尽管数量不是很多，但在版本上颇有特色，如套印本、活字本、插图本、蓝（朱）印本等，具有较高的文献价值和艺术价值。金陵图书馆所藏的明万历四十四年（1616）吴兴闵齐伋刻《考工记》和《檀弓》，两部书均为双色套印本；清福建侯官林春祺福田书海的《音学五书》，为铜活字印本。这三部古籍都入选了第一批“国家珍贵古籍名录”。六合区图书馆的藏书中，清康熙六十年（1721）的《钦定春秋传说汇纂》等三部书为清内府刻本，印刷精美，在“江苏省珍贵古籍名录”榜上有名；高淳区图书馆所藏《古文渊鉴》一书，为清康熙二十四年（1685）印刷的多色套印本，也被“江苏省珍贵古籍名录”囊括其中。此外在《南京市公共图书馆藏古籍善本题录》中，还收有清代著名文学家、评论家和美食家袁枚的《小仓山房尺牍》、《随园诗话》以及清代南京重要书院之一的钟山书院《钟山书院志》等南京地方文献，这些珍贵的文献资源在研究和挖掘南京历史文化中起着重要的作用。

在人类历史长河中，中华文化绵延不断，灿烂辉煌，在延续和促进人类文明进步中发挥着重要作用。古籍保护是传承中华优秀传统文化的重要工作之一，衷心希望金陵图书馆能够带领全市公共图书馆推进古籍保护事业的深入发展，通过数字化服务、整理出版、宣传推广等多种方式，弘扬中华优秀传统文化蕴含的思想理念和人文精神，增强中华优秀传统文化的凝聚力、影响力、创造力，为推动社会文明进步发展作出应有的贡献。

全　勤（南京图书馆副馆长　江苏省古籍保护中心主任）

序　二

图书馆藏书的一个重要组成部分是古籍，典藏古籍的品质层次和种类、数量的多少，也是体现其文化量级的一个重要标志。当人们提到图书馆的“镇馆之宝”时，往往就会想到馆藏古籍，有哪种孤本？有哪些珍本、善本？我本人到图书馆参访学习，也特别喜欢了解其古籍收藏状况，听对方介绍古籍入藏的诸种因缘，往往能听到某些古籍的独特“故事”，也喜欢了解其中的“镇馆之宝”是什么。

南京是有着悠久历史的文化名城，作为南京的公共图书馆，理当有较多的、较高品质的古籍收藏，展现南京厚重的文化积累。本书收录的是南京市各公共图书馆所藏的一些重要善本古籍的题录。南京市的公共图书馆，除市级的金陵图书馆之外，区馆如鼓楼区图书馆、江宁区图书馆、秦淮区图书馆、高淳区图书馆、六合区图书馆等，都有古籍典藏，这次选录的基本上是诸馆入藏的清乾隆六十年（1795）以前刊刻印行的本子，总数为305部，其中，金陵图书馆127部，秦淮区图书馆80部，六合区图书馆60部，鼓楼区图书馆18部，高淳区图书馆11部，江宁区图书馆9部。之所以确定305这个数量，也是模仿了《诗经》的305篇。

本书对这些古籍的排序，依书名音序，具体的著录信息，则包括以下六项内容：

1. 书名、卷数、作者；
2. 版本信息；
3. 版式信息；
4. 作者简介；
5. 图书简介、书影照片；
6. 馆藏地点。

我们编集、出版这部题录，既欲从一个侧面展现诸馆的古籍典藏状况，亦是希望读者们能够通过本书更多地了解、利用这些古典作品，从而活化古籍。虽然说公共图书馆有着“藏书馆”的某些功能，但毕竟不等同于藏书馆，图书馆的书，包括古籍，在“藏”的基础上，是要有人“借”而阅之的，这才能更好地体现其价值。现在的读者越来越依赖于电子阅读，包括阅读数字化处理的古籍，当然这是一种重要的，也是便利的方式。但是，读者们如果能够到图书馆来，在典雅古朴的古籍阅览室，捧着喜爱的古籍（当然是可以借阅的那一类），进入其中，由此而渐渐熏陶出来的文化气质，是大不一样的。对于专业的研究人员来说，如果在其中发现了相关的典籍，岂不快哉！

是为序。

董　群（金陵图书馆馆长）

目　录

白虎通四卷　（汉）班固撰　白虎通义考一卷　（清）庄述祖撰　阙文一卷　（清）庄述祖辑

清乾隆四十九年（1784）抱经堂刻本

框高 20.2 厘米，宽 13.3 厘米。10 行 20 字。白口，单黑鱼尾，左右双边，版心上镌“白虎通”，下镌“抱经堂校定本”。

乾隆甲辰
白虎通
抱經堂雕

白虎通卷第一上
漢元武司馬班固等奉詔撰
爵
天子者爵稱也爵所以稱天子者何王者父天母地
爲天之子也故援神契曰天覆地載謂之天子上法
斗極鉤命訣曰天子爵稱也帝王之德有優劣所以
俱稱天子者何以其俱命於天而王治五千里內也
尚書曰天子作民父母以爲天下王何以知帝亦稱
天子也以法天下也中候曰天子臣放勛

班固（32—92），字孟坚，扶风安陵（今陕西咸阳）人，东汉著名史学家、文学家。

庄述祖（1750—1816），字葆琛，号珍艺，晚号檗斋，江苏武进人。世父存与，官礼部侍郎，自有传。乾隆四十五年进士，官山东潍县知县。

东汉建初四年（79），东汉章帝下诏命有关官吏及学者等在白虎观讲议《五经》同异，《白虎通》便是班固根据议论产生的统一看法以及章帝的决断编写而成，内容涉及古代社会生活、政治制度、文化、伦理道德等各个方面。《四库全书总目》评其：“方汉时崇尚经学，咸兢兢守其师承，古义旧闻，多存乎是，洵治经者所宜从事也。”《白虎通义考》分为卷帙、事迹两部分，罗列历代典籍关于《白虎通》的卷数和成书经过，并予以考证。《阙文》凡郊祀、宗庙、朝聘、贡士、车旂、田猎、杂录八篇。

书藏鼓楼区图书馆。

白沙子全集十卷首一卷末一卷　（明）陈献章撰

清乾隆三十六年（1771）碧玉楼刻本

框高 19.2 厘米，宽 13 厘米，10 行 21 字，白口，四周双边，单黑鱼尾。

陈献章（1428—1500），字公甫，号石斋，新会（今属广东）白沙里人，世称白沙先生。明正统十二年（1447），考中乡试。次年，会试仅中乙榜，遂入国子监读书。后师从吴与弼，绝意科举，返乡筑“春阳台”，每日静坐其上，持功涵养，学业大进。南归后，潜心于学术研究，四方来学者络绎不绝。成化十九年（1483），应召入京，授翰林院检讨。因母病告归，奉亲讲学，后屡荐不起。其学继承陆九渊心学精神，主张以“自然”为宗，重“自得”，倡“主静”，“其教学者，但令端坐澄心，于静中养出端倪”(《明史·陈献章传》)。

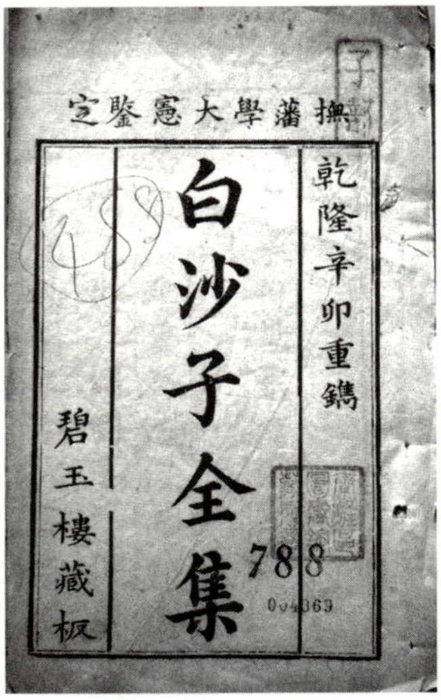
撫藩學大憲鑒定

乾隆辛卯重鐫

白沙子全集

碧玉樓藏板

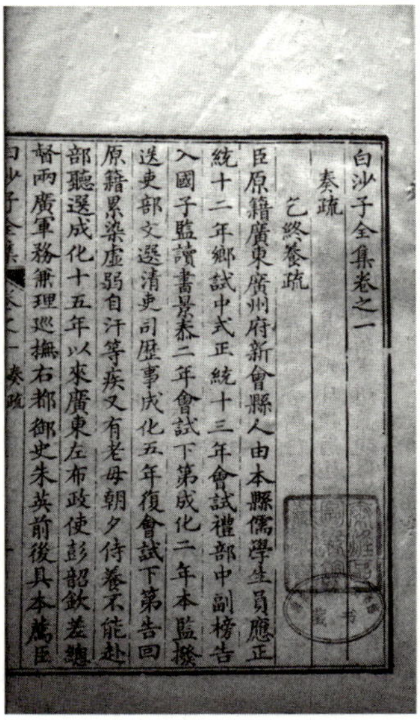
白沙子全集卷之一

奏疏

乞終養疏

臣原籍廣東廣州府新會縣人由本縣儒學生員應正統十二年鄉試中式正統十三年會試禮部中副榜告入國子監讀書景泰二年會試下第成化二年本監撥送吏部文選清吏司歷事成化五年復會試下第告回原籍累染虛弱自汗等疾又有老母朝夕侍養不能赴部聽選成化十五年以來廣東左布政使彭韶欽差總督兩廣軍務兼理巡撫右都御史朱英前後具本薦臣

《白沙子全集》为陈献章著述的汇编。自明弘治十八年（1505）刊行后，于嘉靖十二年（1533）湛若水校订再版，后多次重刻。清康熙四十九年（1710）何九畴重新编排，增《序》四篇，《记》二篇，书信一百五十八件，诗五十五首，题跋一篇。故此本《白沙子全集》，就是在何九畴编排本基础上出版的新写刻本。全集十卷，分诗、赋、序、记、注、铭、表、书、奏疏、题跋、杂著、行状、祭文等类目。收入陈献章文四百六十四篇，诗一千九百七十首。《白沙子全集》主体部分是诗教，大多是格言式的治学原则、方法、哲理与经验之谈。这些诗教，曾在明代广为流传。

书藏秦淮区图书馆。

白石词一卷　（宋）姜夔撰

明毛氏汲古阁刻本

框高 18.9 厘米，宽 13.4 厘米，8 行 18 字，小字双行同，白口，左右双边，无鱼尾，版心下镌“汲古阁”。

姜夔（约1155—约1221），字尧章，号白石道人。饶州鄱阳（今江西鄱阳）人。往来鄂、赣、皖、苏、浙间，与诗人词家杨万里、范成大、辛弃疾等交游。曾试进士，不第，一生未入仕途。精通音律，能自度曲，工诗，尤以词著称，被誉为“词中之圣”，与辛弃疾、吴文英分鼎南宋词坛。

此本即《四库全书》中所谓《别本白石词》。《四库全书总目》：“此本为毛晋六十名家词中所刻。凡三十四阙，较康熙甲午陈撰刊本少二十四阙。盖第据《花庵词选》所录，仅增《湘月》一阙、《点绛唇》一阙而已。”其词格律严密，字句雕琢，上承周邦彦，下开吴文英、张炎一派。词风清空峭拔，格调甚高，意境则浅。王国维《人间词话》：“古今词人格调之高，无如白石，惜不于意境上用力，故觉无言外之味，弦外之响。”

书藏金陵图书馆。

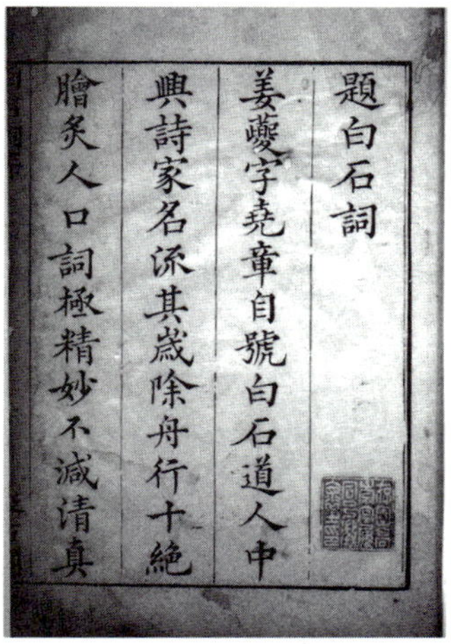
題白石詞
姜夔字堯章自號白石道人中
興詩家名流其歲除舟行十絕
膾炙人口詞極精妙不減清真

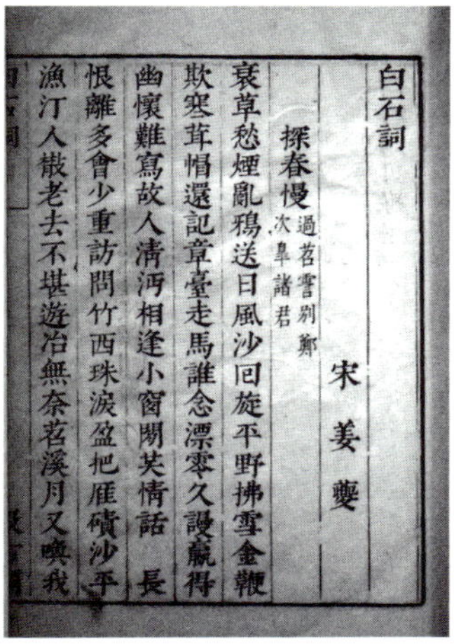
白石詞　宋　姜夔
探春慢　過苕霅別鄭次皋諸君
衰草愁煙亂鴉送日風沙回旋平野拂雪金鞭
欺寒茸帽還記章臺走馬誰念漂零久謾贏得
幽懷難寫故人清沔相逢小窗閑共情話　長
恨離多會少重訪問竹西珠淚盈把雁磧沙平
漁汀人散老去不堪遊冶無奈苕溪月又喚我

白香山诗集四十卷年谱二卷

（唐）白居易撰　（清）汪立名编

清康熙一隅草堂刻本

框高18.7厘米，宽14.1厘米，12行21字，小字双行31字，白口，左右双边，单黑鱼尾，版心下镌“一隅草堂”。

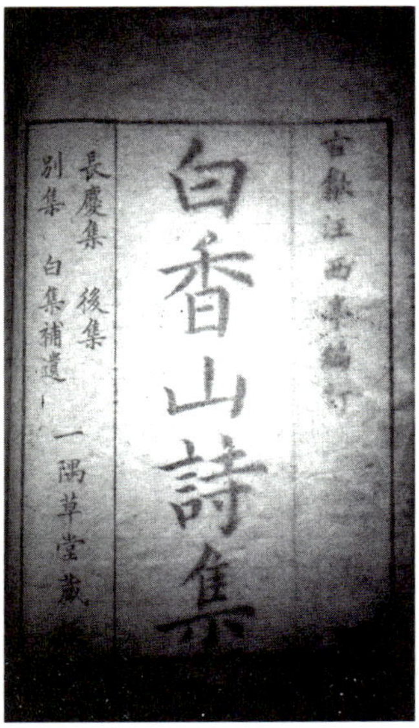
古歙汪西亭編訂
白香山詩集
長慶集　後集
別集　白集補遺
一隅草堂藏

汪立名，号西亭。安徽婺源人。康熙间，官工部主事。通六书，有《钟鼎字源》、《今韵笺略》传于世，室名一隅草堂。

是书为康熙四十二年（1703）一隅草堂刻本，朱彝尊、宋荦皆为之序。《四库全书总目》云：“唐

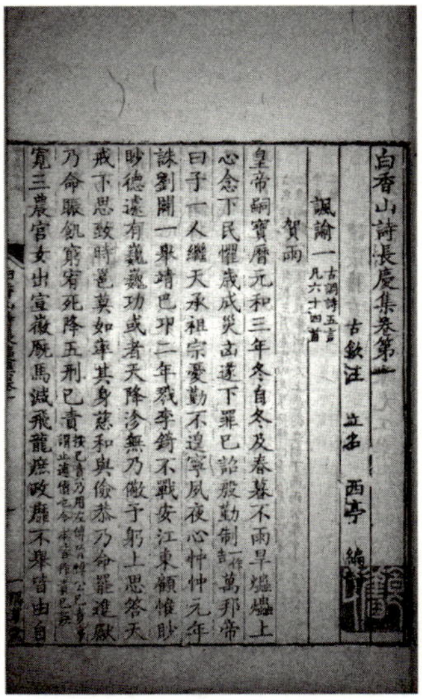
白香山詩長慶集卷第一 古歙汪立名西亭編

諷諭一 古調詩五言凡六十四首

賀雨

皇帝嗣寶曆元和三年冬自冬及春暮不雨旱爞爞上心念下民懼歲成災凶遂下罪己詔殷勤制詔萬邦帝曰予一人繼天承祖宗憂勤不遑寧夙夜心忡忡元年誅劉闢一舉靖巴邛二年戮李錡不戰安江東顧惟眇眇德遽有巍巍功或者天降沴無乃儆予躬上思荅天戒下思致時邕莫如率其身慈和與儉恭乃命罷進獻乃命賑飢窮宥死降五刑已責寬三農官女出宣徽廄馬減飛龍庶政靡不舉皆由自

白居易《长庆集》诗文各半。立名引宋祁之言，谓居易长于诗而他文未能称是，因别刊其诗，以成是集。又据元稹序，谓长庆时所作仅前五十卷，其宝历以后所作不应概名以‘长庆’。因即其归老之地，题曰《香山》。参互众本，重加编次，定为《长庆集》二十卷，《后集》十七卷，《别集》一卷。又采摭诸书为《补遗》二卷。而以新定《年谱》一卷、陈振孙旧本《年谱》一卷并元稹《长庆集序》一篇、《旧唐书》本传一篇冠于首。复采诸书之有关居易诗者，各笺注于其下。”

书藏金陵图书馆。

百家类纂四十卷　（明）沈津纂辑

明刻本

框高 20.4 厘米，宽 13.1 厘米，11 行 22 字，白口，四周单边，单黑鱼尾。

沈津，生卒年不详，明嘉靖间慈溪人，任含山（今属安徽）教谕，隆庆间辑刻《百家类纂》。

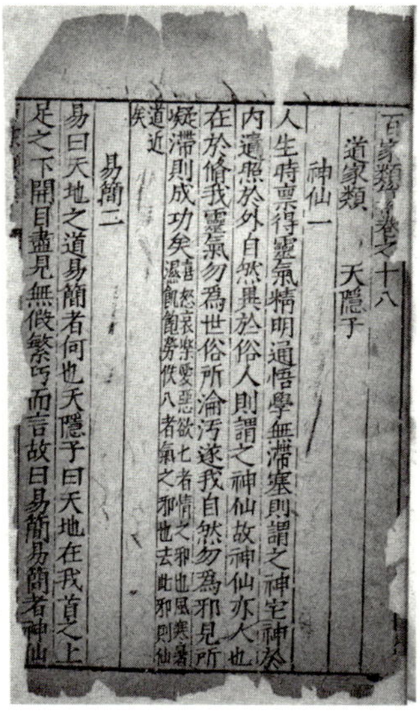
百家類纂卷之十八

道家類 天隱子

神仙一

人生時稟得靈氣精明通悟學無滯塞則謂之神宅神於內遺照於外自然異於俗人則謂之神仙故神仙亦人也在於修我靈氣勿為世俗所淪汚遂我自然勿為邪見所凝滯則成功矣喜怒哀樂愛惡欲七者情之邪也風寒暑濕飢飽勞佚八者氣之邪也去此邪則仙道近矣

易簡二

易曰天地之道易簡者何也天隱子曰天地在我首之上足之下開目盡見無假繁巧而言故曰易簡易簡者神仙

《百家类纂》为明沈津纂辑丛书。成书于隆庆元年（1567）。沈津杂录周秦至明代诸子学说，合成《百家类纂》一书，汇集前人及时人评语。《四库全书总目》中有描述：“明隆庆元年，沈津任含山县教谕时所撰《百家类纂》，列子类纂，隆庆元年刊本，简称类纂，共四十卷（内府藏本）。”《四库全书总目》：“是书所录自周、秦诸子，下逮于明，殊为冗滥，同时尚书张时彻所作《说林》亦与焉。殆未闻《昭明文选》不录何逊之义也。”前有隆庆元年兵部尚书致仕明州张时彻序，次凡例。

书藏金陵图书馆。

百末词五卷词余一卷　（清）尤侗撰

清康熙刻本

框高 17.9 厘米，宽 13.3 厘米，10 行 21 字，小字双行同，白口，四周单边，单黑鱼尾。

尤侗（1618—1704），字展成，一字同人，号悔庵、艮斋、西堂老人，长洲（今江苏苏州）人。明末诸生，以才气横溢闻名。顺治成拔贡谒选，任永平县推官，守法不挠，因鞭旗丁而罢归。康熙十八年（1679）应博学鸿儒科试，授翰林院检讨，时年六十二岁，康熙帝称他为老名士。分修《明史》，主撰志传三百余篇。三年后告归，乡居二十年。康熙南巡，尤侗献诗，受嘉奖，赐御书“鹤栖堂”额，迁侍讲。著有《西堂全集》、《西堂余集》、《鹤栖堂集》等。

尤侗一生历万历、泰昌、天启、崇祯、顺治、康熙诸朝，交游甚众，《百末词》中提及名家有吴伟业、毛奇龄、王士祯、李渔等多达二十六人。其词作有感时伤春、悼亡怀古和交游唱和。该书自序云：“汉人以百花百草末造酒，号百末酒，予所作词亦《花间》、《草堂》之末也，故以明之。”道咸间广东谭莹《乐志堂诗集 · 论词绝句》评尤侗说：“语本天然笔不休，将军射虎也封侯。老名士是真才子，法曲飘零总泪流。”

书藏金陵图书馆。

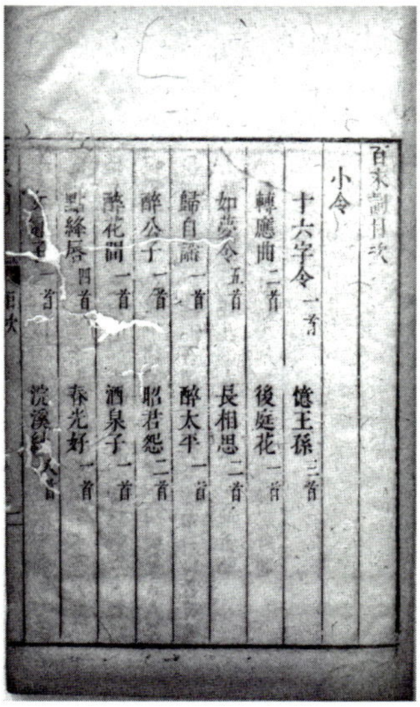
百末詞目次
小令
十六字令 一首　憶王孫 三首
轉應曲 二首　後庭花 一首
如夢令 五首　長相思 二首
歸自謠 一首　醉太平 一首
醉公子 一首　昭君怨 二首
醉花間 一首　酒泉子 一首
點絳脣 四首　春光好 一首
浣溪紗 八首

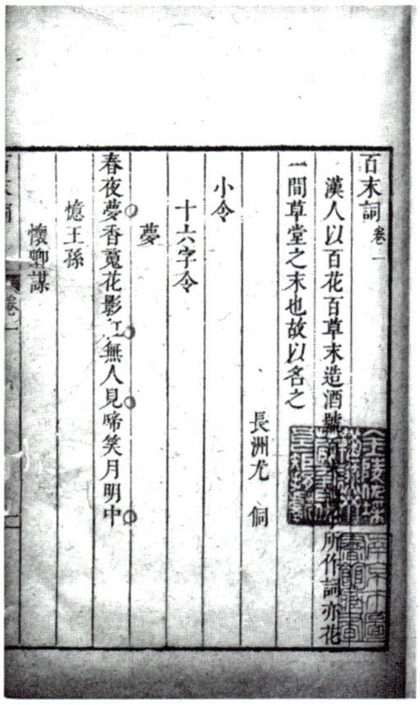
百末詞卷一
漢人以百花百草末造酒號百末酒予所作詞亦花間草堂之末也故以名之
長洲尤侗
小令
十六字令
夢
憶王孫
懷聊謀

板桥诗钞三卷　（清）郑燮撰

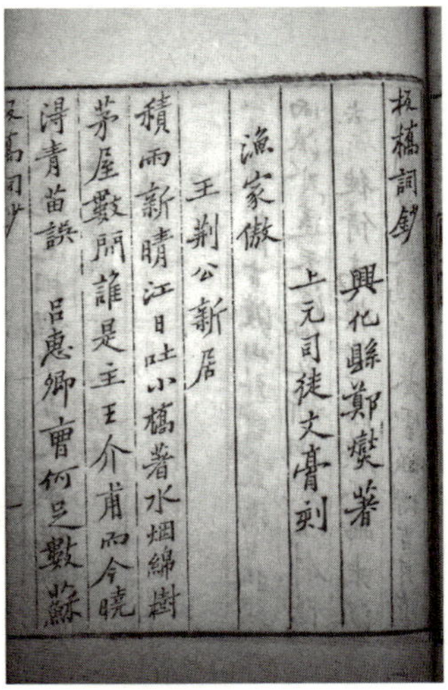
板橋詞鈔
興化縣鄭燮著
上元司徒文膏刻
漁家傲
王荆公新居
積雨新晴江日吐小橋著水烟綿樹
茅屋數間誰是主王介甫而今曉
渴青苗誤　呂惠卿曾何足數蘇

清乾隆十四年（1749）司徒文膏刻本
版式不一。

郑燮（1693—1765），字克柔，号板桥，清扬州府兴化（今江苏兴化）人。康熙秀才，雍正举人，乾隆元年进士。官山东范县、潍县知县。诗、书、画为三绝，为“扬州八怪”之一。有《板桥集》。

司徒文膏，上元（今南京）人。著名刻工。

《词钞》、《家书》等均由板桥手写、司徒文膏木刻。司徒文膏还为板桥治印两方。《板桥先生印册》云：“‘雪浪斋’，雪浪石在栾城县，东坡移置斋中，名‘雪浪斋’。元章为刻印，铜质螭纽。板桥乞司徒文膏以枣木摹之。”又云：“‘直心道场’司徒文膏刻。”

书藏金陵图书馆。

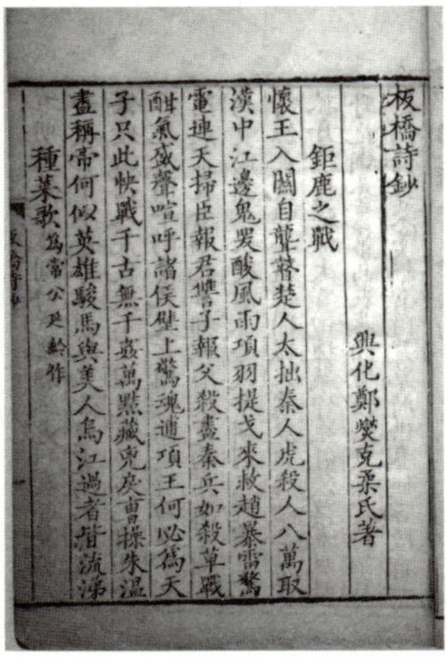
板橋詩鈔
興化鄭燮克柔氏著
鉅鹿之戰
懷王入關自聾瞽楚人太拙秦人虎殺人八萬取
漢中江邊鬼哭酸風雨項羽提戈來救趙暴雷驚
電連天掃臣報君讐子報父殺盡秦兵如殺草戰
酣氣盛聲喧呼諸侯壁上驚魂逋項王何必爲天
子只此快戰千古無千蟲萬點藏兜鍪曹操朱溫
盡稱帝何似英雄駿馬與美人烏江過者皆流涕
種菜歌　爲常公延齡作

宝华山志十五卷首一卷
（清）刘名芳纂修

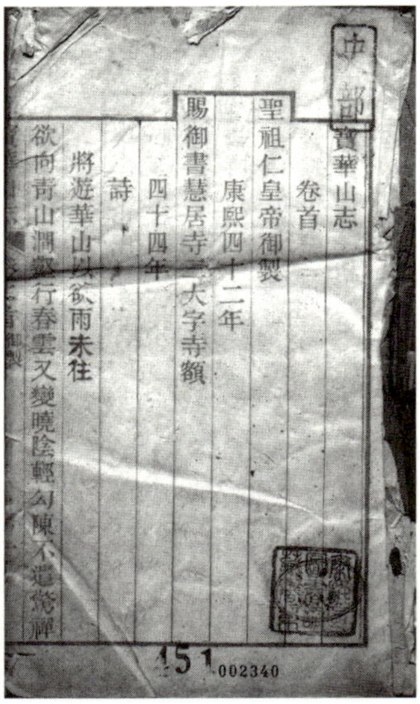
中部
寶華山志
卷首
聖祖仁皇帝御製
康熙四十二年
賜御書慧居寺三大字寺額
四十四年
詩
將遊華山以祈雨未往
欲向青山潤物行春雲又變曉陰輕勾陳不遣驚蹕
151 002340

清乾隆年间刻本
框高 20.4 厘米，宽 13.5 厘米，10 行 22 字，白口，左右双边，单黑鱼尾。

刘名芳，号南庐，福建人，擅长诗文，乾隆三年（1738）游南通，先后寓居七年，搜遗访阙，修撰《南通州五山全志》二十卷，另编《宝华山志》、《金山志》、《焦山志》，晚年着力编辑清代诗集。乾隆二十四年，卒于如皋雨香庵，享年五十六岁，葬于狼山。

《宝华山志》十五卷，清代刘名芳撰。宝华山位于江苏省句容县。相传为宝志禅师道场，因年代久远而荒废。至明万历年间，妙峰禅师建铜殿，号“圣化隆昌寺”。清康熙时敕赐“慧居寺”，因此而著名于世。于是有刘名芳为撰山志，分为二十四门：山图、形胜、星野、山水、建置、古迹、灵异、高僧、律师、碑铭、碑记、塔铭、诏敕、奏疏、公移、记、赋、序、传、赞、考、书、启、诗。虽以山志名，实为慧居寺而作。有清刻本。收入《中国佛寺志丛刊》。

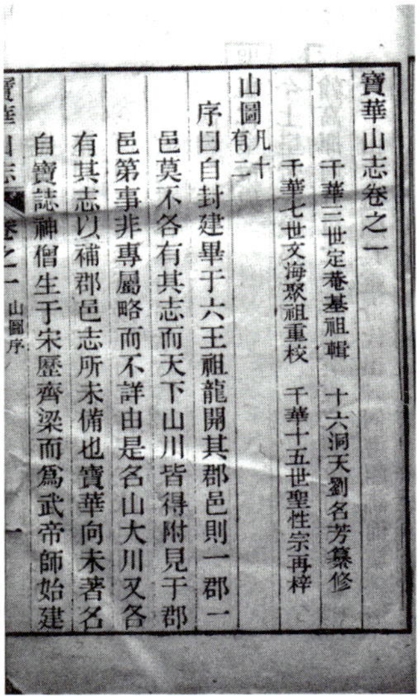
寶華山志卷之一
千華三世定菴基祖輯　十六洞天劉名芳纂修
千華七世文海聚祖重校　千華十五世聖性宗再梓
山圖有凡二十
序曰自封建畢于六王祖龍開其郡邑則一郡一
邑莫不各有其志而天下山川皆得附見于郡
邑第事非專屬略而不詳由是名山大川又各
有其志以補郡邑志所未備也寶華向未著名
自寶誌禪僧生于宋歷齊梁而爲武帝師始建
寶華山志卷之一　山圖序

书藏秦淮区图书馆。

北齐书五十卷　（唐）李百药撰

清康熙四十年（1701）重修冯梦祯明刻本

框高 20.6 厘米，宽 14.2 厘米，9 行 18 字，白口，四周双边，双黑鱼尾。

李百药（565—648），字重规，定州安平（今河北）人，唐朝史学家、诗人。其父李德林曾任隋内史令，预修国史，撰有《齐史》。贞观元年（627）百药奉诏撰《齐书》，据父旧稿，兼采他书，经十年，书成，后宋朝人为区别萧子显的《南齐书》改为《北齐书》。

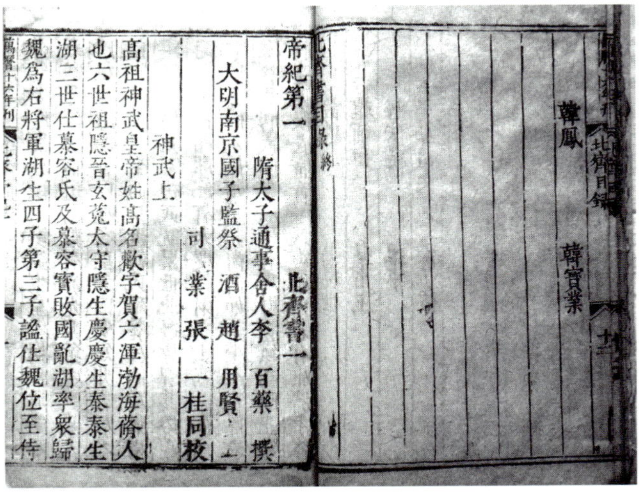
韓鳳　韓寶業
北齊書目錄終
帝紀第一　北齊書一
隋太子通事舍人李　百藥　撰
大明南京國子監祭　酒　趙　用賢　上
司　業　張　一桂同校
神武上
高祖神武皇帝姓高名歡字賀六渾渤海蓨人
也六世祖隱晉玄菟太守隱生慶慶生泰泰生
湖三世仕慕容氏及慕容寶敗國亂湖率衆歸
魏爲右將軍湖生四子第三子謐仕魏位至侍

全书凡五十卷，纪八卷，列传四十二卷，记载上起北魏分裂前十年左右，接续北魏分裂、东魏立国、北齐取代东魏，下迄北齐亡国，前后约五十余年史实，而以记北齐历史为主。李百药自身经历过朝代更迭之时的盛衰变化，尤善于总结政治得失的经验教训，《北齐书》集中揭示了北齐统治者的淫逸残暴和北齐灭亡的教训，此外还较多地记载了当时阶级斗争的情况，十七卷中关于杜洛周、韩木兰等人参与的数次农民起义的事实，虽稍简略，却是研究东魏、北齐时期有关农民起义的重要史料。

书藏六合区图书馆。

北史一百卷　（唐）李延寿撰

清康熙四十年（1701）重修冯梦祯明刻本

框高 19.4 厘米，宽 14.2 厘米，9 行 18 字，白口，四周双边，双黑鱼尾。

李延寿，生卒年不详，字遐龄，唐代相州（今河南安阳）人，史学家。历官东宫典膳丞、崇贤馆学士、御史台主簿，兼直国史符玺郎、兼修国史等职。参与唐代官修史书《隋书》、《五代史志》、《晋书》和唐朝当代国史的修撰工作，又继承其父李大师遗志，以十六年时间独立修成《南史》和《北史》。

全书凡一百卷，其中魏本纪五卷、齐本纪三卷、周本纪二卷、隋本纪二卷、列传八十八卷，记载魏道武帝拓跋珪登国元年（386），至隋恭帝杨侑义宁二年（618），魏（包括东魏、西魏）、北齐、北周、隋四代共二百三十二年的史实。在编纂体制方面，以西魏为正统，与魏收所撰《魏书》不同。《北史》中不见于正史的材料较《南史》稍多，如据魏澹《魏书》新增西魏三帝纪及后妃等传。南朝宗室流入北方者，汇为一卷，详记其事迹，而在《南史》各帝诸子传中，只附见其名，或略叙数语，两史配合较好。《新唐书》对李延寿评价颇高，称“其书颇有条理，删落酿辞，过本书远甚”。

书藏六合区图书馆。

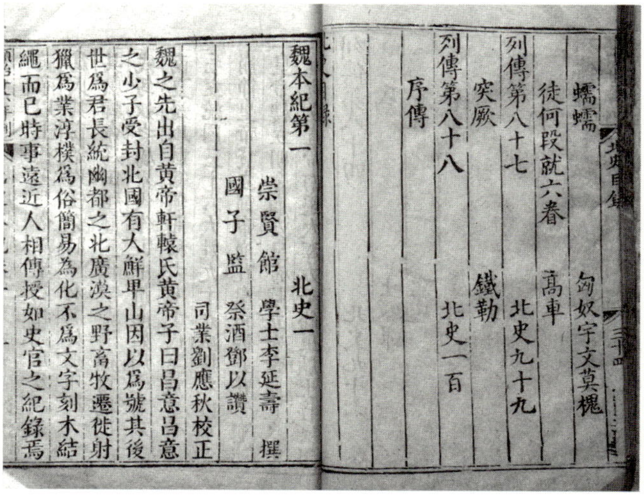
蠕蠕　匈奴宇文莫槐
徒何段就六眷　高車
列傳第八十七　北史九十九
突厥　鐵勒
列傳第八十八　北史一百
序傳

魏本紀第一　北史一
崇賢館　學士李延壽　撰
國子監　祭酒鄭以讚　司業劉應秋校正
魏之先出自黃帝軒轅氏黃帝子曰昌意昌意之少子受封北國有大鮮卑山因以爲號其後世爲君長統幽都之北廣漠之野畜牧遷徙射獵爲業淳樸爲俗簡易為化不爲文字刻木結繩而已時事遠近人相傳授如史官之紀錄焉

本草崇原三卷　（清）张志聪注释　（清）高世栻纂集

清乾隆三十二年（1767）刻本

框高 17.8 厘米，宽 12.9 厘米，半叶 10 行 20 字，小字双行同，左右双边，黑口。

张志聪（1616—1674），字隐庵，钱塘（今浙江杭州）人，清代著名医家。世业医，师事名医张卿子，建立侣山堂，招弟子讲学。尝著《黄帝内经素问集注》、《灵枢集注》，主张《灵枢》是针灸专著，认为仲景著作系其原貌，反对错简论之说。其他著作尚有《侣山堂类辨》、《本草崇原》等，俱行于世。晚年又著《伤寒论纲目》九卷，复集《伤寒论》各家注而为《伤寒论集注》，书未成而卒，由门人续纂为六卷。另有《针灸秘传》，未见传世，门徒甚众，以高世栻最为有名。

高世栻，生卒年不详，字士宗，钱塘（今浙江杭州）人，师从于张志聪。

此书摘录《本草纲目》中本经药二百三十三味（另有附品五十六种），作“崇原”之论，自序云“诠释《本经》阐明药性，端本五运六气之理，解释详备”，有探讨药性理论之意，药分上中下三品，从药物性味、生成、阴阳五行属性、形色等入手，结合主治疾病之机理，阐明功效，崇本求原思想，对徐大椿、陈修园等影响颇大。

书藏高淳区图书馆。

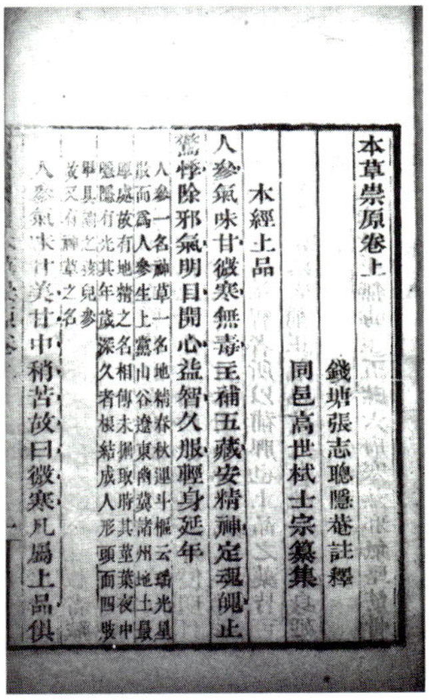
本草崇原卷上
錢塘張志聰隱菴註釋
同邑高世栻士宗纂集
本經上品
人參氣味甘微寒無毒主補五藏安精神定魂魄止驚悸除邪氣明目開心益智久服輕身延年

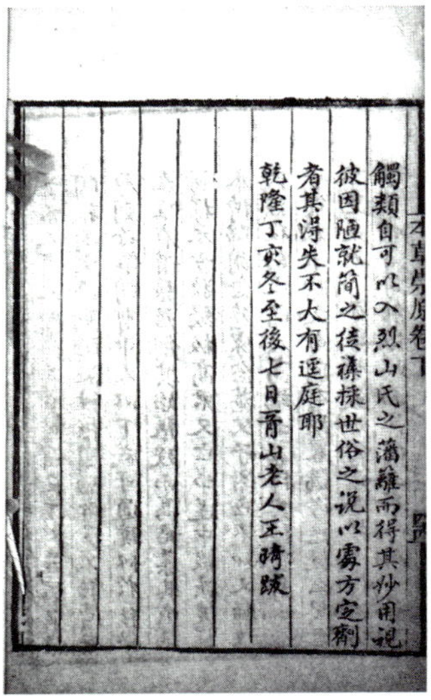
觸類自可以入烈山氏之藩籬而得其妙用視彼固陋就簡之徒株守世俗之說以寡方定劑者其得失不大有逕庭耶
乾隆丁亥冬至後七日胥山老人王琦跋

表记集传二卷　（明）黄道周辑　（清）郑开极重订

清康熙刻本

框高 20.1 厘米，宽 14.5 厘米，9 行 18 字，小字双行同，白口，左右双边，单黑鱼尾。

黄道周（1585—1646），字幼玄，一作幼平或幼元，又字螭若、螭平、幼平，号石斋，福建漳浦人。天启二年（1622）进士，深得考官袁可立赏识，历官翰林院修撰、詹事府少詹事。南明隆武时，任吏部兼兵部尚书、武英殿大学士（首辅）。抗清失败，被俘殉国，谥忠烈。

郑开极（1638—1717），字肇修，号几亭，侯官（今福州）人。顺治十八年（1661）进士，选庶吉士，授编修。康熙二十年（1681），主纂《福建通志》。其后，刻黄道周《九经解》，亲为作序。

《表记集传》为黄道周所作《礼记解》五篇之一种，汇集诸家旧说，并下以己意，故名。《表记》为《礼记》篇名，其《自序》以为古者窥测天地日月，皆先立表，《表记》之名，实由此出。此书全引《春秋》解《表记》，以《春秋》发其条例，多言君子恭敬仁义之德，而必以《春秋》证之，触类旁通，颇有发明。《四库全书总目》云："虽未必尽得《经》意，而议论正大，发挥深切，往往有关于世教，遂亦不可废焉。"

书藏金陵图书馆。

新鐫黃石齋先生原本
晉安鄭肇修訂
禮記集傳
坊記　表記
緇衣　儒行
芥舟藏版

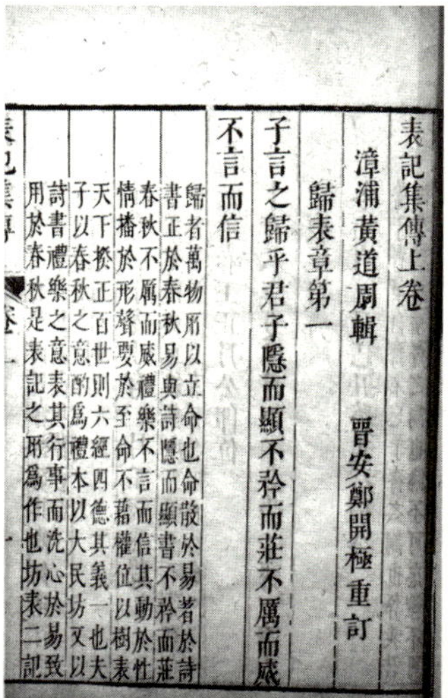
表記集傳上卷
漳浦黃道周輯　晉安鄭開極重訂
歸表章第一
子言之歸乎君子隱而顯不矜而莊不厲而威
不言而信
歸者萬物所以立命也命散於易著於詩書正於春秋易與詩隱而顯書不矜而莊
春秋不厲而威禮樂不言而信其動於性情播於形聲要於至命不藉權位以樹表
天下撥正百世則六經四德其義一也夫子以春秋之意酌爲禮本以大民坊又以
詩書禮樂之意表其行事而洗心於易致用於春秋是表記之所爲作也坊表二記

泊如斋重修宣和博古图录三十卷　（宋）王黼等辑

明泊如斋刻本

框高 24.6 厘米，宽 15.1 厘米，8 行 17 字，白口，四周单边，单白鱼尾。

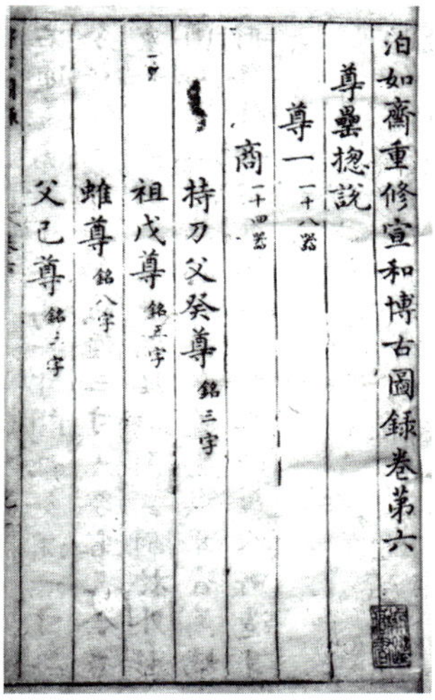
泊如齋重修宣和博古圖録卷第六

尊罍總說

尊一 一十八器

商 一十四器

持刀父癸尊 銘三字

祖戊尊 銘三字

雉尊 銘八字

父己尊 銘三字

王黼（1079—1126），原名王甫，字将明，开封祥符（今河南开封）人。崇宁进士。北宋末年大臣、宰相。金兵进入汴京，他不等诏命，便带妻儿逃跑，宋钦宗下诏贬他为崇信军节度副使、籍没其家。

是书为宋代官书，共三十卷，宋大观年间王黼等奉皇帝的敕命撰写，所记徽宗宣和殿所藏古器。明万历十六年（1588）徽州名画家丁南羽、吴左千、汪耕等绘，黄德时、黄德懋等刻，精整细密，为古代器物珍玩图谱版画的上乘之作。其时未有宣和年号，而曰《宣和博古图》者，盖徽宗禁中有宣和殿以藏古器书画也。该书所收古器，真赝杂糅，辩证尤为疏谬，为诸书所指摘。《四库全书总目》评述说，其书“考证虽疏，而形模未失，音释虽谬，而字画俱存，读者尚可因其所绘，以识三代鼎彝之制，款识之文，以重为之核订。当时裒集之功，亦不可没。其支离悠谬之说，不足以当驳诘，置之不论不议可矣”。

书藏金陵图书馆。

草堂诗余四集十七卷
（明）沈际飞、钱允治、顾从敬等编　（明）沈际飞评点

明刻本

框高 22.6 厘米，宽 13.1 厘米，上下两栏，下栏 9 行 19 字，小字双行同，白口，四周单边，单鱼尾。

沈际飞，生卒年不详，字天羽，自署震峰居士，苏州昆山人。明崇祯年间在世，有《古香岑草堂诗余》、《词谱》传世，存词十四首。刻印过晋王叔和《脉经》

十卷。崇祯九年（1636）刻印汤显祖《玉茗堂文集》四卷、《诗集》十三卷、《尺牍》六卷、《南柯梦》二卷。

钱允治（1541—1624），名府，字允治，又字功甫，明代文学家，好藏书。

顾从敬，生平不详。

《草堂诗余》是一部南宋书坊因应歌需要而辑成的词选，其中词作以宋词为主，兼收一小部分唐五代词。据陈振孙《直斋书录解题》所载：“《草堂诗余》二卷，书坊编集者。”则此书编集系出于书坊。又据《四库全书总目》考证：“王楙《野客丛书》作于庆元间，已引《草堂诗余》张仲宗《满江红》词证蝶粉蜂黄之语”，则此书当成于庆元（南宋宁宗年号 1195—1200）以前。此书为沈际飞评注，乃是据顾从敬本，有正集六卷，而增附别集四卷、续集二卷、新集五卷，新集乃选明人词，明末刻本，传世甚多。

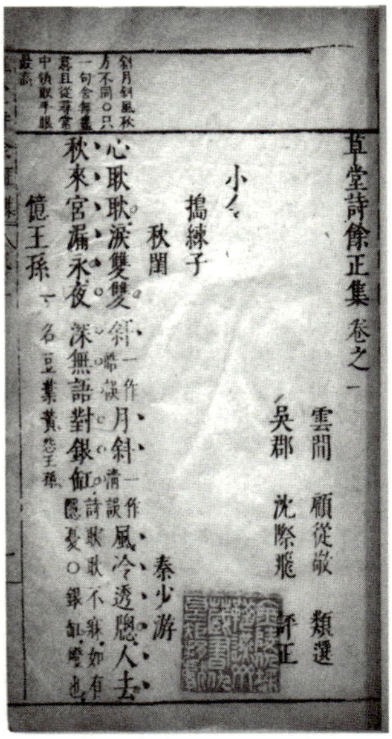
草堂詩餘正集卷之一
雲間 顧從敬 類選
吳郡 沈際飛 評正
小令
擣練子 秋閨 秦少游
心耿耿淚雙雙皎月斜月斜風冷透窻人去
秋來宮漏永夜深無語對銀缸
億王孫

书藏金陵图书馆。

禅林僧宝传三十卷　（宋）释惠洪撰　临济宗旨一卷　（宋）释惠洪撰　补禅林僧宝传一卷　（宋）释庆老撰

明刻本

框高 20.2 厘米，宽 12.7 厘米，10 行 19 字，黑口，左右双边，单鱼尾。

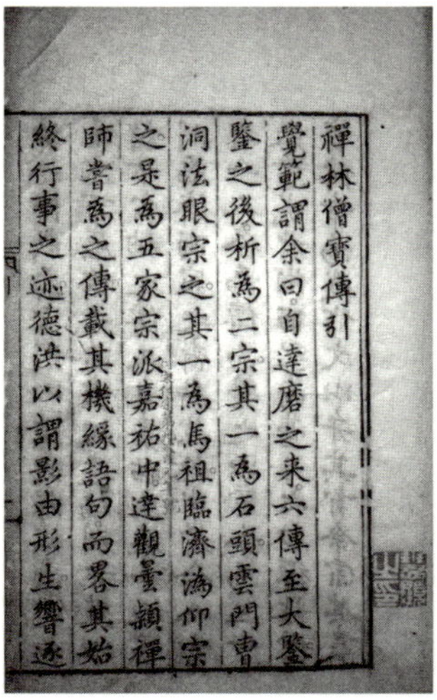
禪林僧寶傳引
覺範謂余曰自達磨之來六傳至大鑒
鑒之後析為二宗其一為石頭雲門曹
洞法眼宗之其一為馬祖臨濟溈仰宗
之是為五家宗派嘉祐中達觀曇穎禪
師嘗為之傳載其機緣語句而畧其始
終行事之迹德洪以謂影由形生響逐

释惠洪（1070—1127），一作慧洪，字觉范，号寂音，又号冷斋，俗姓彭，筠州（今江西高安）人。少年时尝为县小吏，黄山谷喜其聪慧，教令读书。后出家为僧，系南岳下第十三世、济宗黄龙派僧人。所著有《林间录》二卷、《禅林僧宝传》三十卷、《石门文字禅》三十卷、《楞严尊顶义》十卷等。

释庆老，生平不详。

《禅林僧宝传》是在北宋昙颖著《五家宗派》的基础上，“尽掇遗编别记，苴以诸方宿衲之传”而成。全书收录唐末至北宋政和年间的禅门僧人八十一人，其中包括曹山本寂、云门文偃、风穴延沼、清凉文益、云居道膺、天台德韶、洞山守初、天衣义怀、投子义青、慈明楚圆、黄龙慧南、真净克文、东林常总、杨歧方会、黄龙惟清等。对每一位传主的记述，着重于镕铸众说而润饰之，文辞优美，可读性强。每传之后，有“赞”一段，对传主一生加以评论。

书藏金陵图书馆。

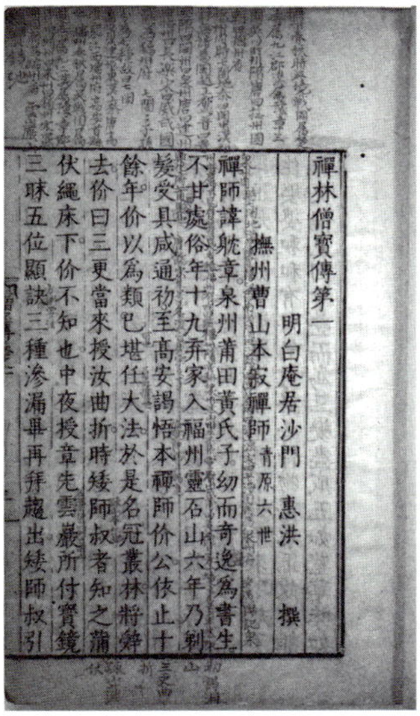
禪林僧寶傳第一
明白庵居沙門 惠洪 撰
撫州曹山本寂禪師 青原六世
禪師諱躭章泉州莆田黃氏子幼而奇逸爲書生
不甘處俗年十九弃家入福州靈石山六年乃剃
髮受具咸通初至高安謁悟本禪師价公依止十
餘年价以爲類已堪任大法於是名冠叢林將辭
去价曰三更當來授汝曲折時矮師叔者知之蒲
伏繩床下价不知也中夜授章先雲巖所付寶鏡
三昧五位顯訣三種滲漏畢再拜趨出矮師叔引

晁氏客语一卷　（宋）晁说之撰

明刻本

框高 18.8 厘米，宽 13.8 厘米，12 行 20 字，白口，左右双边，无鱼尾。

晁说之（1059—1129），字以道、伯以，因慕司马光之为人，自号景迂生。钜野（今山东巨野）人，先世世居澶州（今河南濮阳）。晁迥玄孙。元丰（1078—1085）进士。苏轼以著述科荐之，元祐（1086—1093）中以党籍放斥。后终于徽猷阁待制。工诗，善画山水，精《易传》。著有《儒言》、《景迂生集》等。

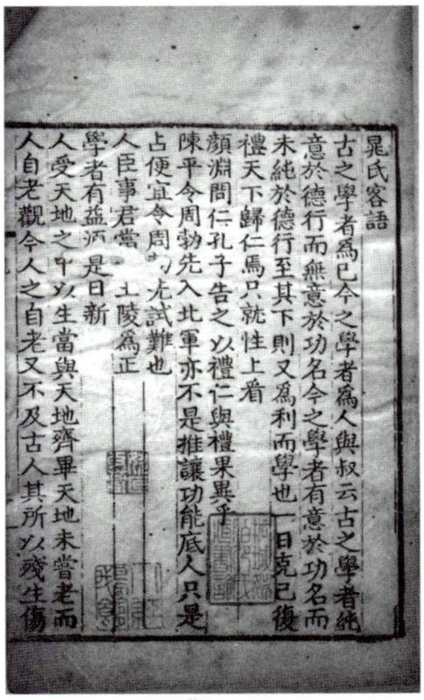
晁氏客語
古之學者爲已今之學者爲人與叔云古之學者純
意於德行而無意於功名今之學者有意於功名而
未純於德行至其下則又爲利而學也一日克已復
禮天下歸仁焉只就性上看
顏淵問仁孔子告之以禮仁與禮果異乎
陳平令周勃先入北軍亦不是推讓功能底人只是
占便宜令周勃先試難也
人臣事君當[illegible]王陵爲正
學者有益須是日新
人受天地之中以生當與天地齊畢天地未嘗老而
人自老觀今人之自老又不及古人其所以戕生傷

晁说之平生喜好读书，杂论经史百家，兼及朝野见闻，随笔札记，以成此书。此书为语录

体裁，杂说诸事，间有夹注，如注云“右五段张某”、又注云“第四段刘快活”、又有“李及寿朋述志诸名氏”等，当为袭用苏鹗、杜阳杂编之例，每条必记其所语之人，因定书名为《客语》。书中议论多有关于立身行己、为人处世之标准、经验、铭言等。所载熙宁（1068—1077）、元丰间名流遗事，大部分得自耳闻目睹，颇为可信，间有他书未载之事，可与史传互相参证。其说偶尔参杂儒佛之言，体现出当时儒佛道渐趋合流之趋势。晁说之常与苏轼、黄庭坚等朋友漫游，所记苏轼、黄庭坚等人言语及其议论，皆为蜀党之学，颇异于洛党之说。书中解经颇有己见，可资治文史者参考。

书藏金陵图书馆。

陈检讨集二十卷　（清）陈维崧撰　（清）程师恭注

清康熙三十三年（1694）刻本

框高 19.1 厘米，宽 13.8 厘米，10 行 22 字，小字双行同，黑口，左右双边，单黑鱼尾。

陈维崧（1625—1682），字其年，号迦陵，江苏宜兴人。明末四公子之一陈贞慧之子。康熙十八年，举博学鸿词科，授官翰林院检讨，参与纂修《明史》。陈维崧擅长骈文，尤其精于作词，填词多达一千六百余首，为阳羡词派领袖。著作有《湖海楼集》等。

程师恭（1650—1712），字叔才，号梧村，怀宁（今安徽安庆）人，清代文史学家。幼承家学，天资敏悟，十岁通五经。康熙二十五年，以拔贡入京师，为国子监教习。著有《注释陈检讨四六》、《历朝史断》、《韵府群书》、《梧村集》等。

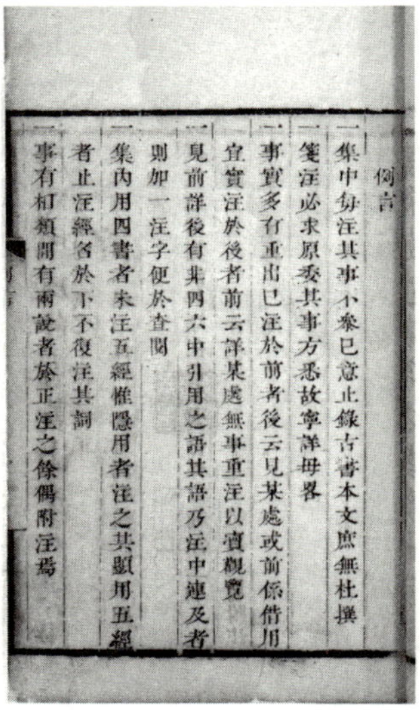
例言
一集中每注其事不參已意止錄古書本文庶無杜撰
一箋注必求原委其事方悉故寧詳毋畧
一事實多有重出已注於前者後云見某處或前係借用
宜實注於後者前云詳某處無事重注以資觀覽
一見前詳後有某四六中引用之語其語乃注中連及者
則加一注字便於查閱
一集內用四書者未注五經條隱用者注之其顯用五經
者止注經名於下不復注其詞
一事有相類間有兩說者於正注之餘偶附注焉

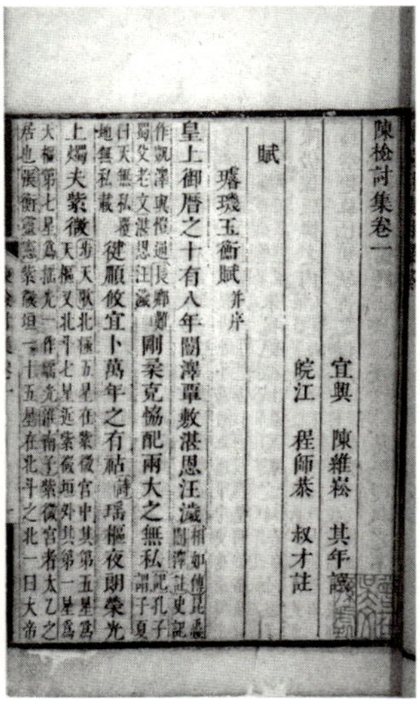
陳檢討集卷一
宜興　陳維崧　其年譔
皖江　程師恭　叔才註
賦
璿璣玉衡賦 并序
皇上御曆之十有八年闢澤覃敷湛恩汪濊
剛柔克協配兩大之無私
健順攸宜卜萬年之有祜
上燭夫紫微

《陈检讨集》文集，清陈维崧撰。程师恭注《陈检讨集》，一名《陈检讨四六文集》，凡二十卷，有康熙三十二年刻本，《四库全书》据以收录，题《陈检讨四六》。四六即骈体文。《四库全书总目》云：“师恭去维崧最近，文中事实缘起可以考知，如《璇玑玉衡赋序》之‘乌空楚幕，鹃去巴江’句，因圣祖召试博学鸿词在己未岁，正平定湖广、四川之后，故维崧云云。师恭不注其故，则突入此语，是何文义哉！特以四六之文，非注难明，而师恭捃摭故实，尚有足资考证者，故并存之，以备参稽焉。”

书藏金陵图书馆。

陈书三十六卷　（唐）姚思廉撰

清康熙四十年（1701）重修冯梦祯明刻本

框高 20.2 厘米，宽 14.3 厘米，9 行 18 字，白口，四周双边，双黑鱼尾。

姚思廉（557—637），字简之，一说原名简，字思廉，吴兴（今浙江湖州）人。其父姚察，在陈时任吏部尚书，著陈梁二史，未成。他自幼习史，官至散骑常侍，受命与魏征同修梁陈二史，贞观十年（636）书成。

全书凡三十六卷，其中本纪六卷，列传三十卷，无表、志，是南朝陈的纪传体断代史著作，主要记载自陈武帝陈霸先即位至陈后主陈叔宝亡国前后三十三年间的史实。陈朝历史短暂，所以《陈书》中的本纪和列传都过于简略，但其在记述陈朝“其始之所以兴”“其终之所以亡”方面，尤其是在揭示陈武帝的“度量恢廓，知人善任”和陈后主的“躭荒为长夜之饮，嬖宠同艳妻之孽”方面，还是有一定历史价值的。

书藏六合区图书馆。

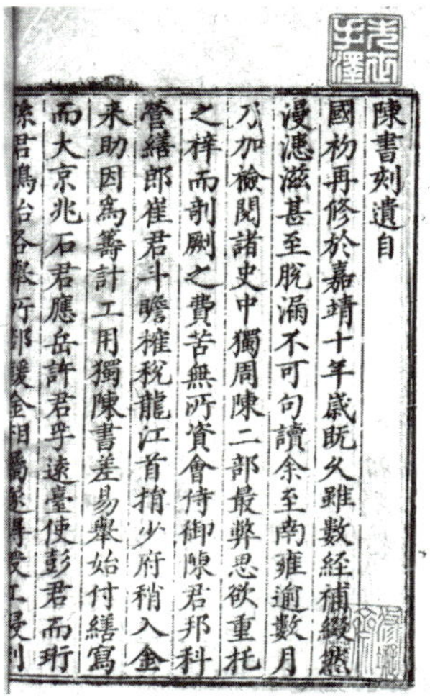
陳書刻遺自
國朸再修於嘉靖十年歲既久雖數經補綴然
漫漶滋甚至脫漏不可句讀余至南雍適數月
乃加檢閱諸史中獨周陳二部最弊思欲重托
之梓而剞劂之費苦無所資會侍御陳君邦科
管繕郎崔君斗瞻榷稅龍江首捐少府稍入金
來助因爲籌計工用獨陳書差易舉始付繕寫
而大京兆石君應岳許君孚遠臺使彭君而珩

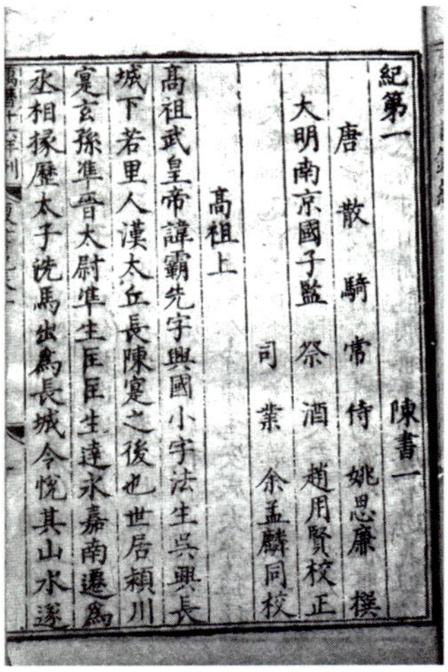
陳書一
紀第一
唐　散騎常侍　姚思廉　撰
大明南京國子監　祭酒　趙用賢校正
司業　余孟麟同校
高祖上
高祖武皇帝諱霸先字興國小字法生吳興長
城下若里人漢太丘長陳寔之後也世居潁川
寔玄孫準晉太尉準生匡匡生達永嘉南遷爲
丞相掾歷太子洗馬出爲長城令悅其山水遂

诚意伯文集二十卷　（明）刘基撰

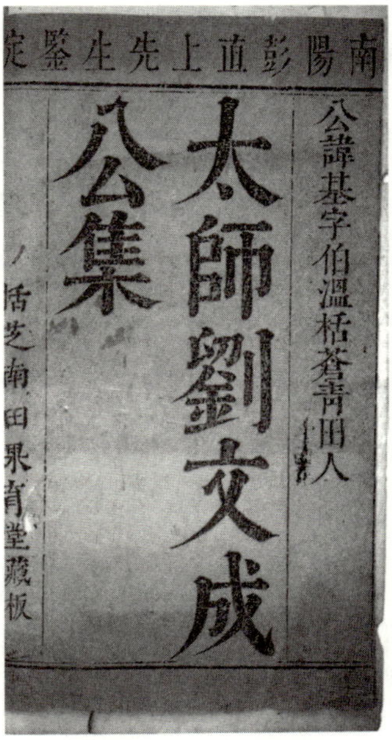
南陽彭直上先生鑒定
公諱基字伯溫栝蒼青田人
太師劉文成公集
栝芝南田果育堂藏板

清雍正八年（1730）果育堂刻本

框高 19.5 厘米，宽 13.4 厘米，10 行 23 字，白口，左右双边，单黑鱼尾。

刘基（1311—1375），字伯温，处州青田（今浙江温州）人，故称刘青田，元末明初军事家、政治家、文学家，明朝开国元勋。“（基）论天下安危，义形于色。帝察其至诚，任以心膂”。故明洪武三年（1370）封诚意伯，故又称刘诚意。诗文均有成就，文笔生动，富有形象性，与宋濂并为一代文宗。有《诚意伯文集》。

该书为诗文杂著，二十二卷。刘基著有《郁离子》、《复瓿集》、《写情集》、《犁眉公集》等。后人辑为《诚意伯文集》。其中文五卷，诗词九卷，《郁离子》三卷，其他三卷。此以爵位名其书。有《四库全书》本、《四部丛刊初编》本。其中《郁离子》是我国古代惟一一部个人创作的寓言集。

书藏金陵图书馆。

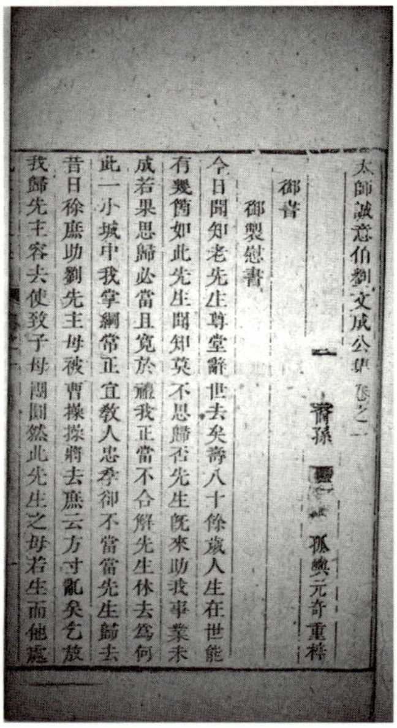
太師誠意伯劉文成公集　卷之一
裔孫 [illegible] 孫興元奇重梓
御書
御製慰書
今日聞知老先生尊堂辭世去矣壽八十餘歲人生在世能
有幾箇如此先生聞知莫不思歸否先生既來助我事業未
成若果思歸必當且寬於禮我正當不合辭先生休去爲何
此一小城中我掌綱常正宜教人忠孝御不當當先生歸去
昔日徐庶助劉先主母被曹操捉將去庶云方寸亂矣乞放
我歸先主容去使致子母團圓然此先生之母若生而他奄

池北偶谈二十六卷　（清）王士祯撰

清康熙四十年（1701）文粹堂刻本

框高 19.2 厘米，宽 14.0 厘米，11 行 23 字，小字双行同，黑口，左右双边，单黑鱼尾。

王士祯（1634—1711），原名王士禛，字子真、贻上，号阮亭，又号渔洋山人，世称王渔洋，谥文简，新城（今山东桓台）人，常自称济南人。顺治十四年（1657）进士，官至刑部尚书，后被罢。工诗，创“神韵说”，文、词亦佳。兼擅书法，精金石篆刻，能鉴别书画、鼎彝之属。著述极丰，有《阮亭诗钞》、《渔洋诗话》等。

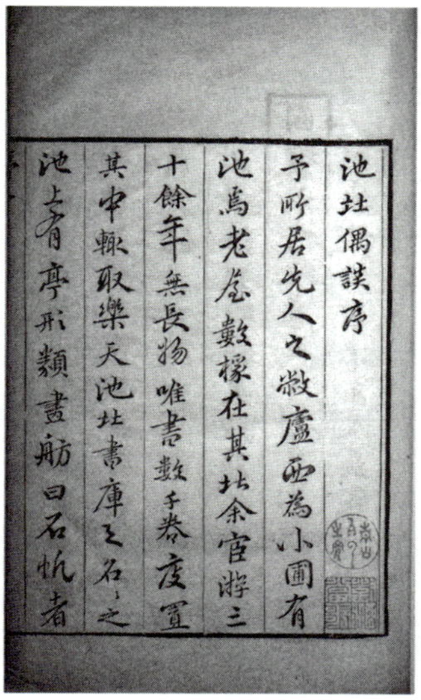

池北偶談序
予所居先人之敝廬西為小圃有
池焉老屋數椽在其北余宦游三
十餘年無長物唯書數千卷度置
其中輙取樂天池北書庫之名名之
池上有亭形類畫舫曰石帆者

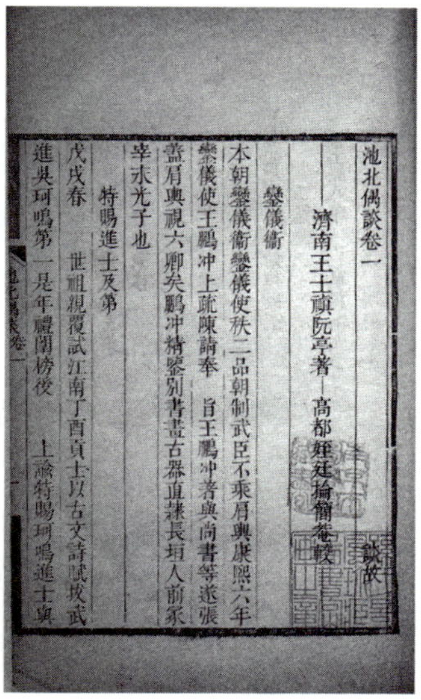

池北偶談卷一
濟南王士禛阮亭著　高郵鄭廷掄簡菴較
談故
鑾儀衛
本朝鑾儀衛鑾儀使秩二品朝制武臣不乘肩輿康熙六年鑾儀使王鵬冲上疏陳請奉　旨王鵬冲著與尚書等遂張蓋肩輿視六卿矣鵬冲精鑒別書畫古器直隸長垣人前冢宰永光子也
特賜進士及第
戊戌春　世祖親覆試江南丁酉貢士以古文詩賦拔武進吳珂鳴第一是年禮闈榜後　上諭特賜珂鳴進士與

《池北偶谈》二十六卷，分谈故、谈献、谈艺、谈异四目。谈故四卷，主要记叙清典章、科甲制度，以及衣冠胜事，间及古诗；谈献六卷，主要记叙明中叶至清初名臣、畸人、列女轶事；谈艺九卷，评论诗文，采撷佳句；谈异七卷，记述神怪传闻古诗。“池北”者，乃取白居易“池北书库”之意。

书藏金陵图书馆。

楚辞灯四卷　（清）林云铭论述

清康熙三十六年（1697）三让堂刻本

框高 18.7 厘米，宽 12.2 厘米，8 行 20 字，小字双行同，白口，四周单边，单黑鱼尾。

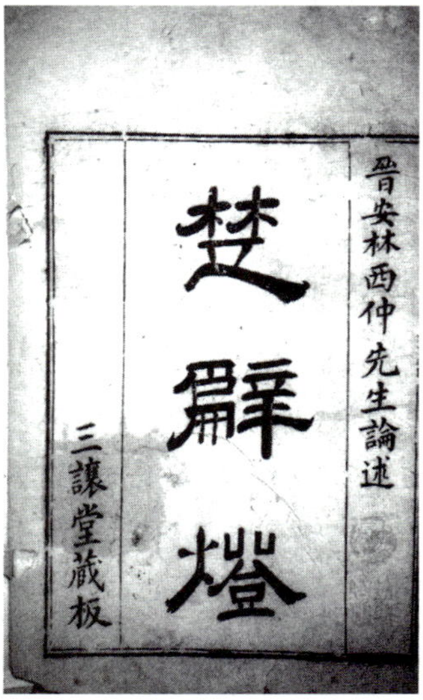

晉安林西仲先生論述
楚辭燈
三讓堂藏板

林云铭（1628—1697），字西仲，号损斋，福建闽县林浦（今属福州市仓山区）人。顺治十五年（1658）进士。官徽州府（今安徽歙县）通判。著有《庄子因》、《楚词灯》、《韩文起》、《古文析义》、《西仲文集》、《挹奎楼选稿》、《损斋焚余》、《吴山𣪍音》、《四书讲义》等。

《楚辞灯》，一名《楚辞易读》，为《楚辞》注本。本书自序说明命名之意云：“二千年中，读骚者悉困于旧诂迷阵，如长夜坐暗室，茫无所睹。……颜之曰灯，庶屈子之文可以烛照无遗。”林云铭只注屈原作品，续拟之作一盖删除。逐段分疏，逐句诠释，且明叶音，旁加圈点，末以总论概括全文。引用典实，及花木鸟兽，玉石器物，酌采旧注。意义脉络，则必断以己意，所求大旨吻合，层次分明。多在首尾承接，段落转折，线索通贯处立言，每有会心之妙。略似评点时文之法，《四库全书总目》讥为“乡塾课蒙之本”，不足为病。

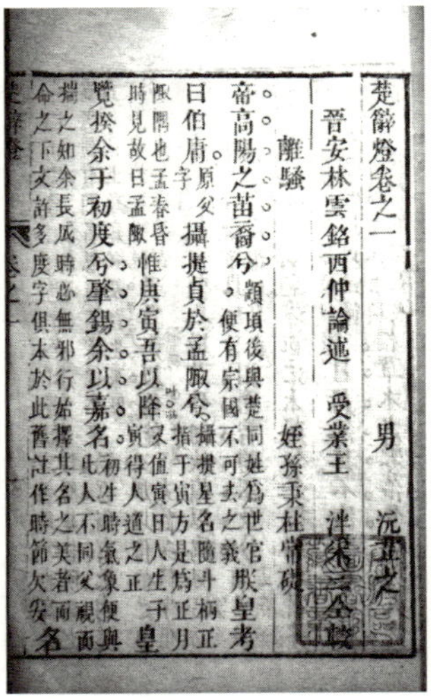
楚辭燈卷之一　男　沅
晉安林雲銘西仲論述　受業王　洋
離騷　姪孫秉杜
帝高陽之苗裔兮。顓頊後與楚同姓爲世官朕皇考
日伯庸。原父攝提貞於孟陬兮。攝提星名隨斗柄正
陬隅也孟春昏惟庚寅吾以降
覽揆余于初度兮肇錫余以嘉名。

书藏秦淮区图书馆。

楚辞集注八卷后语六卷辩证二卷　（宋）朱熹撰

明万历二十五年（1597）刻本

框高 25.6 厘米，宽 15.6 厘米，8 行 17 字，小字双行同，白口，四周双边，单黑鱼尾。

朱熹（1130—1200），字元晦，又字仲晦，号晦庵，晚称晦翁。祖籍徽州府婺源县（今江西婺源）。宋著名理学家、思想家。朱熹为二程（程颢、程颐）再传弟子，他继承和发展了二程的思想，建立起了一个完整的理学体系，被后世称为“程朱理学”。朱熹的理学思想对元、明、清三朝影响很大，成为三朝的官方哲学。朱熹著述甚多，有《四书章句集注》、《太极图说解》、《通书解说》、《周易读本》、《楚辞集注》，后人辑有《朱子大全》、《朱子集语象》等。

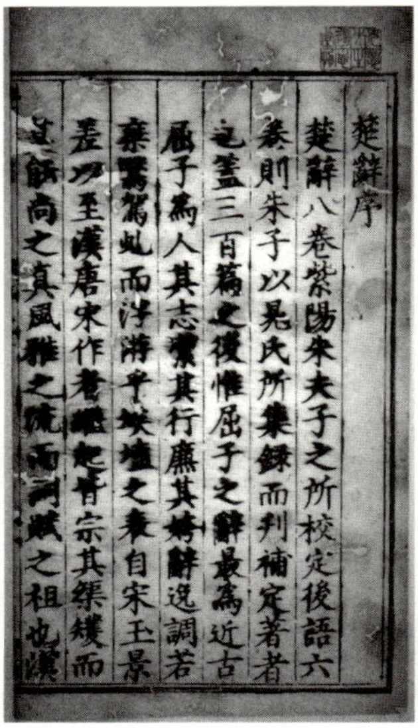
楚辭序
楚辭八卷紫陽朱夫子之所校定後語六
卷則朱子以晁氏所集錄而刊補定著者
也蓋三百篇之後惟屈子之辭最爲近古
屈子爲人其志絜其行廉其婉辭逸調若
乘鷖駕虬而浮游乎埃壒之表自宋玉景
差以至漢唐宋作者繼起皆宗其緒鏤而
之真風雅之流而詞賦之祖也漢

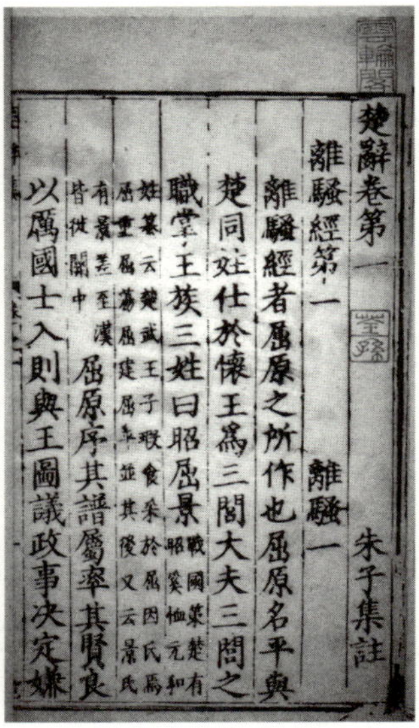
楚辭卷第一　朱子集註
離騷經第一　離騷一
離騷經者屈原之所作也屈原名平與
楚同姓仕於懷王爲三閭大夫三閭之
職掌王族三姓曰昭屈景
以屬國士入則與王圖議政事決定嫌

楚辞作品的结集自汉代刘向首次编集《楚辞》

十六卷始。《楚辞集注》是宋理学大师朱熹晚年作品，全书由《集注》八卷、《辩证》二卷、《后语》六卷组成。《楚辞集注》充分吸收王逸《楚辞章句》和洪兴祖《楚辞补注》的成果，在继承楚辞研究已有成果的基础上，开创了楚辞研究的宋学新路，是楚辞学史上最重要的著作之一。

书藏金陵图书馆。

楚辞五卷　（楚）屈原撰　（清）梁惠亭鉴定　（清）苏岭甫注

清乾隆九年（1744）楚黄奚氏刻本

框高 19.4 厘米，宽 11.9 厘米，7 行 17 字，小字双行同，黑口，左右双边，双黑鱼尾。

屈原（约前 340—前 278），芈姓，屈氏，名平，字原，又自云名正则，字灵均。战国时期楚国贵族出身，任三闾大夫、左徒，兼管内政外交大事。“楚辞”的创立者和代表作者，开辟了“香草美人”的传统，被誉为“中华诗祖”、“辞赋之祖”。

梁惠亭，生平不详。

苏岭甫，生平不详。

全书以屈原作品为主，其余各篇也都承袭屈赋的形式，感情奔放，想象奇特。运用楚地（今湖南、湖北一带）的方言声韵，叙写楚地的山川人物、历史风情，具有浓厚的地域文化色彩，正如宋人黄伯思所说，“皆书楚语，作楚声，纪楚地，名楚物”（《东观余论》）。楚辞的句式较活泼，句中有时使用楚国方言，在节奏和韵律上独具特色。

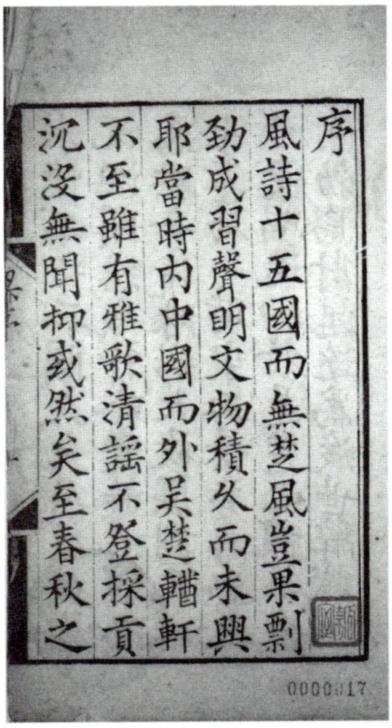
序
風詩十五國而無楚風豈果剽
勁成習聲明文物積久而未興
耶當時內中國而外吳楚輶軒
不至雖有雅歌清謠不登採貢
沉沒無聞抑或然矣至春秋之

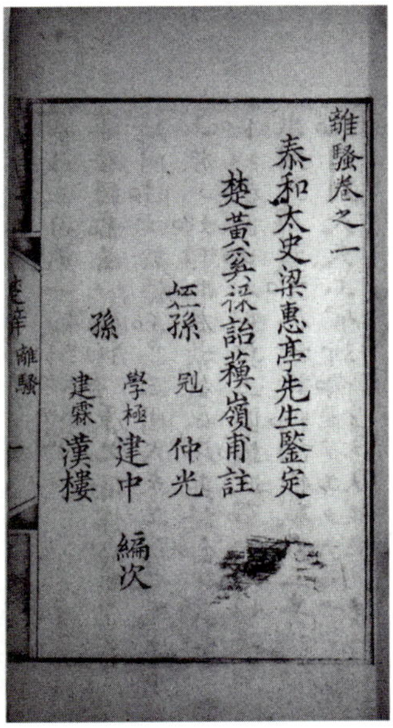
離騷卷之一
泰和太史梁惠亭先生鑒定
楚黃奚蘇詒蘋嶺甫註
姪孫 兕 仲光
孫 學極 建中 編次
建霖 漢樓

书藏金陵图书馆。

传症汇编二十卷　（清）熊立品编次

清乾隆四十一年（1776）刻本

框高 17.2 厘米，宽 12.8 厘米，半叶 10 行 23 字，小字双行同，左右双边，白口，单黑鱼尾。

熊立品（1703—1780），字圣臣，晚号松园老人，新建（今江西南昌）人，清代著名瘟病学家。少习儒学，兼习《灵枢》、《素问》等医籍，后以医为业。他力学多才、博精医理、医术精湛，尤其对瘟疫的治疗最有心得。在总结治疗瘟疫经验基础上，结合吴又可治疫之书，详细加以考订，参之以喻嘉言论瘟之说，著成《治疫全书》六卷。在完成《治疫全书》之后，复取痢疟之症，附以泄泻，编撰成《痢疟纂要》八卷，后又编撰《痘麻绀珠》六卷，三部书合编为《瘟疫传症汇编》刊行于世。

此书系《治疫全书》、《痢疟纂要》和《痘麻绀珠》三种著作的合刊本，瘟疫专著。《治疫全书》（六卷）系熊氏取《瘟疫论》详予考订，兼采喻嘉言有关春瘟、疫病的论述以及其他有关瘟疫著作编成。《痢疟纂要》（八卷），系搜集古今有关文献结合作者个人经验体会编纂而成。书中阐析诸疟诸痢，并附泄泻。对于疟病治法，总结了发表、和中、攻逐、堵截、升提、温补等法。《痘麻绀珠》（六卷），系选集前人有关麻、痘的论述和治疗，参以个人闻见编撰而成。内容介绍痘、麻诸证及合并症的证治颇详。

书藏高淳区图书馆。

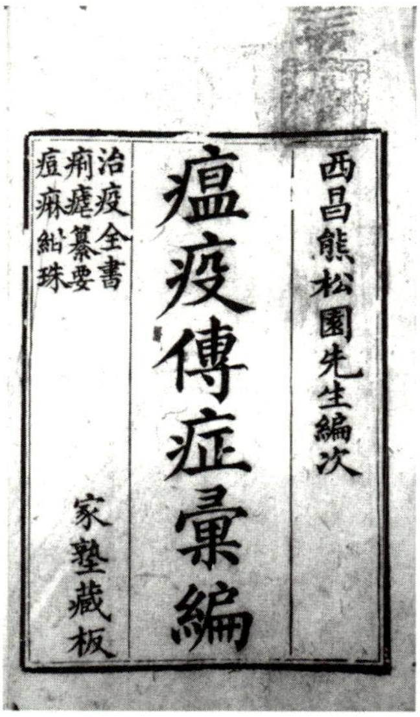
西昌熊松園先生編次
瘟疫傳症彙編
治疫全書
痢瘧纂要
痘麻紺珠
家塾藏板

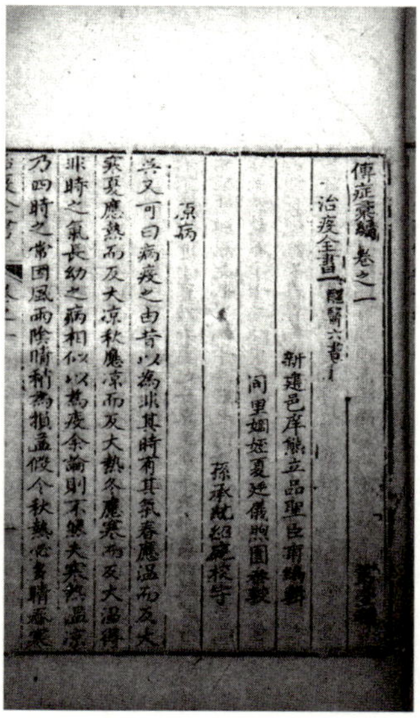

春秋公羊传不分卷　（明）闵齐伋注

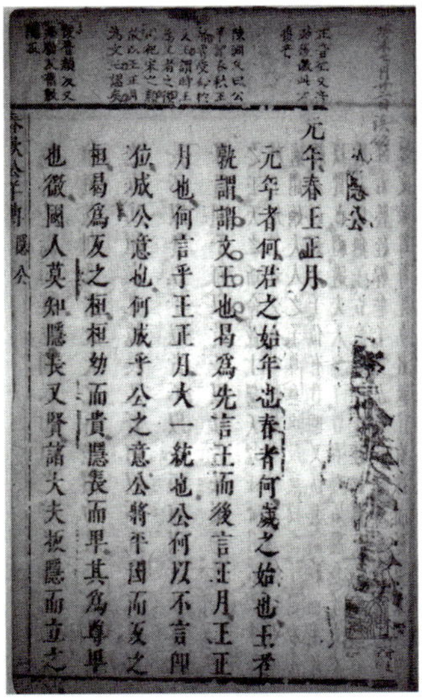
春秋公羊傳　隱公

隱公

元年春王正月

元年者何君之始年也春者何歲之始也王者

孰謂謂文王也曷爲先言王而後言正月王正

月也何言乎王正月大一統也公何以不言即

位成公意也何成乎公之意公將平國而反之

桓曷爲反之桓桓幼而貴隱長而卑其爲尊卑

也微國人莫知隱長又賢諸大夫扳隱而立之

明天启元年（1621）敦化堂刻本

框高 20.9 厘米，宽 14.3 厘米，9 行 19 字，小字双行同，白口，四周单边，无鱼尾。

闵齐伋（1580—1662），字及五，号遇五，又作寓五。明末浙江湖州府乌程县（今湖州吴兴）诸生，南京国子监太学生，名宦闵梦得是其二哥。闵齐伋一生致力于学，博通经史小学。明万历四十四年（1616）主持采用朱、墨二色套印《春秋左传》，获得成功。之后不断创新，印刷技艺日进，最多用五色套印刻印图书，世称“闵刻本”。吴兴闵、凌二氏的套印本流布天下，名扬四方，在中国图书印刷史上作出重要贡献。

《春秋》是一部史书。孔子在鲁国史书的基础上，简约文辞，褒贬是非，撰成《春秋》。《春秋公羊传》由战国时期公羊氏撰著，此书依据《春秋》的顺序，通过一问一答的形式，解释《春秋》的微言大义。至明末，吴兴闵齐伋继承并发展了朱墨和多色的套版印刷技术，辑群经、诸子、史抄等经典书籍加以批点而印行之。

书藏金陵图书馆。

春秋左传标释三十卷　（明）戴文光撰

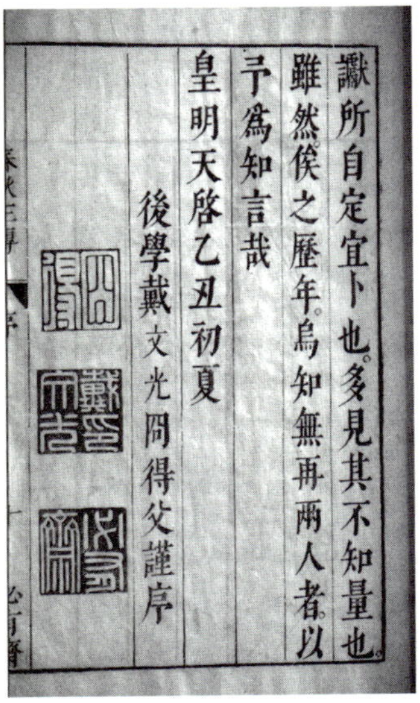
讞所自定宜卜也。多見其不知量也

雖然。俟之歷年。烏知無再兩人者以

予爲知言哉

皇明天啓乙丑初夏

後學戴文光冏得父謹序

明天启五年（1625）必有斋刻本

框高 22.8 厘米，宽 13.8 厘米，上下两栏，下栏 9 行 19 字，小字双行同，白口，四周单边，单黑鱼尾。

戴文光，生卒年不详，明天启年间吴人，字周得。室名为“必有斋”，刻印过自撰《春秋左传标释》三十卷首一卷，又《左传增删》十二卷。

《春秋左传标释》的书口下镌“必有斋”三字。

卷一末镌“长洲金麟仁甫书，旌邑刘权伯衡锓”，在书中署书工和刻工款，详细说明匠人籍贯、姓名、别字及书写刊刻方式的，在明刻本中并不常见。东北师范大学图书馆古籍部编的《古籍善本书目解题》称“其书参百家之长，标独得之识，而又条其世图，表其姓氏，使阅者一目了然”。

书藏江宁区图书馆。

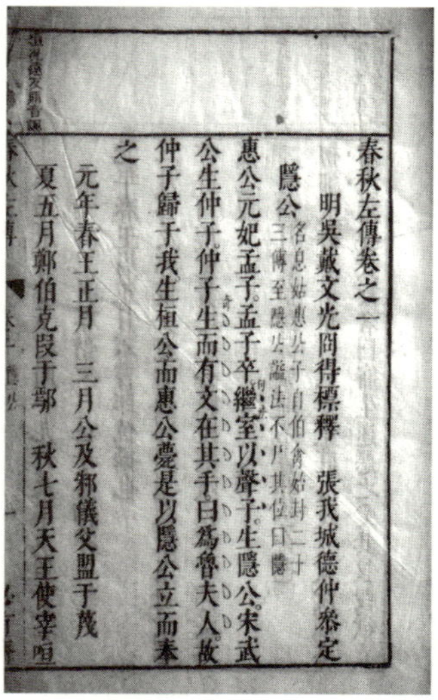
春秋左傳卷之一
明吳藏文光同得標釋　張我城德仲參定
隱公
惠公元妃孟子孟子卒繼室以聲子生隱公宋武
公生仲子仲子生而有文在其手曰為魯夫人故
仲子歸于我生桓公而惠公薨是以隱公立而奉
之
元年春王正月　三月公及邾儀父盟于蔑
夏五月鄭伯克段于鄢　秋七月天王使宰咺

淳化阁帖释文十卷　（清）朱家标校订

清康熙二十二年（1683）龙潭絅锦堂刻本

框高19.8厘米，宽13.0厘米，9行20字，小字双行同，白口，四周双边，单黑鱼尾，版心下镌“絅锦堂”。

朱家标，清康熙时人，生平不详，仅据该书卷端所题“龙潭朱家标清田校定”，朱序末所镌“龙潭古村鹿洞世家”“建三氏一号清田”，知其族里与字号。

《淳化阁帖》编刻于淳化三年（992），宋太宗命侍书学士王著编次出秘阁所藏历代法书，标明法帖，摹勒于枣木板上，印赐大臣。《淳化阁帖》共分十卷，是中国历史上首部大型名家书法集帖，又叫作《淳化秘阁法帖》，简称《阁帖》，开官刻丛帖之端。《阁帖释文》清初以罗森与此本最为著名。后王澍纂有《阁帖考证》十卷，于笔法、音义辩证甚详。此书前马世济序云：“吾友朱子清田明经应选之暇，增订《阁帖释文》，其有功于世非尠也。”

书藏金陵图书馆。

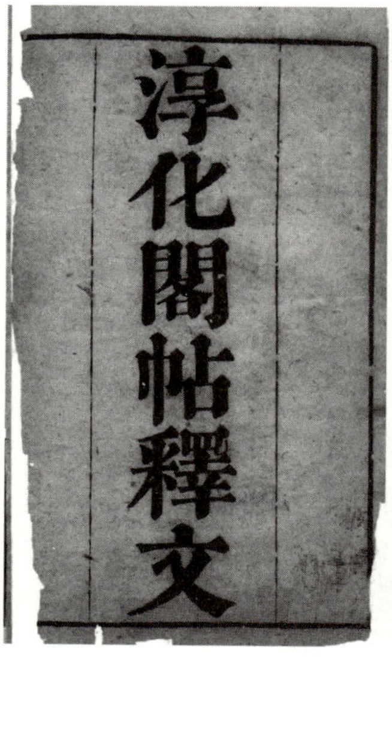
淳化閣帖釋文

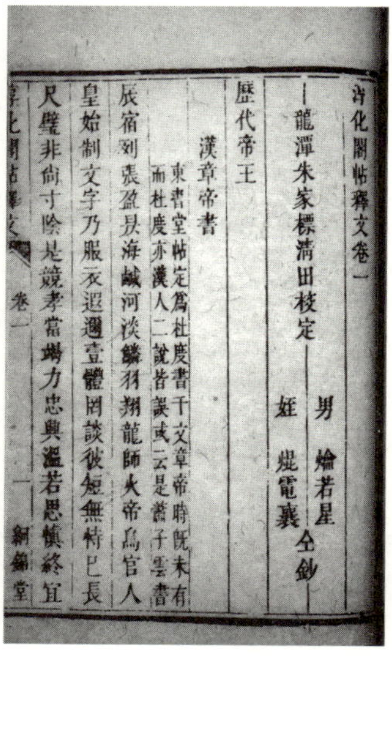
淳化閣帖釋文卷一
龍潭朱家標清田校定　男 熗若星　仝鈔　姪 焜電襄
歷代帝王
漢章帝書
辰宿列張盈昃海鹹河淡鱗羽翔龍師火帝鳥官人
皇始制文字乃服衣裳遐邇壹體罔談彼短無恃己長
尺璧非寶寸陰是競孝當竭力忠興溫若思慎終宜
淳化閣帖釋文　卷一　絅錦堂

词科掌录十七卷　（清）杭世骏辑

清乾隆年间刻本

框高 16.8 厘米，宽 11.3 厘米，11 行 21 字，小字双行同，黑口，左右双边，单黑鱼尾。

杭世骏（1695—1773），字大宗，号堇浦，别号智光居士、秦亭老民、春水老人、阿骏，室名道古堂，清代仁和（今浙江杭州）人。雍正二年（1724）举人，乾隆元年（1736）举鸿博，授编修，校勘《十三经》、《二十四史》，纂修《三礼义疏》，改御史。乾隆八年，因事落职。晚年主讲广东粤秀和江苏扬州两书院。著有《石经考异》、《礼例》、《史记疏证》、《两汉疏证》、《三国志补注》、《词科掌录》、《榕城诗话》、《元宗录》等。

是书第一部分收录了雍正和乾隆的四道论旨以及被举荐者与举主名单，主体部分记载了一百四十五名征士的生平著述，是研究清代博学鸿词科的重要文献。文集中对征士才学的评价精炼独到，如论钱塘厉鹗“为诗精深华妙，截断众流”，“太鸿（厉鹗）之诗，稚威（胡天游）之古文，绍衣（全祖望）之考证，穿穴求之近代罕有伦比”；沈德潜“少工诗，名满大江以南”，“其为诗也，一为淳古淡泊发于自然”；万光泰“少年有高才，诗骨秀朗，小词温丽如秦周体，若不胜衣雨，文章气夺万夫”，评价细腻精道，颇具文学特性。

书藏金陵图书馆。

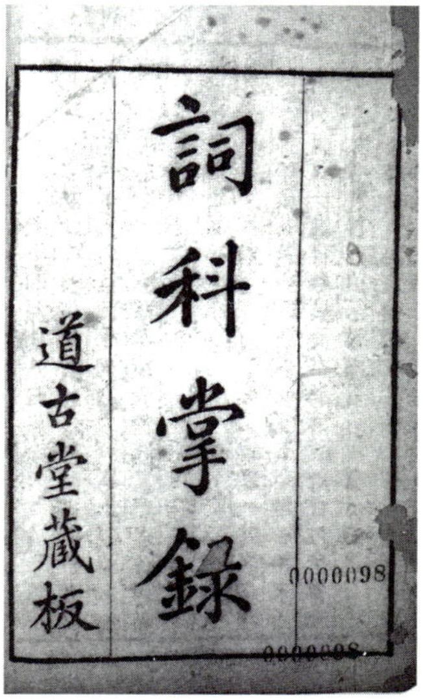
詞科掌錄
道古堂藏板

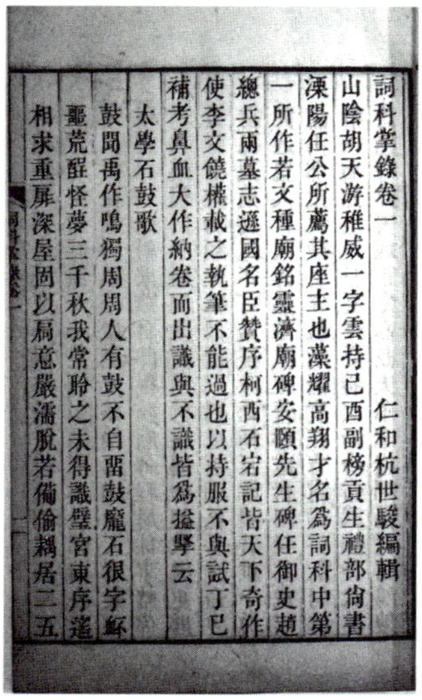
詞科掌錄卷一　仁和杭世駿編輯
山陰胡天游稚威一字雲持己酉副榜貢生禮部尚書
溧陽任公所薦其座主也藻耀高翔才名爲詞科中第
一所作若文種廟銘靈濟廟碑安頤先生碑任御史趙
總兵兩墓志遜國名臣贊序柯西石宕記皆天下奇作
使李文饒權載之執筆不能過也以持服不與試丁巳
補考鼻血大作納卷而出識與不識皆爲扼擊云
太學石鼓歌
鼓聞禹作鳴獨周周人有鼓不自留鼓龐石很字𤕤
黿荒酲怪夢三千秋我常聆之未得識璧宮東序遙
相求重扉深屋固以扃意嚴濡胍若備倫耦居二五

词律二十卷　（清）万树撰

清康熙二十六年（1687）保滋堂刻本

框高 18.2 厘米，宽 13.9 厘米，7 行 21 字，小字双行同，白口，左右双边，单黑鱼尾。

万树（1625—1688），字红友、花农，号山翁，江南常州府宜兴（今江苏宜兴）人。顺治国子监生。明末戏曲作家吴炳的外甥。清康熙年间，先后在福建、广东任两广总督吴兴祚的幕僚，直至病卒。万树才情卓绝，擅传奇，有《空青石》、《念八翻》等传奇、杂剧二十余种；精音律，编有《词律》二十卷。

《词律》一书备列填词各种体调，共收唐、宋、金、元词六百六十调，一千一百八十余体。“其考调名的新旧，证传写的舛伪，论阙叠的多少，注用字的平仄，辨元人曲与词的区分颇具真知灼见”（钱亚新语），为《钦定词谱》以外资料最富、考订最详的一部词谱。校订平仄音韵、句法异同，对词学研究发展有很大贡献。

陽羨萬紅友論次
詞律
保滋堂藏板

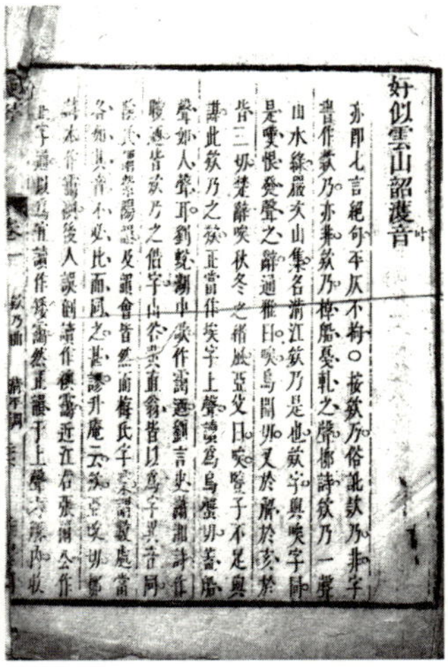
好似雲山韶濩音

书藏六合区图书馆。

词综三十卷　（清）朱彝尊编

清康熙汪氏裘杼楼刻本

半框高 19.2 厘米，宽 13.8 厘米，10 行 21 字，小字双行同，黑口，左右双边，单黑鱼尾。

朱彝尊（1629—1709），字锡鬯，号竹垞，浙江秀水（今嘉兴）人，清代词人、学者、藏书家。清康熙十八年（1679），以布衣举博学鸿词科，授检讨。参与修撰《明史》。藏书八万卷，室号“曝书亭”。学问博洽，精于考证金石，长于古文诗词。诗与王士祯齐名，时称“南朱北王”。作词风格清丽，为“浙西词派”的创始人。著有《曝书亭集》、《日下旧闻》等。选《明诗综》、《词综》（汪森增补）。所辑成的《词综》是中国词学方面的重要选本。

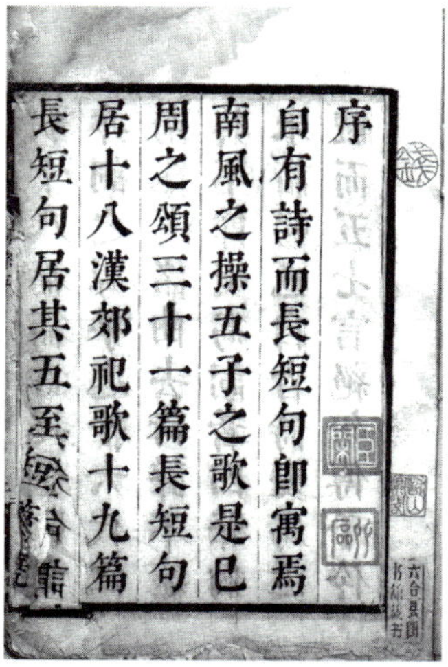
序
自有詩而長短句即寓焉
南風之操五子之歌是已
周之頌三十一篇長短句
居十八漢郊祀歌十九篇
長短句居其五至

汪森（1653—1726），字晋贤，号碧巢，浙江桐乡人，祖籍安徽休宁。康熙年间任户部郎中，著有《小方壶存稿》，又辑有《名家词话》，助朱彝尊辑《词综》。

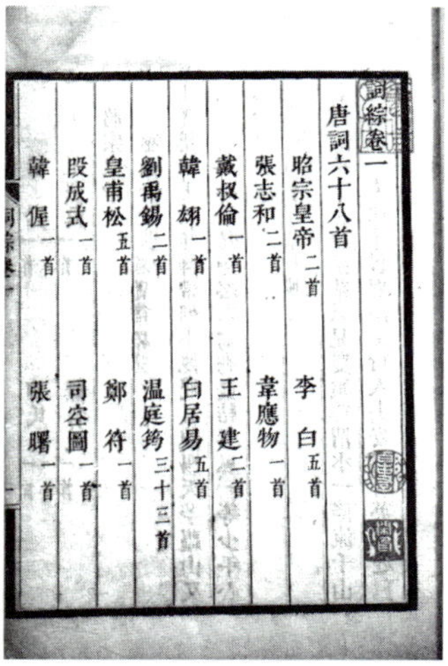
詞綜卷一
唐詞六十八首
昭宗皇帝二首　李白五首
張志和二首　韋應物一首
戴叔倫一首　王建二首
韓翃一首　白居易五首
劉禹錫二首　溫庭筠三十三首
皇甫松五首　鄭符一首
段成式一首　司空圖一首
韓偓一首　張曙一首

《词综》是一部著名的大型词总集，清代朱彝尊编辑，汪森增订。此书由朱彝尊编选二十六卷，汪森前后两次共增补十卷，共三十六卷。选辑唐、五代、宋、金、元各代词人六百五十九家（不包括无名氏），词作二千二百五十三首。其搜集之富，收罗之广，为前此诸家词选之冠。比较完整地显现了从唐至金元时期词发展丰富而复杂的面貌，明确了词的发展脉络。

书藏六合区图书馆。

大戴礼记十三卷　（汉）戴德撰　（北周）卢辩注

清康熙五十七年（1718）自修斋刻本

框高 19 厘米，宽 14.7 厘米，9 行 20 字，白口，单黑鱼尾，左右双边，版心上镌“大戴礼记”，中镌卷次。

戴德，字延君，春秋宋国君主宋戴公的二十二世孙，西汉梁国（今河南商丘）人，家族显赫。汉宣帝时立为博士，号称“大戴”。与侄戴圣同受《礼》于后苍，曾选集古代各种礼仪论著，辑注成儒家经典《大戴礼记》，开创西汉今文礼学“大戴学”。

该书原有八十五篇，今存三十九篇，大多数篇章记述从战国到汉代儒家学派的言论，是研究中国早期儒学的基本资料。其中的《诸侯迁庙》、《诸侯衅庙》、《朝事》、《公符》等篇，记录诸侯礼制，可补《仪礼》之阙。《五帝德》、《帝系》两篇载上古帝王世系，司马迁据以撰成《五帝本纪》，是探索史前史奥秘的珍贵文献。更有《夏小正》一篇，反映了上古先民对一年十二个月天文星宿、气象物候的认识，在天文史、气象史、农业史上占有重要地位。

书藏鼓楼区图书馆。

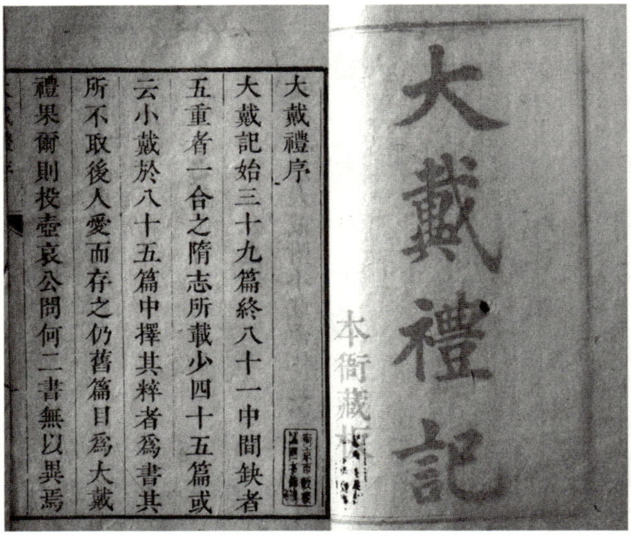
大戴禮序
大戴記始三十九篇終八十一中間鈌者
五重者一合之隋志所載少四十五篇或
云小戴於八十五篇中擇其粹者為書其
所不取後人愛而存之仍舊篇目為大戴
禮果爾則投壺哀公問何二書無以異焉

大戴禮記
本衙藏板

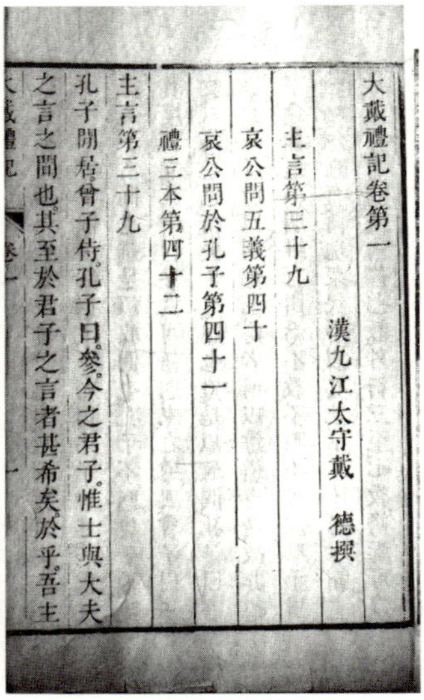
大戴禮記卷第一　漢九江太守戴德撰
主言第三十九
哀公問五義第四十
哀公問於孔子第四十一
禮三本第四十二
主言第三十九
孔子閒居曾子侍孔子曰參今之君子惟士與大夫
之言之聞也其至於君子之言者甚希矣於乎吾主

大方广佛华严经八十一卷　（唐）释实叉难陀译

明万历三十七年（1609）手写本

框高 27.2 厘米，每折页宽 12.2 厘米，5 行 15 字。

释实叉难陀（652—710），梵名 Sikshananda，又作施乞叉难陀。唐葱岭北于阗（今新疆和田）人，以通大小乘学和外论著名。为唐代译经三藏，善大、小二乘，旁通异学，译作学喜、喜学。

《大方广佛华严经》，梵名，或称《杂华经》。中国华严宗即依据本经，立法界缘起、事事无碍等妙义为宗旨。总成七处，九会，三十九品。九会中，前五会为初七日之说法，第六、七、八三会为第二七日之说法，第九会入法界品则为后时之说法。

书藏秦淮区图书馆。

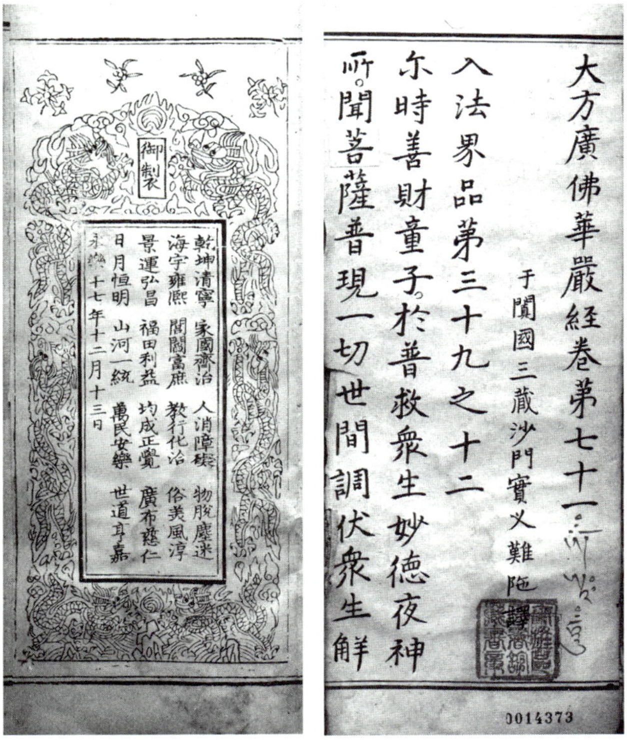

御製

乾坤清寧 家國齊治 人消障礙 物脫塵迷
海宇雍熙 閭閻富庶 教行化洽 俗美風淳
景運弘昌 福田利益 均成正覺 廣布慈仁
日月恒明 山河一統 萬民安樂 世道亨嘉
永樂十七年十二月十三日

大方廣佛華嚴經卷第七十一
于闐國三藏沙門實叉難陀譯
入法界品第三十九之十二
爾時善財童子於普救衆生妙德夜神
所聞菩薩普現一切世間調伏衆生解

0014373

带经堂集九十二卷
（清）王士祯撰
（清）程哲校编

清乾隆七略书堂刻本

框高 18.8 厘米，宽 13.4 厘米，10 行 19 字，小字双行 29 字，白口，左右双边，单黑鱼尾。

王士祯（1634—1711），原名王士禛，字子真、贻上，号阮亭，又号渔洋山人，世称王渔洋，谥文简，新城（今山东桓台）人，常自称济南人。清顺治十四年（1657）进士，康熙四十三年（1704）官至刑部尚书，颇有政声。后人为避雍正皇帝讳，改王士禛为王士正，乾隆时又赐名王士祯。工诗，善古文，兼工词。继钱谦益之后主盟诗坛，与朱彝尊并称“南朱北王”。诗论创“神韵”说。早年诗作清丽澄淡，中年转为苍劲。擅长各体，尤工七绝。好为笔记，有《池北偶谈》、《古夫于亭杂录》、《香祖笔记》等。

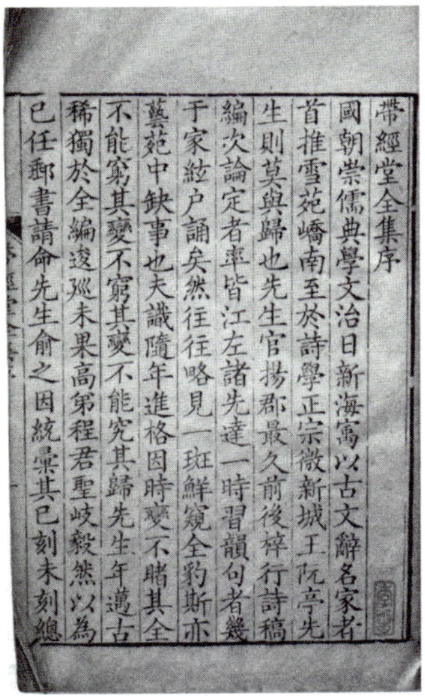

帶經堂全集序
國朝崇儒典學文治日新海寓以古文辭名家者
首推雪苑嶠南至於詩學正宗徽新城王阮亭先
生則莫與歸也先生官揚郡最久前後梓行詩稿
編次論定者率皆江左諸先達一時習韻句者幾
于家絃户誦矣然往往略見一斑鮮窺全豹斯亦
藝苑中缺事也夫識隨年進格因時變不睹其全
不能窮其變不窮其變不能究其歸先生年邁古
稀獨於全編逡巡未果高第程君聖岐毅然以為
已任郵書請命先生俞之因統彙其已刻未刻總

程哲，生卒年不详，江南歙县（今安徽歙县）人。清代散文大家、石刻家。

《带经堂集》凡九十二卷，有《渔洋集》诗

三十八卷，文十四卷，《蚕尾集》诗十二卷，文二十八卷。士禛以诗名重一时，追求神韵，讲究含蓄蕴藉。诗多描写山川景物和抒发个人情怀，七绝尤见特色，如《真州绝句》、《江上》、《雨中渡故关》、《藤花山下》诸作，写景用事，淡雅清新。文章内容庞杂，以论诗和游记为佳，如《鬲博草堂诗集序》、《芝廛集序》等。中年以后作品灵气尽失，意境狭小，内容贫乏，只不过是“范水模山，气势虚弱”而已。

书藏金陵图书馆。

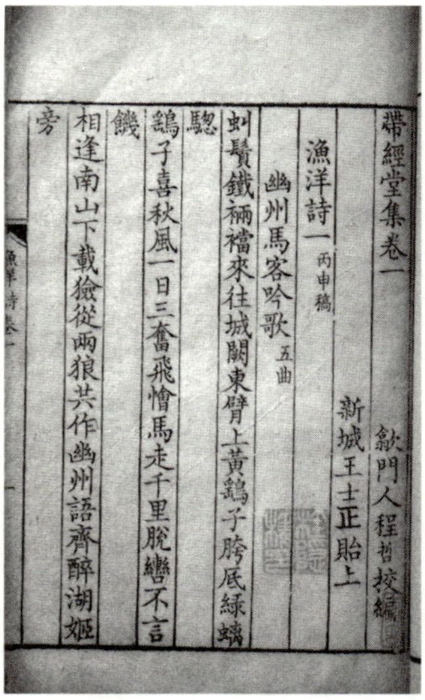
帶經堂集卷一　欽門人程哲校編
漁洋詩一　丙申稿　新城王士正貽上
幽州馬客吟歌　五曲
虯鬚鐵裲襠來往城關東臂上黃鷂子胯底綠螭驄
鷂子喜秋風一日三奮飛愴馬走千里脫轡不言饑
相逢南山下載獫從兩狼共作幽州語齊醉湖姬旁

戴东原集十二卷覆校札记一卷　（清）戴震撰

清乾隆经韵楼刻本

框高 20.6 厘米，宽 14 厘米，10 行 21 字，小字双行同，白口，左右双边，单黑鱼尾。

戴震（1724—1777），一字东原，二字慎修，号杲溪，休宁隆阜（今安徽黄山）人。乾隆二十七年（1762）举人，后被召为《四库全书》纂修官，乾隆四十年赐同进士出身。治学广博，音韵、文字、历算、地理无不精通，是清代著名文字学家、哲学家、思想家。

戴東原集
十二卷
經韻樓臧版

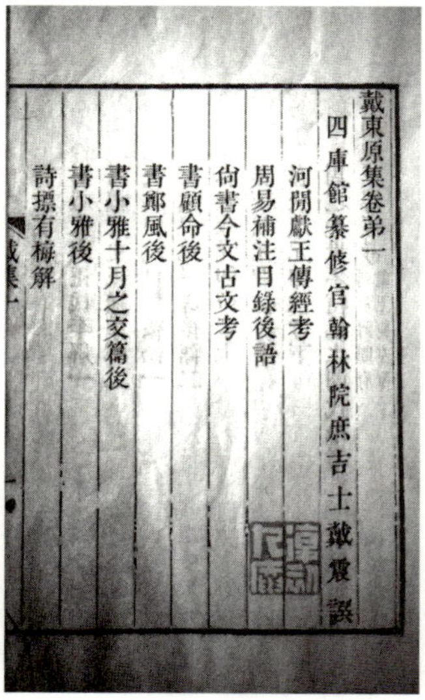
戴東原集卷第一
四庫館纂修官翰林院庶吉士戴震譔
河間獻王傳經考
周易補注目錄後語
尚書今文古文考
書顧命後
書鄭風後
書小雅十月之交篇後
書小雅後
詩摽有梅解

段玉裁（1735—1815），字若膺，号茂堂，江苏金坛人。其学师法戴震，以经学为根柢，谙熟历代典籍，尤精于古文字的音韵、训诂之学，主张“治经莫重于得义，得义莫切于得音”。

该书为段玉裁所辑《经韵楼丛书》零种，以收录戴氏遗文为主，涉及的内容包括《诗》、《礼》、文字、音韵、天文星象、水地、古算学、哲学诸多方面，体裁却不尽相同。卷八收录哲学论著、卷二收录礼学论著、卷三收录有关文字的论述、卷四收录有关音韵方面的论述，都比较完备，足为研究者所取资。

书藏鼓楼区图书馆。

戴氏遗书　（清）戴震撰

清乾隆微波榭刻本

框高19.6厘米，宽14.6厘米，10行21字，白口，左右双边，单黑鱼尾，版心下镌“微波榭刻”字样。

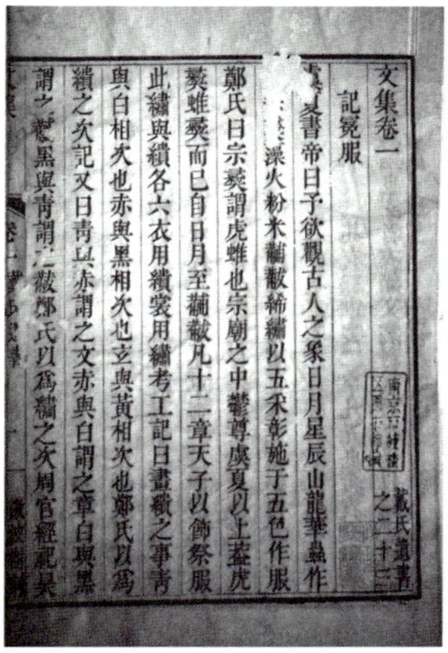
戴氏遺書之二十三
文集卷一
記冕服
書帝曰予欲觀古人之象日月星辰山龍華蟲作
藻火粉米黼黻絺繡以五采彰施于五色作服
鄭氏曰宗彝謂虎蜼也宗廟之中鬱尊虞夏以上蓋虎
彝蜼彝而已自日月至黼黻凡十二章天子以飾祭服
此繡與繢各六衣用繢裳用繡考工記曰畫繢之事青
與白相次也赤與黑相次也玄與黃相次也鄭氏以爲
繢之次記又曰青與赤謂之文赤與白謂之章白與黑
謂之黼黑與青謂之黻鄭氏以爲繡之次周官經祀昊

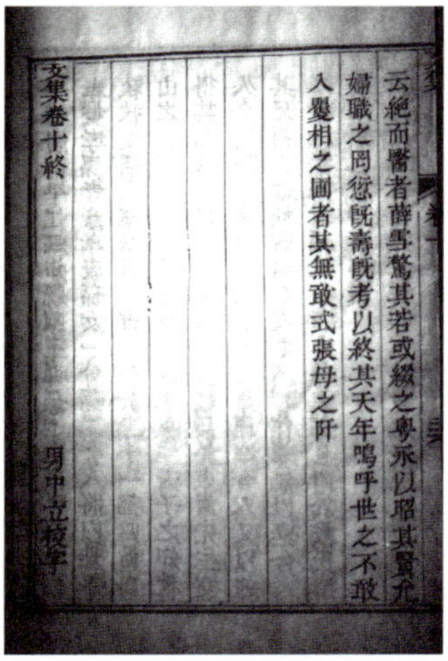
云絕而醫者薛雪驚其若或綴之粤示以瑠其賢允
婦職之罔愆既壽既考以終其天年嗚呼世之不敢
入釁相之圖者其無敢式張母之阡
文集卷十終
男中立校字

戴震（1724—1777），一字东原，二字慎修，号杲溪，休宁隆阜（今安徽黄山）人。乾隆二十七年（1762）举人，后被召为《四库全书》纂修官，乾隆四十年赐同进士出身。治学广博，音韵、文字、历算、地理无不精通，是清代著名文字学家、哲学家、思想家。

戴震作为清代皖派代表人物，一生著述颇丰。乾隆四十二年至四十四年孔继涵辑刊《微波榭丛书》，汇其著作为《戴氏遗书》收入其中，凡《东原文集》十卷、《考工记图》二卷、《孟子字义疏证》三卷、《原善》三卷等十五种六十一卷。“震之学，由声音、文字以求训诂，由训诂以寻义理”，章学诚称：“戴君所学，深通训诂，究于名物制度，而得其所以然，将以明道也。时人方贵博雅考订，见其训诂名物，有合时好，以谓戴之绝诣在此。及戴著《论性》、《原善》诸篇，于天人理气，实有发前人之所未发者。时人则谓空说义理，可以无作，是固不知戴学者矣。”可谓独具慧眼。

书藏鼓楼区图书馆。

东观汉记二十四卷　　（汉）刘珍等撰

清乾隆六十年（1795）扫叶山房刻本

框高 20.9 厘米，宽 14.6 厘米，12 行 25 字，小字双行 37 字，白口，左右双边，单黑鱼尾，版心下镌“扫叶山房”。

刘珍（？—约 126），一名刘宝，字秋孙，南阳郡蔡阳县（今湖北枣阳市）人。东汉史学家。

《汉记》之作始于汉明帝时，班固与陈宗、尹敏、孟异共同撰作《世祖本纪》及功臣列传，新市、平林、公孙述、隗嚣等载记凡二十八篇。安帝时，刘珍两度奉诏著作东观，始有《汉记》之名。其所撰为光武至永初初诸纪、表、名臣传、节士传、儒林传、外戚传等。桓帝时，边韶领衔作穆、崇二皇传、《顺烈皇后传》、《安思阎后传》、《儒林传》、《百官表》、《宦者传》。此时，《汉记》已有一百一十四篇之数。后又由伏无忌主持，补修《诸王表》、《王子表》、《功臣表》、《恩泽侯表》、《南单于传》、《西羌传》、《地理志》，于是诸体始全。灵帝时，蔡邕两度主持撰作《朝会》、《车服》、《律历》诸志，并续作纪传。汉末丧乱，蔡邕为王允所杀，《汉记》修撰之事，遂告终结。

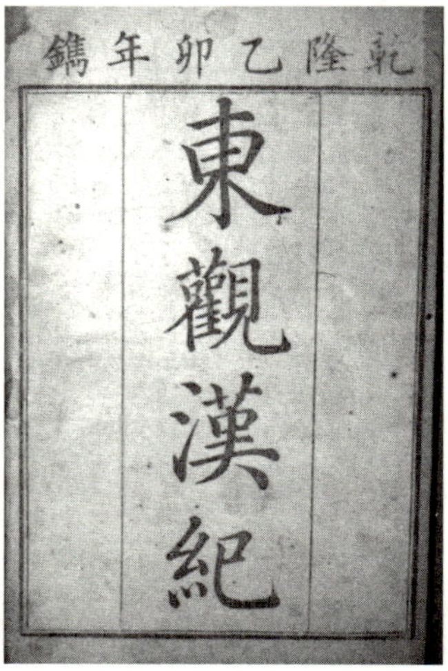
乾隆乙卯年鐫
東觀漢紀

《东观汉记》自唐已有残缺，北宋时尚有残本四十三卷，元朝以后，全部散佚。清人姚之骃辑得佚文八卷。乾隆间修《四库全书》，馆臣在姚辑本的基础上，重新辑出二十四卷，刊入《武英殿聚珍丛书》。《四库全书总目》言此书“虽残珪断璧，零落不完，而古泽斑斓，罔非瑰宝。书中所载……惟赖兹残笈，读史者尚有所稽。则其有资考证，良非浅鲜，尤不可不亟为表章矣”。

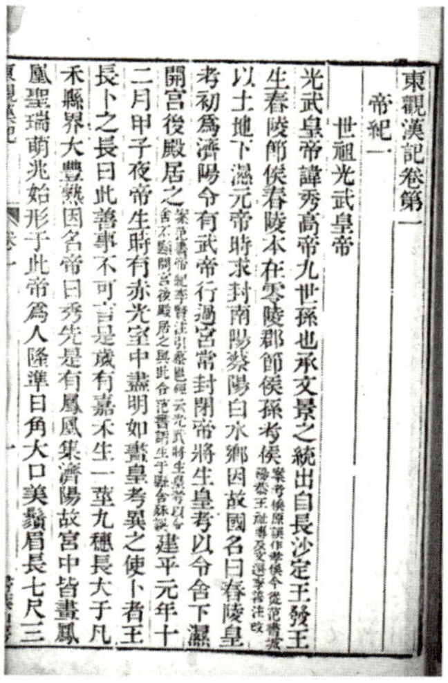
東觀漢記卷第一
帝紀一
世祖光武皇帝
光武皇帝諱秀高帝九世孫也承文景之統出自長沙定王發王
生舂陵節侯舂陵本在零陵郡節侯孫考侯
以土地下濕元帝時求封南陽蔡陽白水鄉因故國名曰舂陵皇
考初爲濟陽令有武帝行過宮常封閉帝將生皇考以令舍下濕
開宮後殿居之建平元年十
二月甲子夜帝生時有赤光室中盡明如晝皇考異之使卜者王
長卜之長曰此善事不可言是歲有嘉禾生一莖九穗長大于凡
禾縣界大豐熟因名帝曰秀先是有鳳凰集濟陽故宮中皆畫鳳
凰聖瑞萌兆始形于此帝爲人隆準日角大口美鬚眉長七尺三

书藏金陵图书馆。

东坡全集六十三卷目录四卷　（宋）苏轼撰

明刻本

框高 20.7 厘米，宽 14 厘米，10 行 19 字，白口，四周单边，单黑鱼尾。

苏轼（1037—1101），字子瞻，又字和仲，号铁冠道人、东坡居士，世称苏东坡、苏仙。眉州眉山（今四川眉山）人，祖籍河北栾城，北宋文学家、书法家、画家。嘉祐二年（1057），苏轼进士及第。宋神宗时曾在凤翔、杭州、密州、徐州、湖州等地任职。元丰三年（1080），因“乌台诗案”被贬为黄州团练副使。宋哲宗即位后，曾任翰林学士、侍读学士、礼部尚书等职，并出知杭州、颍州、扬州、定州等地，晚年因新党执政被贬惠州、儋州。宋徽宗时获大赦北还，途中于常州病逝。宋高宗时追赠太师，谥号“文忠”。有《东坡七集》、《东坡易传》、《东坡乐府》等传世。

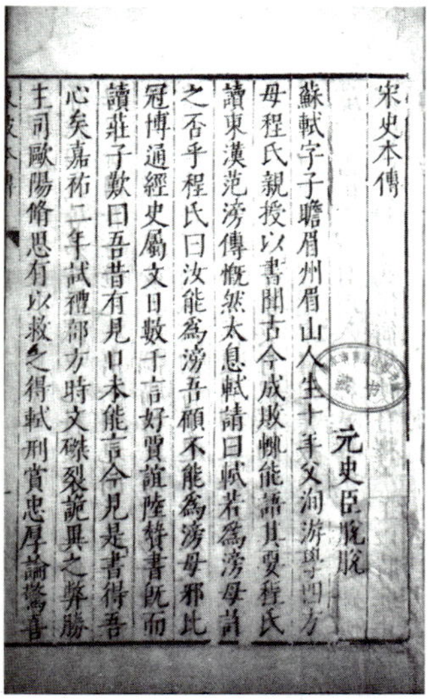
宋史本傳
元史臣脫脫
蘇軾字子瞻眉州眉山人生十年父洵游學四方
母程氏親授以書聞古今成敗輒能語其要程氏
讀東漢范滂傳慨然太息軾請曰軾若為滂母許
之否乎程氏曰汝能為滂吾顧不能為滂母邪比
冠博通經史屬文日數千言好賈誼陸贄書既而
讀莊子歎曰吾昔有見口未能言今見是書得吾
心矣嘉祐二年試禮部方時文磔裂詭異之弊勝
主司歐陽脩思有以救之得軾刑賞忠厚論驚喜

《东坡全集》是苏轼的诗文集。凡《前集》、《后集》、《续集》、《奏议集》、《外制集》、《内制集》、《应诏集》数种，又名《东坡七集》。苏轼为一代文坛大家，散文、诗、词皆有极高造诣。其作品思想内容十分丰富、绚烂多彩，艺术风格独特，开一代文风，代表了北宋文学的最高成就。

书藏秦淮区图书馆。

东坡诗选十二卷　（宋）苏轼撰　（明）谭元春选

明刻本

半框高 19.6 厘米，宽 13.6 厘米，8 行 17 字，小字双行同，白口，四周单边。

苏轼（1037—1101），字子瞻，号东坡居士，眉山（今四川眉山）人。嘉祐二年（1057）进士。曾任杭州通判，又知密州、徐州、湖州，政绩卓著。苏轼是北宋文坛领袖，“唐宋八大家”之一，诗、词、文、书、画均卓然大家，在中国文化史上绝无仅有，著有《东坡全集》一百一十五卷。词学上，为北宋词坛豪放派主要作家之一，佳作极多，有《东坡乐府》三卷，存词三百余首。

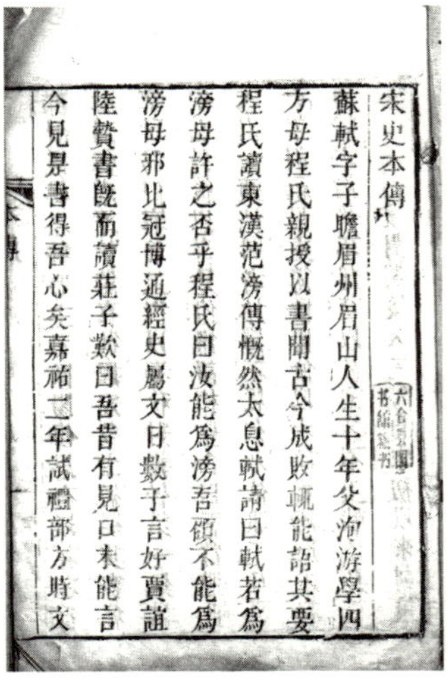

宋史本傳
蘇軾字子瞻眉州眉山人生十年父洵游學四
方母程氏親授以書聞古今成敗輒能語其要
程氏讀東漢范滂傳慨然太息軾請曰軾若爲
滂母許之否乎程氏曰汝能爲滂吾顧不能爲
滂母邪比冠博通經史屬文日數千言好賈誼
陸贄書旣而讀莊子歎曰吾昔有見口未能言
今見是書得吾心矣嘉祐二年試禮部方時文

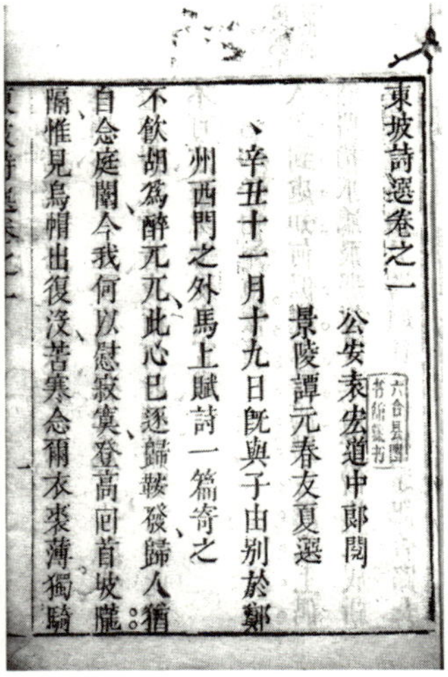

東坡詩選卷之一
公安袁宏道中郎閱
景陵譚元春友夏選
辛丑十一月十九日旣與子由别於鄭
州西門之外馬上賦詩一篇寄之
不飲胡爲醉兀兀此心已逐歸鞍發歸人猶
自念庭闈今我何以慰寂寞登高回首坡隴
隔惟見烏帽出復沒苦寒念爾衣裘薄獨騎

谭元春（1586—1637），湖广竟陵（今湖北天门）人，字友夏。明代文学家，天启间乡试第一，与同里钟惺同为“竟陵派”领袖，论文重视性灵，反对摹古，提倡幽深孤峭的风格。著有《谭友夏合集》。

是书乃谭元春据袁宏道评阅本增减而成。选东坡诗四百余首，书眉上刻袁、谭评语。

书藏六合区图书馆。

东坡题跋六卷目录一卷　（宋）苏轼撰

明汲古阁刻本

框高 18.9 厘米，宽 12.8 厘米，8 行 19 字，白口，左右双边，无鱼尾，版心下镌“汲古阁”。

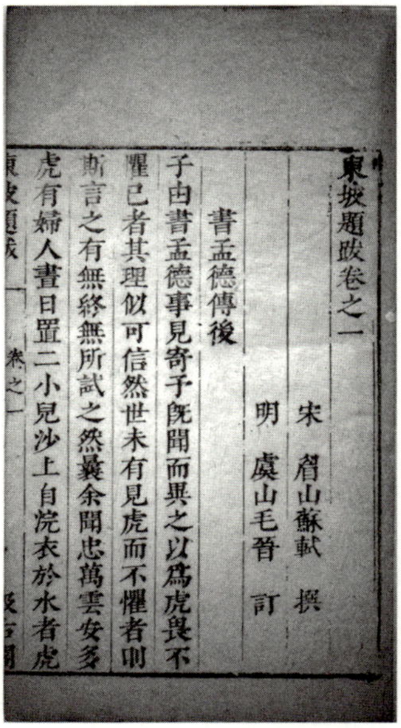

東坡題跋卷之一
宋 眉山蘇軾 撰
明 虞山毛晉 訂
書孟德傳後
子由書孟德事見寄予旣聞而異之以爲虎畏不
懼己者其理似可信然世未有見虎而不懼者則
斯言之有無終無所試之然曩余聞忠萬雲安多
虎有婦人晝日置二小兒沙上自浣衣於水者虎

苏轼（1037—1101），字子瞻，又字和仲，号东坡居士，世称“苏东坡”，眉州眉山（今四川眉山）人。北宋著名散文家、书画家、词人、诗人，豪放词派的代表。与父苏洵、弟苏辙合称“三苏”。所著有《东坡七集》、《东坡易传》、《东坡乐府》等。

《东坡题跋》凡六卷，收文近六百篇，卷一讨论文章，卷二、卷三讨论诗、词，卷四讨论书法，卷五讨论绘画与纸墨笔砚，卷六讨论音乐、神鬼、交际、游历等等。写法上随兴而发、妙趣横生，长则数百余言，短则二三十字；内容上反映其处世哲学：旷达超脱、随缘自适。

书藏金陵图书馆。

东坡乌台诗案一卷　（宋）朋九万撰

清乾隆刻本

框高 18.3 厘米，宽 13.6 厘米，10 行 20 字，白口，四周双边，单黑鱼尾。

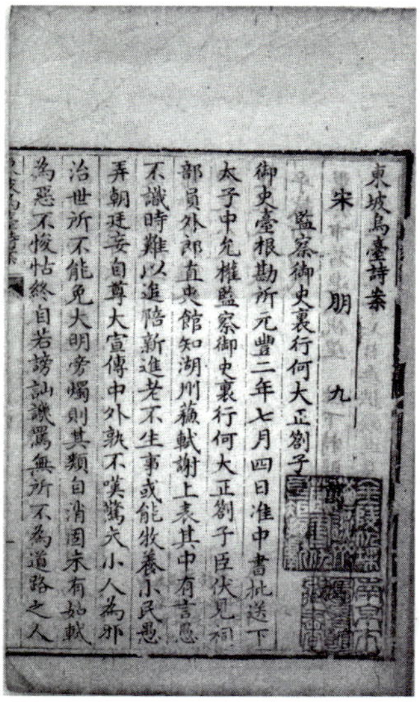
東坡烏臺詩案
宋　朋九
監察御史裏行何大正劄子
御史臺根勘所元豐二年七月四日准中書批送下
太子中允權監察御史裏行何大正劄子臣伏見祠
部員外郎直史館知湖州蘇軾謝上表其中有言愚
不識時難以追陪新進老不生事或能牧養小民愚
弄朝廷妄自尊大宣傳中外孰不驚歎小人為邪
治世所不能免大明旁燭則其類自消固未有如軾
為惡不悛怙終自若謗訕譏罵無所不為道路之人

朋九万，其人未详，仅据陈振孙著录，知为北宋后期蜀人。编有《乌台诗案》。

陈振孙《直斋书录解题》云："蜀人朋九万，录东坡下御史狱公案，附以初举发章疏及谪官后表章、书启、诗词等"，此书记载了"乌台诗案"的始末经过。"乌台诗案"，指北宋神宗元丰二年（1079）秋冬，苏轼因诗文"谤讪朝政"下御史台狱勘问一案。"乌台"即御史台之别称。本书收录有关此案之档案资料，前为监察御史何大正、舒亶等人所上札子及御史台有关公文，计五篇；中为苏轼在狱中所写供状，计四十篇，内涉及诗四十七首，文、赋、书信等十五篇；末为御史台根勘、结案奏文及结案状。大致保存了苏轼"乌台诗案"的原貌。

书藏金陵图书馆。

东坡先生年谱一卷　（宋）王宗稷编

清康熙刻本

框高 18.1 厘米，宽 13.7 厘米，10 行 21 字，小字双行 31 字，黑口，四周单边，单黑鱼尾。

苏轼（1037—1101），字子瞻，又字和仲，号东坡居士，世称“苏东坡”，眉州眉山（今四川眉山）人。北宋著名散文家、书画家、词人、诗人，豪放词派的代表。与父苏洵、弟苏辙合称“三苏”。所著有《东坡七集》、《东坡易传》、《东坡乐府》等。

王宗稷，字伯言，宋五羊人。高宗绍兴十年（1140），随外祖守黄州，访苏轼遗迹。所著有《东坡年谱》。

此谱广征苏轼本集及他人诗文集考证其生平行实，又将苏轼诗文、逸事详为纪年。书首册有苏东坡小像一幅。书首有王十朋序、顾嗣立序、杨瑄序、朱徙延序，共四个序。《四库全书总目》云：“查慎行补注苏诗，于此谱多所驳正，皆中其失。盖创始者难工，踵事者易密，固事理之自然耳。”

书藏秦淮区图书馆。

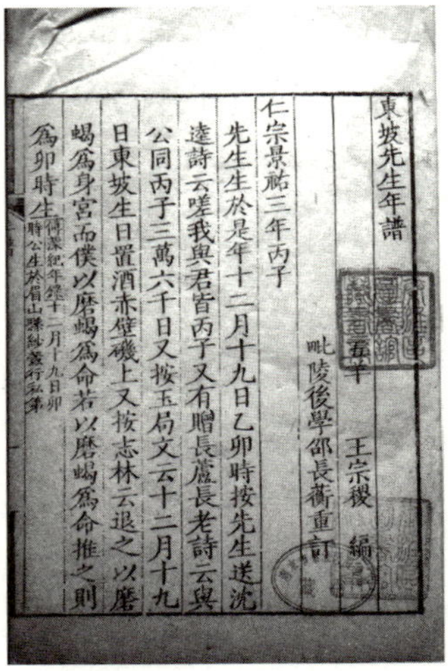
東坡先生年譜
王宗稷 編
毗陵後學邵長蘅重訂
仁宗景祐三年丙子
先生生於是年十二月十九日乙卯時按先生送沈逵詩云嗟我與君皆丙子又有贈長蘆長老詩云與公同丙子三萬六千日又按玉局文云十二月十九日東坡生日置酒赤壁磯上又按志林云退之以磨蝎爲身宮而僕以磨蝎爲命若以磨蝎爲命推之則爲卯時生……

东岩草堂评订唐诗鼓吹十卷
（元）郝天挺注

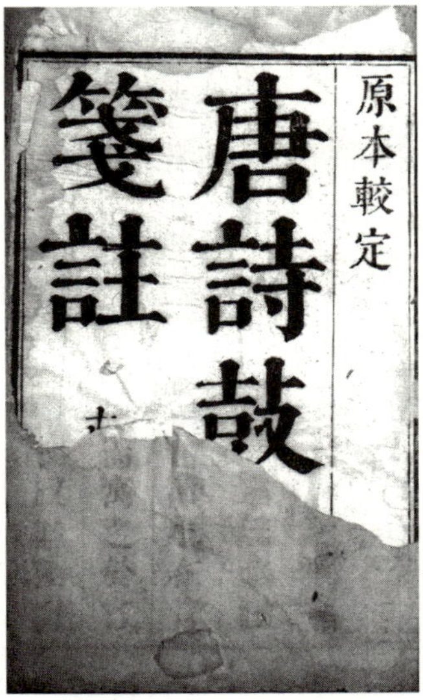

清康熙二十七年（1688）刻本

框高 19.2 厘米，宽 13.7 厘米，11 行 21 字，小字双行同，白口，四周双边，单黑鱼尾。

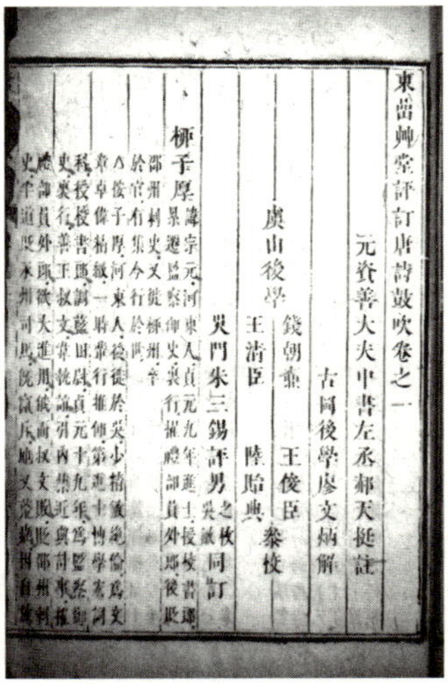
東嵒艸堂評訂唐詩鼓吹卷之一
元資善大夫中書左丞郝天挺註
古同後學廖文炳解
虞山後學 錢朝鼒 王俊臣 王清臣 陸貽典 參校
吳門朱三錫評 男……同訂
柳子厚

郝天挺（1247—1313），字继先，号新斋，元朝河北安肃人。父和上拔都鲁，战功彪炳，为河东行省五路军民万户，卒葬三原县，郝天挺兄弟以父葬其地而徙居三原县，遂为三原县人。郝天挺早年师从元好问，以勋臣子召备宿卫。历任云南行省参知政事、陕西汉中道廉访使、吏部尚书等职，后为江浙行省左丞。1307 年因拥戴元武宗有功，拜为中书左丞。元仁宗即位后，召与诸老臣共议大政，后历任江西、河南二省右丞、御史中丞，官至河南行省平章政事。死后谥号文定。曾为其师元好问所辑之《唐诗鼓吹》作注十卷。又辑宋、金、元三朝名人诗篇为《鼓吹续音》十二卷。在元世祖至元后期任云南行省参知政事时，修《云南实录》五卷，并兴学大理。

《东岩草堂评订唐诗鼓吹》所录皆唐人七言律诗，凡九十六家，共五百九十六首。顾其书与方回《瀛奎律髓》同出元初，而去取谨严，轨辙归一，大抵道健宏敞，无宋末江湖、四灵琐碎寒俭之习，实出方书之上。天挺之注虽颇简略，而但释出典，尚不涉于穿凿，亦不似明廖文炳等所解横生枝节、庸而至于妄也。……旧有姚燧、武一昌二序，此本佚之。

书藏秦淮区图书馆。

读书作文谱十二卷附父师善诱法二卷　（清）唐彪辑撰

清康熙四十七年（1708）唐氏家刻本

框高21.4厘米，宽14.6厘米，11行25字，小字双行同，白口，左右双边，单黑鱼尾。

唐彪，生卒年不详，明末清初浙江兰溪人，字翼修。是我国教育史上第一位语文教学法专家。

《读书作文谱》全书十二卷，详尽地阐述了唐彪的散文理论批评思想，总结了他写八股文的经验，其理论自成一完整体系。一方面，唐彪阐述了文章写作总的原则，强调作者要修养性情以培其“学基”，读书积学以深其“文源”。另一方面阐述了作文的主要步骤，包括审题、定结构、行文走势、润色词句和修

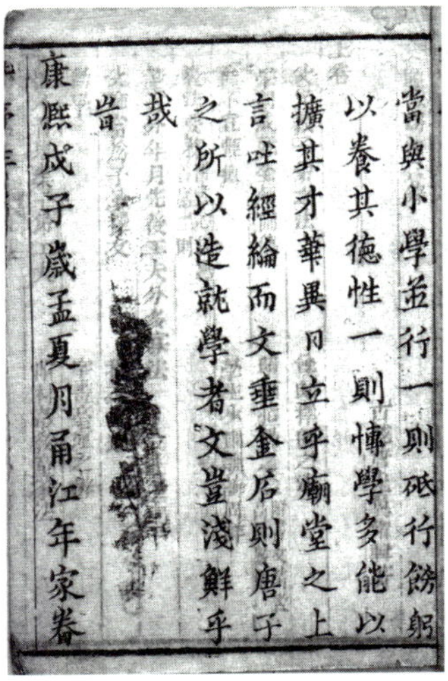

嘗與小學並行一則砥行飭躬
以養其德性一則博學多能以
擴其才華異日立乎廟堂之上
言吐經綸而文垂金石則唐子
之所以造就學者文豈淺鮮乎
哉
旹
康熙戊子歲孟夏月甬江年家眷

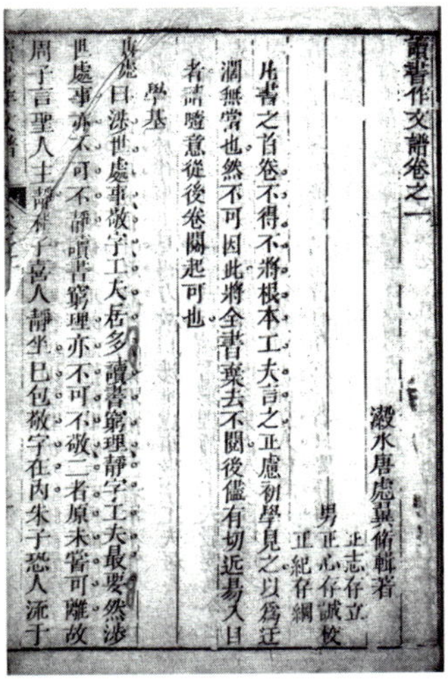

讀書作文譜卷之一
瀔水唐彪翼脩輯著
男 正志存立 正心存誠 正紀存綱 校
此書之首卷不得不將根本工夫言之正慮初學見之以爲迂
濶無當也然不可因此將全書棄去不閱後儘有切近易入目
者請嗜意從後卷閱起可也
學基
唐彪曰涉世處事敬字工夫居多讀書窮理靜字工夫最要然涉
世處事亦不可不靜讀書窮理亦不可不敬二者原未嘗可離故
周子言聖人主靜朱子言人靜坐已包敬字在內朱子恐人流于

改。书中的《文章诸要》论述了优秀作品应具备的品质。

《父师善诱法》上卷主要介绍“尊师择师之法”和“父兄教子弟之法”，以及各种教法常规。下卷主要介绍童子入学后应采取的各种教法。总起来看，这两部教法专著涉及读写教学的规律性问题。

书藏六合区图书馆。

杜工部集二十卷附录一卷　（清）钱谦益注

清康熙刻本

框高 18.3 厘米，宽 13.8 厘米，9 行 20 字，黑口，四周双边，双黑鱼尾。

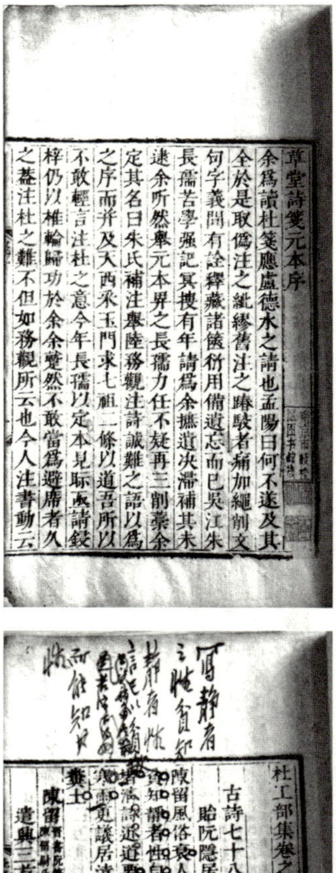

草堂詩箋元本序
余爲讀杜箋應盧德水之請也孟陽曰何不遂及其
全於是取僞注之紕繆舊注之蹐駁者痛加繩削文
句字義間有詮釋藏諸篋衍用備遺忘而已吳江朱
長孺苦學强記冥搜有年請爲余撫遺決滯補其未
逮余所然畀元本畀之長孺力任不疑再三削藁余
定其名曰朱氏補注舉陸務觀注詩議難之語以爲
之序而并及大西承玉門求七祖一條以道吾所以
不敢輕言注杜之意今年長孺以定本見貽函請鋟
梓仍以椎輪歸功於余余蹙然不敢當爲避席者久
之蓋注杜之難不但如務觀所云也今人注書動云

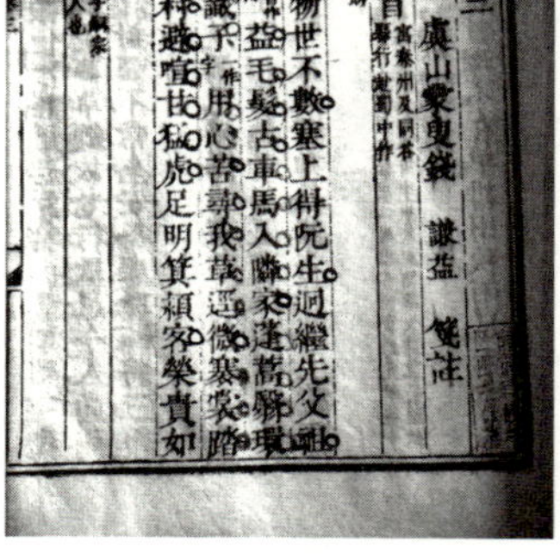

杜工部集卷之三　虞山蒙叟錢謙益箋注
古詩七十八首
貽阮隱居

杜甫（712—770），字子美，因其曾任检校工部员外郎，故有“杜工部”之称。祖籍襄阳（今湖北），生于河南巩县（今河南）。杜甫的诗歌忠于现实，风格雄浑高古，自成一家，被世人尊为“诗圣”。

钱谦益（1582—1664），字受之，号牧斋，晚号蒙叟、东涧老人，江苏常熟人。明万历三十八年（1610）一甲三名进士，官至礼部侍郎，因与温体仁争权失败而被革职。其诗作于明收入《初学集》，入清以后的收入《有学集》；另有《投笔集》作于晚年，多抒发反对清朝、恢复故国的心愿。钱谦益的诗初学盛唐，后及唐宋各名家，不拘一格。

《杜工部集》是唐代著名诗人杜甫的诗文集，现存诗一千四百余首，文三十余篇。清以降为杜诗或《杜工部集》作注的人很多，由于钱谦益当时在文坛的地位以及他对杜甫诗的见解，他笺注的《杜工部集》自问世后，倍受追捧。乾隆四十五年（1780），由于被陕甘总督勒尔谨奏缴，以为“书中有故刻方空，明属悖妄”，因此遭禁毁。

书藏鼓楼区图书馆。

杜工部诗集二十卷卷末一卷　（唐）杜甫撰　（清）朱鹤龄辑注

清康熙刻本

框高 18.8 厘米，宽 13.8 厘米，9 行 19 字，小字双行同，白口，左右双边，单黑鱼尾。

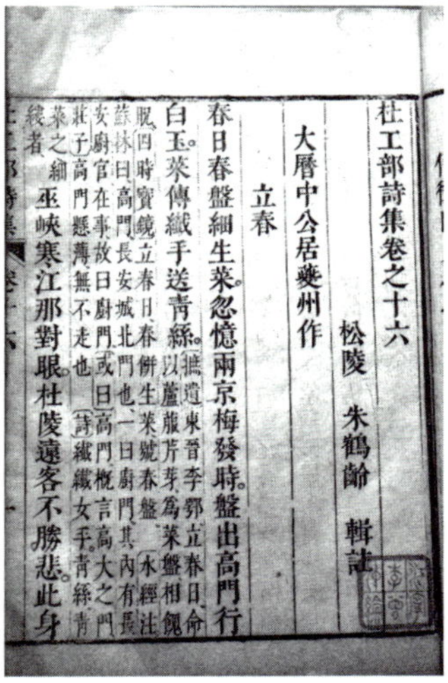
杜工部詩集卷之十六

松陵　朱鶴齡　輯註

大曆中公居夔州作

立春

春日春盤細生菜。忽憶兩京梅發時。盤出高門行白玉。菜傳纖手送青絲。

巫峽寒江那對眼。杜陵遠客不勝悲。此身

杜甫（712—770），字子美，本襄阳人，后徙河南巩县。自号少陵野老，唐代伟大的现实主义诗人，与李白合称“李杜”。后世称其杜拾遗、杜工部，也称他杜少陵、杜草堂。

朱鹤龄（1606—1683），字长孺，明诸生。颖敏嗜学，尝笺注杜甫、李商隐诗，盛行于世。鼎革后，屏居著述。晨夕一编，行不识途路，坐不知寒暑。人或谓之愚，遂自号愚庵。尝自谓“疾恶如仇，嗜古若渴。不妄受人一钱，不虚诳人一语”云。著《愚庵诗文集》。

是书收杜诗一千四百余首，体例以编年为序，起《游龙门奉先寺》，终《过洞庭湖》，全书既有注释，亦有批点。底本为高崇兰编订的《集千家诗注评点杜工部诗集》。周采泉《杜集书录》曾言：“明清各注家，往往以高本为蓝本，朱鹤龄之辑注，于编年颇依违其间。”

书藏秦淮区图书馆。

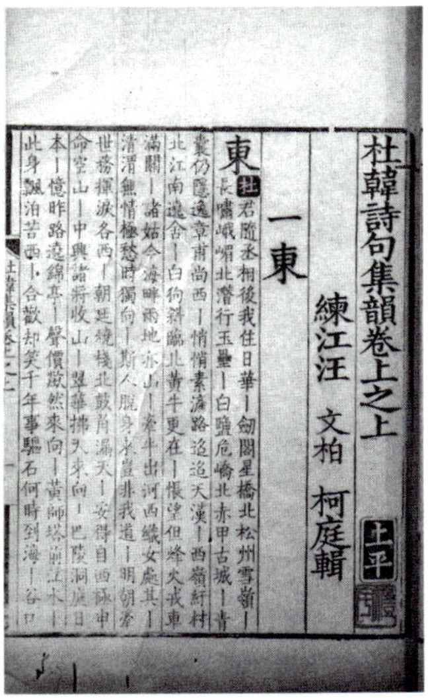
杜韓詩句集韻卷上之上

練江汪　文柏　柯庭輯

一東

東

杜韩诗句集韵三卷　（清）汪文柏辑

清康熙四十五年至四十六年（1706—1707）练江汪氏古香楼刻本

框高 16.2 厘米，宽 12.6 厘米，8 行 11 字，小字双行 23 字，黑口，左右双边，单黑鱼尾，版心上有字数，下有刻工。

汪文柏（1659—？），字季青，号柯庭，一作柯亭，安徽休宁人，占籍浙江桐乡。康熙间曾官京师北城兵马司指挥。工诗画、精鉴赏、喜藏书。家有藏书楼“古香楼”、“摛藻堂”、“拥书楼”。著有《柯亭余习》、《古香楼吟稿》、《杜韩诗句集韵》等。

《杜韩诗句集韵》三卷，清汪文柏撰，是书以韵部排列杜韩诗句，所收诗句虽不能说搜罗无遗，然所漏无几，于读二家诗者便利不少。读者可以依次检索杜韩诗句中曾否押某韵，某韵中有杜韩哪些诗句，可视为杜韩诗句索引，是一部颇具特色的工具书。因所列诗句不标诗题，有其不便之处。

书藏金陵图书馆。

杜少陵全集详注三十一卷卷首一卷附编二卷
（唐）杜甫撰　（清）仇兆鳌辑注

清康熙三十二年（1693）芸生堂刻本

框高 19.5 厘米，宽 13.8 厘米，10 行 22 字，小字双行同，上白口，下黑口，左右双边，单黑鱼尾。

杜甫（712—770），字子美，本襄阳人，后徙河南巩县。自号少陵野老，唐代伟大的现实主义诗人，与李白合称“李杜”。

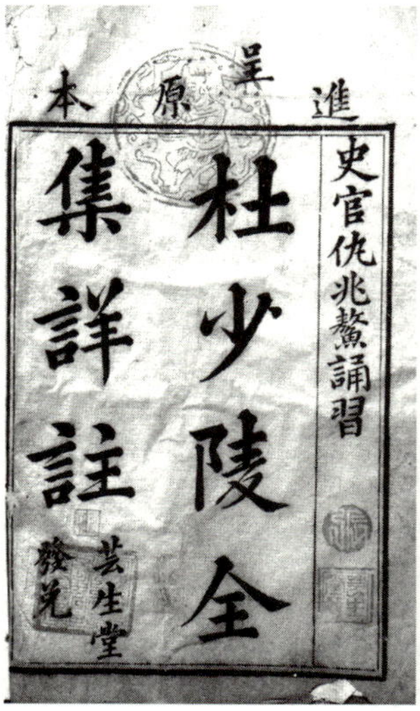
進呈原本
史官仇兆鰲誦習
杜少陵全集詳註
芸生堂發兌

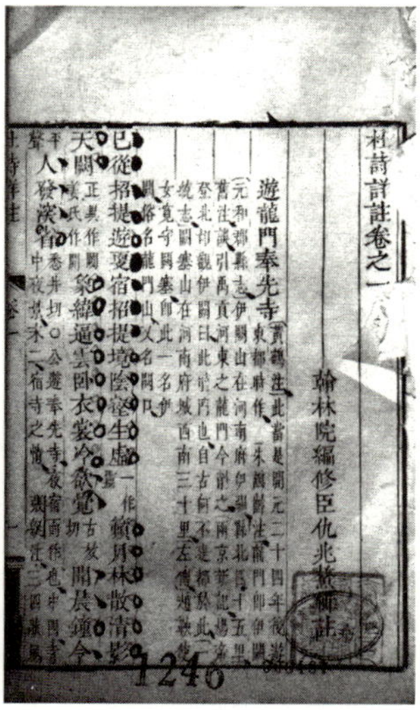
杜詩詳註卷之一
翰林院編修臣仇兆鰲輯註
遊龍門奉先寺

仇兆鳌（1638—1717），字沧柱，一字知几，自号章溪老叟，浙江鄞县（今宁波鄞州）人。明末清初著名学者。少从黄宗羲游，论学以刘蕺山为宗。康熙二十年乙丑科进士，选庶吉士，散馆授编修。后历擢礼部侍郎、吏部左侍郎兼翰林院掌院学士。著有《四书说约》、《杜诗详注》、《周易参同契集注》和《悟真篇集注》。其研究杜甫诗最精深，所著以《杜诗详注》最享盛名，《四库全书总目》称其“援据繁富，而无千家注伪撰故实之陋习。核其大局，可资考证者为多”。

书藏秦淮区图书馆。

二程文集十二卷　（宋）程颐　（宋）程颢撰　（清）张伯行订

清康熙仪封张伯行正谊堂刻本

框高 20.5 厘米，宽 13.4 厘米，10 行 22 字，白口，四周单边，单黑鱼尾，版心下镌“正谊堂”。

張大中丞訂

二程文集

正誼堂藏板

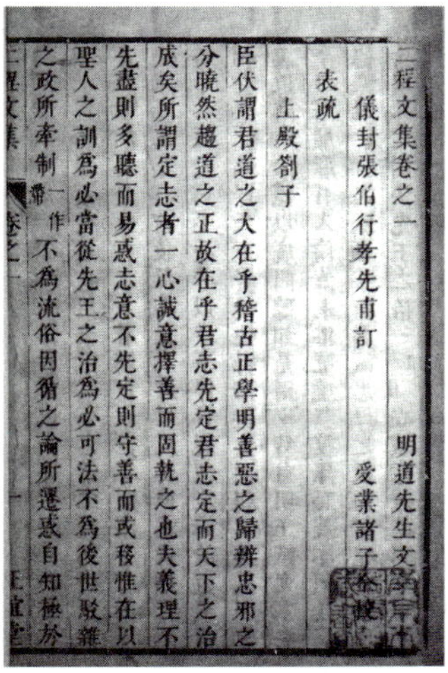
二程文集卷之一　明道先生文

儀封張伯行孝先甫訂　受業諸子□校

表疏

上殿劄子

臣伏謂君道之大在乎稽古正學明善惡之歸辨忠邪之分曉然趨道之正故在乎君志先定君志定而天下之治成矣所謂定志者一心誠意擇善而固執之也夫義理不先盡則多聽而易惑志意不先定則守善而或移惟在以聖人之訓爲必當從先王之治爲必可法不爲後世駁雜之政所牽制一作不爲流俗因循之論所遷惑自知極於

二程文集　卷之一　正誼堂

程颐（1033—1107），字正叔，洛阳伊川人，世称“伊川先生”，生于湖北黄陂，程颢之胞弟。历官汝州团练推官、西京国子监教授。元祐元年（1086）除秘书省校书郎，授崇政殿说书。其著作有《周易程氏传》、《遗书》、《易传》、《经说》，被后人辑录为《程颐文集》。明代后期与程颢合编为《二程全书》。

程颢（1032—1085），字伯淳，学者称“明道先生”。与其弟程颐学于周敦颐，世称“二程”，同为北宋理学的奠基者，其学说后来为朱熹所继承和发展，世称“程朱学派”。其所亲撰有《定性书》、《识仁篇》等，后人集其言论所编的著述书籍《遗书》、《文集》等，皆收入《二程全书》。

张伯行（1651—1725），字孝先，号恕斋，河南仪封（今河南兰考）人。清朝大臣，以清廉刚直称。理学家。

《二程文集》的前四卷是程颢的诗文集，后八卷是程颐的诗文集。《经说》中的《系辞》、《书》、《诗》、《春秋》、《论语》为程颐所作。

书藏金陵图书馆。

二家宫词不分卷　（明）毛晋辑

明天启毛氏绿君亭刻本

框高 20.2 厘米，宽 13.1 厘米，8 行 18 字，白口，四周单边，无鱼尾。

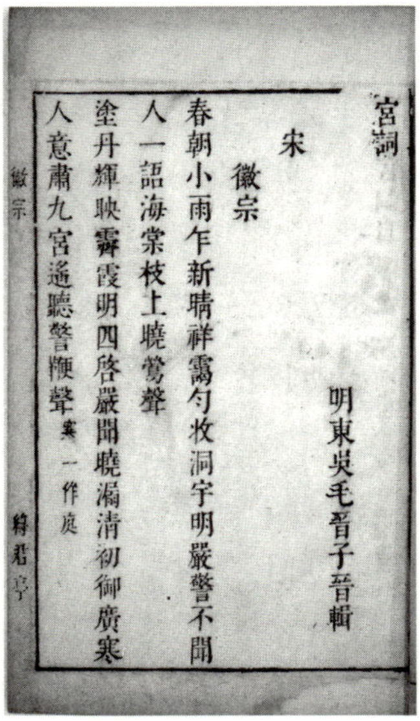
宮詞　明東吳毛晉子晉輯
宋
徽宗
春朝小雨乍新晴祥靄勻收洞宇明嚴警不聞
人一語海棠枝上曉鶯聲
塗丹輝映霽霞明四啓嚴闈曉漏清初御廣寒
人意肅九宮遙聽警鞭聲寒一作庭
徽宗　綠君亭

毛晋（1599—1659），原名凤苞，字子久。后改名毛晋，字子晋，号潜在，别号汲古主人。常熟（今属江苏）人。明末著名藏书家、出版家、刻书家、文学家、经学家。早年师从钱谦益。家藏图书八万四千余册，多为宋元刻本，藏于汲古阁、目耕楼中。曾校刻《十三经》、《十七史》、《津逮秘书》、《六十种曲》等书，流布甚广。所刻书初题绿君亭或世美堂，后皆用汲古阁。编著甚多，有《毛诗陆疏广要》、《苏米志林》、《海虞古今文苑》等。

此书所收宫词，凡宋徽宗皇帝三百首，宁宗杨皇后三十首。徽宗卷末有帝姬长公主跋，或为伪托。杨后卷末有潜夫跋，不著名氏。《四库全书总目》云：“此三百五十首者，皆后人裒辑得之，真伪参半，不可尽凭，姑以流传已久存之耳。”

书藏金陵图书馆。

二曲集二十六卷　（清）李中孚撰

清康熙四十四年（1705）序刻本

半框高 21.1 厘米，宽 13.6 厘米，9 行 20 字，白口，四周双边，单黑鱼尾。

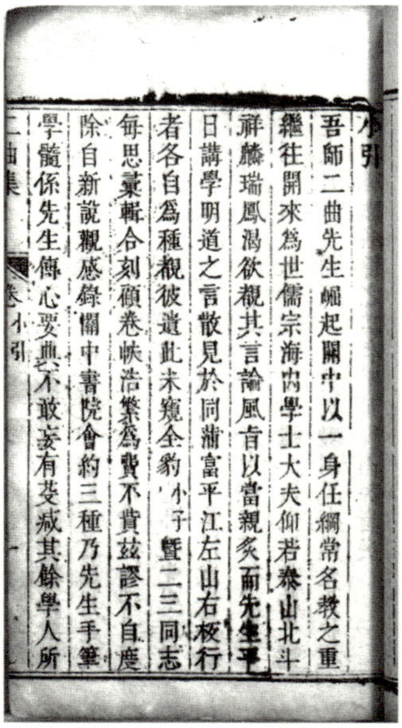
小引
吾師二曲先生崛起關中以一身任綱常名教之重
繼往開來為世儒宗海內學士大夫仰若泰山北斗
羣麟瑞鳳渴欲覩其言論風旨以當親炙而先生平
日講學明道之言散見於同州富平江左山右校行
者各自為種覩彼遺此未窺全豹小子暨二三同志
每思彙輯合刻顧卷帙浩繁為費不貲茲謬不自度
除自新說觀感錄關中書院會約三種乃先生手筆
學髓係先生傳心要典不敢妄有芟減其餘學人所
二曲集　卷　小引　一

李颙（1627—1705），字中孚，号二曲，明末清初陕西盩厔（今周至）人。李颙在理学上的造诣，被称为“海内大儒”，与浙江余姚黄宗羲、直隶蓉城孙奇逢并称为海内三大鸿儒。李颙一生著书不少，现在尚知道书名的有《帝学宏纲》、《经筵僭测》、《经世蠡测》等。由于清初文字狱罗网严密，李颙又反对思想钳制，为避祸计他不得不将自己写的大多数书稿付之一炬，只有少数书稿刻印成合集《二曲集》流传了下来，另有《四书反身录》存世。

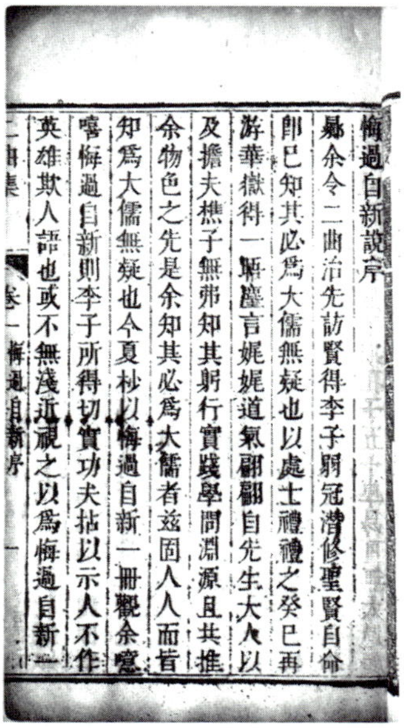
悔過自新說序
曷余令二曲洎先訪賢得李子弱冠潛修聖賢自命
即已知其必爲大儒無疑也以處士禮禮之癸巳再
游華嶽科一晤聆言娓娓道氣翩翩自先生大人以
及擔夫樵子無弗知其躬行實踐學問淵源且共推
余物色之先是余知其必爲大儒者玆固人人而皆
知爲大儒無疑也今夏杪以悔過自新一册覲余噫
嘻悔過自新則李子所得切實功夫拈以示人不作
英雄欺人語也或不無淺近視之以爲悔過自新一
二曲集　卷一　悔過自新序

《二曲集》又称《关中李二曲先生全集》，本书由李颙的门人王心敬汇编而成，收有李颙的讲学记录、性理论说、书信、杂著等，共二十六卷。自第一至十五卷为讲学教授语录，或自著，或由弟子记录编辑成文。第十六至二十二卷是杂著。第二十三至二十六卷为追思其父的诗文，内附其母彭氏的传记诗文。《二曲集》的教育思想，主要反映在前二十二卷的文字中。

书藏六合区图书馆。

二十四泉草堂集十二卷　（清）王苹撰

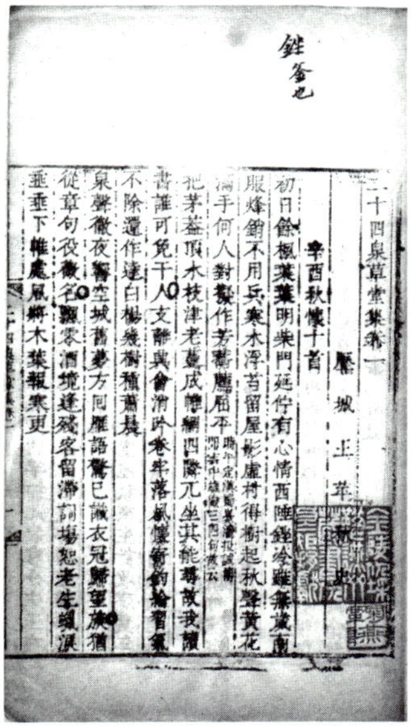
二十四泉草堂集卷一
歷城王苹秋史
辛酉秋懷十首

清康熙五十六年（1717）刻本

框高 17.2 厘米，宽 13.3 厘米，12 行 22 字，小字双行 33 字，黑口，左右双边，双黑鱼尾。

王苹（1661—1720），字秋史，号蓼谷山人，自称七十二泉主人，清代济南历城（今山东济南）人。祖籍临山卫（今属浙江），后迁居历城。康熙四十五年进士，被授任知县。后改任成山卫（今山东荣成）教授。著有《二十四泉草堂集》、《蓼村集》。

此书共十二卷，收诗一千零二十六首，占王苹全部诗作的三分之一，今多作善本收藏。王士禛亟赏其诗，谓“肮脏有奇气，不屑一语雷同，而趣味澄复，如清洗之贯逵，与其人绝相似，虽忌者不能不心折其工”。

书藏金陵图书馆。

贰臣传十二卷逆臣传四卷　（清）国史馆编

清乾隆四十一年（1776）国史馆刻本

半框高 15.4 厘米，宽 11 厘米，9 行 20 字，小字双行同，白口，左右双边，单黑鱼尾。

《贰臣传》和《逆臣传》均系清国史馆奉乾隆帝敕旨纂写，书名已表示出官修成品，在《清史列传》中就有贰臣传和逆臣传，分别有两卷和一卷。它们各有单行本，也同为《清代传记丛刊》的组成部分。《逆臣传》作四卷，为第五十六册，《贰臣传》有十二卷，为第五十七册。贰臣传是为明朝臣子而降清出仕的人写传，因为乾隆帝认为他们不能忠君尽节，故以“贰臣”鞭挞之，洪承畴、张勇、孔有德、尚可喜、耿仲明、祖大寿等一大批有名人物的传记都归入其中。叛逆之臣，钉在历史的耻辱柱上，是以吴三桂、马宝、马逢知等降清后又反对清朝的文武官员的传记，被命名为《逆臣传》。

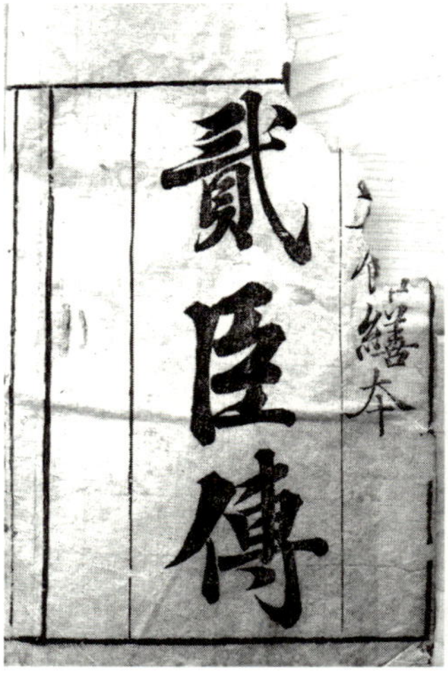

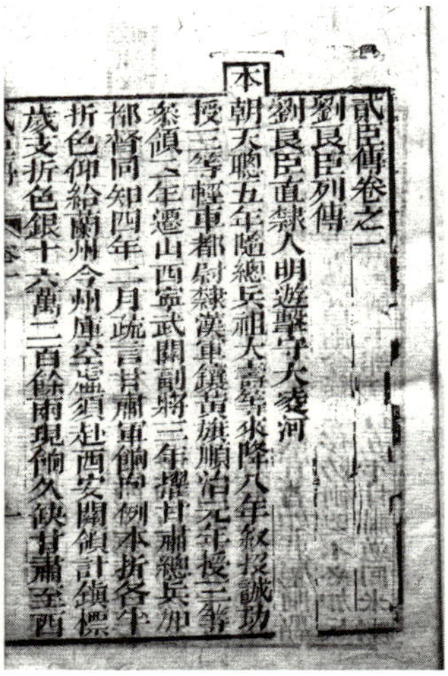
貳臣傳卷之一
劉良臣列傳
劉良臣直隸人明遊擊守大凌河
本朝天聰五年隨總兵祖大壽來降八年敘投誠功
授三等輕車都尉隸漢軍鑲黄旗順治元年授三等
參領二年遷山西寧武關副將三年擢甘肅總兵加
都督同知四年二月疏言甘肅軍餉舊例本折各半
折色仰給蘭州今州庫空虛須赴西安關領計鎮標
歲支折色銀十六萬二百餘兩現餉久缺甘肅至西

书藏六合区图书馆。

法书要录十卷　（唐）张彦远辑　（明）毛晋校

明刻本

框高 20 厘米，宽 13.9 厘米，10 行 20 字，小字双行同，白口，左右双边，单黑鱼尾。

张彦远（815—907），字爱宾，蒲州猗氏（今山西临猗）人。中国唐代画家、绘画理论家。出身宰相世家，曾任舒州刺史、左仆射补阙、祠部员外郎、大理寺卿。他博学有文辞，尤工书法，擅长隶书。曾书有《三祖大师碑阴记》、《山行诗》等作品。张彦远家中世藏法书名画甚富，尤精于书画鉴赏之学。工书，楷、隶俱善。惜无作品传世。著《历代名画记》、《法书要录》、《彩笺诗集》等。

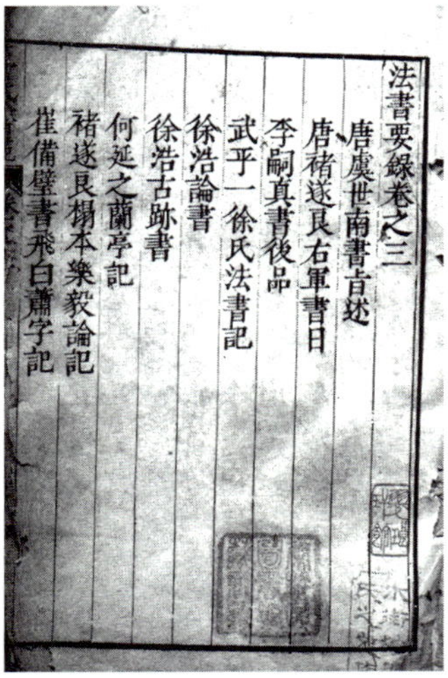
法書要錄卷之三
唐虞世南書旨述
唐褚遂良右軍書目
李嗣真書後品
武平一徐氏法書記
徐浩論書
徐浩古跡記
何延之蘭亭記
褚遂良榻本樂毅論記
崔備壁書飛白蕭字記

毛晋（1599—1659），字子晋，号潜在，别号汲古主人，常熟（今江苏常熟）人。明末著名藏书家、出版家、文学家。

是书“采掇自古论书，凡百篇，勒为十卷”。收录了从东汉至唐元和（806—820）年间的书法理论著作共三十九种，著录了大量书法名迹，采掇宏富，编辑精审，许多有关书法的记述著作，均赖此书以存留，是目前研究中国书法史和书法理论的重要文献。《四库全书简明目录》谓之“采摭繁复，后之论书者，大抵以此为据”。

书藏秦淮区图书馆。

樊南文集笺注八卷　（唐）李商隐撰　（清）冯浩编

清乾隆三十年（1765）刻本

半框高 18.4 厘米，宽 13.9 厘米，11 行 25 字，小字双行 33 字，白口，左右双边，单黑鱼尾。

李商隐（约 813—约 858），字玉山，号玉溪（谿）生，出生于郑州荥阳（今河南郑州荥阳市），晚唐著名诗人。

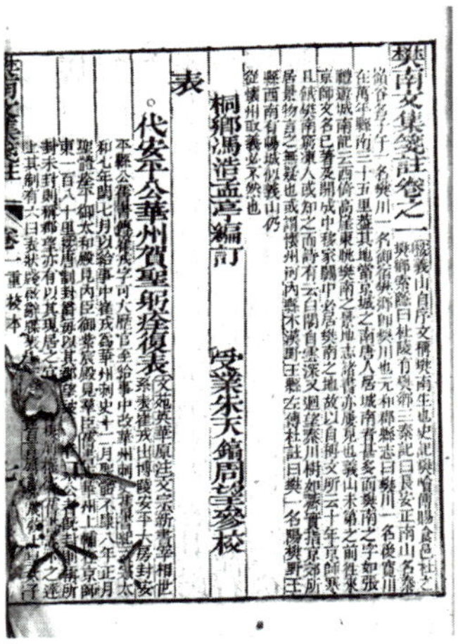
樊南文集箋註卷之一
桐鄉馮浩孟亭編訂　受業朱天錦周言參校
表
代安平公華州賀聖躬痊復表

冯浩（1719—1801），字养吾，号孟亭，浙江桐城人。乾隆十三年进士。由编修官至御史。丁忧回籍不复出，家居四十年，读书著述以终。曾讲课于常州、浙东、浙西诸书院，注李商隐诗文尤有成绩。著有《孟亭诗文集》；又注有《玉溪生诗评注》八卷，及《樊南文集详注》八卷，并传于世。

《樊南文集》为李商隐文集，李商隐曾居樊南，自称樊南先生。该文集曾由作者自编，后散佚。清代朱长孺从《文苑英华》、《唐文粹》中加以辑录，又经过另一些人增补，后由徐树穀、徐炯笺注。冯浩在这个基础上将原注大量增删改订，辑注成《樊南文集笺注》八卷。全书辑录李商隐文一百五十一篇，按文体重新分类，每类文章予以编年（不可编者附各体之末）整理。

书藏六合区图书馆。

樊南文集详注八卷　（唐）李商隐撰　（清）冯浩注

清乾隆三十年（1765）息聚堂刻本

框高 18.8 厘米，宽 14 厘米，11 行 25 字，小字双行不等，白口，左右双边，单黑鱼尾。

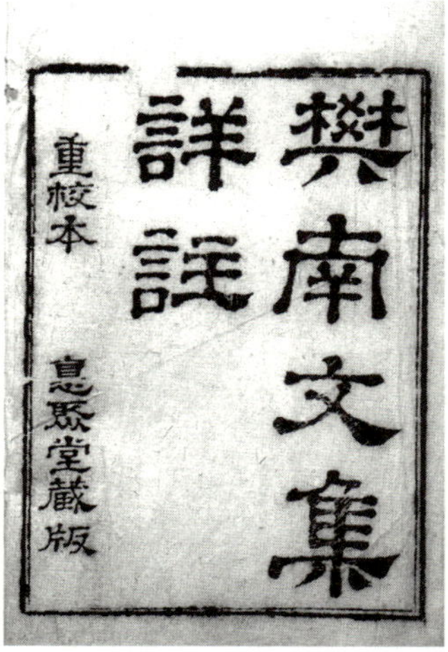
樊南文集詳註
重校本
息聚堂藏版

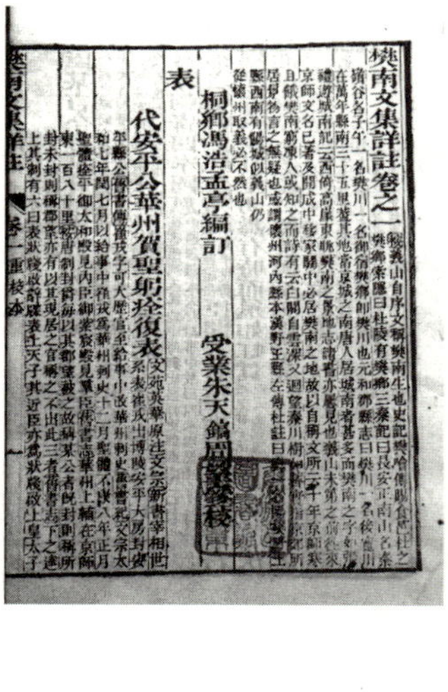
樊南文集詳註卷之一
桐鄉馮浩孟亭編訂
表
代安平公華州賀聖躬痊復表

李商隐（约 813—约 858），字义山，号玉溪（谿）生，又号樊南生，祖籍怀州河内（今河南沁阳），出生于郑州荥阳（今河南荥阳），晚唐诗人，开成进士，曾任县尉、秘书郎和东川节度使判官等职。因受牛李党争影响，潦倒终身。诗作文学价值很高，他和杜牧合称“小李杜”，与温庭筠合称为“温李”，与同时期的段成式、温庭筠风格相近，且都在家族里排行十六，故并称为“三十六体”。他擅长诗歌写作，骈文文学价值也很高，其诗构思新奇，风格秾丽，尤其是一些爱情诗和无题诗写得缠绵悱恻，优美动人，广为传诵。但部分诗歌（以《锦瑟》为代表）过于隐晦迷离，难于索解，至有“诗家总爱西昆好，独恨无人作郑笺”之说。

冯浩（1719—1801），字养吾，号孟亭，浙江桐城人。乾隆十三年进士。由编修官至御史。

此书系在徐树穀、徐炯《李义山文集笺注》之基础上，加以大幅度删补辨正改订而成，并据《成都文类》补入《为河东公上西川相国京兆公书》一首。卷首有乾隆三十年钱维城序。卷一为表，卷二为状，卷三、四为启，卷五祝文，卷六祭文，卷七序，卷八书箴碑铭杂记。书末附逸句。每卷各体文以写作年代为次，偶有不可编者附各体之末。全书辑录李商隐文一百五十一篇，除表一、状一、启六、祭文一及杂记未能考定写作年代外，其余均加以编年。

书藏秦淮区图书馆。

范忠宣公集文集二十卷奏议二卷遗文一卷附录一卷补编一卷

（宋）范纯仁撰　（清）范能浚编

清康熙四十六年（1707）范时崇岁寒堂刻本

框高 18.6 厘米，宽 13.6 厘米，11 行 21 字，小字双行，字数不一，白口，左右双边，单黑鱼尾，版心下镌“岁寒堂”。

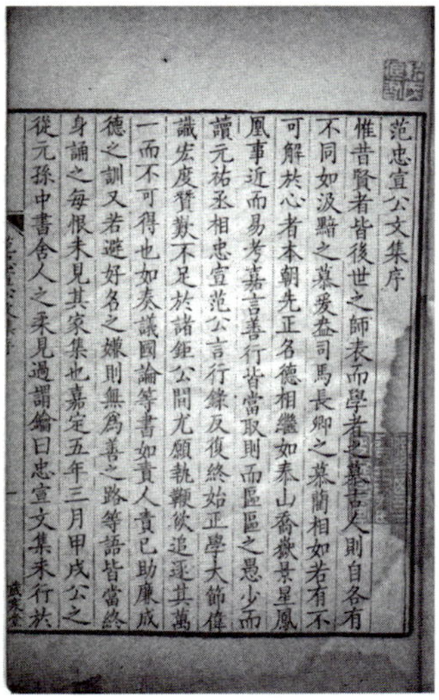

范忠宣公文集序
惟昔賢者皆後世之師表而學者之慕古人則自各有不同如汲黯之慕爰盎司馬長卿之慕藺相如若有不可解於心者本朝先正名德相繼如泰山喬嶽景星鳳凰事近而易考嘉言善行皆當取則而區區之愚少而讀元祐丞相忠宣范公言行錄反復終始正學大節偉識宏度贊歎不足於諸鉅公間尤願執鞭欲追逐其萬一而不可得也如奏議國論等書如責人責己助廉成德之訓又若避好名之嫌則無爲善之路等語皆當終身誦之每恨未見其家集也嘉定五年三月甲戌公之從元孫中書舍人之柔見過謂綸曰忠宣文集未行於

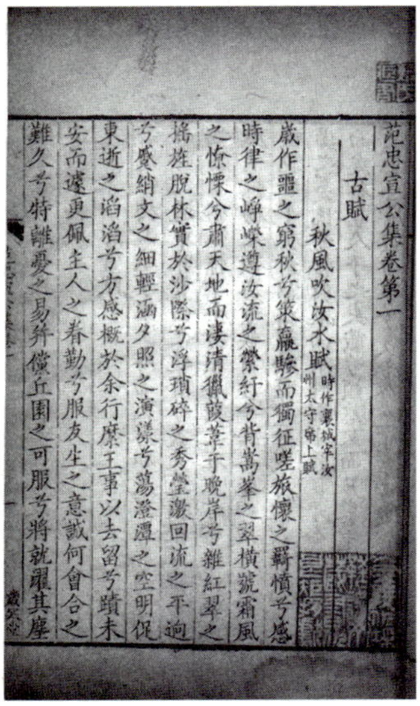

范忠宣公集卷第一
古賦
秋風吹汝水賦 時作襄城宰汝州太守席上賦
歲作噩之窮秋兮策羸驂而獨征嗟旅懷之羇憤兮感時律之崢嶸遵汝流之縈紆兮背萬峯之翠横號霜風之憭慄兮肅天地而淒清獵葭葦于晚岸兮雜紅翠之搖莖脫林實於沙際兮浮瑣碎之秀瑩激回流之平迴兮變綃文之細輕涵夕照之演漾兮蕩澄潭之空明促東逝之滔滔兮方感概於余行縻王事以去留兮蹟未安而遽更佩主人之眷勤兮服友生之意誠何會合之難久兮特離憂之易并償丘園之可服兮將就罷其塵

范纯仁（1027—1101），字尧夫，谥忠宣。参知政事范仲淹次子，苏州吴县（今江苏苏州）人。宋仁宗皇祐元年（1049）进士。累官尚书右仆射、兼中书侍郎。著有《范忠宣公集》等。

范能浚，范仲淹十九世孙。清康熙四十六年时为文正书院主奉，与范仲淹二十一世孙范时崇一起翻刻岁寒堂本《范文正公忠宣公全集》。

《范忠宣公集》共二十五卷，其中文集二十卷，奏议二卷，遗文一卷，附录一卷，补编一卷。文集前五卷为诗，后十二卷为杂文，末三卷为国史本传及李之仪所撰行状，皆其侄孙之柔刊集时附入。有宋刻本，元天历间刊二十卷本（世称岁寒堂本），明毛一鹭刊《二范集》本，清康熙四十六年范仲淹二十世孙时崇刊《二范集》本。

书藏金陵图书馆。

坊记集传二卷　（明）黄道周辑　（清）郑开极重订

清康熙刻本

框高 20.9 厘米，宽 14.3 厘米，9 行 18 字，小字双行同，白口，左右双边，单黑鱼尾。

黄道周（1585—1646），字幼玄，一作幼平或幼元，又字螭若、螭平、幼平，号石斋，福建漳浦人。天启二年（1622）进士，深得考官袁可立赏识，历官翰林院修撰、詹事府少詹事。南明隆武时，任吏部兼兵部尚书、武英殿大学士（首辅）。抗清失败，被俘殉国，谥忠烈。

郑开极（1638—1717），字肇修，号几亭，侯官县（今福州）人。顺治十八年（1661）进士，选庶吉士，授编修。康熙二十年（1681），主纂《福建通志》。其后，刻黄道周《九经解》，亲为作序。

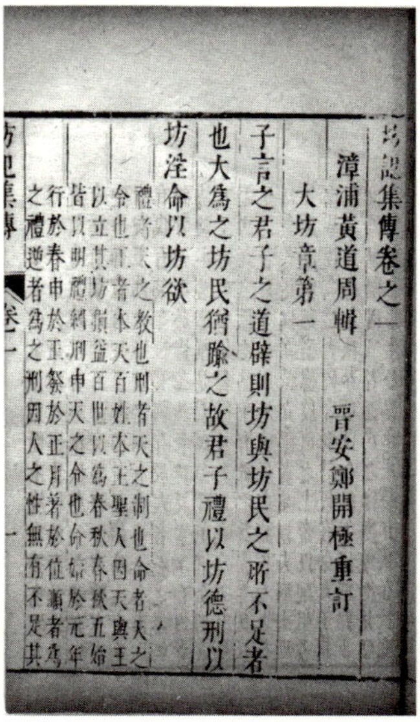
坊記集傳卷之一
漳浦黃道周輯　晉安鄭開極重訂
大坊章第一
子言之君子之道辟則坊與坊民之所不足者
也大為之坊民猶踰之故君子禮以坊德刑以
坊淫命以坊欲

该书为崇祯十一年（1638）黄道周官少詹事时所进《礼记》注五篇之三。《坊记》为《礼记》篇名。此书以《坊记》为经，分为三十章，每章各立名目，上卷之目为大坊、去乱、已畔、章别、盍旦、远害、人浮于食、贵让、作让、可托、酌言、让善、作忠、作孝、敬美；下卷之目为微谏、睦族、敬辨、敬老追孝、食义、教敬教睦、卒事、不贰、先事后录、遗利、别嫌、厚别、辟远、民纪、亲迎等，皆罗列《春秋》大事以证之，其意存鉴戒于君臣、父子、夫妇、兄弟之间，原其乱之所自生，究其祸之所终，颇为判切，其所引亦非漫无所据。

书藏金陵图书馆。

分甘余话四卷　（清）王士祯撰

清康熙四十八年（1709）程哲七略书堂刻本

框高 17.9 厘米，宽 13.0 厘米，10 行 19 字，白口，左右双边，单黑鱼尾。

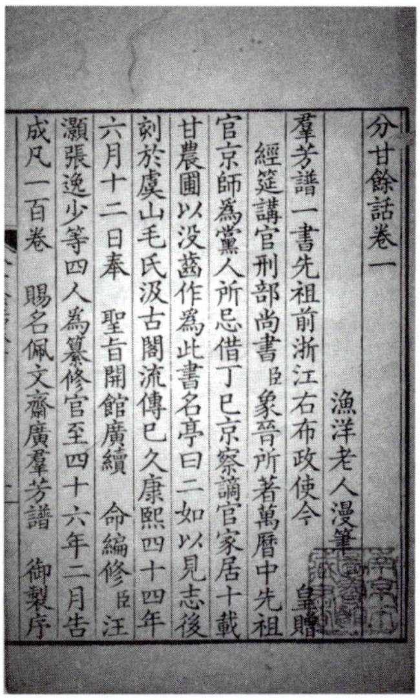
分甘餘話卷一　漁洋老人漫筆
羣芳譜一書先祖前浙江右布政使今　皇贈
經筵講官刑部尚書臣象晉所著萬曆中先祖
官京師爲黨人所忌借丁巳京察謫官家居十載
甘農圃以没齒作爲此書名亭曰二如以見志後
刻於虞山毛氏汲古閣流傳已久康熙四十四年
六月十二日奉　聖旨開館廣續　命編修臣汪
灝張逸少等四人爲纂修官至四十六年二月告
成凡一百卷　賜名佩文齋廣羣芳譜　御製序

王士祯（1634—1711），原名王士禛，字子真，一字贻上，号阮亭，又号渔洋山人。山东新城（今桓台县）人，常自称济南人。清顺治十五年（1658）进士，官至刑部尚书，颇有政声。清初杰出诗人、文学家，以其“神韵说”主盟清初诗坛数十年，与朱彝尊并称“南朱北王”。著述颇丰，有《渔洋诗话》、《池北偶谈》、《渔洋山人精华录》、《带经堂集》等。

《分甘余话》是一部记见闻和谈学问兼而有之的笔记。为王士祯晚年罢官归乡后所作，在他的几部笔记中篇幅最小，但记叙内容却极为广泛，一事一题，计二百七十八题。举凡先世著述、典章制度、诗歌品评、地名考辨、文人轶事、字义辨析、古书藏佚、社会风俗、地方物产，以至治病验方等等均有涉及。为研究明末清初的历史、社会风俗提供了丰富的资料。

书藏金陵图书馆。

改亭集二十二卷　（清）计东撰

清乾隆读书乐园刻本

框高 18.1 厘米，宽 12.8 厘米，10 行 19 字，小字双行同，黑口，左右双边，单黑鱼尾。

计东（1625—1676），字甫草，号改亭，江苏吴江人。明末曾著《筹南五论》上史可法，不用。顺治十四年（1657）举人，以奏销案除名，遂绝意仕进。入清后，曾从汤斌讲学，从汪琬问古文法，与王士禛为忘形交。计东之文“醇正和雅”，颇负时誉；诗则“所作皆以气骨胜”（袁景铬《国朝松陵诗征》）。沈德

潜谓："诗不苟作，时露胸中抱负。"（沈德潜《国朝诗别裁集》）

《改亭集》二十二卷，凡诗集六卷、文集十六卷。康熙三十二年（1693），江苏巡抚宋荦删选其文，编为《改亭文集》十六卷刊行，有宋荦、汪琬序。其诗集初名《狂山吟》，其子计默编为《改亭诗集》六卷，康熙四十七年，王廷扬助刻。《四库全书总目·存目》著录宋刻文集和王刻诗集。乾隆十三年（1748），计东从孙计瑸又据宋刻、王刻重校合刊为此本。

书藏金陵图书馆。

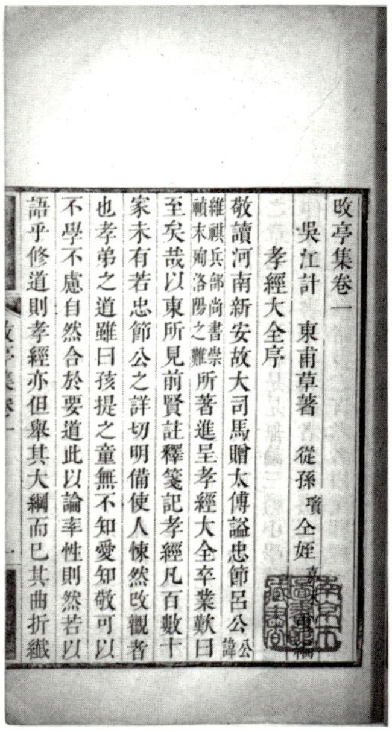
改亭集卷一
吳江計　東甫草著
孝經大全序
敬讀河南新安故大司馬贈太傅謚忠節呂公諱維祺兵部尚書崇禎末殉洛陽之難所著進呈孝經大全卒業歎曰
至矣哉以東所見前賢詿釋箋記孝經凡百數十
家未有若忠節公之詳切明備使人悚然改觀者
也孝弟之道雖曰孩提之童無不知愛知敬可以
不學不慮自然合於要道此以論率性則然若以
語乎修道則孝經亦但舉其大綱而已其曲折纖

甘氏奇门一得二卷　（明）甘霖撰

明崇祯元年（1628）崇让堂刻本

框高 15.3 厘米，宽 9.6 厘米，11 行 22 字，白口，四周单边，单黑鱼尾。

甘霖，明时人，生平不详，序前自署"楚黄冈甘霖时望父"。

该书他本有称作《奇门遁甲秘要》者，有称作《奇门秘要》者，实为一书。前有甘时望自序，序中言："国之大事在兵戎，遁甲奇门一书，专为用兵而作，故其所断吉凶，皆首言征伐，且至详至悉。其他如造葬、婚嫁、名利、谋求等事，特神明之余照耳，又何不可知之。"

书藏秦淮区图书馆。

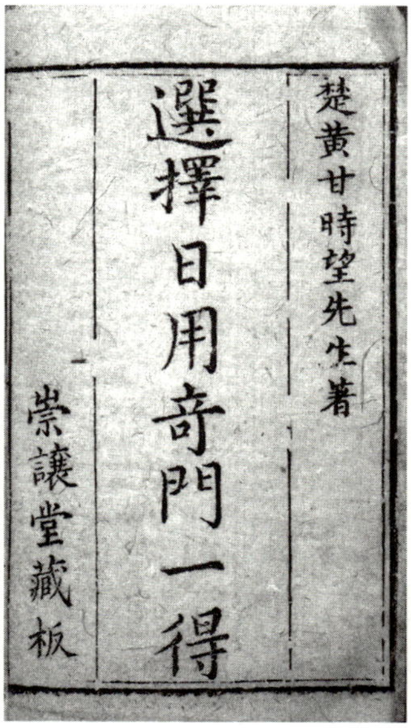
楚黃甘時望先生著
選擇日用奇門一得
崇讓堂藏板

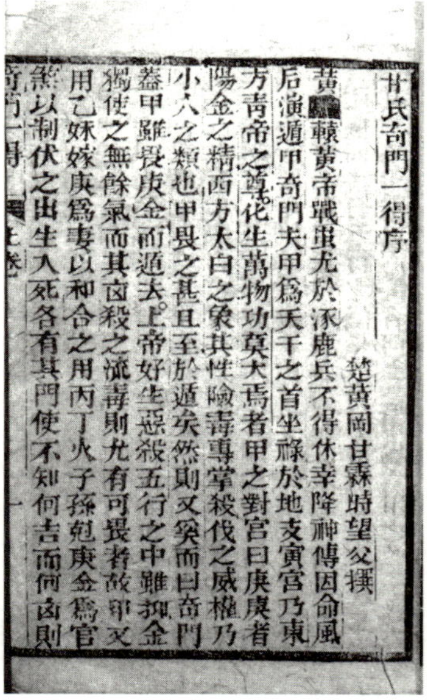
甘氏奇門一得序
楚黃岡甘霖時望父撰
黃軒轅黃帝戰蚩尤於涿鹿兵不得休幸降神傳因命風
后演遁甲奇門夫甲爲天干之首坐祿於地支寅宮乃東
方青帝之尊化生萬物功莫大焉者甲之對宮曰庚庚者
陽金之精西方太白之象其性險毒專掌殺伐之威權乃
小人之類也甲畏之甚且至於遁矣然則又奚而曰奇門
蓋甲雖畏庚金而遁去上帝好生惡殺五行之中雖抑金
獨使之無餘氣而其凶殺之流毒則尤有可畏者故印又
用乙妹嫁庚爲妻以和合之用丙丁火子孫剋庚金爲官
煞以制伏之出生入死各有其門使不知何吉而何凶則
奇門一得　卷上　一

纲鉴正史约三十六卷
（明）顾锡畴原编　（清）陈弘谋增订

清乾隆二年（1737）刻本

框高 18.2 厘米，宽 12.6 厘米，11 行 20 字，小字双行同，白口，左右双边，单黑鱼尾。

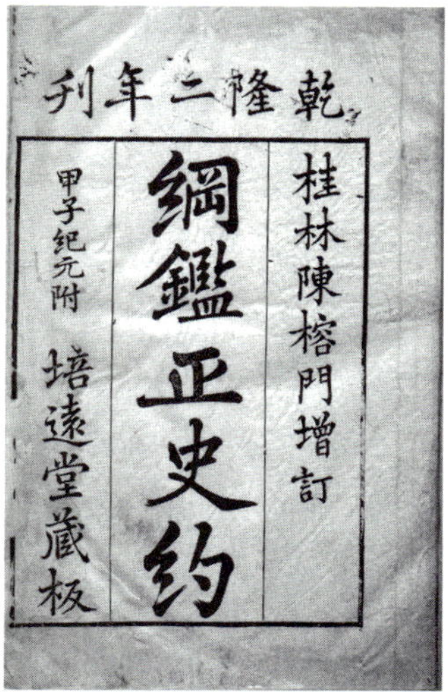
乾隆二年刊
桂林陳榕門增訂
綱鑑正史约
甲子紀元附
培遠堂藏板

顾锡畴（1585—1646），字九畴，号瑞屏，明直隶昆山（今江苏昆山）人。万历四十七年（1619）进士。崇祯迁国子祭酒，终礼部尚书，著有《纲鉴正史约》、《秦汉鸿文》、《尚书讲意》等。

陈弘谋，字汝咨，号榕门，室名培远堂，因避乾隆帝“弘历”之名讳而改名宏谋。临桂（今广西桂林）人。雍正元年（1723）进士，官东阁大学士。著有《培远堂全集》和《陈榕门先生遗书》。编辑颇丰，有《纲鉴正史约》、《司马文公年谱》、《三通序目》、《培远堂偶存稿》等。

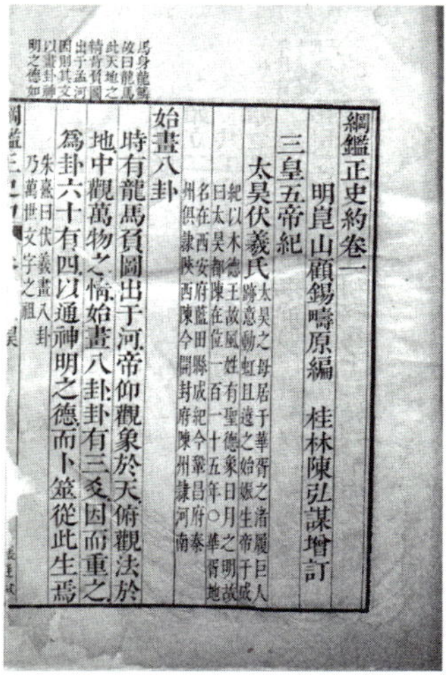
綱鑑正史約卷一
明崑山顧錫疇原編　桂林陳弘謀增訂
三皇五帝紀
太昊伏羲氏
始畫八卦
時有龍馬負圖出于河帝仰觀象於天俯觀法於地中觀萬物之情始畫八卦卦有三爻因而重之爲卦六十有四以通神明之德而卜筮從此生焉

《纲鉴正史约》，编年体史书，属于蒙学读本。为司马光《资治通鉴》的节录本，“纲鉴”是分别取《资治通鉴纲目》和《资治通鉴》二书各一字为书名。清陈弘谋在其云南任上组织增订顾氏《正史约》，大体上取其简要精粹，便于初学。

书藏金陵图书馆。

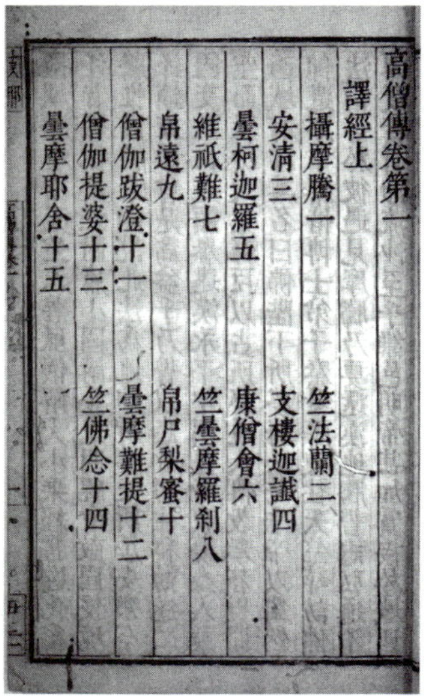
高僧傳卷第一
譯經上
攝摩騰一　竺法蘭二
安清三　支樓迦讖四
曇柯迦羅五　康僧會六
維祇難七　竺曇摩羅刹八
帛遠九　帛尸梨蜜十
僧伽跋澄十一　曇摩難提十二
僧伽提婆十三　竺佛念十四
曇摩耶舍十五

高僧传十三卷　（南朝梁）释慧皎撰

明万历三十九年（1611）径山寂照庵刻本

框高 23.7 厘米，宽 15.0 厘米，10 行 20 字，白口，四周双边，无鱼尾，版心上镌“支那撰述”。

释慧皎（497—554），会稽上虞（今属浙江）人，南朝梁代高僧、佛教史学家。以所著《高僧传》奠定了他在中国佛教史学史上的重要地位。慧皎学通内外，尤精经律。常挂单会稽嘉祥寺，每年春夏宏宣佛法，秋冬专事著述，撰《涅槃经义疏》、《梵网经疏》等。

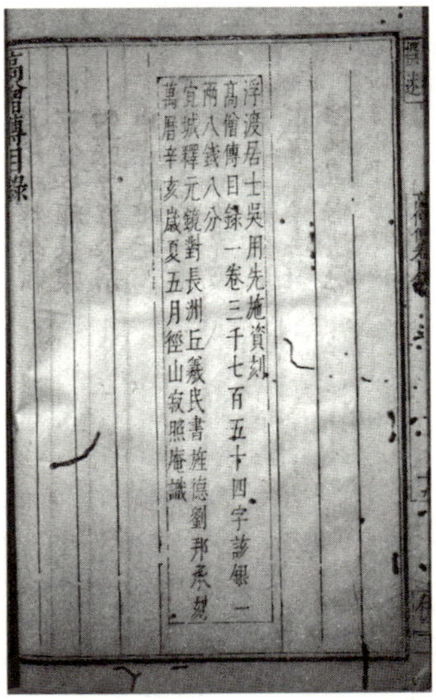
浮渡居士吳用先施資刻
高僧傳目錄一卷三千七百五十四字該銀一
兩八錢八分
宜興釋元鏡對長洲丘羲民書旌德劉邦彥刻
萬曆辛亥歲夏五月徑山寂照庵識

《高僧传》，佛教典籍，又称《梁高僧传》、《梁传》。十四卷，梁代慧皎法师著。记述汉明帝以来四百余年间高僧二百五十七人，附见二百余人。为汉传佛教史上第一部较系统的僧传，所创僧传体例为后世所仿效。

书藏金陵图书馆。

古夫于亭杂录五卷　（清）王士禛撰

清康熙刻本

框高17.8厘米，宽13.1厘米，10行19字，小字双行同，黑口，左右双边，双黑鱼尾。

王士禛（1634—1711），字贻上，号阮亭，别号渔洋山人，山东新城人。清顺治十四年（1657）进士，初官扬州推官，入为部曹，转至翰林，任国史副总裁、刑部尚书。康熙四十三年（1704）罢官归里。工诗词，论诗创神韵说。未仕时赋《秋柳》诗，崭露头角；官扬州五年，得江山之助，诗名大起。诗作甚丰，著有《带经堂集》、《渔洋山人精华录》、《居易录》、《池北偶谈》等。故居位于火神庙西夹道。

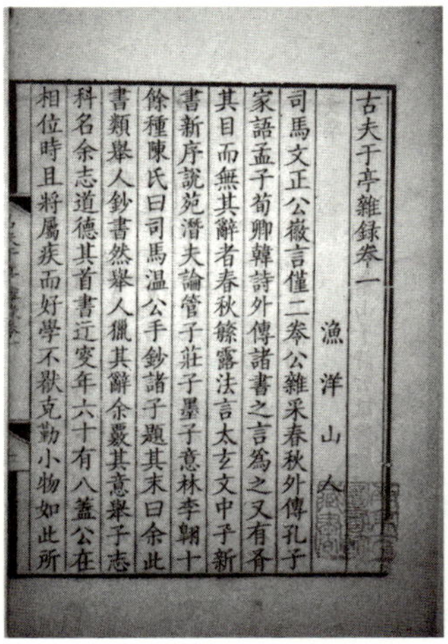
古夫于亭雜録卷一
漁洋山人
司馬文正公嶶言僅二卷公雜采春秋外傳孔子
家語孟子荀卿韓詩外傳諸書之言爲之又有省
其目而無其辭者春秋繁露法言太玄文中子新
書新序說苑潛夫論管子莊子墨子意林李翱十
餘種陳氏曰司馬温公手鈔諸子題其末曰余此
書類舉人鈔書然舉人獵其辭余覈其意舉子志
科名余志道德其首書迂叟年六十有八蓋公在
相位時且將屬疾而好學不厭克勤小物如此所

《古夫于亭杂录》又名《夫于亭杂录》，是书乃王氏罢官里居时所撰，其自序谓此书“无凡例，无次第，故曰杂录”。以所居鱼子山有古夫于亭，因以为名。内容广涉诗歌、杂史、书画、制度、人事、异闻、医药等，于研究清初文化有较高价值。

书藏金陵图书馆。

古今类传四卷　（清）董谷士　（清）董炳文辑

清康熙三十一年（1692）未学斋刻本

框高 20.7 厘米，宽 14 厘米，11 行 28 字，小字双行同，白口，左右双边，单黑鱼尾。

董谷士，字农山。董炳文，字霞山。二人为兄弟，乌程人。其余不详。

是书分天、地、人、物四部。先以岁时日次一编见示，乃天部中之一种，然则未成之书也。其例首为岁序总类，次为春、夏、秋、冬四时类。每于一时一月又先为总类，后以一月分三十日，各纂辑典故诗文，略注所出，而以通用丽句附诸简末。其所出则咸不注焉，搜采颇为繁富。然隶事在其意义，不在其字句。是书所摭，往往乖其本旨。如王羲之“春蚓秋蛇”，本论书法，乃以“春秋”二字，入之岁序类中，是可为得古人之意哉？

书藏秦淮区图书馆。

董農山
董霞山
同輯
古今類傳
未學齋藏板

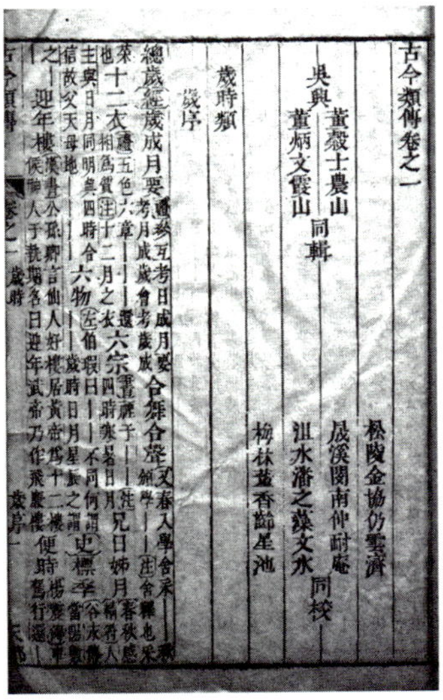

古今類傳卷之一
吳興　董穀士農山
董炳文霞山　同輯
秣陵金協仍雲濟
晟溪閔南仲尉庵
沮水濟之藻文水　同校
梅林黃香齡星池
歲時類
歲序

古今韵略五卷　（清）邵长蘅撰

清康熙三十五年（1696）宋荦刻本

框高 20.1 厘米，宽 13.9 厘米，9 行 14 字，小字双行 28 字，黑口，四周单边，无鱼尾。

邵长蘅（1637—1704），一名衡，字子湘，号青门山人，武进（今江苏常州）人。诸生。因子除名，后入太学，罢归乡里，再未求仕，以布衣终。早年诗学唐人，后改学宋人，前后诗风迥异。其诗具有浑脱苍凉、流畅自然的特点，内容多为写景、吊古，常借以寄托怀念明室之意。文宗唐宋，继承唐顺之、归有光为文传统，与侯方域、魏禧齐名。生平纵情山水，工诗，精通音韵。著有《二家诗抄》等。

此书是为时人读古体诗、作古体诗而作。书中分今韵和古韵，分字详述。今韵以阴时夫《韵府群玉》为依据，删正其讹复六十余字，增收七百八十余字；古韵以吴棫《韵补》为本，去其复字，增收杨慎《转注古音略》中的字。

书藏金陵图书馆。

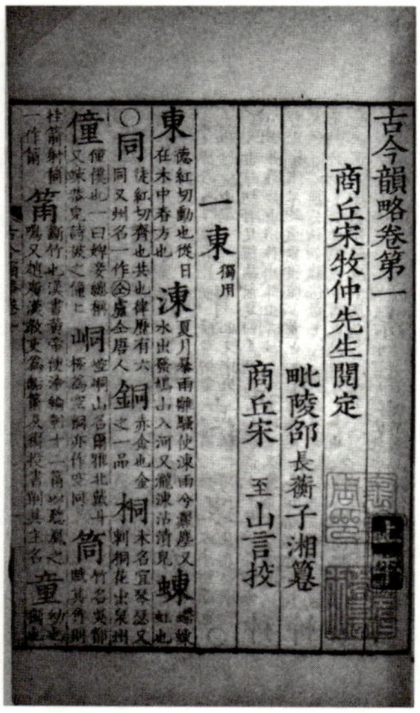

古诗笺三十二卷　（清）王阮亭选　（清）闻人倓笺

清乾隆三十一年（1766）芷兰堂刻本

框高 17.2 厘米，宽 12.8 厘米，10 行 21 字，小字双行同，白口，左右双边，单黑鱼尾。

王士禛（1634—1711），字子真，一字贻上，号阮亭，别号渔洋山人，山东新城（今桓台）人，清初著名的诗人和文学批评家，除著有《带经堂集》等书外，还编选了《唐贤三昧集》等。

闻人倓，字讷甫，江苏松江人。

《古诗笺》是清闻人倓据王士禛《古诗选》笺注的一部五、七言古诗读本。《古诗选》分五言古诗和七言古诗两大部分。王氏认为五言古诗上接《诗经》，所以两汉之作，几乎全选，魏晋以下，选择就逐渐严格，但也不废南北朝和隋之诗，于唐只选陈子昂、张九龄、李白、韦应物、柳宗元五家，其用意在于“明其变而不失于古”。对于七言古诗，王氏以为“去三百篇已远，可以极作者之才思，义不主于一格”，因此所选范围较广，不以时代为限。闻人倓《古诗笺》自序说，这部书的笺注工作，是经过二十余年的搜求钩稽，再经过长期的修订，几乎花了毕生的精力才得以完成的。其笺注大致简明平实，对作品有关的时代背景和本事等多有阐述，对诗中较难理解的字句或段落，也作了扼要的疏解，对理解原诗很有帮助。

书藏秦淮区图书馆。

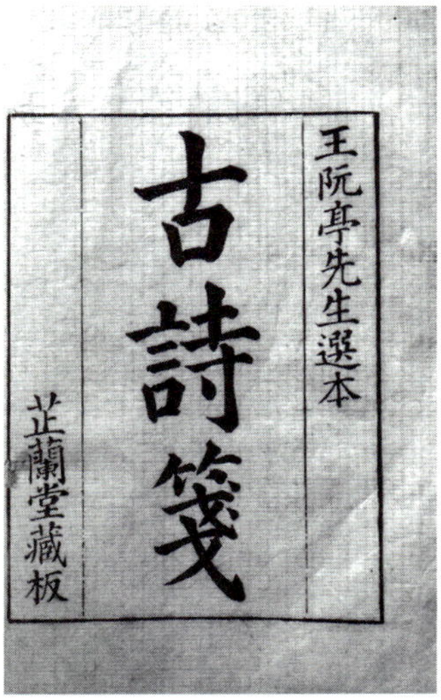
王阮亭先生選本
古詩箋
芷蘭堂藏板

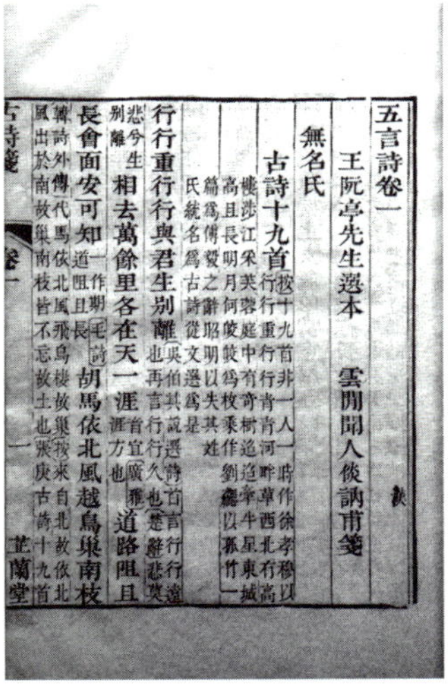
五言詩卷一
王阮亭先生選本　雲間聞人倓訥甫箋
無名氏
古詩十九首
行行重行行與君生別離
相去萬餘里各在天一涯
道路阻且長會面安可知
胡馬依北風越鳥巢南枝

古文品外录二十四卷　（明）陈继儒选评

明刻本

框高 20.8 厘米，宽 13.7 厘米，9 行 21 字，白口，四周单边，单黑鱼尾。

陈继儒（1558—1639），字仲醇，号眉公、麋公。华亭（今上海松江）人。明代文学家、书画家。诸生，年二十九，隐居小昆山，后居东佘山，杜门著述，工诗善文，书法苏、米，兼能绘事，屡奉诏征用，皆以疾辞。擅墨梅、山水，画梅多册页小幅，自然随意，意态萧疏。论画倡导文人画，持南北宗论，重视画家的修养，赞同书画同源。有《梅花册》、《云山卷》等传世。著有《陈眉公全集》、《小窗幽记》、《吴葛将军墓碑》、《妮古录》。

《四库全书总目》云："是书选自秦、汉迄宋、元之文，大抵沿公安、竟陵之波，务求诡隽，故以品外为名。然实皆习见之文也。去取亦多乖剌，如楚词仅取《天问》一篇，是何别裁乎？"

书藏秦淮区图书馆。

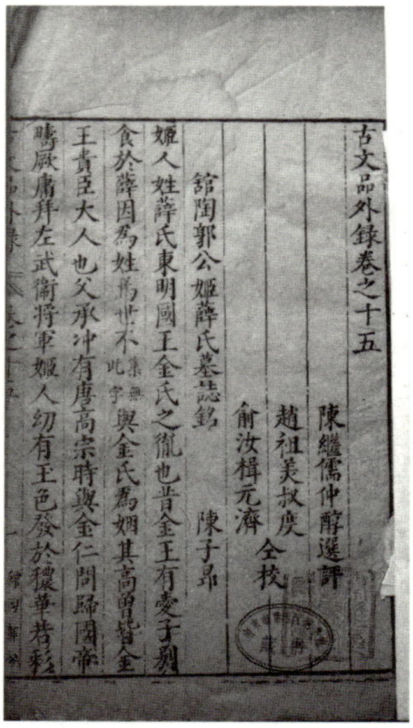
古文品外錄卷之十五
陳繼儒仲醇選評
趙祖美叔庚
俞汝楫元濟 仝校
館陶郭公姬薛氏墓誌銘 陳子昂
姬人姓薛氏東明國王金氏之胤也昔金王有愛子別食於薛因爲姓焉世不[集無此字]與金氏爲姻其高曾皆金王貴臣大人也父承沖有唐高宗時與金仁問歸國帝畴厥庸拜左武衛將軍姬人幼有玉色發於穠華𦙍彩

古文赏音十二卷　（清）谢有煇辑

清康熙五十四年（1715）师俭阁刻本

框高 18.7 厘米，宽 13.8 厘米，10 行 24 字，小字双行，字数不一，黑口，左右双边，单黑鱼尾。

谢有煇，清代长洲（今江苏苏州）人，生平不详。彭际清《善女人传》："谢贞女者，长洲诸生谢有煇女也，字同县顾长源。贞女年十八……事在乾隆二十九年"，可知谢有煇于清代雍乾时在世。

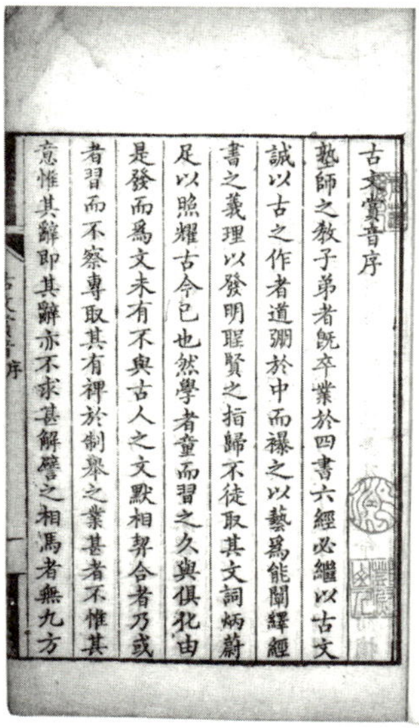
古文賞音序
塾師之教子弟者既卒業於四書六經必繼以古文誠以古之作者道翺於中而襮之以藝爲能闡繹經書之義理以發明聖賢之指歸不徒取其文詞炳蔚足以照耀古今已也然學者童而習之久與俱化由是發而爲文未有不與古人之文默相契合者乃或者習而不察專取其有裨於制舉之業甚者不惟其意惟其辭即其辭亦不求甚解譬之相馮者無九方

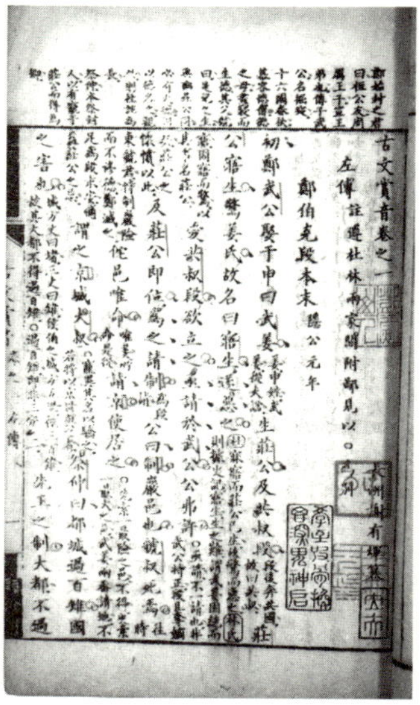
古文賞音卷之一
左傳 註遵杜林而參酌附鄙見以○爲別
鄭伯克段本末 隱公元年
初鄭武公娶于申曰武姜生莊公及共叔段莊公寤生驚姜氏故名曰寤生遂惡之愛共叔段欲立之亟請於武公公弗許及莊公即位爲之請制公曰制巖邑也虢叔死焉佗邑唯命請京使居之謂之京城大叔祭仲曰都城過百雉國之害也先王之制大都不過

《古文赏音》十二卷，谢有煇纂，手写上板，字体俊秀，无行格，墨笔圈点，卷端刻校记。是书为古文选本，谢有煇在《古文赏音》之《凡例》中表明其选篇原则："《国语》有补传之未备者，或简质可备法戒者方收入此集，若华赡而不免繁缛，不尽录也。《国策》以诡谲动听，而其气之雄，势之峭，学者所不能无取。然诈伪反复，仪、秦为甚，况仪专以虚声恐吓诸侯，尤无实际，故二子之说六国者尽屏不录，而苏秦只录其说秦惠王一篇以见其概。”

书藏金陵图书馆。

古文渊鉴六十四卷　（清）徐乾学等编注

康熙二十四年（1685）五色套印本

框高 18.8 厘米，宽 13.4 厘米，半叶 9 行 20 字，小字双行同，四周单边，细黑口，顺双黑鱼尾。

徐乾学（1631—1694），字原一、幼慧，号健庵、玉峰先生，清代大臣、学者、藏书家。江苏昆山人，顾炎武外甥，与弟元文、秉义皆官贵文名，人称“昆山三徐”。康熙九年进士第三（探花），授编修，先后担任日讲起居注官、《明史》总裁官、侍讲学士、内阁学士，康熙二十六年升左都御史、刑部尚书。曾主持编修《明史》、《大清一统志》、《读礼通考》等书籍，著《憺园文集》三十六卷。家有藏书楼“传是楼”，乃中国藏书史上著名的藏书楼。

此书亦名《渊鉴古文选》，是集历代散文为一书的文学总集。康熙于二十四

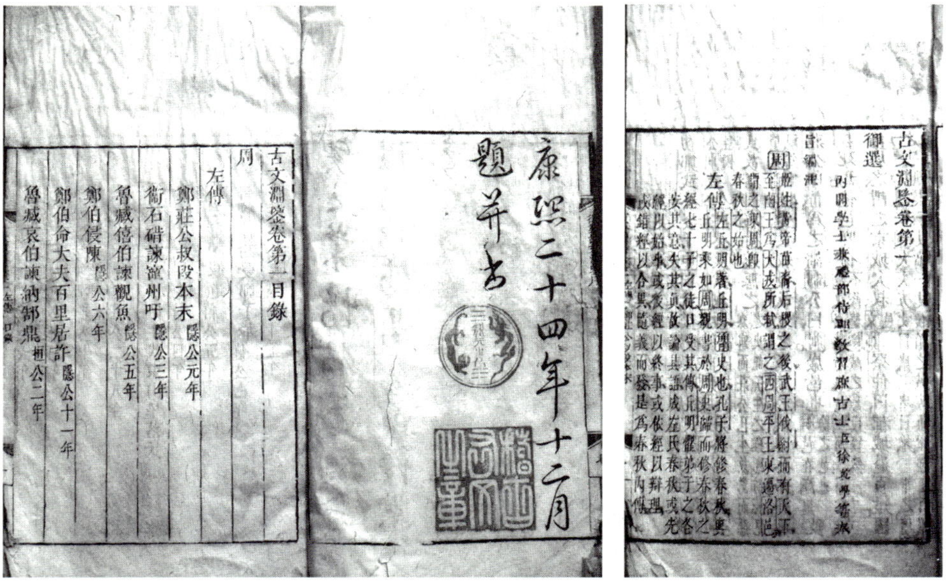

年亲自选录上起春秋、下迄宋末的文章，包括《左传》、《国语》、《国策》等书及诏、表、书、议、奏、疏、论、序诸体文，择其辞义精纯可以鼓吹六经者汇为正集；间有瑰丽之篇，列为别集；旁采诸子录其要论，以为外集，共合一千三百二十四篇。康熙逐篇品评，命徐乾学等人编注。该书参照宋真德秀的《文章正宗》、李善注的《文选》、楼昉的《古文标注》等书例，严格筛选，考证详明，详略得宜，并载前人名家评语、康熙御批和徐乾学等11人所作注释，交武英殿以五色套印颁行。

书藏高淳区图书馆。

广东新语二十八卷　（清）屈大均撰

清康熙木天阁刻本

框高18.7厘米，宽12.9厘米，11行19字，白口，四周单边，单黑鱼尾。

屈大均（1630—1696），字翁山、介子，号莱圃，别号泠君，广东番禺人。明末诸生，入清不仕。后避祸为僧，法名今种，字一灵、骚余。中年仍改儒服。明末清初著名学者、诗人，与陈恭尹、梁佩兰并称“岭南三大家”。足迹遍及江浙与北方各省，有“广东徐霞客”的美称。诗有李白、屈原的遗风，著作多毁于雍正、乾隆两朝，后人辑有《翁山诗外》、《翁山文外》、《翁山易外》、《广东新语》及《四朝成仁录》，合称“屈沱五书”。

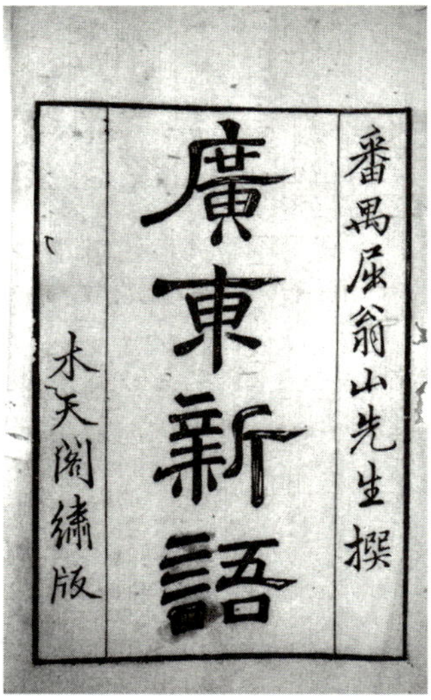
番禺屈翁山先生撰
廣東新語
木天閣繡版

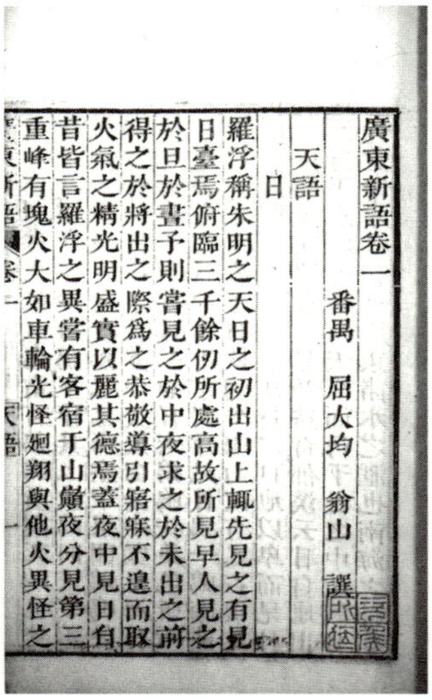
廣東新語卷一　番禺　屈大均　翁山　譔
天語
日
羅浮稱朱明之天日之初出山上輒先見之有見
日臺焉俯臨三千餘仞所處高故所見早人見之
於旦於晝予則嘗見之於中夜求之於未出之前
得之於將出之際爲之恭敬導引寤寐不違而取
火氣之精光明盛實以麗其德焉蓋夜中見日自
昔皆言羅浮之異嘗有客宿于山巔夜分見第三
重峰有塊火大如車輪光怪廻翔與他火異怪之

《广东新语》是一部有价值的清代笔记，成书于屈大均晚年，前有潘耒序及自序。全书凡二十八卷，专论广东之天文地理、经济物产、人物风俗等。列二十八语，即天、地、山、水、石、神、人、女、事、学、文、诗、艺、食、货、器、宫、舟、坟、禽、兽、鳞、介、虫、木、香、草、怪等二十八类。各以类相归，辑录有关资料，虽有诡异玄怪之说，但大部分可供参证。其涉及方面之广，内容采录之富，实为地方风土著述中的上品。其记事之后常系以叙事诗，语核意深，可称诗史。清初学者潘耒评价此书称：“游览者可以观土风，仕宦者可以知民隐，作史者可以征故实，摛词者可以资华润。视《华阳国志》、《岭南异物志》、《桂海虞衡》、《入蜀记》诸书，不啻兼有其美。”

书藏金陵图书馆。

归余钞四卷　（清）高塘集评

清乾隆五十三年（1788）双桐书屋刻本

框高 19.8 厘米，宽 14.5 厘米，9 行 25 字，小字双行同，白口，四周双边，单黑鱼尾。

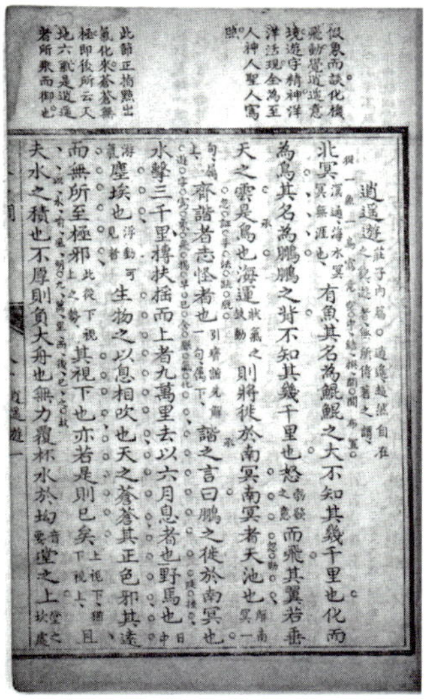

高塘，生卒年不详，字梅亭，直隶顺德府南和县（今河北南和）人。乾隆二十五年举人，三十二年委署沁源县，三十七年题署沁邑。所著有《史记钞》、《高梅亭读书丛钞》。

高塘宦任上重民事，为文则不屑薄俗，为注亦然，以通博创见为乐。好辑历代文辞，如《国文钞》、《明文钞》等，独以是册作历代文章总集，将《庄》、《骚》等文编为《归余钞》，以别于《左》、《公》、《谷》、《国语》、《国策》以及《史记》、两《汉》、唐宋八家等“古今之大观”，题名取左氏“归余于终”文义。收文起庄周止明王守仁，写刻古重精美。

书藏金陵图书馆。

国朝六家诗钞八卷　（清）刘执玉辑

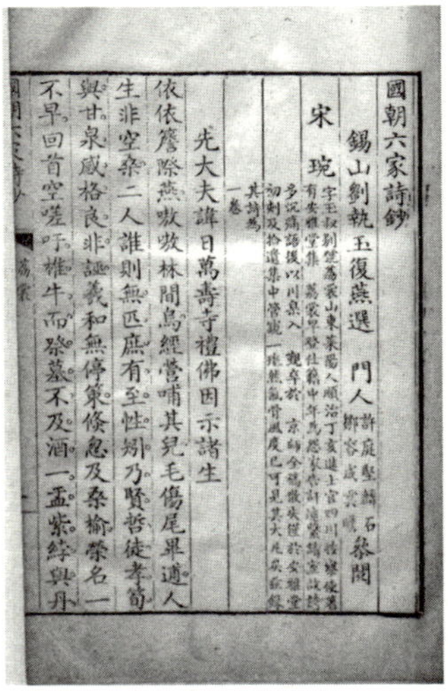

清乾隆三十二年（1767）刻本

框高 18.2 厘米，宽 12.6 厘米，10 行 21 字，小字双行 32 字，白口，左右双边，单黑鱼尾，书口上镌书名，鱼尾下镌作者名号。

刘执玉（1709—1776），字复燕，无锡人。清诗人。辑有《国朝六家诗钞》八卷，著有《贻燕楼诗稿》。

《国朝六家诗钞》，八卷。选录清初宋琬、施闰章、王士祯、赵执信、朱彝尊、查慎行六人古近体诗作一千三百八十七首。内王士祯、查慎行诗各二卷，余四人诗各一卷，有作者小传。邹一桂、沈德潜鉴定并序。选择严谨，笺解精当。

书藏金陵图书馆。

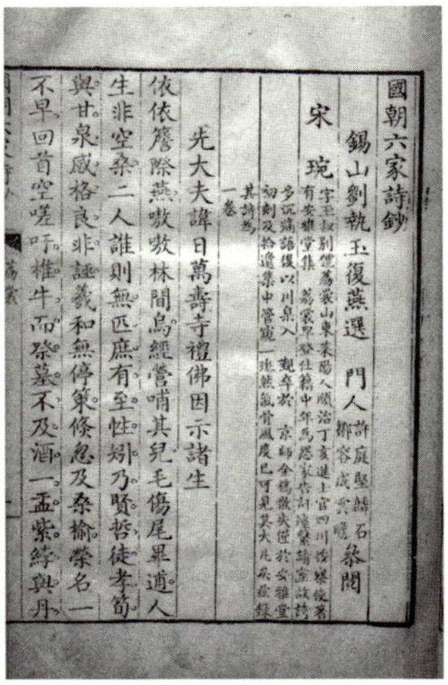

韩诗外传十卷　（汉）韩婴撰

清乾隆刻本

框高 19.6 厘米，宽 13.9 厘米，9 行 20 字，白口，左右双边，单黑鱼尾。

韩婴（约前 200—前 130），西汉燕（今河北固安）人。西汉文、景、武三帝时为官，文帝时任博士，景帝时官至常山太傅，后人称其“韩太傅”。著名的儒学学者，治《诗》兼治《易》，西汉“韩诗学”的创始人。所著有《韩故》、《韩诗内传》、《韩诗外传》、《韩说》等。

《四库全书总目》所谓：其书杂引古事古语，证以《诗》词，与《经》义不相比附，故曰《外传》。所采多与周秦诸子相出入。班固论三家之《诗》，称其“或取《春秋》、采杂说，咸非其本义”，殆即指此类欤？中间阿谷处女一事，洪迈《容斋随笔》已议之。他如称彭祖名并尧禹，称长生久视，称天变不足畏，称

《韶》用干戚，称舜兼二女为非，称荆蒯芮仆不恒其德，语皆有疵。谓柳下惠杀身以成信，谓孔子称御说恤民，谓“舜生于鸣条”一章为孔子语，谓轮扁对楚成王，谓冉有称吴、楚、燕代伐秦王，皆非事实。颜渊、子贡、子路言志事与申鸣死白公之难事，皆一条而先后重见，亦失简汰。然其中引荀卿《非十二子》一篇，删去子思、孟子二条，惟存十子，其去取特为有识。又茧丝、卵雏之喻，董仲舒取之为《繁露》。王世贞称“《外传》引《诗》以证事，非引事以明《诗》”，其说至确。

书藏金陵图书馆。

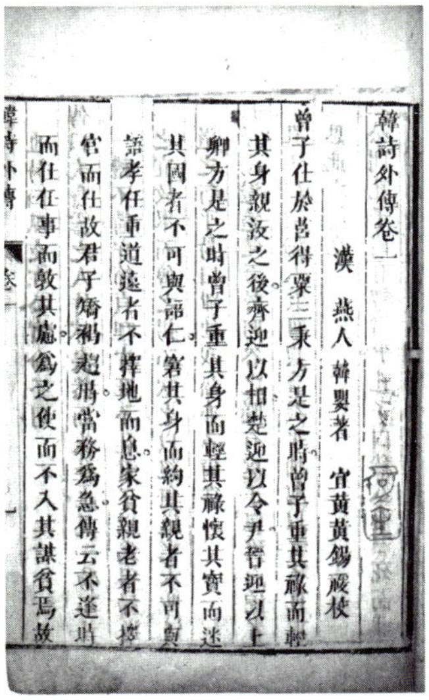
韓詩外傳卷一
漢 燕人 韓嬰著　宜黃 黃錫 藏校
曾子仕於莒得粟三秉方是之時曾子重其祿而輕
其身親沒之後齊迎以相楚迎以令尹晉迎以上
卿方是之時曾子重其身而輕其祿懷其寶而迷
其國者不可與語仁窘其身而約其親者不可與
語孝任重道遠者不擇地而息家貧親老者不擇
官而仕故君子橋褐趨時當務為急傳云不逢時
而仕任事而敦其慮為之使而不入其謀貧焉故

河东先生龙城录二卷　（唐）柳宗元撰

明嘉靖刻本

框高 20 厘米，宽 13 厘米，9 行 17 字，白口，四周双边，双黑鱼尾。

柳宗元（773—819），字子厚，汉族，河东（现山西运城永济一带）人，唐宋八大家之一，唐代文学家、哲学家、散文家和思想家，世称“柳河东”“河东先生”，因官终柳州刺史，又称“柳柳州”。柳宗元与韩愈并称为“韩柳”，与刘禹锡并称“刘柳”，与王维、孟浩然、韦应物并称“王孟韦柳”。

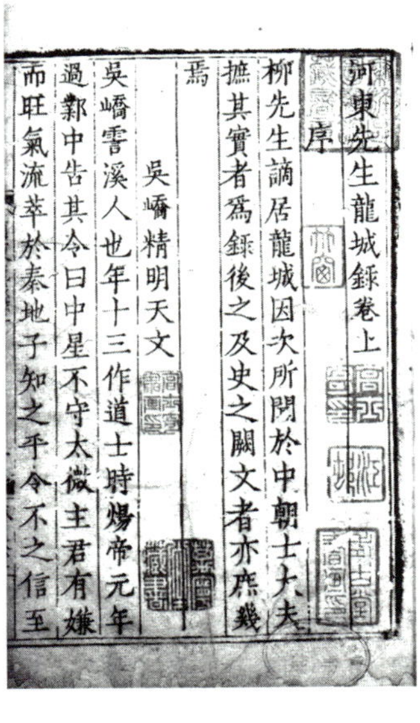
河東先生龍城錄卷上
序
柳先生謫居龍城因次所聞於中朝士大夫
摭其實者為錄後之及史之闕文者亦庶幾
焉
吳嶠精明天文
吳嶠雪溪人也年十三作道士時煬帝元年
過郡中告其令曰中星不守太微主君有嫌
而旺氣流萃於秦地子知之乎令不之信至

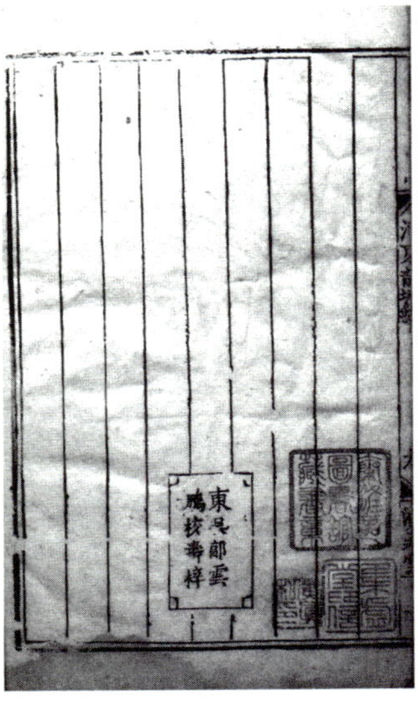

柳宗元一生留诗文作品达六百余篇，其文的成就大于诗。骈文有近百篇，散文论说性强，笔锋犀利，讽刺辛辣。

游记写景状物，多所寄托，有《河东先生集》，代表作有《溪居》、《江雪》、《渔翁》。

《河东先生龙城录》又名《龙城录》，中国唐代传奇小说，共二卷，四十三则。旧题柳宗元撰，但历来学者对此存疑。主要记述隋唐时期帝王官吏、文人士子、市井人物的轶闻奇事，部分内容影响后世小说创作。

书藏秦淮区图书馆。

河洛理数七卷　　（宋）陈抟撰

陳希夷先生著
河洛理數
是集闡河洛之源發先後天之吉事尅制化玄妙無窮一入
轂中難逃品鑑誠秘典也槧因行世多年其板以致模糊今
本堂重鐫修補改正字跡無訛開悟後學真相傳之不朽也
幸勿忽畧識者鑒之

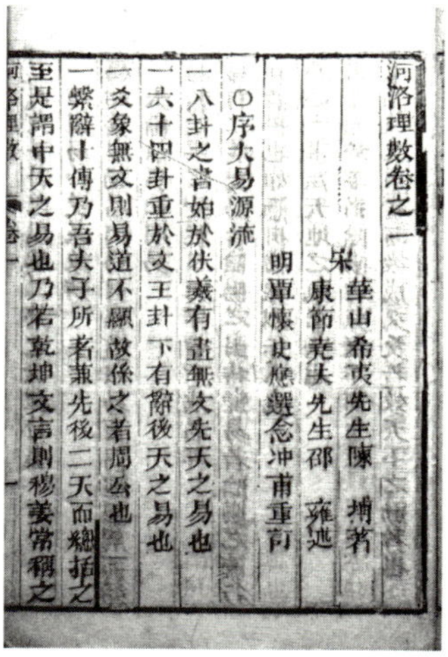
河洛理數卷之一
宋　華山希夷先生陳　摶著
康節堯夫先生邵　雍述
明　覃懷史應選念冲甫重訂
○序大易源流
一八卦之書始於伏羲有畫無文先天之易也
一六十四卦重於文王卦下有辭後天之易也
一爻象無文則易道不顯故係之者周公也
一繫辭十傳乃吾夫子所著兼先後二天而總括之
至是謂中天之易也乃若乾坤文言則穆姜常稱之
河洛理數　卷一

明崇祯五年（1632）刻本

框高18.7厘米，宽13.6厘米，10行20字，小字双行同，白口，四周单边，单黑鱼尾。

陈抟（871—989），字图南，号扶摇子，赐号白云先生、希夷先生，北宋著名的道家学者、养生家，尊奉黄老之学。生于唐末，历经五代，曾隐居于武当山九室岩，后又隐居于华山云台观修道。著有《指元篇》、《无极图》、《先天图》等。

《河洛理数》一书，相传是和宋太祖赵匡胤博弈赢下华山的陈抟老祖所著，是一种用八卦推算人事的预测法。此法以《易经》和《河图》、《洛书》为本，配合人的生年、月、日、时以预测人事，自成一家。河图上黑、白点排列数阵，蕴藏无穷奥秘。洛书上纵、横、斜三数皆十五，阴阳相错万般变化。河图和洛书是华夏文明之源、阴阳五行术数之根，各类纷繁复杂的中国古代术数莫不以河图洛书为理论基础。《易传》之中，诸子之著多有记述：太极、八卦、周易、六甲、九星、风水等皆可追源至此。

书藏秦淮区图书馆。

洪范明义四卷　（明）黄道周辑　（清）郑开极重订

清康熙刻本

框高 20.4 厘米，宽 14.2 厘米，9 行 18 字，小字双行同，白口，左右双边，单黑鱼尾。

黄道周（1585—1646），字幼玄，一作幼平或幼元，又字螭若、螭平、幼平，号石斋，福建漳浦人。天启二年（1622）进士，深得考官袁可立赏识，历官翰林院修撰、詹事府少詹事。南明隆武时，任吏部兼兵部尚书、武英殿大学士（首辅）。抗清失败，被俘殉国，谥忠烈。

郑开极（1638—1717），字肇修，号几亭，侯官县（今福州）人。顺治十八年（1661）进士，选庶吉士，授编修。康熙二十年（1681），主纂《福建通志》。其后，刻黄道周《九经解》，亲为作序。

《四库全书总目》：“是编乃崇祯十年（1638）道周官左谕德掌司经局时纂集进呈之书。其《进序》曰：‘上卷言天人感召、性命相符及好德用人之方。下卷言阴骘相协、彝伦条贯，旁及阴阳历数之务。初终两卷，考正篇章，分别伦序。’其学深于术数，于五行汩叙，类陈灾异以明鉴戒，不免沿袭伏生、董仲舒、刘向等附会之文。……殊为臆说。其改定章段次第，亦未见其必然。惟其意存启沃，借天人相应之理，以感动恐惧修省之心，其文不尽合于《经》义，其意则与《经》义深有合焉。置其小节，存其宏旨可也。”

书藏金陵图书馆。

新鐫黃石齋先生原本
晉安鄭肇修訂
洪範明義
芥舟藏版

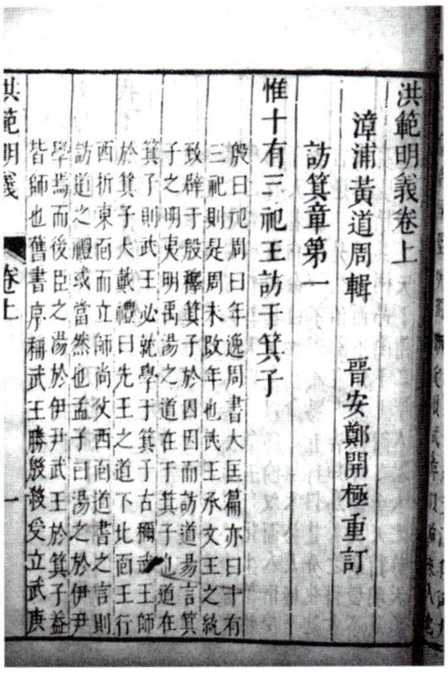
洪範明義卷上
漳浦黃道周輯　晉安鄭開極重訂
訪箕章第一
惟十有三祀王訪于箕子
殷曰祀周曰年逸周書大匡篇亦曰十有
三祀則是周未改年也武王承文王之統
致辟于殷釋箕子於囚因而訪道易言箕
子之明夷明禹湯之道在于其子也道在
箕子則武王必就學于箕子古稱武王師
於箕子大戴禮曰先王之道下北面王行
西折東面而立師尚父西面道書之言則
訪道之禮或當然也孟子曰湯之於伊尹
學焉而後臣之湯於伊尹武王於箕子益
皆師也舊書序稱武王勝殷殺受立武庚
洪範明義　卷上　一

后村杂记三卷　（清）王文治撰

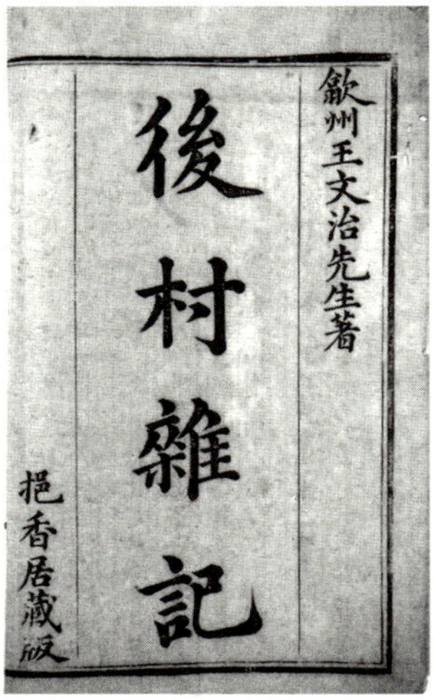
歙州王文治先生著
後村雜記
挹香居藏版

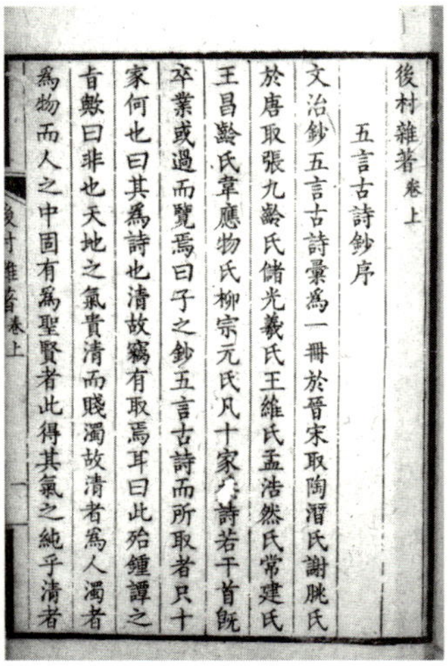
後村雜著卷上
五言古詩鈔序
文治鈔五言古詩彙爲一冊於晉宋取陶淵氏謝朓氏
於唐取張九齡氏儲光羲氏王維氏孟浩然氏常建氏
王昌齡氏韋應物氏柳宗元氏凡十家□詩若干首旣
卒業或過而覽焉曰子之鈔五言古詩而所取者只十
家何也曰其爲詩也清故竊有取焉耳曰此殆鍾譚之
旨歟曰非也天地之氣貴清而賤濁故清者爲人濁者
爲物而人之中固有爲聖賢者此得其氣之純乎清者
後村雜著卷上

清康熙四十七年（1708）挹香居刻本

框高17.7厘米，宽12.1厘米，9行21字，黑口，左右双边，单黑鱼尾。

王文治，生卒年不详，清安徽歙县人，后迁江苏江宁（今江苏南京），不事科举，杂著多论史之作。清圣祖时，家刻诗集《吴越游草》，后又刻《后村杂著》、《后村诗集》。

是书为其论史之作，自序中有言：“余少苦多病，和药之暇，时览诸史，以消遣时日。精力委弊，不获广征切究，以穷史学之蕴奥。偶有所见，随笔识之，以示我子姝童稚谬阿，乃翁谓可以问世，并其记序论说诸文汇为一集，谋付锲梓……”

书藏金陵图书馆。

后汉书一百二十卷　（宋）范晔撰　（唐）章怀太子注　（梁）刘昭注

清康熙四十年（1701）苏州府重修本

框高20.6厘米，宽14.9厘米，10行21字，小字双行同，白口，四周双边，单黑鱼尾。

范晔（398—445），字蔚宗，顺阳（今河南淅川）人。官至左卫将军，太子詹事。南北朝时期著名史学家。

唐章怀太子李贤（655—684），字明允，唐高宗李治第六子，武则天第二子，系高宗时期所立的第三位太子，后遭废杀。

刘昭，约510年前后在世，字宣卿，平原高唐人。幼清警，七岁通《老》、《庄》义。梁天监中，累迁中军临川王记室。

《后汉书》分十纪、八十列传和八志，主要记述了上起东汉的汉光武帝建武元年（25），下至汉献帝建安二十五年（220），共一百九十六年的史事，与《史记》、《汉书》、《三国志》并称为“前四史”。纪十卷和列传八十卷为范晔撰、李贤注，综合当时流传的七部后汉史料，并参考袁宏所著的《后汉纪》，简明周详，叙事生动，故取代以前各家的后汉史。八志乃是南朝梁刘昭为《后汉书》作注时，取晋司马彪《续汉书》补入而成。

书藏六合区图书馆。

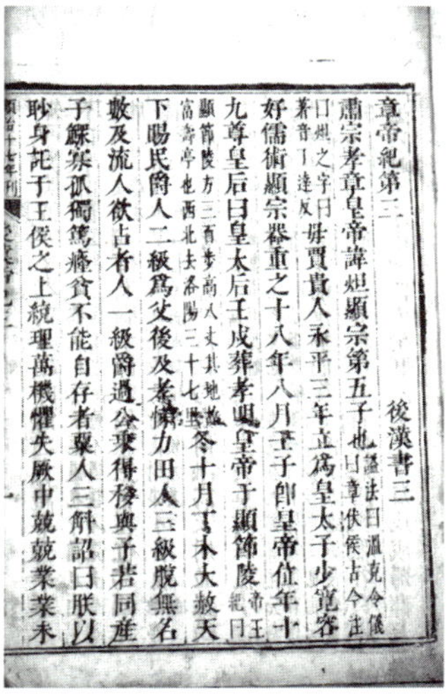
章帝紀第三　後漢書三
肅宗孝章皇帝諱炟顯宗第五子也母賈貴人永平三年立爲皇太子少寬容
好儒術顯宗器重之十八年八月壬子即皇帝位年十
九尊皇后曰皇太后壬戌葬孝明皇帝于顯節陵冬十月丁未大赦天
下賜民爵人二級爲父後及孝悌力田人三級脫無名
數及流人欲占者人一級爵過公乘得移與子若同產
子鰥寡孤獨篤癃貧不能自存者粟人三斛詔曰朕以
眇身託于王侯之上統理萬機懼失厥中兢兢業業未

湖海楼全集五十一卷

（清）陈维崧撰　（清）陈淮等编

清乾隆六十年（1795）浩然堂刻本

框高 18.7 厘米，宽 12.9 厘米，10 行 21 字，小字双行同，白口，左右双边，单黑鱼尾。

乾隆乙夘新鐫
湖海樓全集
浩然堂藏板

陈维崧（1625—1682），字其年，号迦陵，宜兴（今属江苏）人。清初诸生，康熙十八年（1679）举博学鸿词，授翰林院检讨。五十四岁时参与修纂《明史》，四年后卒于任所。能诗善词，尤以骈文见称。与吴兆骞、彭师度同被吴伟业誉为“江左三凤”。与吴绮、章藻功称“骈体三家”。所著有《湖海楼诗集》、《迦陵文集》、《迦陵词》、《两晋南北史集珍》、《妇人集》等。

陈淮，生平不详。

该书为乾隆浩然堂刊本，共五十一卷，凡《湖海楼诗集》十二卷补遗一卷，《词集》二十卷，《文集》六卷，《俪体文集》十二卷。其诗文次序与康熙患立堂本不同。

书藏金陵图书馆。

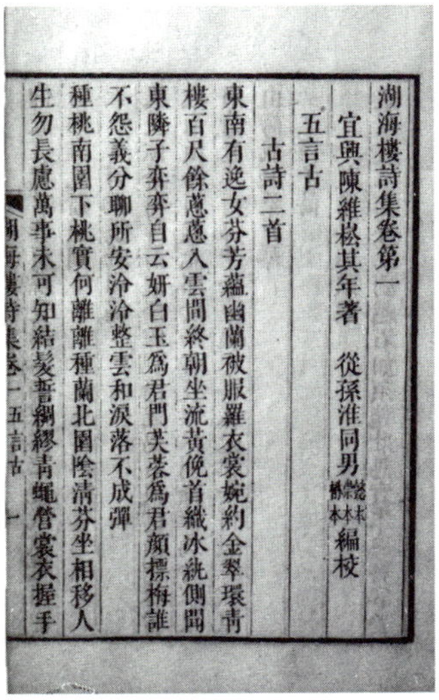
湖海樓詩集卷第一
宜興陳維崧其年著　從孫淮同男 編校
五言古
古詩二首
東南有逸女芬芳蘊幽蘭被服羅衣裳婉約金翠環青
樓百尺餘蔥蔥入雲間終朝坐流黃俛首織冰紈側聞
東隣子奔奔自云妍白玉爲君門芙蓉爲君顏標梅詎
不怨義分聊所安泠泠整雲和淚落不成彈
種桃南園下桃實何離離種蘭北園陰清芬坐相移人
生勿長慮萬事未可知結髮

湖山类稿五卷　（宋）汪元量撰　（宋）刘辰翁批点

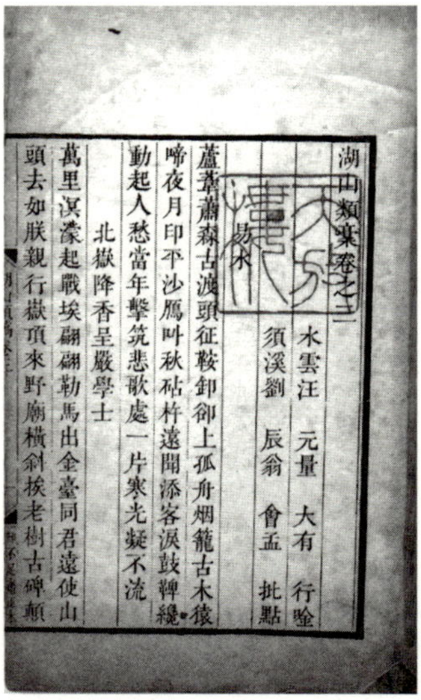
湖山類稿卷之二
水雲汪　元量　大有　行唫
須溪劉　辰翁　會孟　批點
蘆葦蕭森古渡頭征鞍卸卻上孤舟烟籠古木猿啼夜月印平沙鴈叫秋砧杵遠聞添客淚鼓鞞纔動起人愁當年擊筑悲歌處一片寒光凝不流
北嶽降香呈嚴學士
萬里溟濛起戰埃翩翩勒馬出金臺同君遠使山頭去如朕親行嶽頂來野廟橫斜挨老樹古碑顛

清乾隆三十年（1765）知不足斋刻本

框高 18.9 厘米，宽 13.2 厘米，10 行 19 字，小字双行同，黑口，左右双边，双黑鱼尾，版心下镌“知不足斋正本”。

汪元量（1241—1317 后），字大有，号水云，钱塘（今浙江杭州）人。南宋末诗人、词人、宫廷琴师。元灭宋，随三宫被虏北去。曾多次访文天祥于狱中，诗歌唱和。后出家为道士，还归钱塘。因亲历亡国之痛，故所作多纪实，感慨悲凉，后世有“宋亡之诗史”之誉。有《湖山类稿》五卷、《水云集》一卷传世。

刘辰翁（1233—1297），字会孟，别号须溪。吉州庐陵（今江西吉安）人。景定三年（1262）登进士第。南宋末年著名的爱国词人，风格取法苏辛而又自成一体。遗著由其子刘将孙编为《须溪先生全集》，《宋史・艺文志》著录为一百卷，已佚。

《湖山类稿》，诗词集，五卷。汪元量的作品已大量散佚，《湖山类稿》原有三十卷，乃汪元量自编，集名亦其自定。今存五卷，包括诗四卷，词一卷，为刘辰翁所选。

书藏金陵图书馆。

怀麓堂集一百卷　（明）李东阳撰

清康熙四十八年（1709）刻本

框高 18.4 厘米，宽 12.1 厘米，10 行 20 字，白口，四周单边，单黑鱼尾。

李东阳（1447—1516），字宾之，号西涯，长沙府茶陵州（今湖南茶陵）人。明代中后期茶陵诗派的核心人物，诗人、书法家、政治家。明英宗天顺八年

（1464）进士。历任翰林院编修、侍讲、太常寺少卿、礼部右侍郎。明孝宗弘治八年（1490），任礼部尚书兼文渊阁大学士，进入内阁参与机要，被称为“贤相”。晚年以年老多病为由，辞去首辅职位回乡养老。

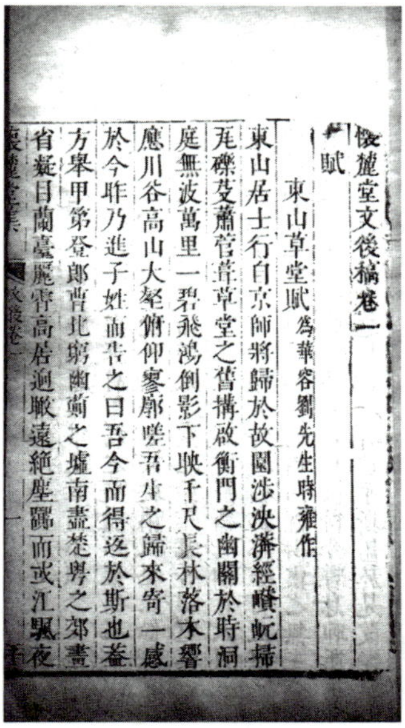
懷麓堂文後稿卷一
賦
東山草堂賦為華容劉先生時雍作
東山居士行自京師將歸於故園涉泱漭經嶰岏埽
瓦礫芰蕭菅葺草堂之舊構啟衡門之幽關於時洞
庭無波萬里一碧飛鴻倒影下映千尺長林落木響
應川谷高山大壑俯仰寥廓嗟吾生之歸來寄一感
於今昨乃進子姓而告之曰吾今而得逐於斯也奮
方舉甲第登郎曹北踄幽薊之墟南盡楚粵之郊晝
省凝目蘭臺麗宵高居迥瞰遠絕塵躅而武江颿夜

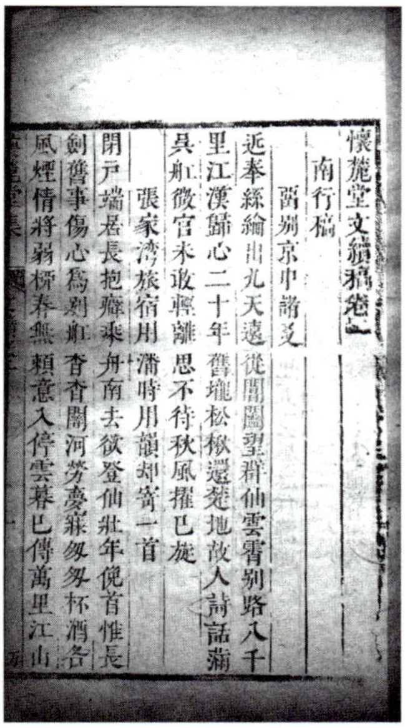
懷麓堂文續稿卷之一
南行稿
留別京中諸友
延奉綵綸出九天遠從閶闔望群仙雲霄別路八千
里江漢歸心二十年舊壠松楸還楚地故人詩話滿
吳舡微官未敢輕離思不待秋風擢已旋
張家灣旅宿用濟時用韻却寄一首
閉戶端居長抱痾乘舟南去欲登仙壯年俛首惟長
劍舊事傷心為刻舡杳杳關河勞夢寐匆匆杯酒各
風煙情將弱柳春無賴意入停雲暮已傳萬里江山

《怀麓堂集》一百卷，系作者晚年自编，“怀麓”有怀念故乡之意。有诗前稿二十卷、文前稿三十卷、诗后稿十卷、文后稿三十卷、杂记十卷。集中《拟古乐府》一百篇最为人称颂。五言诗亦多佳作。散文则以记、传、杂著为佳。此书现存最早为明正德刻本，康熙时廖方达校刻本为通行本。嘉庆间重刻本附有法式善、唐仲冕辑《明李文正公年谱》七卷。今有岳麓书社 1983 年点校本，名《李东阳集》。

书藏秦淮区图书馆。

皇华纪闻四卷　（清）王士禛选

清康熙刻本

框高 16.5 厘米，宽 13 厘米，10 行 19 字，黑口，左右双边，单黑鱼尾。

王士祯（1634—1711），原名王士禛，字子真，一字贻上，号阮亭，又号渔洋山人，世称王渔洋，谥文简。山东新城（今桓台县）人，常自称济南人。清顺治十五年（1658）进士，康熙四十三年（1704）官至刑部尚书，颇有政声。清初杰出诗人、文学家，继钱谦益之后主盟诗坛，与朱彝尊并称“南朱北王”。诗论创“神韵说”，于后世影响深远。早年诗作清丽澄淡，中年转为苍劲。擅长各体，尤工七绝。好为笔记，有《池北偶谈》、《古夫于亭杂录》、《香祖笔记》等。

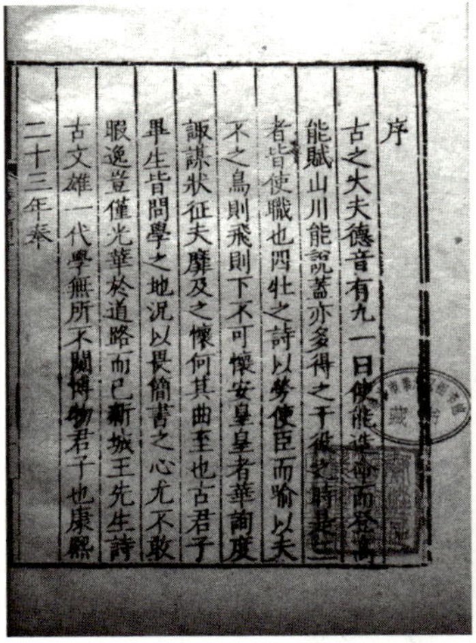
序
古之大夫德音有九一曰使能造命而登高
能賦山川能說蓄亦多得之千載下
者皆使職也四牡之詩以勞使臣而喻以夫
不之鳥則飛則下不可懷安皇皇者華諏度
諏謀狀征夫靡及之懷何其曲至也古君子
畢生皆問學之地況以畏簡書之心尤不敢
暇逸豈僅光華於道路而已新城王先生詩
古文雄一代學無所不關博物君子也康熙
二十三年奉

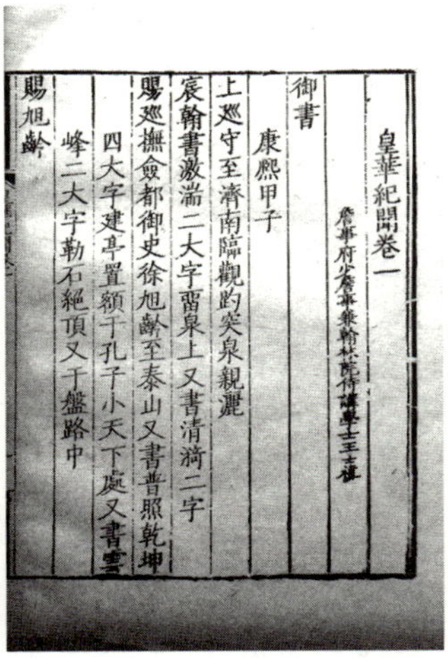
皇華紀聞卷一
御書
康熙甲子
上巡守至濟南臨觀趵突泉親灑
宸翰書激湍二大字當泉上又書清漪二字
賜巡撫僉都御史徐旭齡至泰山又書普照乾坤
四大字建亭置額于孔子小天下處又書雲
峰二大字勒石絕頂又于盤路中
賜旭齡

《皇华纪闻》共四卷。撰者于康熙二十三年奉使祭南海，就沿途所见所闻，并参考史载，汇成此编。全书二百九十则，约三万六千字。记载名胜古迹、古物四十余处，地方人物一百二十余人，奇闻轶事十则，地方艺文、泉、池、亭、台、物产、寺庵、风俗等无所不载，首载韩菼、王源二人所作序文。卷一以记载山东、安徽为主，偶及江苏。卷二至卷四主要记江西、广东。本书内容丰富，可补史卷之缺。有《王渔洋遗书》本、《四库全书》本、康熙二十四年刻本。

书藏秦淮区图书馆。

汇纂诗法度针三十三卷首一卷　（清）徐文弼撰

清乾隆二十四年（1769）徐氏家刻本

半框高 18.1 厘米，宽 12.7 厘米，10 行 22 字，小字双行 44 字，白口，左右双边，单黑鱼尾。

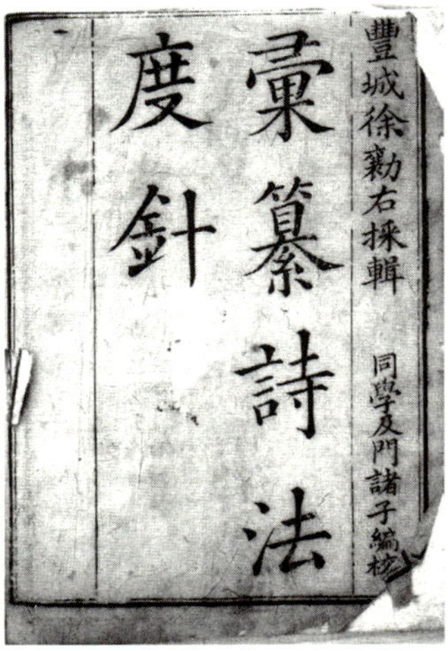
豐城徐勷右採輯
彙纂詩法度針
同學及門諸子編校

徐文弼（1644—1911），字勷右，又字鸣峰，号荩山、超庐居士，江西丰城人。乾隆六年举人，曾任河南伊阳（今河南汝阳）县令。徐氏博学多才，除通医外，于经、史及诗词考据之学也颇多造诣。著有《吏治悬镜》、《寿世传真》等。

《汇纂诗法度针》此书初刊为三集十卷，有乾隆二十三年张拜赓与二十四年袁守定二序。上集卷一为杂论（通论）；中集卷二至四各为五律、七律、乐府，兼论杜诗；下集卷五至卷十分别为天文、时令、地理、花木、鸟兽、珍宝杂器等。又有八集三十四卷本，前三集十卷同，新增之后五集二十三卷，分列汉魏至元明历代各体诗；首一卷列序文、凡例、编校姓氏、总目等项。此本似出其门生后人补辑，体例内容自更完备。然所增之蒋士铨、金玉二序（金序置于卷一）亦署乾隆二十四年己卯，且已言及八集三十四卷之数，似乎初编已具如许规模，则有欺人之嫌，似出自后人伪托。

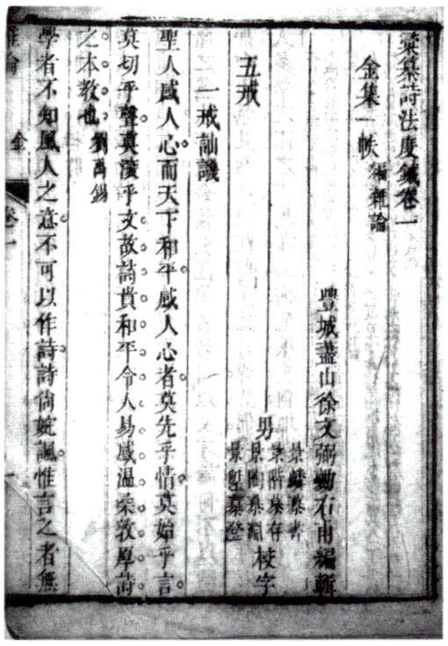
彙纂詩法度鍼卷一
金集一帙 編輯論
豐城藎山徐文弼勷右甫編輯
男 景鱗聚耕 景陶聚存 景魁聚登 校字
五戒
一戒訕譏
聖人感人心而天下和平感人心者莫先乎情莫始乎言莫切乎聲莫深乎文故詩貴和平令人易感溫柔敦厚詩之本教也 劉禹錫
學者不知風人之意不可以作詩詩倘嫉諷惟言之者無

书藏六合区图书馆。

积山先生遗集十卷　（清）汪积山撰

清乾隆三十八年（1773）刻本

框高 19 厘米，宽 12.9 厘米，12 行 23 字，白口，左右双边，单黑鱼尾。

汪惟宪（1681—1742），字子宜，一字积山，号水莲，一作水莲居士，仁和（今杭州）人。雍正七年（1729）贡生。工书仿苏轼。鉴赏书画，别其赝甚精。卒年六十一。著有《遵闻斋录》、《积山诗文集》。

书藏秦淮区图书馆。

乾隆癸巳重鐫
積山先生
遺集
本衙藏板

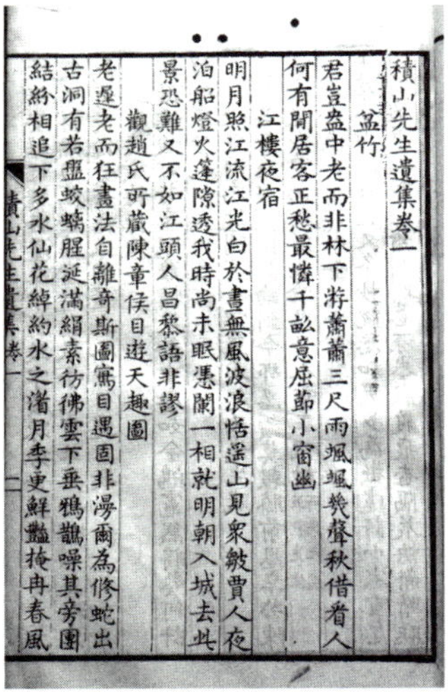
積山先生遺集卷一
盆竹
君豈盆中老而非林下搿蕭三尺雨颯颯幾聲秋借看人何有閒居客正愁最憐千畝意屈節小窗幽
江樓夜宿
明月照江流江光白於晝無風波浪恬遥山見衆皺賈人夜泊船燈火蓬隙透我時尚未眠凴闌一相就明朝入城去此景恐難又不如江頭人晶磬語非謬
觀趙氏所藏陳章侯自遊天趣圖
老蓮老而狂畫法自離奇斯圖寓目遇因非漫爾為修蛇出古洞有若蟠蛟螭腥涎滿絹素彷彿雲下垂鵝鸛噪其旁圍結紛相追下多水仙花綽約水之湄月季更鮮豔掩冉春風

简斋集十六卷　（宋）陈与义撰

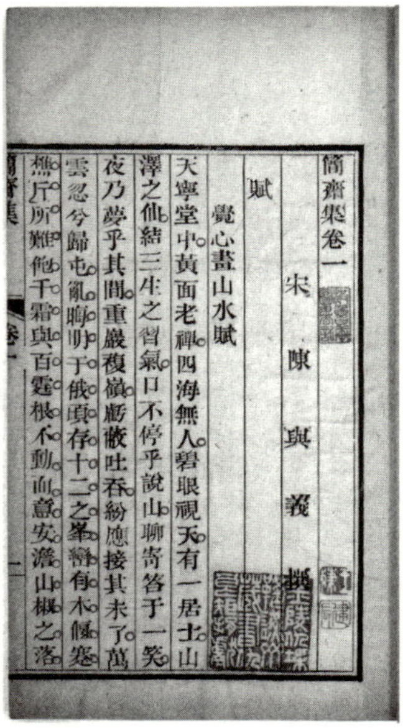
簡齋集卷一
宋 陳與義 撰
賦
覺心畫山水賦
天寧堂中黃面老禪四海無人碧眼視天有一居士山
澤之仙結三生之習氣曰不停乎說山聊寄答于一笑
夜乃夢乎其間重巖複嶺嶠嶶吐吞紛應接其未了萬
雲忽兮歸屯亂晦明于俄頃存十二之峯巒有木偃蹇
撫斤所難他千霜與百霆根不動而意安濺山楓之落

清乾隆四十六年（1781）武英殿木活字印本

框高 19.1 厘米，宽 12.1 厘米，9 行 21 字，白口，四周双边，单黑鱼尾。

陈与义（1090—1138），字去非，号简斋，洛阳（今河南洛阳）人。徽宗政和三年（1113）进士。南渡后累官至参知政事。以诗著名，是江西诗派后期的重要诗人。有《简斋集》。

《简斋集》为南宋陈与义的别集。陈与义去世后，南宋绍兴十二年（1142）陈与义的学生周葵得其家所藏五百余篇作品编成集子，题为《简斋集》刊行于世。凡十六卷，是集第一卷为赋及杂文九篇，第十六卷为诗余十八首，中十四卷皆古今体诗。

书藏金陵图书馆。

剑南诗稿八十五卷　（宋）陆游撰

明汲古阁刻本

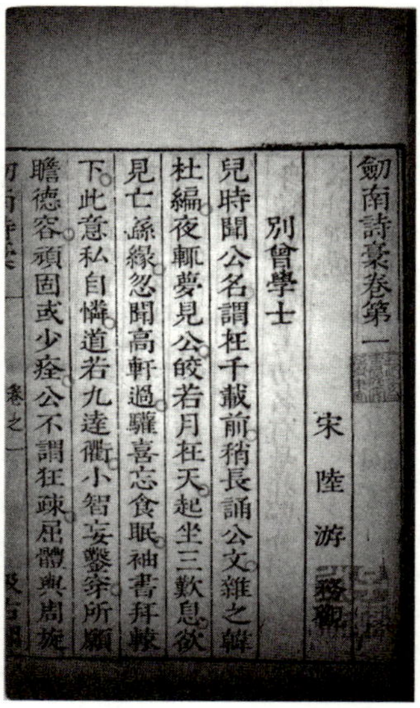
劍南詩稾卷第一
宋 陸 游 務觀
別曾學士
兒時聞公名謂在千載前稍長誦公文雜之韓
杜編夜輒夢見公皎若月在天起坐三歎息欲
見亡繇緣忽聞高軒過驩喜忘食眠袖書拜轅
下此意私自憐道若九達衢小智妄鑿穿所願
瞻德容頑固或少痊公不謂狂疎屈體與周旋

框高 18.3 厘米，宽 13.5 厘米，8 行 18 字，小字双行同，白口，左右双边，无鱼尾，版心下镌“汲古阁”。

陆游（1125—1210），字务观，号放翁，汉族，越州山阴（今浙江绍兴）人，南宋文学家、史学家、爱国诗人。官至宝章阁待制。晚年退居家乡二十余年。工诗、文，长于史学。与尤袤、杨万里、范成大并称南宋四大家。他一生主张抗金，写下很多有气节的诗歌，还有很多情感细腻的作品，今存九千余首，清新圆润，格力恢宏，有《剑南诗稿》、《渭南文集》、《南唐书》、《老学庵笔记》等。

《剑南诗稿》是宋陆游的诗词全集，为纪念蜀中生活故名，共八十五卷，由陆游的两个儿子编辑，收录诗九千三百多首，词一百四十多首，最为丰富。陆游的诗歌始终渗透着诗人对祖国的热爱和忧虑，表现了诗人一生为苦难的祖国而歌唱而战斗的爱国主义精神。

书藏金陵图书馆。

［雍正］江西通志一百六十二卷首三卷
（清）谢旻修　（清）陶成纂

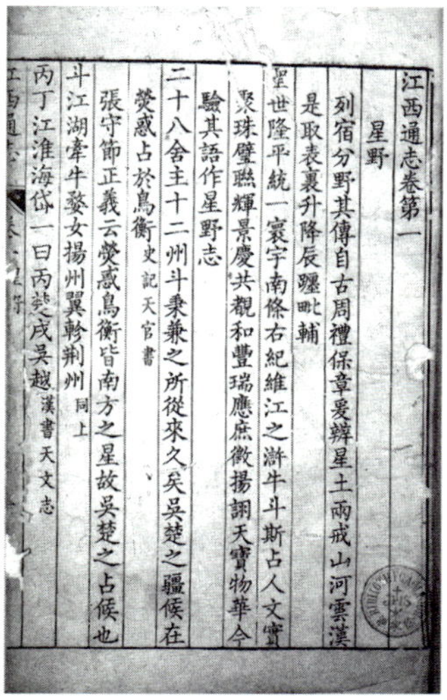

江西通志卷第一
星野
列宿分野其傳自古周禮保章爰辯星土兩戒山河雲漢
是取表裏升降辰躔毗輔
皇世隆平統一寰宇南條右紀維江之滸牛斗斯占人文實
聚珠璧聯輝景慶共覩和豐瑞應庶徵揚詡天寶物華今
驗其語作星野志
二十八舍主十二州斗秉兼之所從來久矣吴楚之疆候在
熒惑占於鳥衡 史記天官書
張守節正義云熒惑鳥衡皆南方之星故吴楚之占候也
斗江湖牽牛婺女揚州翼軫荊州 同上
丙丁江淮海岱一曰丙楚戊吴越 漢書天文志

清雍正十年（1732）刻本

框高19.9厘米，宽14.9厘米，12行23字，白口，左右双边，单黑鱼尾。

谢旻，生卒年不详，字侣桐，江苏武进人。官江西巡抚，工部右侍郎。

陶成，生卒年不详，字企大，江西南城人。康熙四十八年（1709）进士，官翰林院编修。学者称吾庐先生。

《四库全书总目》：“《江西省志》创于明嘉靖间参政林廷棉，其后久未纂辑，旧闻放失。至本朝康熙二十二年，巡抚安世鼎始续修之。康熙五十九年，巡抚白璜又增修之，名曰《西江志》。其体例条目，虽多本诸旧志，而广搜博访，订舛正讹，在地记之中号为善本。雍正七年，巡抚谢旻奉诏纂修省志，乃与原任检讨陶成等开局编辑。其规模一本之白《志》，而间加折衷。文简事核，厘然有序。”

书藏金陵图书馆。

江左三大家诗钞九卷　（清）顾有孝、赵沄辑

清康熙刻本

框高18.5厘米，宽13.7厘米，11行21字，小字双行同，黑口，左右双边，单黑鱼尾。

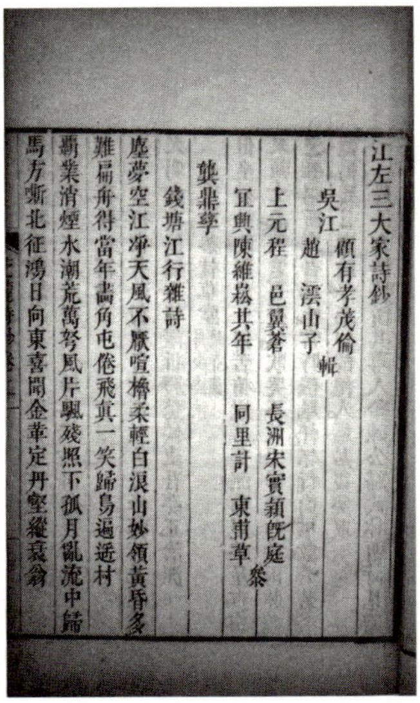
江左三大家詩鈔
吴江 顧有孝茂倫
趙 澐山子 輯
上元程 邑翼蒼 長洲宋實穎既庭 參
宜興陳維崧其年 同里計 東甫草
龔鼎孳
錢塘江行雜詩
塵夢空江淨天風不厭喧檣柔輕白浪山妙領黄昏多
難扁舟得當年畫角屯倦飛真一笑歸鳥遍遥村
蓟業清煙水潮荒萬弩風片颯殘照下孤月亂流中歸
馬方嘶北征鴻日向東喜聞金華定丹壑繼袁翁

顾有孝（1619—1689），字茂伦，家住钓雪滩，故号雪滩钓叟，江苏吴江人。明末诸生。康熙十七年（1678），举博学鸿儒，不就。居钓雪滩，以选诗为事。有《雪滩钓叟集》等。辑刻印过《江左三家诗》、《唐诗英华》、《五朝诗钞》、《明文英华》等。

赵沄（？—1675），字山子，号玉沙，明瓯宁令赵庾次子，赵漪之弟。江苏吴江人。顺治八年（1651）举人。屡上公车不第，就选江阴教谕。著有《雅言堂诗》等。

《江左三大家诗钞》，诗总集，清顾有孝、赵沄辑。此集选录清初“江左三大家”的诗歌，依次为钱谦益《牧斋诗钞》、龚鼎孳《芝麓诗钞》、吴伟业《梅村诗钞》；人各一集，集各三卷，凡九卷。所选三诗人诗名均著，经此钞汇选为一集，“江左三大家”之名遂定，每为后之论诗者沿用。然三人排列次序吴伟业在龚鼎孳之后，则不甚妥当，论者多有微词。

书藏金陵图书馆。

教女遗规三卷　（清）陈宏谋辑

清乾隆七年（1742）刻本

高 18.5 厘米，宽 12.2 厘米，10 行 22 字，小字双行同，白口，四周双边，单黑鱼尾。

陈宏谋（1696—1771），字汝咨，号榕门，谥文（一作文恭），广西临桂（今桂林）人。雍正元年（1723）进士，毕生为官，曾任江苏按察使、湖南巡抚、云南布政使等职，止东阁大学士兼工部尚书。外任三十多年，历十二省，研究各地民心风俗的得失利弊，分明兴革，逐条钩考，加之勤奋学习，遂成为学识渊博、编著甚丰的学者。主要编著有：《纲鉴正史约》（增订）、《司马文公年谱》（辑）、《三通序目》（录）、《甲子纪元》（辑）、《培远堂偶存稿》、《大学衍义辑要》（辑）、《大学衍义补辑要》（辑）、《吕子节录》（辑）、《女训约言》、《培远堂文集》、

《手札节要》、《课士直解》、《培远堂文录》、《湖南通志》(监修)、《五种遗规》(辑)、《陈榕门先生遗书补遗》等，著作总集有《培远堂全集》和《陈榕门先生遗书》。

该书辑录了班昭《女诫》、蔡邕《女训》、宋若华与宋若昭姐妹《女论语》、吕得胜《女小儿语》、吕坤《闺范》、王演畴《家训·御下篇》、温璜记述《温氏母训》、史搢臣《愿体集》、唐彪《人生必读书》、王之铁《言行汇纂》与无名氏《女训约言》等女教作品十一篇，在每篇作品前面，亦用“按语”的形式说明选辑的指导思想和该篇的具体作用。如：“《闺范》一编，前列嘉言，后载善行，复绘之为图，系之以赞，无非欲儿女子见之，喜于观览，转相论说，因事垂训，实具苦心。……其中由感生愧，由愧生奋，巾帼之内，相与劝于善，而远于不善者，盖不知凡几也。今限于卷帙，不复绘图，择其言之尤切、行之尤显者，录为一卷。虽于原编，仅十之三四，而子道、妇道、母道，胥备焉。所载懿行，可以动天地，泣鬼神，至今读之，凛凛犹有生气。”

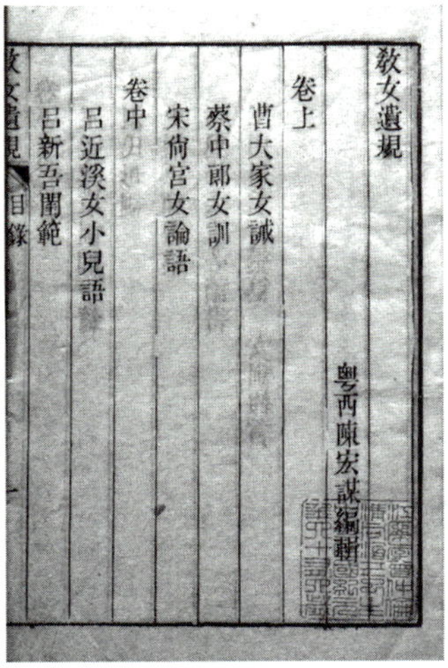
教女遺規
粤西陳宏謀編輯
卷上
曹大家女誡
蔡中郎女訓
宋尚宮女論語
卷中
呂近溪女小兒語
呂新吾閨範

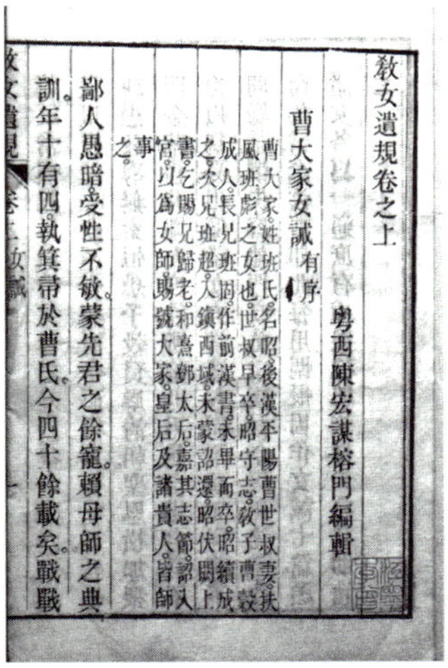
教女遺規卷之上
曹大家女誡 有序
粤西陳宏謀榕門編輯
鄙人愚暗受性不敏蒙先君之餘寵賴母師之典訓年十有四執箕帚於曹氏今四十餘載矣戰戰

书藏秦淮区图书馆。

金壶字考二集二十一卷补录一卷补注一卷

(宋)释适之编　(清)田朝恒增订

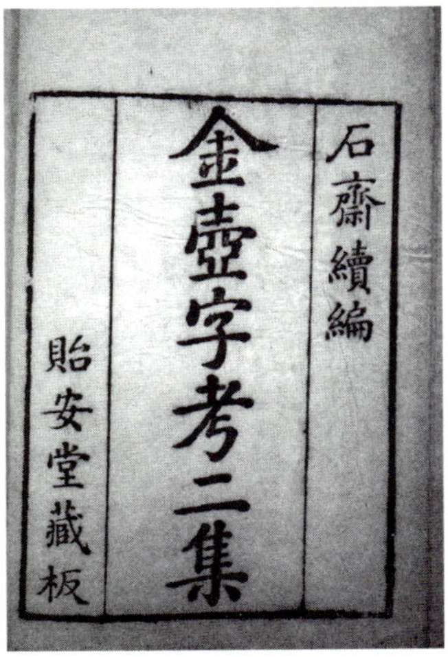

清乾隆刻本

框高 15.7 厘米，宽 12.1 厘米，8 行 16 字，小字双行 32 字，白口，左右双边，单黑鱼尾。

释适之，生平不详。

田朝恒，生平不详。

《四库全书总目》云："适之始末未详。案《拾遗记》载周时浮提国献书生二人有金壶，壶中墨汁洒水石皆成篆籀或科斗文字。记之取名，盖出于此。"

该书卷前有乾隆二十四年（1759）田氏序、次目录、次凡例、次蔡履元跋。此书收特殊读音字，包括古读、多音多义字音读、僻字音读、特殊词语音读、地名或人名及外族名等特殊读音等，是研究汉字特殊读音的重要参考资料。

书藏金陵图书馆。

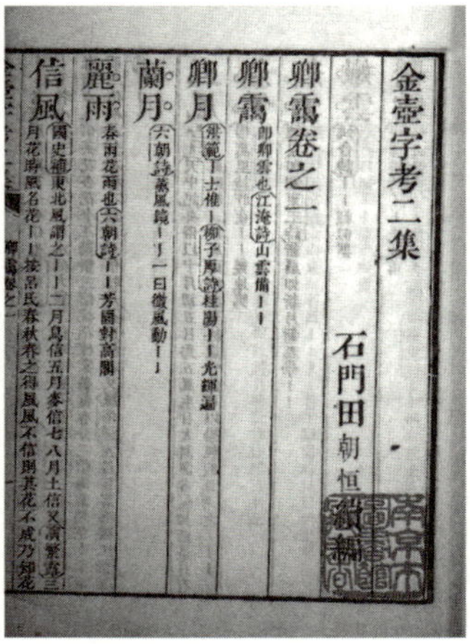
金壺字考二集
石門田朝恒
卿靄卷之一
卿靄
卿月
蘭月
麗雨
信風

金石录三十卷　（宋）赵明诚撰

清乾隆二十七年（1762）雅雨堂刻本

框高 18.5 厘米，宽 13.6 厘米，10 行 21 字，小字双行同，白口，四周单边，单黑鱼尾。

乾隆壬午年刊
金石錄
雅雨堂藏板

赵明诚（1081—1129），字德甫（或德父），山东诸城人，宋徽宗宰相赵挺之第三子，是宋代著名的金石学家。著名女词人李清照之夫。少年时期随父居住在京都汴京，后入太学。宋徽宗建中靖国元年（1101），与礼部员外郎李格非的女儿李清照结婚。崇宁二年（1103 年），赵明诚开始为官。大观元年（1107），赵挺之去世，赵明诚被追夺赠官，夫妇从此屏居青州乡里十三年。宣和年间，赵明诚先后出任莱州、淄州知州。宋高宗建炎元年（1127）任知江宁府，宋高宗建炎三年移官湖州，未赴，病逝于建康。

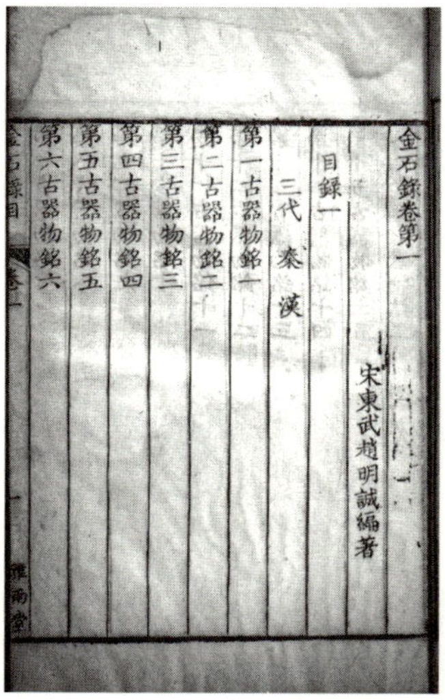
金石錄卷第一
宋東武趙明誠編著
目錄一
三代　秦　漢
第一古器物銘一
第二古器物銘二
第三古器物銘三
第四古器物銘四
第五古器物銘五
第六古器物銘六

《金石录》，共三十卷，前为目录十卷，后为跋尾二十卷，考订精核，评论独具卓识。先由赵明诚撰写大部分，其余部分由其妻李清照完成。《金石录》一书，著录其所见从上古三代至隋唐五代以来，钟鼎彝器的铭文款识和碑铭墓志等石刻文字，是中国最早的金石目录和研究专著之一。此书体例仿照《集古录》，把目录和题跋合为一书。《金石录》所收所题跋的大部分原石及拓本都已不传，其中唐代的占有很大部分，藉此得以保存。

书藏秦淮区图书馆。

金史一百三十五卷　（元）脱脱等撰

明冯梦祯刻，清康熙四十年（1701）重修本

框高 21.1 厘米，宽 15.4 厘米，10 行 22 字，白口，左右双边，双黑鱼尾。

脱脱（1314—1355），亦作托克托、脱脱帖木儿，蔑里乞氏，字大用，蒙古族蔑儿乞人，元朝末年政治家、军事家。元朝元统二年（1334），任同知宣政院事，迁中政使、同知枢密院事、御史大夫、中书右丞相。至元六年（1340），为中书右丞相，大改伯颜旧政，复科举取士。至正三年（1343），主编《辽史》、《宋史》、《金史》，任都总裁官。

全书凡一百三十五卷，其中本纪十九卷、志三十九卷、表四卷、列传七十三卷，记载了上起金太祖完颜阿骨打出生（1068），下至金哀宗天兴三年（1234）蒙古灭金，共一百六十六年的史实，是反映女真族所建金朝的兴衰始末的重要史籍。该书不但记载了金建国以后一百二十年的历史，而且还回顾了女真族建国前的历史，从而保存了女真族早期历史的珍贵材料。各《本纪》的末尾设立了《世纪补》一篇，专门记述了未曾即位称帝而被后代追认的几位皇帝的事迹。书尾专立《金国语解》一篇，用汉语标出了表现在官称、人事、物象、

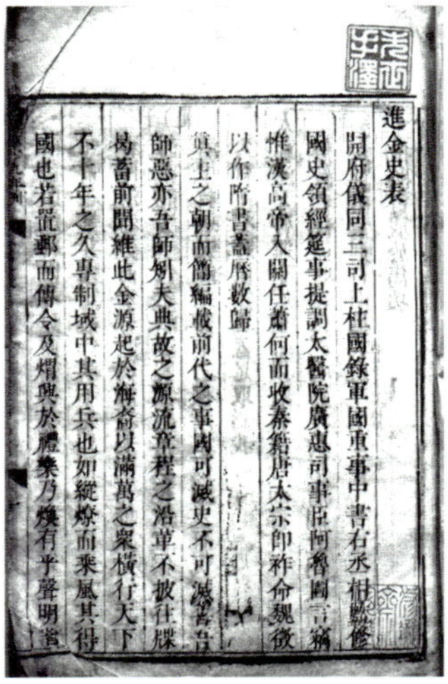
進金史表
開府儀同三司上柱國錄軍國重事中書右丞相監修
國史領經筵事提調太醫院廣惠司事臣阿魯圖言竊
惟漢高帝入關任蕭何而收秦籍唐太宗即祚命魏徵
以作隋書蓋歷數歸
眞主之朝而簡編載前代之事國可滅史不可滅善吾
師惡亦吾師矧夫典故之源流章程之沿革不披往牒
曷蓄前聞維此金源起於海裔以滿萬之衆橫行天下
不十年之久專制域中其用兵也如縱燎而乘風其得
國也若置郵而傳令及煟興於禮樂乃煥有乎聲明

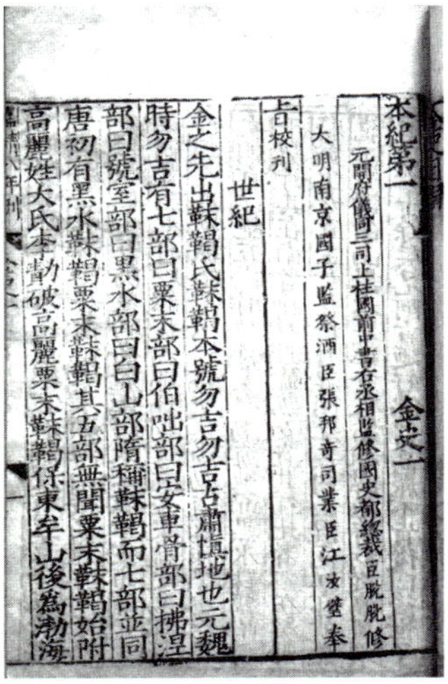
本紀第一　金史一
元開府儀同三司上柱國前中書右丞相監修國史都總裁臣脫脫修
大明南京國子監祭酒臣張邦奇司業臣江汝璧奉
旨校刊
世紀
金之先出靺鞨氏靺鞨本號勿吉勿吉古肅愼地也元魏
時勿吉有七部曰粟末部曰伯咄部曰安車骨部曰拂涅
部曰號室部曰黑水部曰白山部隋稱靺鞨而七部並同
唐初有黑水靺鞨粟末靺鞨其五部無聞粟末靺鞨始附
高麗姓大氏李勣破高麗粟末靺鞨保東牟山後爲渤海

姓氏等等之中的女真语称谓，是参照释读《金史》及研究女真语言文字的重要资料。《四库全书总目》评价此书称：“元人之于此书，经营已久，与宋、辽二史取办仓促者不同。故其首尾完密，条例整齐。约而不疏，赡而不芜。在三史之中，独为最善。”

书藏六合区图书馆。

金台集二卷　（元）乃贤撰　（明）危素编

明毛氏汲古阁刻本

框高 19.9 厘米，宽 12.8 厘米，9 行 19 字，小字双行同，白口，左右双边，无鱼尾，版心下镌“汲古阁”。

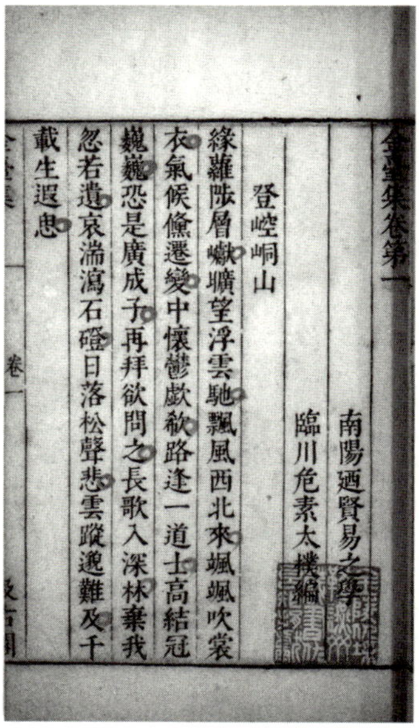
金臺集卷第一
南陽廼賢易之撰
臨川危素太樸編
登崆峒山
緣蘿陟層巘曠望浮雲馳飄風西北來颯颯吹裳
衣氣候倏遷變中懷鬱歔欷路逢一道士高結冠
巍巍恐是廣成子再拜欲問之長歌入深林棄我
忽若遺哀湍瀉石磴日落松聲悲雲蹤邈難及千
載生遐思

乃贤（1309—1368），字易之，本西域葛逻禄氏，先祖迁居中原，定居南阳（今河南南阳）。元末著名诗人。乃贤自幼受汉族文化教育，精通汉文，擅长写诗。曾为东湖书院山长，以荐授翰林编修。作品有《金台集》、《河朔访古记》等。

危素（1303—1372），字太朴，号云林，金华兰溪（今属浙江）人（一说江西临川人），元末明初历史学家、文学家。元顺帝时，官至礼部尚书、参中书省事、御史台治书侍御史。元亡入明，洪武二年（1369）授翰林侍讲学士。曾负责主编宋、辽、金三部历史，并注释《尔雅》。著有《吴草庐年谱》、《元海运志》、《危学士集》等。

《金台集》为元乃贤诗集，今存二卷，由《金台前集》和《金台后稿》合并而成。欧阳玄、李好文、贡师泰等当时文坛名流为之作序。其诗时人多有评论，谓有中国古作者之遗风。诗之内容，为作者游历南北，目睹社会不公、百姓贫困，抚事感怀而作。

书藏金陵图书馆。

金渊集六卷
（元）仇远撰

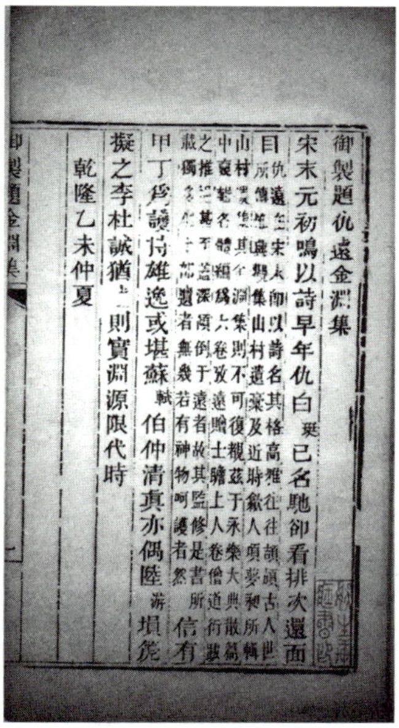
御製題仇遠金淵集
宋末元初鳴以詩早年仇白珽已名馳卻看排次還面
甲丁爲讀詩雄逸或堪蘇軾伯仲清真亦偶陸游
擬之李杜誠猶則實淵源限代時
乾隆乙未仲夏

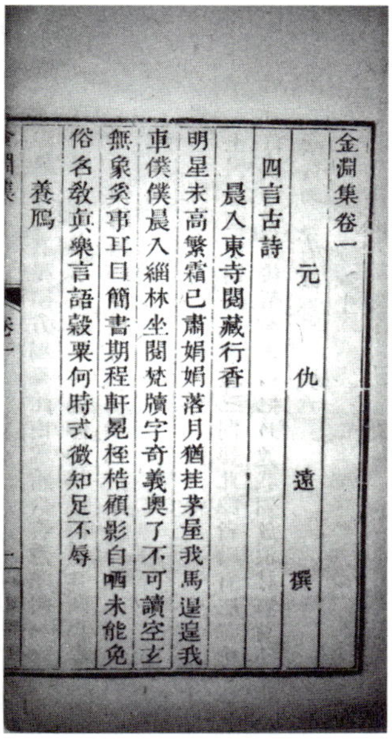
金淵集卷一
元 仇遠 撰
四言古詩
晨入東寺閱藏行香
明星未高繁霜已肅娟娟落月猶挂茅屋我馬遲遲我
車僕僕晨入緇林坐閱梵牘宇奇義奧了不可讀空玄
無象奚事耳目簡書期程軒冕桎梏穎影白晒未能免
俗名教真樂言語穀粟何時式微知足不辱
養鴈

清乾隆四十年（1775）木活字本

框高19.3厘米，宽11.9厘米，9行21字，小字双行同，白口，四周双边，单黑鱼尾。

仇远（1247—1326），字仁近，一字仁父，号山村民，钱塘（今浙江杭州）人。以能诗工画而闻名。入元，尝为溧阳教授，任满不仕，归于湖山之间。著有《兴观集》、《金渊集》及《无弦琴谱》。

《金渊集》，诗别集。元仇远著。所载皆官历溧阳时所作，因流经溧阳的溧水有相传伍子胥投金乞食处称“金渊”，故名。原书久佚，清修《四库全书》，从《永乐大典》中辑出数百首，编为六卷。

书藏金陵图书馆。

锦字笺四卷　（清）黄沄编

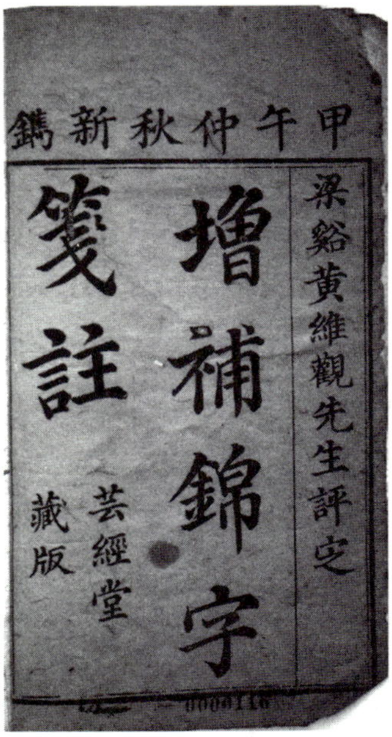
甲午仲秋新鐫
梁谿黃維觀先生評定
增補錦字箋註
芸經堂藏版

清康熙五十三年（1714）芸经堂刻本

框高19.5厘米，宽11.0厘米，10行28字，小字双行同，白口，四周单边，单黑鱼尾。

黄沄，字维观，号馀一。康熙年间江苏无锡人。工古体诗。著有《桐馀集》。

是书为类书，分为帝王、职官、武略、政治、仕进等二十四部，部下更分细目，加以说明。书前《凡例》云：“凡类书钜细兼收，雅俗并开，卷帙浩繁，阅者易于厌倦。是编非字句典雅者不载，僻奥者亦不载，宁简毋繁，使碎金片玉，皆缩而聚诸掌上，一览了然，亦词家之指南也。”锦字，比喻精美字句。笺，编辑，《集韵·先韵》：“编也。”锦字笺，即把精美的字句按一定的顺序编辑起来。书中记载关于梁祝的传说，甚为难得。

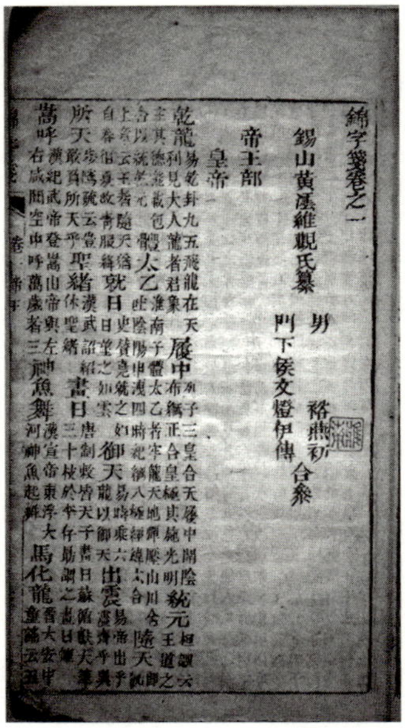

书藏金陵图书馆。

晋书一百三十卷音义三卷
题唐太宗文皇帝撰　（唐）何超撰

清康熙四十年（1701）重修冯梦祯明刻本

框高 21.7 厘米，宽 16.8 厘米，10 行 20 字，白口，左右双边，双黑鱼尾。

房玄龄（579—648），名乔，字玄龄，齐州临淄（今山东济南）人，房彦谦之子。幼聪敏，博览经史，工草隶，善属文。年十八，本州举进士，授羽骑尉。历官中书令、尚书左仆射、司空等职。

何超，字令升，自称东京人。

《晋书》由房玄龄等人负责监修，以南朝齐人臧荣绪所写的《晋书》为蓝本，同时参考其他诸家晋史和有关著作，“采正典与杂说数十部”，兼引十六国所撰史籍，从贞观二十年（646）开始撰写，历时三年完成。全书共一百三十卷，包括帝纪十卷，志二十卷，列传七十卷，载记三十卷，记载了从司马懿开始到晋恭帝元熙二年（420）为止，包括西晋和东晋的历史，并用“载记”的形式兼述了十六国割据政权的兴亡。原有叙例、目录各一卷，后来失传。《四库全书总目》称何超所撰《音义》“审音辨字，颇有发明”。

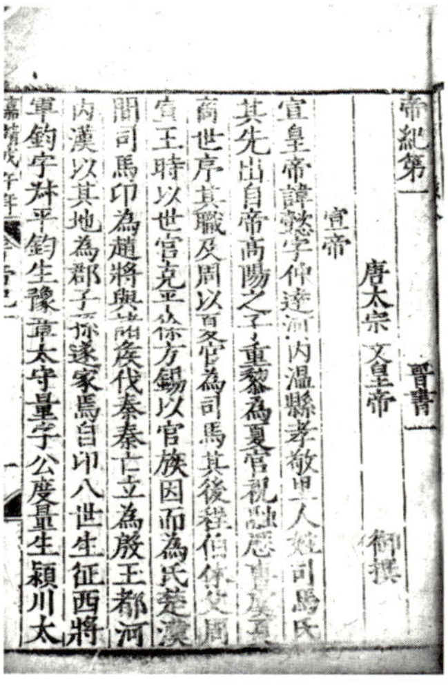

書藏六合区图书馆。

九灵山房集三十卷　（元）戴良撰

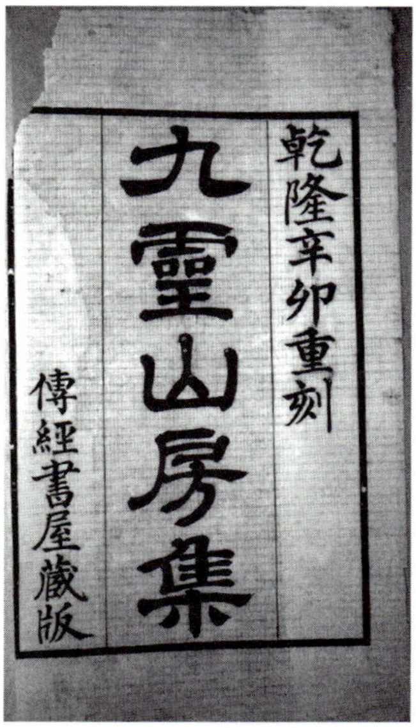

清乾隆三十七年（1772）刻本

框高 19.2 厘米，宽 13.3 厘米，10 行 21 字，黑口，左右双边，双黑鱼尾。

戴良（1317—1383），字叔能，号九灵山人，一号云林先生，浦江建溪（今浙江诸暨）人。良曾学文于柳贯、吴莱、黄溍，学诗于余阙。博通经史，旁及诸子百家，诗文并负盛名，其诗尤胜。所著有《春秋经传考》、《和陶诗》、《九灵山房集》等。

戴良世居浙江浦江北九十里之九灵山下，故自号九灵山人，并因之名其集。其集曰《山居稿》，曰《吴游稿》，曰《鄞游稿》，曰《越游稿》。王祎撰《〈九灵山房集〉序》云："其诗质而敷，简而密，优游而不迫，冲澹而不携，庶几上追汉魏之遗音。"良诗风骨高秀，迥出一时。睠怀宗国，慷慨激烈，发为吟咏，多磊落抑塞之音。故其《自赞》谓"歌黍离麦秀之诗，咏剩水残山之句"。苏伯衡赞其画像，亦谓"其跋涉道途，如子房之报韩；其彷徨山泽，如正则之自放"云。

书藏金陵图书馆。

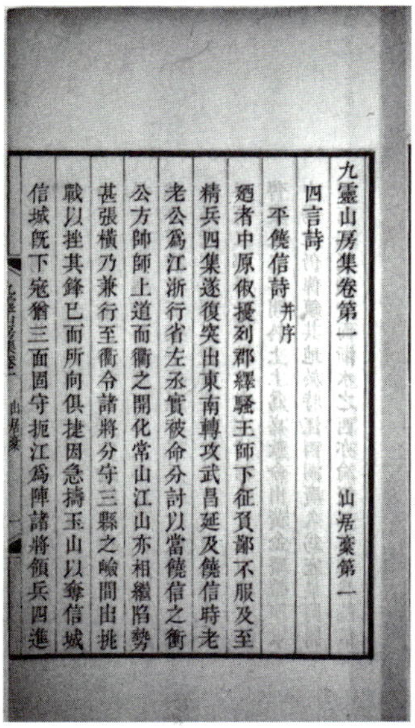
九靈山房集卷第一
四言詩
平僥信詩 并序
迺者中原俶擾剏郡繹騷王師下征貢鄰不服及至
精兵四集遂復失由東南轉攻武昌延及僥信時老
老公爲江浙行省左丞實被命分討以當僥信之衝
公方帥師上道而衢之開化常山江山亦相繼陷勢
甚張橫乃兼行至衢令諸將分守三縣之隘間出挑
戰以挫其鋒已而所向俱捷因急擣玉山以蹇信城
信城既下寇嚮三面圍守扼江爲陣諸將領兵四進

居业录十二卷　（明）胡居仁撰　（明）余祐编

清乾隆二十二年（1757）江西李氏刻本

半框高 18.5 厘米，宽 12.5 厘米，10 行 22 字，小字双行同，白口，四周双边，单黑鱼尾。

胡居仁（1434—1484），字叔心，号敬斋，余干（今属江西）人。曾从学于

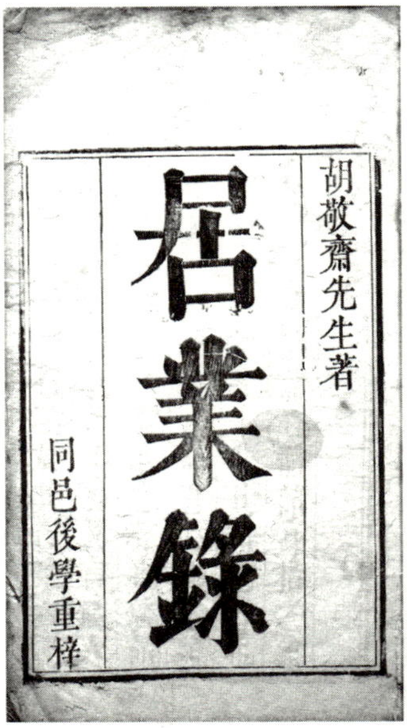
胡敬齋先生著
居業錄
同邑後學重梓

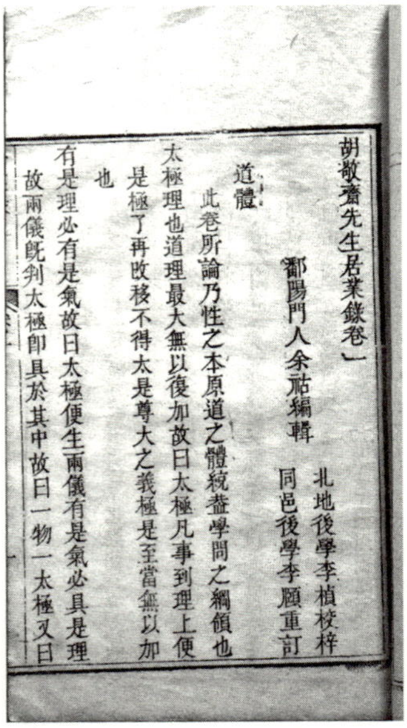
胡敬齋先生居業錄卷一
鄱陽門人余祐編輯
北地後學李楨校梓
同邑後學李顒重訂
道體
此卷所論乃性之本原道之體統蓋學問之綱領也
太極理也道理最大無以復加故曰太極凡事到理上便
是極了再改移不得太是尊大之義極是至當無以加
也
有是理必有是氣故曰太極便生兩儀有是氣必具是理
故兩儀既判太極即具於其中故曰一物一太極又曰

吴与弼，后绝意科举，讲学于梅溪山中，曾应聘主白鹿书院，又为贵溪洞源书院师。专讲穷理尽性至命，成为明代程朱学派主要代表人物之一。胡氏著述甚丰，有《胡文敬公集》、《易象抄》、《居业录》及《居业录续编》等书行世。

余祐（1465—1528）字子积，号切斋，鄱阳（今属江西）人。弘治进士。官至吏部右侍郎。十九岁师从余干胡居仁，为其得意门生，又为居仁女婿。其学墨守师说。将朱熹《文集》、《语录》摘录汇编为《文公先生经世大训》十六卷。

《居业录》为明代理学家胡居仁的讲学语录，由其门人、女婿余祐整理编辑成书。内容多是发挥程朱理学，品评历史人物，批判佛道谬误，同时对程朱亦有某些修正，对明代中叶王学的崛起有一定影响。

书藏六合区图书馆。

绝妙好词笺七卷　附续钞一卷
（宋）周密辑　（清）查为仁、厉鹗同笺

清乾隆十五年（1750）查氏刻本

半框高 17.2 厘米，宽 12.1 厘米，9 行 21 字，小字双行同，白口，四周单边，单黑鱼尾。

周密（1232—约 1298），字公谨，号草窗、苹洲、四水潜夫、弁阳老人等，原籍济南（今属山东），后居吴兴（今浙江湖州市）。宋末曾任义乌令。宋亡不仕。能诗词，善书画，词讲究格律。著有笔记《武林旧事》、《齐东野语》、《癸辛

杂识》等。词有《草窗词》、《苹洲渔笛谱》，编纂有《绝妙好词》。

查为仁（1693—1749），字心谷，号莲坡。浙江海宁人，侨居宛平（今北京丰台）。清康熙五十年（1711）举人。有《庶塘未定稿》、《莲坡诗话》等，与厉鹗合校《绝妙好词笺》七卷行世，影响颇大。

厉鹗（1692—1752），字太鸿，又字雄飞，号樊榭，钱塘（今浙江杭州）人，清代文学家，浙西词派中坚人物。爱山水，尤工诗词，擅南宋诸家之胜。著有《宋诗纪事》、《樊榭山房集》等。

《绝妙好词》为南宋周密辑，收录南宋一代（始于张孝祥，迄于仇远）一百三十二位词人的近四百首词，以选录精粹著称。乾隆初，查、历二人各自为《绝妙好词》作笺。乾隆十三年，厉鹗赴京，路过天津，与查为仁见面，见查之笺，极为佩服，遂以己作付查，删复补漏，并为一书，题为《绝妙好词笺》刻印问世。

书藏六合区图书馆。

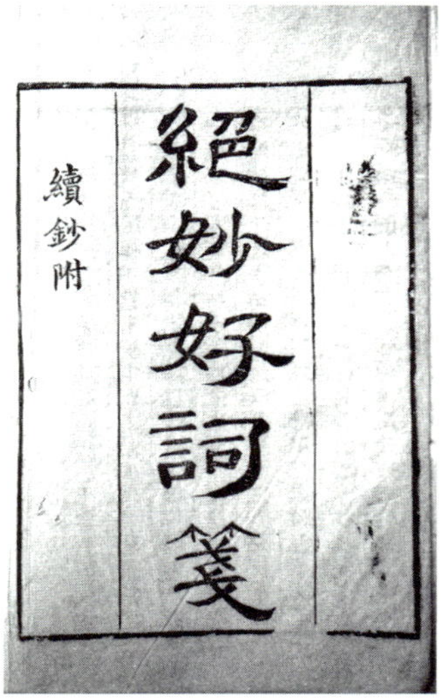
絕妙好詞箋

續鈔附

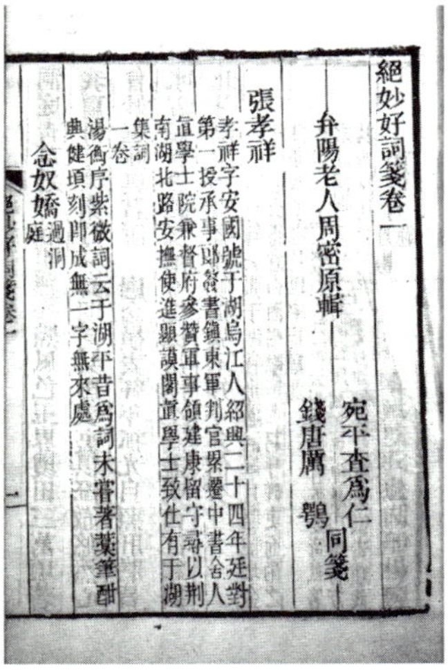
絕妙好詞箋卷一

弁陽老人周密原輯

宛平查爲仁 錢唐厲鶚 同箋

張孝祥

孝祥字安國號于湖烏江人紹興二十四年廷對第一授承事郎簽書鎮東軍判官累遷中書舍人直學士院兼督府參贊軍事領建康留守尋以荆南湖北路安撫使進顯謨閣直學士致仕有于湖集詞一卷

湯衡序紫微詞云于湖平昔爲詞未嘗著藁筆酣興健頃刻即成無一字無來處

念奴嬌 過洞庭

康熙字典　（清）陈邦彦纂

清康熙五十五年（1716）初刻精印本

框高 19.7 厘米，宽 13.2 厘米，8 行 12 字，小字双行 24 字，白口，四周双边，单黑鱼尾。

陈邦彦（1678—1752），清代海宁盐官人。字世南，亦作思南，号匏庐，一号春晖，又作春晖老人，又号匏庐。清代著名学者、书法家。康熙四十二年进士，授翰林院编修，入值南书房，后升侍读学士。乾隆初官至礼部侍郎，诗文典雅有致。善书法，尤工小楷，行草宗法二王，字体宽展秀发，行草出入二王，深得董其昌笔意，晚年所作几可乱真。即颜、欧、虞、褚及宋四家，无不研究。

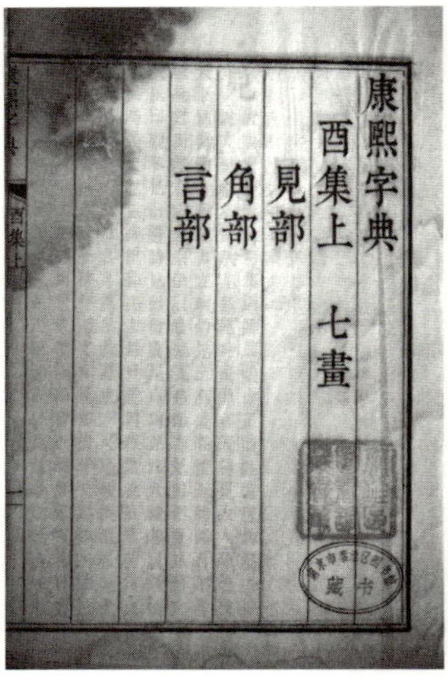

康熙字典
酉集上　七畫
見部
角部
言部

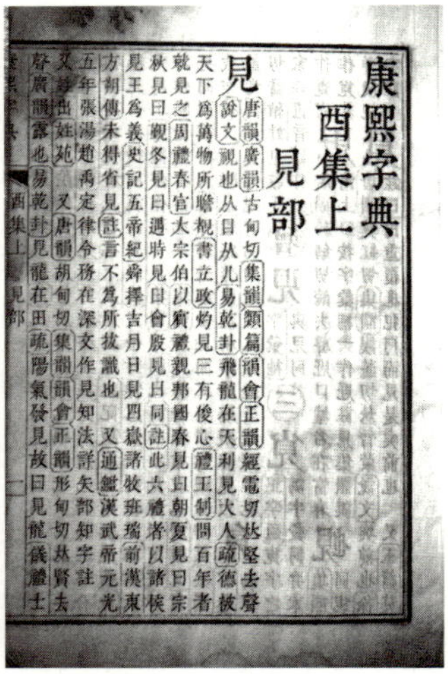

康熙字典
酉集上
見部

《康熙字典》御制序、《御制圆明园十景诗》，都为其手笔。书法名声远播，“咸以得他尺幅作为传家之宝”。其书法有《春晖堂书课》传世。著有《墨庄小稿》、《春驹小谱》、《春晖堂集》，辑有《全唐文》、《宋诗补遗》等。

《康熙字典》是在明朝梅膺祚《字汇》、张自烈《正字通》两书的基础上加以增订的。该书的编撰工作始于康熙四十九年，成书于康熙五十五年，历时六年，因此书名叫《康熙字典》。《康熙字典》采用部首分类法，按笔画排列单字，字典全书分为十二集，以十二地支标识，每集又分为上、中、下三卷，并按韵母、声调以及音节分类排列韵母表及其对应汉字，共收录汉字四万七千零三十五个，为汉字研究的主要参考文献之一。

书藏秦淮区图书馆。

考工记二卷　（明）郭正域批点

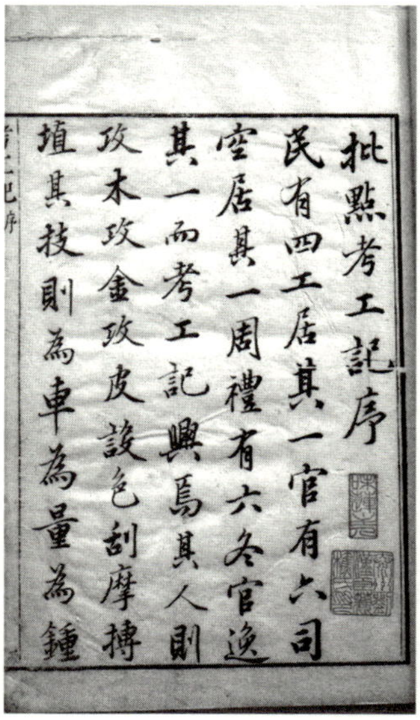

批點考工記序
民有四工居其一官有六司
空居其一周禮有六冬官逸
其一而考工記興焉其人則
攻木攻金攻皮設色刮摩搏
埴其技則為車為量為鍾

明闵齐伋刻朱墨套印本

框高20.6厘米，宽14.8厘米，8行18字，小字双行同，白口，左右双边，无鱼尾，朱墨套印。

郭正域（1554—1612），字美命，号明龙，明湖广江夏（今湖北武昌）人。万历十一年（1583）进士，授编修，历礼部侍郎。一生博通载籍，有经济大略，人望归之。著有《批点考工记》、《明典礼志》、《韩文杜律》等。

《考工记》是中国春秋战国时期记述官营手工

业各工种规范和制造工艺的文献。《批点考工记》是明朝郭正域对《考工记》的圈点批评。《四库全书总目》称之“是编取《考工记》之文，圈点批评，惟论其章法、句法、字法，每节后所附注释，亦颇浅略”。

书藏金陵图书馆。

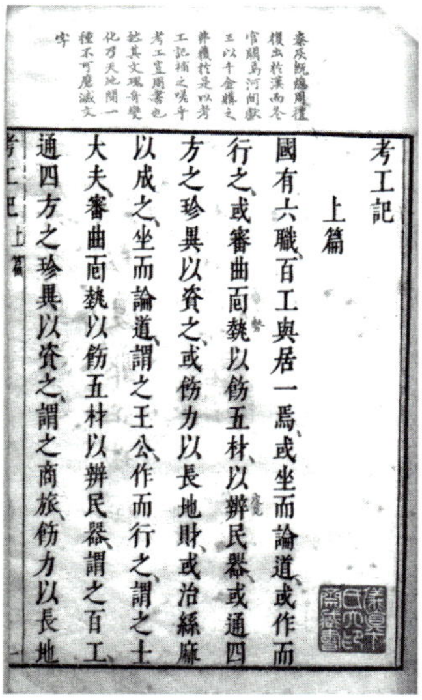
考工記
上篇
國有六職百工與居一焉或坐而論道或作而
行之或審曲面埶以飭五材以辨民器或通四
方之珍異以資之或飭力以長地財或治絲麻
以成之坐而論道謂之王公作而行之謂之士
大夫審曲面埶以飭五材以辨民器謂之百工
通四方之珍異以資之謂之商旅飭力以長地

珂雪词二卷补遗一卷　（清）曹贞吉撰

清康熙十五年（1676）刻本

框高 17.2 厘米，宽 12.0 厘米，10 行 21 字，小字双行同，白口，左右双边，无鱼尾。

曹贞吉（1634—1698），字升六，又字升阶，号实庵，山东安丘（今属山东省）人。康熙三年进士，官至礼部郎中。清初诗词家，王士祯选其诗入《十子诗略》。著有《珂雪集》、《朝天集》、《鸿爪集》等。

《珂雪词》，词别集。清曹贞吉著，二卷，附补遗一卷，收词二百四十八首。“珂雪”是其书斋名。有《四库全书》本。《提要》中称其词“大抵风华掩映，寄托遥深，古调之中，纬以新意，不必模周范柳，学步邯郸，而自不失为雅制”。

书藏金陵图书馆。

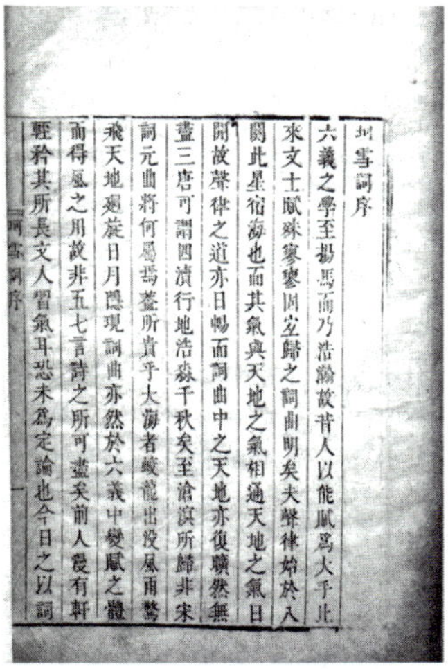
珂雪詞序
六義之學至揚馬而乃浩瀚故昔人以能賦爲大手此
來文士賦殊寥寥固宜歸之詞曲明矣夫聲律始於入
闕此星宿海也而其氣與天地之氣相通天地之氣日
開故聲律之道亦日暢而詞曲中之天地亦復曠然無
盡三唐可謂四瀆行地浩淼千秋矣至滄溟所歸非宋
詞元曲將何屬焉蓋所貴乎大海者蛟龍出沒風雨驚
飛天地迴旋日月隱現詞曲亦然於六義中變賦之體
而得風之用故非五七言詩之所可盡矣前人優有軒
輊矜其所長文人習氣耳恐未爲定論也今日之以詞

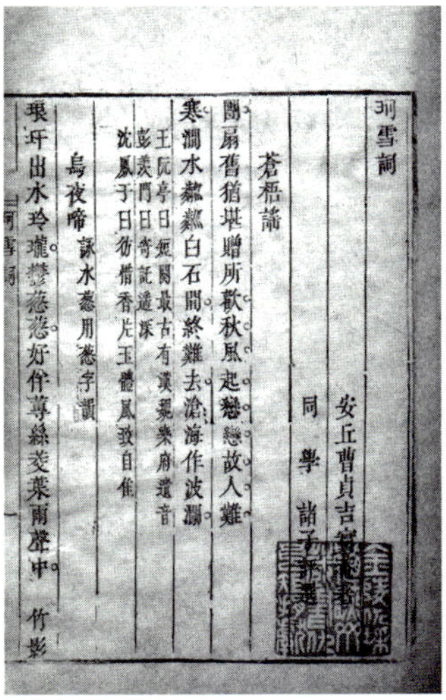
珂雪詞
安丘曹貞吉實庵著
同學諸子評選
蒼梧謠
團扇舊猶堪贈所歡秋風起戀戀故人難
寒潭水粼粼白石間終難去滄海作波瀾
王阮亭曰短闋最古有漢魏樂府遺音
彭羨門曰寄託遙深
沈鳳于曰彷彿香片玉疊風致自佳
烏夜啼 詠水蕊用蕊字韻
琅玕出水玲瓏蕊蕊好伴蓴絲菱葉雨聲中竹影

赖古堂藏书十种十四卷　（明）周文炜等撰

清康熙赖古堂刻本

框高 20.9 厘米，宽 13.6 厘米，9 行 20 字，白口，四周单边，单黑鱼尾。

周文炜（1583—1658），字赤之，号如山，河南大梁（今属河南开封）人，后迁南京，国子监监生。其子为明末清初著名文学家周亮工。周文炜天启二年（1622）任浙江诸暨县主簿，后左迁王府官，遂辞官拂衣还白下（南京）从事刻板印刷业。著有《观宅四十吉祥相》、《暨阳纪略》、《五洩苎萝逸事》。

賴古堂藏書

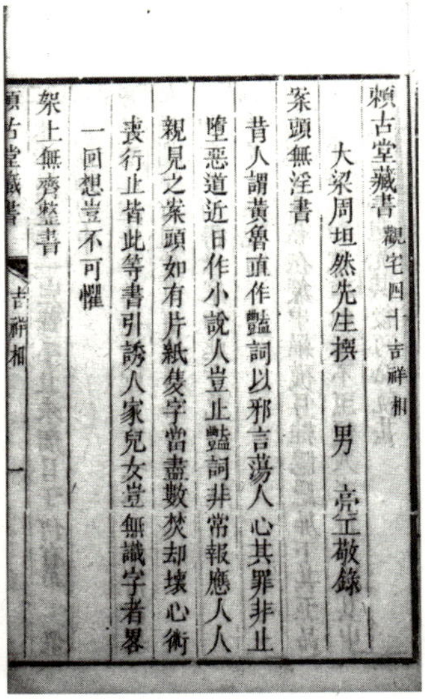

賴古堂藏書 觀宅四十吉祥相
大梁周坦然先生撰 男 亮工敬錄
案頭無淫書
昔人謂黄魯直作豔詞以邪言蕩人心其罪非止
墮悪道近日作小説人豈止豔詞非常報應人人
親見之案頭如有片紙隻字當盡數焚却壞心術
喪行止皆此等書引誘人家兒女豈無識字者畧
一回想豈不可懼
架上無齊整書

赖古堂为周亮工室名，其子在浚。父子曾刻印自编的《赖古堂藏书》十种十四卷，其中三种为在浚弟在都续刻。此十种是：周坦然《吉祥相》、孙淠如《释冰书》、贺裳《皱水轩词筌》、李日华《六研斋二笔》、陈璜《陈子旅书》、顾起元《客座赘语》、彭尧谕《强聒录》、刘宗周《人谱》、孙承宗《三十五忠诗》、郭钦华《渔谈》。

书藏秦淮区图书馆。

兰山课业风骚补编三卷　（清）周樽辑

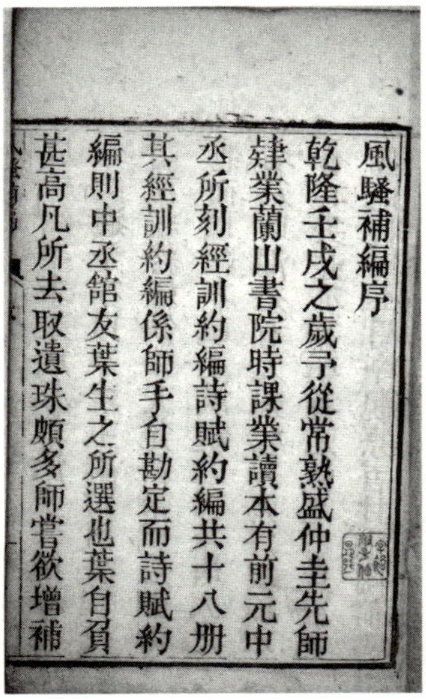

風騷補編序
乾隆壬戌之歳予從常熟盛仲圭先師
肄業蘭山書院時課業讀本有前元中
丞所刻經訓約編詩賦約編共十八册
其經訓約編係師手自勘定而詩賦約
編則中丞館友葉生之所選也葉自負
甚高凡所去取遺珠頗多師嘗欲增補

清乾隆五十七年（1792）临洮吴镇刻本

框高20.2厘米，宽14.3厘米，9行22字，小字双行同，白口，四周双边，单黑鱼尾，无界栏，栏框上方刻眉批。

周樽，生卒年不详，字寿南，号眉亭，昆明人。乾隆己卯（1759）举人。由知县历官安徽布政使。周樽为政清廉，所至修建书院，培养士风，重视教育。辑著有《十一经读本》、《兰山课业风骚补编》等。

兰山书院是甘肃省内最大的官办省立书院，其图书主要是自行购置，以藏书丰富而闻名全国。《兰山课业风骚补编》是兰山书院为学生刻印的课本。

书藏金陵图书馆。

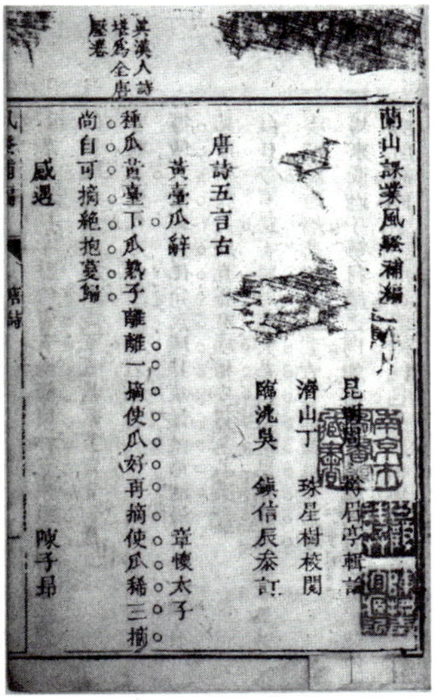
其漢人詩堪爲全唐壓卷
蘭山課業風騷補編
滑山丁珠星樹校閱
臨洮吳鎮信辰參訂
唐詩五言古
黃臺瓜辭 章懷太子
種瓜黃臺下瓜熟子離離一摘使瓜好再摘使瓜稀三摘
尚自可摘絕抱蔓歸
感遇 陳子昂

楞严摸象记十卷　（明）释袾宏述

明崇祯十二年（1640）刻云栖法汇本

半框高22.8厘米，宽14.9厘米，10行20字，下黑口，四周双边。

释袾宏（1535—1615），字佛慧，自号莲池，净土宗第八祖。浙江杭州人，俗家姓沈，三十二岁时他舍俗出家。受具足戒后，到各地参学。明隆庆五年（1571），净土八祖莲池袾宏大师见寺宇荒败，乃思重新兴修，设禅室，讲三教合一、禅净合一之义，深得僧俗崇奉，附近名贤大儒纷纷前来就教，莲池也因此被敬称为“云栖大师”，寺院终得复兴，寺殿规模亦逐年恢复提升，俨然成为一方大丛林，世称“云栖宗”。

《楞严摸象记》成书于万历三十年（1603），这是他最后一部释经之著。袾宏借用著名“盲人摸象”之喻，显示其谦逊。此书的撰著，是基于以教证禅的修行考虑，即主要是针对“谈禅者”的摸象之说。袾宏特地拈出《楞严经》中一百四十三项要点，给予评析。

书藏六合区图书馆。

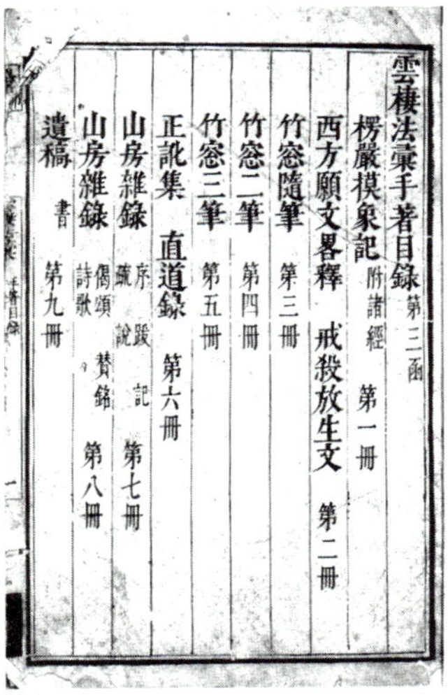
雲棲法彙手著目錄第三函
楞嚴摸象記 附諸經 第一冊
西方願文畧釋 戒殺放生文 第二冊
竹窗隨筆 第三冊
竹窗二筆 第四冊
竹窗三筆 第五冊
正訛集 直道錄 第六冊
山房雜錄 序 跋 疏 說 記 第七冊
山房雜錄 偈頌 詩歌 贊銘 第八冊
遺稿 書 第九冊

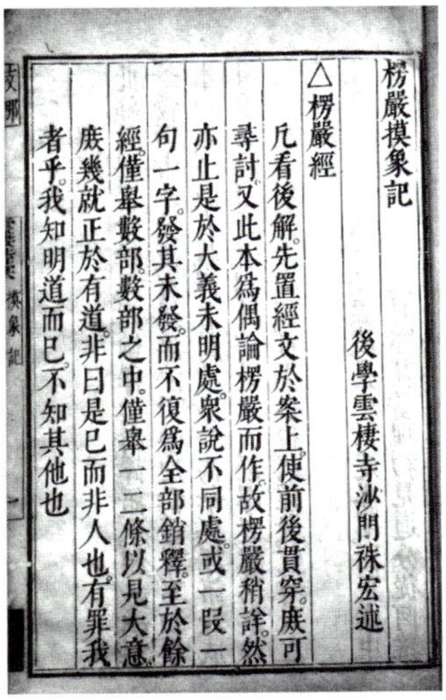
楞嚴摸象記
後學雲棲寺沙門袾宏述
△楞嚴經
凡看後解。先置經文於案上。使前後貫穿。庶可尋討。又此本爲偶論楞嚴而作。故楞嚴稍詳。然亦止是於大義未明處。衆說不同處。或一段一句一字。發其未發。而不復爲全部銷釋。至於餘經。僅舉數部。數部之中。僅舉一二條以見大意。庶幾就正於有道。非曰是已而非人也。有罪我者乎。我知明道而已。不知其他也。

礼记六卷　（元）陈澔集说

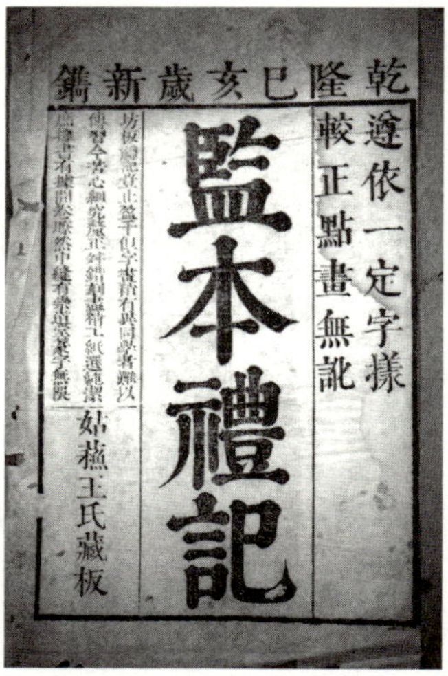

乾隆四十四年（1779）姑苏王氏崇道堂刻本

框高 20.4 厘米，宽 14.5 厘米，9 行 18 字，小字双行同，白口，四周单边，单黑鱼尾。

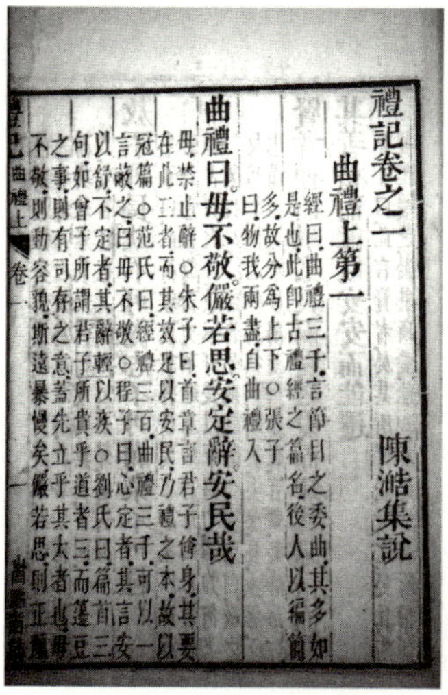

陈澔（1260—1341），字可大，号云住，又号北山，人称经归先生或云住先生，南康路都昌县（今江西都昌）人，宋末元初著名理学家、教育家。陈澔出身教育世家，系江洲义门陈氏后裔，祖辈世代注述经书，留有许多名著。陈澔一生不求闻达，隐居不仕，勤学而好古，秉承祖业，精于《易》、《礼》、《书》，曾在都昌建云住书院讲学，亦称经归书院。后又应邀在庐山白鹿洞书院主讲两年，不少名门俊彦慕名就学。

陈澔所著《礼记集说》，成书于至治二年（1322），为历代王朝所重视，明成祖朱棣登基时，将其御定为全国开科取士的专用教材。元代教育家吴澄称其“可谓善读书，其论《礼》无可疵矣”！《续文献通考》载：“永乐间颁《四书五经大全》，废古注疏不用，《礼记》皆用陈澔集说。”可见《礼记集说》流行之广，影响之大。明弘治十四年（1501）钦命于都昌县治设专祠祀之。清雍正二年（1724）诏命从祀孔庙，为先儒。

书藏江宁区图书馆。

礼记注疏六十三卷　（汉）郑玄注　（唐）孔颖达疏

明毛氏汲古阁刻十三经注疏本（佚名过录清浦镗

校、清卢文弨校）

框高 18.2 厘米，宽 12.4 厘米，9 行 21 字，小字双行同，白口，左右双边，版心上镌“礼记疏”，中镌卷次，下镌“汲古阁”。

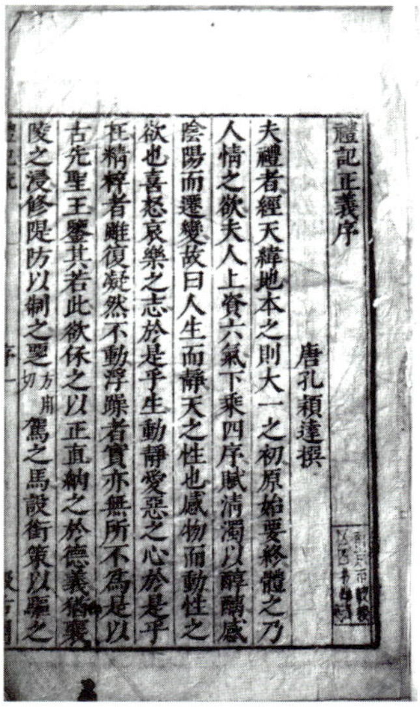
禮記正義序　唐孔穎達撰
夫禮者經天緯地本之則大一之初原始要終體之乃
人情之欲夫人上資六氣下乘四序賦清濁以醇醨感
陰陽而遷變故曰人生而靜天之性也感物而動性之
欲也喜怒哀樂之志於是乎生動靜愛惡之心於是乎
在精粹者雖復凝然不動浮躁者實亦無所不爲是以
古先聖王鑒其若此欲保之以正直納之於德義猶襲
陵之浸修隄防以制之要方鼎切駕之馬設銜策以驅之

郑玄（127—200），字康成，北海高密（今山东高密）人，东汉末年儒家学者、经学大师。

孔颖达（574—648），字仲达，一作仲远或冲远，冀州衡水（今河北）人，孔安之子，孔子三十二代孙，唐朝经学家。八岁就学，日诵千言，熟读经传，善于词章。

相传西汉前期《礼记》有一百三十一篇，戴圣选四十九篇而成《小戴礼记》，东汉郑玄做注后，专称为《礼记》，与《周礼》、《仪礼》合称“三礼”。是秦汉以前儒家有关礼仪制度、哲学思想的论著选集，既有礼仪制度的记述，又有关于礼的理论及其伦理道德、学术思想的论述，其中的《大学》、《中庸》、《礼运》等篇有较丰富的汉族哲学思想。体例大致是先列经、注，然后串讲经文、疏通注文，旁征博引古籍和前贤解说，体大思精，资料至为丰富。

书藏鼓楼区图书馆。

李太白文集辑注三十六卷　（清）王琦撰

李太白文集輯註
聚錦堂藏板

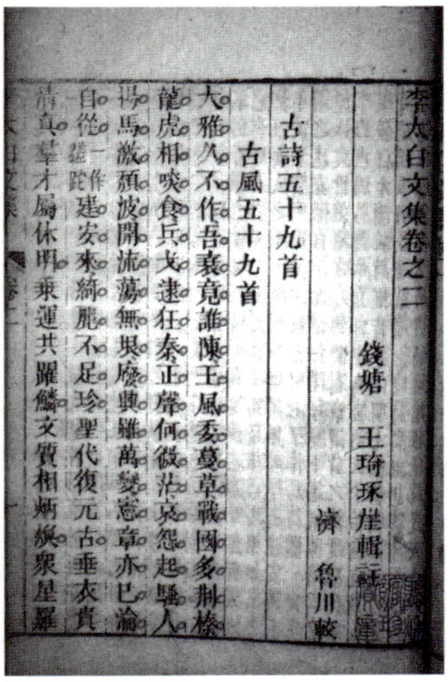
李太白文集卷之二　錢塘王琦琢崖輯註
古詩五十九首
古風五十九首
大雅久不作吾衰竟誰陳王風委蔓草戰國多荆榛
龍虎相啖食兵戈逮狂秦正聲何微茫哀怨起騷人
揚馬激頹波開流蕩無垠廢興雖萬變憲章亦已淪
自從建安來綺麗不足珍聖代復元古垂衣貴
清真群才屬休明乘運共躍鱗文質相炳煥衆星羅

清乾隆刻本

框高 17.5 厘米，宽 13.0 厘米，10 行 20 字，小字双行同，白口，左右双边，单黑鱼尾。

王琦（1696—1774），字琢崖，号载庵，清钱塘（今浙江杭州）人。清代雍正、乾隆时期著名学者。王琦除了以十年工夫专心致志注释了李白诗文，还撰有《李长吉歌诗汇解》五卷。与齐召南、杭世骏友善。早年丧妻，杜门著述。著有《李太白全集》(又称《李太白诗集注》、《李太白文集辑注》)、《李长吉歌诗汇解》，并协助赵殿成注《王右丞集》中之佛典。

李白原有《草堂集》十卷，已佚。曾巩收集整理李白诗文，编成三十卷，成李白集定本。至清王琦对其进行辑注，于乾隆二十三年（1758）成书，共三十六卷。在王琦之前，还有南宋、元、明各代文人对李白诗文的注释，但尤以王琦成就最高。王琦之注，虽引文稍显繁冗，但它融会了三家之长，修正了前人的谬误，补充前人之疏漏，是太白诗文集比较完备的注本。赵信曾称其“一注可敌千家”。

书藏金陵图书馆。

李长吉歌诗四卷外集一卷　（唐）李贺撰　（清）王琦汇解

清乾隆二十五年（1760）刻本

框高 17.3 厘米，宽 13.0 厘米，10 行 20 字，小字双行同，白口，左右双边，单黑鱼尾。

李贺（790—816），字长吉，唐代河南福昌（今河南宜阳）人，家居福昌昌谷，后世称李昌谷，是唐宗室郑王李亮后裔。世称李长吉、鬼才、诗鬼等，与李白、李商隐三人并称唐代“三李”。所著有《雁门太守行》、《李凭箜篌引》等名篇。

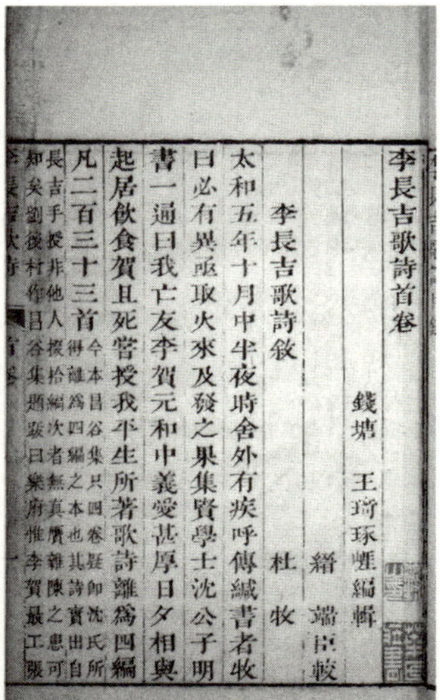

王琦(1696?—1774?)，字载韩，号琢崖、绰庵（载庵），晚号胥山老人，浙江钱塘（今杭州）人，

生活在清康乾年间。他在文学史上以注释李白、李贺诗文而著名。曾辑注《李太白诗集注》，卷末赵信序称赞此书“一注可以敌千家”。

《李长吉歌诗》存录诗歌二百四十多首。诗中多是发泄怀才不遇的抑郁之情，如表现“哀愤孤激之思”的《马歌二十三首》、《开愁歌》、《春归昌谷》、《秋来》等，流露出作者仕途困厄、疾病缠身的消沉情绪。但其又不甘沉沦，在《浩歌》、《致酒行》诗中，诗人自作奋勉“世上英雄本无主”“二十男儿那刺促”，发出“少年心事当拿云”的豪言壮语。而《日出行》、《苦昼短》、《天上谣》、《梦天》、《相劝酒》、《官街鼓》等，则表现了诗人悲慨时光迅速、人生短促的消极情绪。

书藏金陵图书馆。

历代通鉴纂要九十二卷　（明）李东阳、刘机等撰

明嘉靖刻本

框高 19 厘米，宽 12.3 厘米，10 行 20 字，白口，四周单边，双黑鱼尾。

李东阳（1447—1516），字宾之，号西涯。祖籍湖广长沙府茶陵，因家族世代为行伍出身，入京师戍守，属金吾左卫籍。天顺六年（1462）中举，天顺八年举二甲进士第一，授庶吉士，官编修，累迁侍讲学士，充东宫讲官，弘治八年（1495）以礼部右侍郎、侍读学士入直文渊阁，预机务。立朝五十年，柄国十八载，清节不渝。官至特进、光禄大夫、左柱国、少师兼太子太师、吏部尚书、华盖殿大学士。死后赠太师，谥文正。李东阳主持文坛数十年之久，其为诗文典雅工丽，为茶陵诗派的核心人物。又工篆书、隶书。著有《怀麓堂稿》、《怀麓堂诗话》、《燕对录》等。

刘机（？—1522），字世衡，北直隶大兴县（今北京大兴）人。成化十四年（1478）进士，授庶吉士。正德中，累官至吏部尚书，被论归里。后复起为太子少保、南京兵部尚书，参与机务。正德九年（1514）三月二十七日致仕。嘉靖元年（1522）卒。

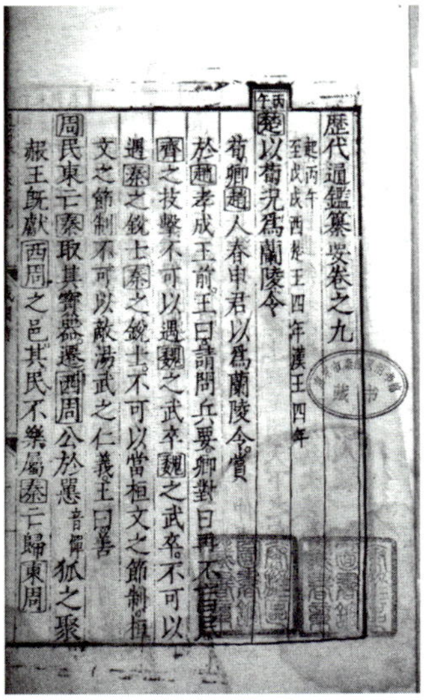
歷代通鑑纂要卷之九
起丙午至戊戌 西楚王四年 漢王四年
丙午 楚以荀况為蘭陵令
荀卿趙人春申君以為蘭陵令嘗
於趙孝成王前王曰請問兵要卿對曰兵不貴
齊之技擊不可以遇魏之武卒魏之武卒不可以
遇秦之銳士秦之銳士不可以當桓文之節制桓
文之節制不可以敵湯武之仁義王曰善
周民東亡秦取其寶器遷西周公於𢡟音俾狐之聚
赧王既獻西周之邑其民不樂屬秦亡歸東周

《历代通鉴纂要》九十二卷，明李东阳等奉敕撰。该书是明代官修的一部用于资政的纪传体史书。本书中记事自上古尧、舜、禹三代至元朝末年，所载历代军事、政治、经济、文化等重要事件和人物事迹，内容涵及洛阳史事尤多。其体例仿照《通鉴纲目》，周威烈王前事参选《通鉴前编》和《皇王大纪》等古籍，宋以后则以《续资治通鉴纲目》来贯穿表述。每朝代叙事后给予详论和考间注附后，以便阅读。作者从诸家史籍中选取历史大事，仿司马光《资治通鉴》宗旨，提要撰成此书。

书藏秦淮区图书馆。

历代循吏传八卷　（清）朱轼、蔡世远仝订　（清）张福昶分纂

清雍正七年（1729）刻本

框高 19.1 厘米，宽 12.6 厘米，9 行 22 字，白口，左右双边，双黑鱼尾。

朱轼（1665—1736），字若瞻，又字伯苏，号可亭，瑞州府高安县（今属江西）人。谥文端。前清名臣，历仕康熙、雍正、乾隆三朝，官至太子太傅文华殿大学士，兼吏兵二部尚书，为乾隆帝师。颇具惠政，居官廉洁，刚正不阿，世人颂其“束其励行，通经史百家”。卒后次年归葬故里，乾隆帝御赐“帝师元老”。

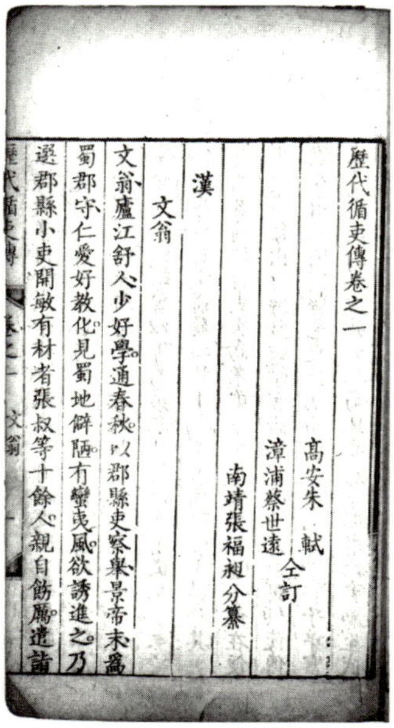
歷代循吏傳卷之一
高安朱　軾
漳浦蔡世遠　仝訂
南靖張福昶分纂
漢
文翁
文翁廬江舒人少好學通春秋以郡縣吏察舉景帝末爲
蜀郡守仁愛好教化見蜀地僻陋有蠻夷風欲誘進之乃
選郡縣小吏開敏有材者張叔等十餘人親自飭厲遣詣
歷代循吏傳　卷之一　文翁

蔡世远（1682—1733），字闻之，号梁村，清漳浦县人。因世居漳浦梁山，学者称之为梁山先生。宋代理学家蔡元鼎后裔。其父蔡璧，选贡，授罗源教谕，后受聘于鳌峰书院，为书院长。康熙四十八年（1709）进士，选庶吉士。历官翰林编修、翰林侍讲、吏部左侍郎。所著有《二希堂文集》十五卷，《鳌峰学约》、《朱子家礼辑要》各一卷，所编有《性理精要》、《历代名臣言行录》，考定有《古文雅正》、《汉魏六朝四唐诗》各若干卷。

张福昶，生平不详。

《历代循吏传》是康熙、雍正朝时的著名大臣朱轼和蔡世远二人合写的一本书，全书收录汉至宋代

百余位著名循吏事迹，各传基本采自二十一史，兼采其他有关传记、文集及野史、杂史。本书写作的时间是在康熙年间，正式出版于雍正七年。

书藏金陵图书馆。

笠翁一家言全集十六卷　（清）李渔撰

清雍正八年（1730）芥子园刻本

框高 19.8 厘米，宽 12.3 厘米，上下两栏，下栏 9 行 20 字，白口，四周单边，单黑鱼尾，版心下镌“芥子园”。

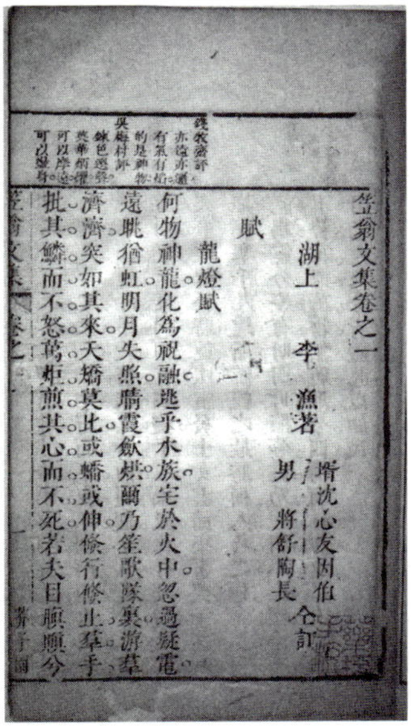

李渔（1611—约 1679），字笠翁，号觉世稗官，又号湖上笠翁，浙江兰溪人。李渔是明清之季著名的文学家、戏曲家、美学家，当时号称“声蜚北玉，名重南金，海内文人，无不奉为宗匠，鸡林词客，孰不视为指南”，名重一时。主要著作有戏曲《奈何天》、《比目鱼》、《蜃中楼》、《美人香》、《风筝误》、《慎鸾交》、《凤求凰》、《巧团圆》、《意中缘》、《玉搔头》等十种；小说有《无声戏》、《连城璧全集》、《十二楼》、《肉蒲团》等多种，另有《闲情偶寄》和各种评论、杂著等。

《续修四库全书总目提要》云：“其所著诗文杂著，名曰《一家言》者，据其《一家言释义》，盖所为文未经绳墨，不中体裁，上不取法于古，中不求肖于今，下不觊传于后，不过自为一家，故以名集。其为文之旨，则以摹仿必求工，希冀之念一生，势必千妍万态，以求免于拙。窃虑工多拙少之后，尽丧其为我矣。是其言则卓有见地。尝窥李氏焉文之旨，大抵出于金圣叹之流。”

此集有诗文集八卷，历代史记二卷，词曲部二卷，演习部附居室部、器玩部一卷，饮馔部、种植部一卷，颐养部一卷。

书藏金陵图书馆。

莲洋集十二卷补遗一卷　（清）吴雯撰　（清）王士禛评定

清乾隆十五年（1750）刻本

框高 16.2 厘米，宽 12.4 厘米，9 行 19 字，小字双行同，白口，左右双边，单黑鱼尾。

吴雯（1644—1704），字天章，号莲洋，原籍奉天辽阳，后居山西蒲州，诸生。清代诗人，与傅山有“北傅南吴”或“二征君”之说。康熙十八年（1679）试博学鸿词，不第。游食南北，足迹几遍天下。其诗清挺生新，自露天真，为王士禛、赵执信所赏。著有《莲洋集》。吴雯博览经史子集，旁及释老诸书，均得妙理。工诗，书法亦为大家。冯溥尝宴文士于京师万柳堂，饮次，以扇乞先生书，先生为大书二绝句，目无余子。书法服膺冯班之说，行草书皆得王大令风格。同时陈奕禧以书名，于吴氏尤引为同调。尝得古铜印，上镌“河声峤色”四字，大喜，谓己所卜居合当胜处，侈为神界。光绪八年（1882）张之洞任山西巡抚，建四征君祠以傅山、阎若璩、吴雯、范镐鼎合祀。

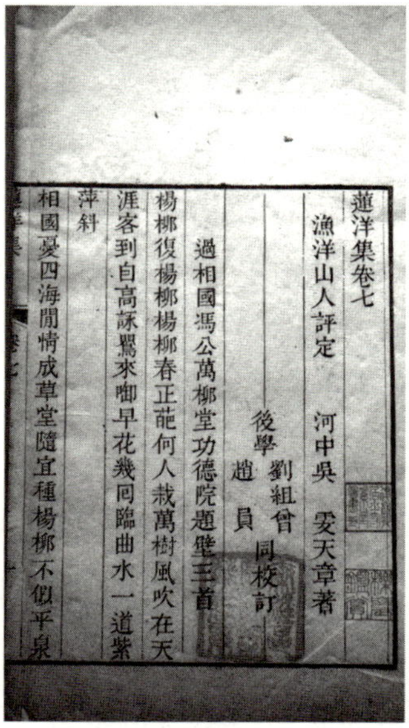
蓮洋集卷七
漁洋山人評定　河中吳　雯天章著
後學　劉組曾　同校訂
趙　員
過相國馮公萬柳堂功德院題壁三首
楊柳復楊柳楊柳春正萠何人栽萬樹風吹在天
涯客到自高詠鸎來啣早花幾同臨曲水一道紫
泙斜
相國憂四海閒情成草堂隨宜種楊柳不似平泉

王士禛（1634—1711），字子真、贻上，号阮亭，又号渔洋山人，世称王渔洋，新城（今山东桓台）人。清代著名诗人，与朱彝尊并称“南朱北王”，诗论创“神韵说”。

《莲洋集》，诗集，二十卷。莲洋，村名。《清史列传·吴雯传》：“（雯）著有《莲洋集》二十卷……雯据《名山记》华岳山下有莲洋村，因取以名其集。”

书藏秦淮区图书馆。

梁山来知德先生易经集注十六卷杂说一卷易学六十四卦启蒙一卷

（明）来知德撰

清康熙二十七年（1688）崔华刻本

框高 20.6 厘米，宽 14.4 厘米，9 行，小字双行，字数不一，白口，四周单边，单黑鱼尾。

来知德（1525—1604），字矣鲜，别号瞿塘，明夔州府梁山县（今重庆梁平区）人，明代理学家、易学家、著名诗人。嘉靖三十一年（1552）举人，屡上公车不第，便“杜门谢客，穷研经史”，隐居求志，著述为乐。著作有《省觉录》、《省事录》、《理学辨疑》等。所著《周易集注》（亦称《易经集注》）世称绝学。

《易经集注》，又称《周易集注》，明代理学大师来知德对《周易》的注释。来知德在放弃科举后，以《易》象未明而隐居于万县深山之中，沉潜反思，废寝忘食。自隆庆庚午至万历戊戌（1570—1599），经二十九年时间撰成《易经集注》十六卷。来知德在总结以前象学发展的基础上，不因袭先儒之论，而独辟蹊径，用象数结合义理注释《易经》，参互旁通，自成一个体系，堪称一代之绝学。此书对后世天文、中医、经济等领域都有重大影响，为中国古代唯物主义和辩证法思想的发展作出了贡献。

书藏金陵图书馆。

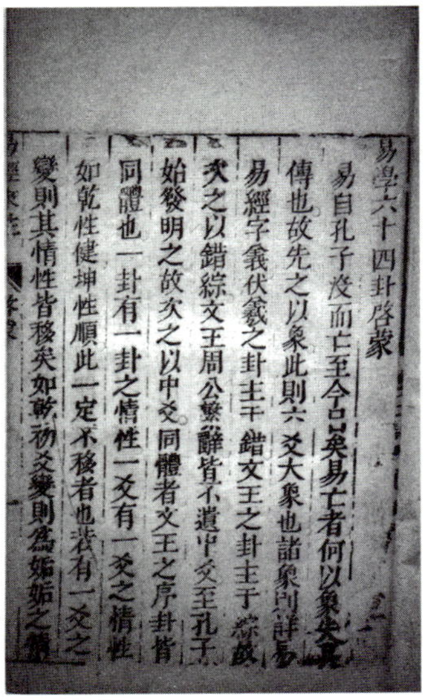
易學六十四卦啓蒙
易自孔子沒而亡至今日矣易亡者何以象[illegible]
傳也。故先之以象此則六爻大象也諸象[illegible]詳易
易經字義伏羲之卦主干錯文王之卦主于綜故
爻之以錯綜文王周公繫辭皆不遺中爻至孔子
始發明之故次之以中爻。同體者文王之序卦皆
同體也一卦有一卦之情性一爻有一爻之情性
如乾性健坤性順此一定不移者也若有一爻之
變則其情性皆移矣如乾初爻變則爲姤姤之情

梁书五十六卷　（唐）姚思廉撰

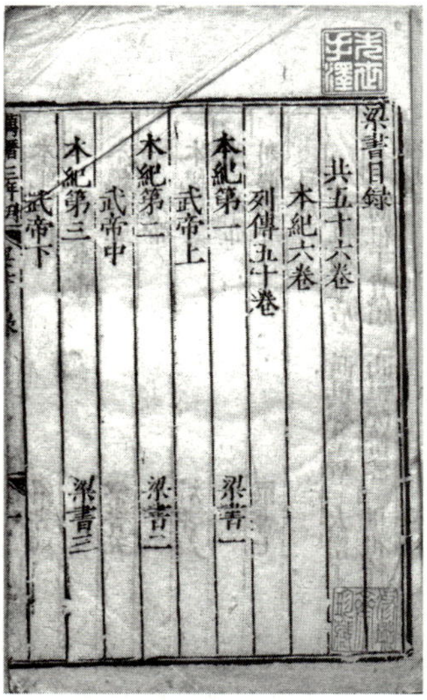

清康熙四十年（1701）重修冯梦祯明刻本

框高 21 厘米，宽 14.4 厘米，10 行 21 字，白口，四周双边，双黑鱼尾。

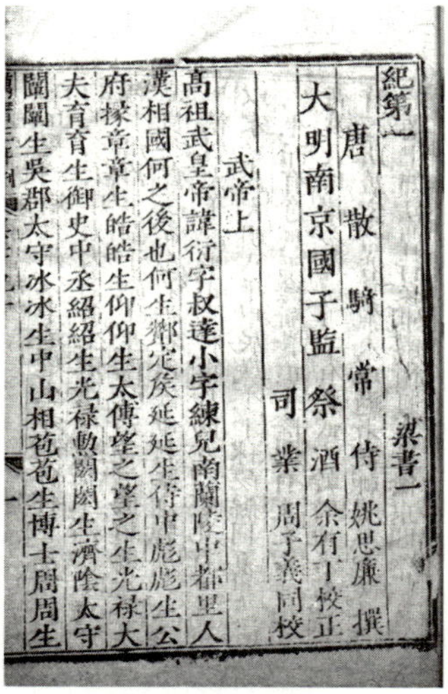
紀第一　梁書一

唐　散騎常侍　姚思廉　撰

大明南京國子監　祭酒　余有丁校正

司　業　周子義同校

武帝上

高祖武皇帝諱衍字叔達小字練兒南蘭陵中都里人漢相國何之後也何生酇定侯延延生侍中彪彪生公府掾章章生皓皓生仰仰生太傅望之望之生光祿大夫育育生御史中丞紹紹生光祿勳閎閎生濟陰太守闡闡生吳郡太守冰冰生中山相苞苞生博士周周生

姚思廉（557—637），字简之，一说原名简，字思廉，吴兴（今浙江湖州）人。其父姚察，在陈时任吏部尚书，著陈梁二史，未成。他自幼习史，官至散骑常侍，受命与魏征同修梁陈二史，贞观十年（636）书成。

全书凡五十六卷，其中本纪六卷、列传五十卷，无表、志，主要记述了南朝萧齐末年的政治和萧梁皇朝（502—557）五十余年的史事。书中有二十六卷的后论署为“陈吏部尚书姚察曰”，说明该书半数是出于姚察之手。姚思廉撰《梁书》，除了继承他父亲的遗稿以外，还参考、吸取了梁、陈、隋历朝史家编撰梁史的成果。体裁方面，除引用文采用当时流行的骈体文，其余部分以散文书写。

书藏六合区图书馆。

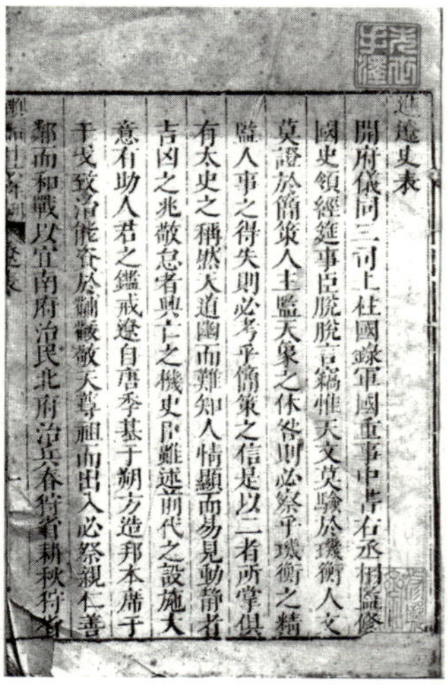
進遼史表

開府儀同三司上柱國錄軍國重事中書右丞相監修國史領經筵事臣脫脫言竊惟天文莫驗於璣衡人文莫證於簡策人主監天象之休咎則必察于璣衡之精驗人事之得失則必考于簡策之信是以二者所掌俱有太史之稱然天道幽而難知人情顯而易見動靜者吉凶之兆敬怠者興亡之機史氏雖述前代之設施大意有助人君之鑑戒逖自唐季基于朔方造邦本庸于干戈致治能資於韜略敬天尊祖而出入必祭親仁善鄰而和戰以宜南府治民北府治兵春狩省耕秋狩省

辽史一百一十六卷　（元）脱脱等撰

明冯梦祯刻清康熙四十年（1701）重修本

框高 20.8 厘米，宽 14.8 厘米，10 行 22 字，白口，四周双边，双黑鱼尾。

脱脱（1314—1355），亦作托克托、脱脱帖木儿，蔑里乞氏，字大用，蒙古族蔑儿乞人，元朝末年政治家、军事家。元朝元统二年（1334），任同知宣政院事，迁中政使、同知枢密院事、御史大夫、中书右丞相。至元六年（1340），为中书右丞相，大改伯颜旧政，复科举取士。至正三年（1343），主编《辽史》、《宋史》、《金史》，任都总裁官。

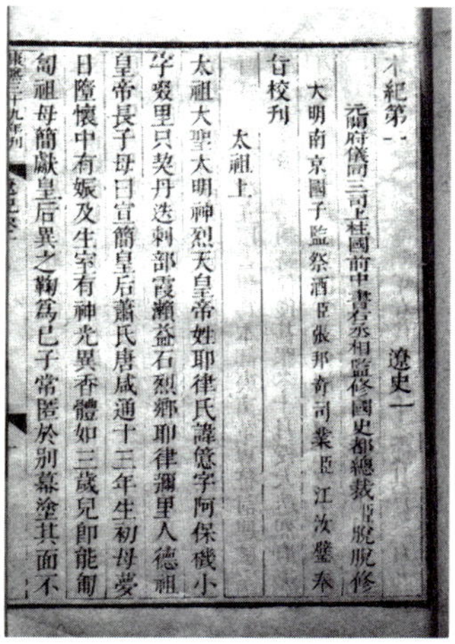
本紀第一　遼史一
元開府儀同三司上柱國前中書右丞相監修國史都總裁臣脫脫修
大明南京國子監祭酒臣張邦奇司業臣江汝璧奉
旨校刊
太祖上
太祖大聖大明神烈天皇帝姓耶律氏諱億字阿保機小
字啜里只契丹迭剌部霞瀨益石烈鄉耶律彌里人德祖
皇帝長子母曰宣簡皇后蕭氏唐咸通十三年生初母夢
日墮懷中有娠及生室有神光異香體如三歲兒即能匍
匐祖母簡獻皇后異之鞠爲己子常匿於別幕塗其面不

全书凡一百一十六卷，包括本纪三十卷，志三十二卷，表八卷，列传四十五卷，以及国语解一卷，记载上自辽太祖耶律阿保机、下至辽天祚帝耶律延禧的辽朝历史，兼及耶律大石所建立之西辽历史。八表中的《游幸》、《部族》、《属国》三表，是《辽史》的创新。志书中新创的《营卫志》，记载了契丹营卫概况、各部族的建置和分布等情况。《国语解》一卷，对书中用契丹语记载的官制、宫卫、部族、地名等分别加以注释，为阅读《辽史》提供很大方便。

书藏六合区图书馆。

蓼怀堂琴谱不分卷　　（清）云志高编订

清康熙蓼怀堂刻本

框高 22.6 厘米，宽 15.1 厘米，6 行 12 字，白口，四周双边，无鱼尾，版心下镌“蓼怀堂”。

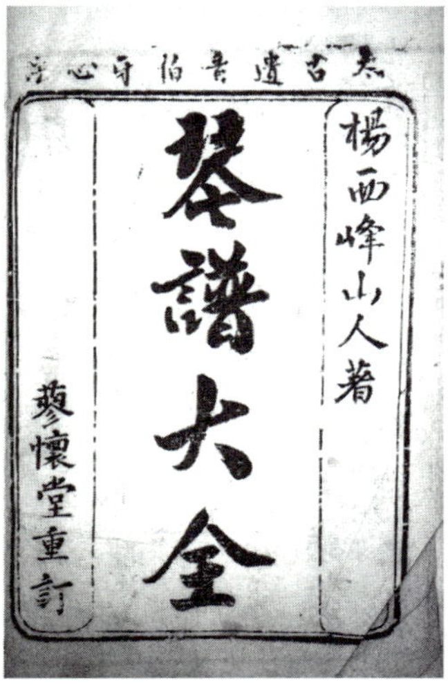
太古遺音伯牙心法
楊西峰山人著
琴譜大全
蓼懷堂重訂

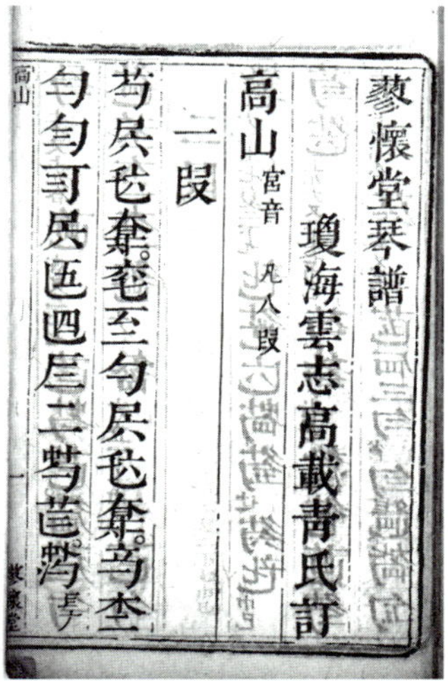
蓼懷堂琴譜
瓊海雲志高載青氏訂
高山　宮音　凡八段
一段

云志高（约 1644—约 1715），字载青，号逸亭，广东文昌人（今属海南）。清代琴家。

目录及本文实收三十三曲，自序云：共“集古琴谱得三十二曲”。因《梧叶舞秋风》在当时为新创之曲，可能将此曲除外之故。此谱指法乘“字母源流”，这不是故意标新立异，而是因为这一套成为“字母源流”的指法（或者其中的一部分）确实另有渊源，例如右指的“扫”“带”“换锁”“反涓”；左指仍留的“蛹行”“虚撝”“撇起”“拶对”。尤其在曲谱中有不少奇异的具体写法。例如以右“带”为正字，“折”“剌”杂用，左“撞”写在“剔”“挑”左侧等。确是罕见古本。

书藏金陵图书馆。

列子八卷　（晋）张湛注

明刻本

框高 20.1 厘米，宽 13.8 厘米，8 行 17 字，小字双行同，白口，左右双边，单白鱼尾。

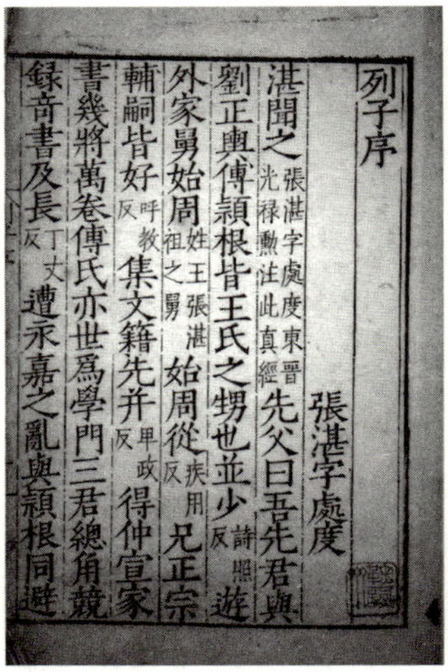
列子序
張湛字處度
湛聞之先父曰吾先君與
劉正輿傅頴根皆王氏之甥也並少
外家舅始周始周從兄正宗
輔嗣皆好集文籍先并得仲宣家
書幾將萬卷傅氏亦世爲學門三君總角競
録奇書及長遭永嘉之亂與頴根同避

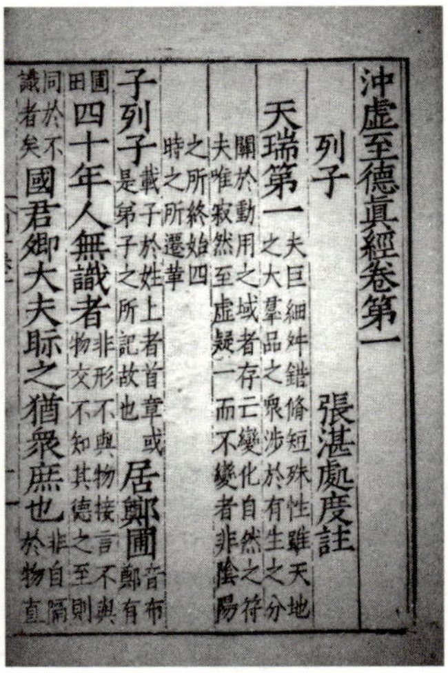
沖虛至德眞經卷第一
列子　張湛處度註
天瑞第一
子列子居鄭圃
四十年人無識者國君卿大夫眎之猶衆庶也

张湛，生卒年不详，字处度，高平（郡治在山东金乡西北）人。仕至中书侍郎、光禄勋。

列子，战国前期思想家，是老庄之外的又一位道家思想代表人物，与郑缪公同时。其学本于黄帝老子，主张清静无为。

后汉班固《艺文志》“道家”部分录有《列子》八卷。《列子》又名《冲虚经》（于公元前 450 至前 375 年所撰），是道家重要典籍。汉书《艺文志》著录《列子》八卷，早佚。今本《列子》八卷，全书共载民间故事寓言、神话传说等一百三十四则，是东晋人张湛所辑录增补，题材广泛，有些颇富教育意义。

书藏金陵图书馆。

林蕙堂文集十二卷　（清）吴绮撰

清乾隆四十一年（1776）衷白堂刻巾箱本

半框高 11.7 厘米，宽 8.2 厘米，8 行 17 字，白口，左右双边，单黑鱼尾。

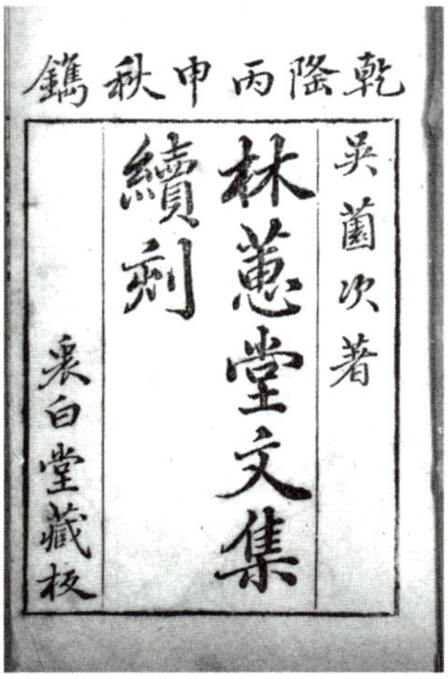
乾隆丙申秋鐫
吳薗次著
林蕙堂文集
續刻
褱白堂藏板

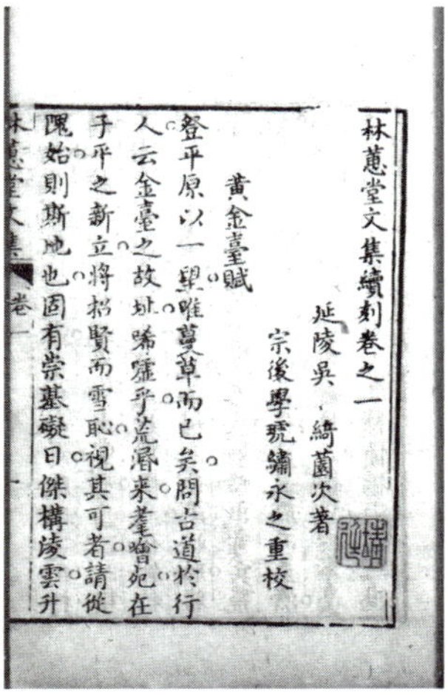
林蕙堂文集續刻卷之一
延陵吳綺薗次著
宗後學琥觿永之重校
黃金臺賦

吴绮（1619—1694），字园次，一字丰南，号绮园，又号听翁，江都（今江苏扬州）人。清代词人。顺治十一年（1645）贡生，官至湖州知府。善词及骈文，也工诗，并有戏曲创作。著作《亭皋集》、《艺香词》、《岭南风物记》、《林蕙堂文集》诸编。

《林蕙堂文集》收骈文十二卷，当为《林蕙堂集》中文集部分。

书藏六合区图书馆。

临川梦二卷　（清）蒋士铨撰　（清）明新正谱　（清）钱世锡评

清乾隆刻本

框高 17.3 厘米，宽 13.1 厘米，9 行 22 字，小字双行同，白口，四周单边，单黑鱼尾。

清容外集
臨川夢
紅雪樓藏板

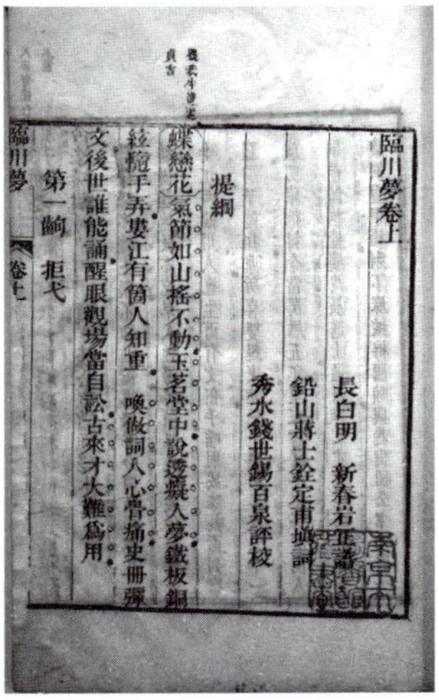
臨川夢卷上
長白明　新春若正譜
鉛山蔣士銓定甫塡詞
秀水錢世錫百泉評校
提綱
第一齣　拒弋

蒋士铨（1725—1784），字心余、辛畲、辛予、新愚、苕生，号藏园，又号清容居士，晚号定甫，别署中子、雁沙、离垢居士。江西铅山人，祖籍湖州长兴。乾隆二十二年（1757）进士，官翰林院编修。乾隆二十九年辞官后主持蕺山、崇文、安定三书院讲席。与汪轫、杨垕、赵由仪并称“江西四才子”。诗与袁枚、赵翼合称“江右三大家”。所著有《忠雅堂诗集》、《红雪楼九种曲》等。

钱世锡（1733—1795），字慈伯，号百泉、雨楼，浙江秀水（今属浙江嘉兴）人。钱载长子。乾隆四十三年进士，官翰林院检讨。著有《麂山老屋诗集》。

是书为《红雪楼九种曲》中一种。此剧演汤显祖故事，其《自序》说：“临川一生大节，不迩权贵，里居二十年，自首事亲，哀毁而卒，是忠孝完人也。乃杂采各书及《玉茗堂集》所载种种情事，谱为《临川梦》一剧。”

书藏金陵图书馆。

六书通不分卷

（明）闵齐伋撰　（清）毕弘述篆订

清康熙五十九年（1720）序刻本

框高18.5厘米，宽13.6厘米，8行12字，小字双行24字，四周双边，白口，无鱼尾。

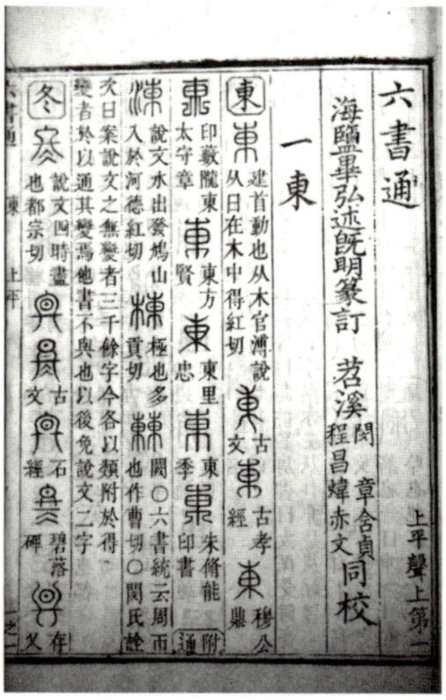

闵齐伋（1580—1662），字及五，号遇五，又作寓五。明末浙江湖州府乌程县（今湖州）诸生，南京国子监太学生。

毕弘述，字既明，号念园。清安徽歙县人，移居浙江海盐。多才艺，善棋，工诗文，篆、隶书直逼秦、汉，能画，擅治印，名冠一时。清康熙五十九年，尝增订《六书通》篆文十卷以行，亦名《篆字汇》。著有《念园诗草》。

《六书通》，一名《篆字汇》，篆体字书。成书于顺治十八年（1661），原书在流传中残缺，后经清毕弘述订正，故又名《订正六书通》。本书集秦汉以下诸家篆法，仿《金石韵府》体例，依《洪武正韵》

部次编排。首列《说文》篆文，下列古文、籀文、金文及印文，并注明出处。搜录广博，穷溯本源，参互辨疑，但其中不免有失形错漏之处，由于当时字书甚少，故旧时篆刻家仍多以此为据。

书藏江宁区图书馆。

鹿门先生批点汉书九十三卷

（明）茅坤评释　（明）陶国柱、茅琛征仝订

明崇祯八年（1635）刻本

框高 20.9 厘米，宽 13.9 厘米，9 行 19 字，小字双行同，白口，四周单边，无鱼尾。

茅坤（1512—1601），字顺甫，号鹿门，归安（今浙江吴兴）人。嘉靖十七年（1538）进士，官至大名兵备副使，后罢官家居，专心为文。明代散文家、藏书家。编选《唐宋八大家文钞》，对韩愈、欧阳修和苏轼尤为推崇。有《白华楼藏稿》、《茅鹿门集》。

陶国柱，生平不详。

茅琛征，明万历间归安（今浙江吴兴）人，字君璞，瑞征弟。崇祯八年刻印过其从祖茅坤辑《汉书抄》九十三卷。

《鹿门先生批点汉书》九十三卷。是编为茅坤宦游南省时所手删而纂之者，颜师古注等皆节删不录，故其旨在简少而便省览。茅瑞征序云：“余从祖鹿门公，博综坟典，而尤得趣《史》、《汉》。自负作文一派逸气，远接司马子长，尝出《史钞》问世，大为艺林传诵，晚而复出所评《汉书》，公诸海内，推为双璧。岁久，版刻浸渺，公曾孙兆海重梓《史钞》，盛行于时，余弟琛征因并锓《汉钞》……吾宗

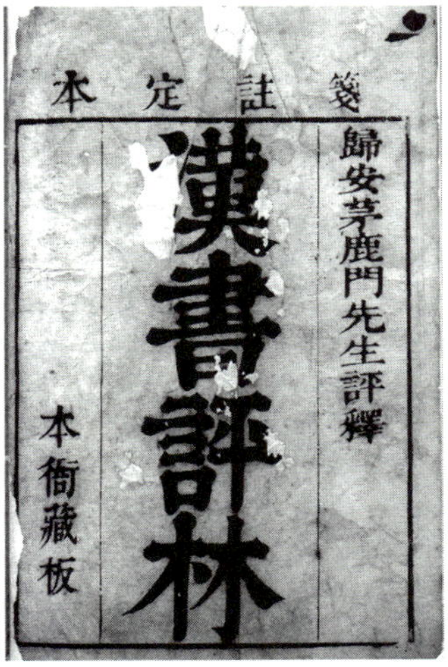
箋註定本
歸安茅鹿門先生評釋
漢書評林
本衙藏板

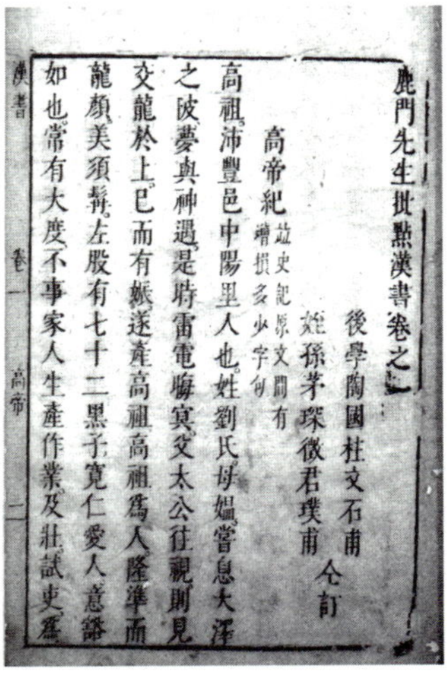
鹿門先生批點漢書卷之一
後學陶國柱文石甫
姪孫茅琛徵君璞甫　仝訂
高帝紀　茲史記原文删有增損多少字句
高祖沛豐邑中陽里人也姓劉氏母媪嘗息大澤
之陂夢與神遇是時雷電晦冥父太公往視則見
交龍於上已而有娠遂產高祖高祖為人隆準而
龍顏美須髯左股有七十二黑子寬仁愛人意豁
如也常有大度不事家人生產作業及壯試吏為
漢書　卷一　高帝　一

白公开山，子姓彬彬，即不敢望古史氏之流风，而家习觚翰，颇能染指寸脔，以世其学。今《史》、《汉》两钞，各以善本并存天壤，自是快事。”

书藏金陵图书馆。

论语注疏解经二十卷　（汉）何晏集解　（宋）邢昺撰

明崇祯十年（1637）汲古阁刻本

框高 18 厘米，宽 12.1 厘米，9 行 21 字，小字双行同，白口，左右双边。

何晏（？—249），字平叔，南阳宛（今河南南阳）人。三国时期曹魏大臣、玄学家。东汉大将军何进之孙。其父早逝，曹操纳其母尹氏为妾，何晏因而被收养，为曹操所宠爱。有文集十一卷。曾与郑冲等共撰《论语集解》。钟嵘《诗品》称“平叔鸿鹄之篇，风规见矣”，将何晏诗列入中品。袁宏在《名士传》中将何晏等称为正始名士。他与夏侯玄、王弼等倡导玄学，竞事清谈，遂开一时风气，为魏晋玄学的创始者之一。

邢昺（932—1010），字叔明，宋代曹州济阴郡（今山东菏泽）人。太平兴国初，举《五经》，廷试日，召升殿讲《师》、《比》二卦，又问以群经发题，太宗嘉其精博，擢九经及第，官礼部尚书。

《论语注疏解经》，称《论语正义》，又称《论语注疏》，是十三经注疏中的一种。在朱熹《四书》流行以前，《论语》和《孝经》是人们初入学的读物。后邢昺删改南朝皇侃《论语义疏》，而归向儒学本来之义理，又加名物制度之疏解，远胜皇疏。其后此书成为论语之标准注疏。此书原依何注分为十卷，后析为二十卷，则是依论语篇数。传本甚多。

书藏秦淮区图书馆。

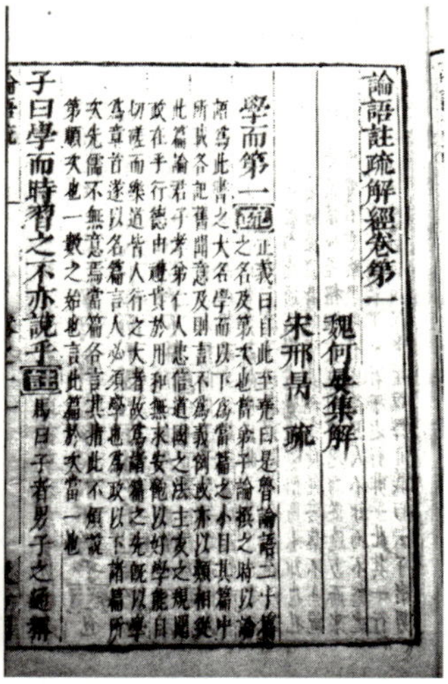

吕氏春秋二十六卷附考一卷　（清）毕沅校

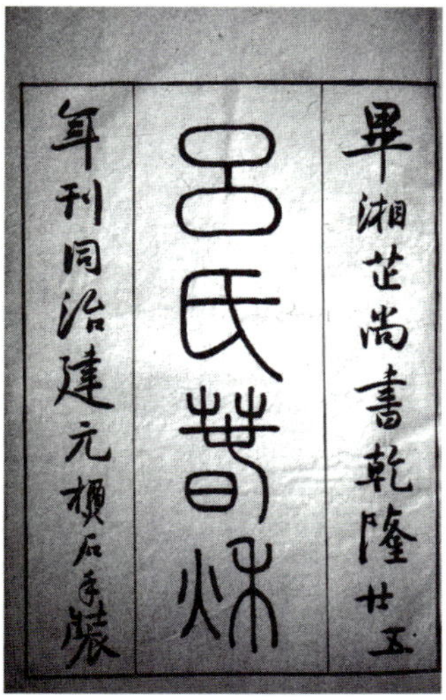
畢湘芷尚書乾隆廿五
呂氏春秋
年刊同治建元檟石手装

清乾隆刻经训堂丛书本

框高 15.6 厘米，宽 11.4 厘米，11 行 22 字，小字双行，行 30 字，黑口，四周单边，双黑鱼尾。

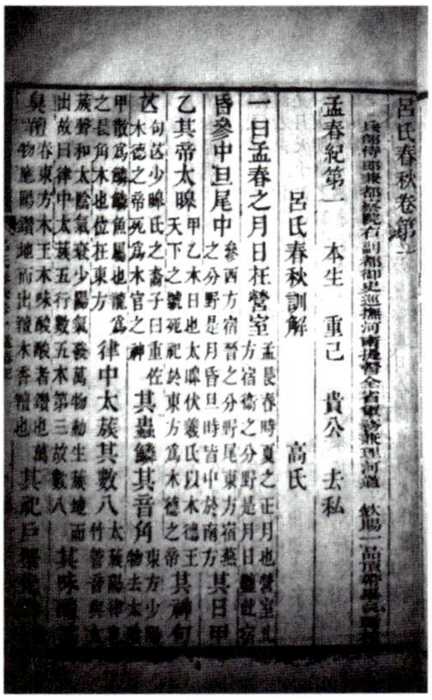
呂氏春秋卷第一
孟春紀第一 本生 重己 貴公 去私
呂氏春秋訓解 高氏
一曰孟春之月日在營室
昏參中旦尾中
其日甲乙
其帝太皞
其神句芒
其蟲鱗
其音角
律中太蔟
其數八

毕沅（1730—1797），字纕蘅，亦字秋帆，因从沈德潜学于灵岩山，自号灵岩山人，镇洋（今江苏太仓）人。乾隆二十五年（1760）进士，廷试第一，状元及第，授翰林院编修。经史小学金石地理之学，无所不通。

吕不韦（前 292—前 235），姜姓，吕氏，名不韦，卫国濮阳（今河南安阳）人。战国末年商人、政治家、思想家，官至秦国丞相。

《吕氏春秋》分为十二纪、八览、六论，共二十余万言，汇合了先秦各派学说，史称“杂家”。八览、六论以人情、事理为主题，十二纪按春生、夏长、秋杀、冬藏的自然逻辑顺序排列，体现了道家顺应天时的人世安排。正如《序意》所言：“凡十二纪者，所以纪治乱存亡也，所以知寿夭吉凶也。上揆之天，下验之地，中审之人，若此则是非可不可无所遁矣。”

书藏鼓楼区图书馆。

毛诗古音考四卷读诗拙言一卷　（明）陈第编　（明）焦竑订

清乾隆二十七年（1762）徐时作崇本山堂刻本

框高 18.7 厘米，宽 12.6 厘米，10 行 21 字，小字双行同，白口，四周双边，单黑鱼尾。

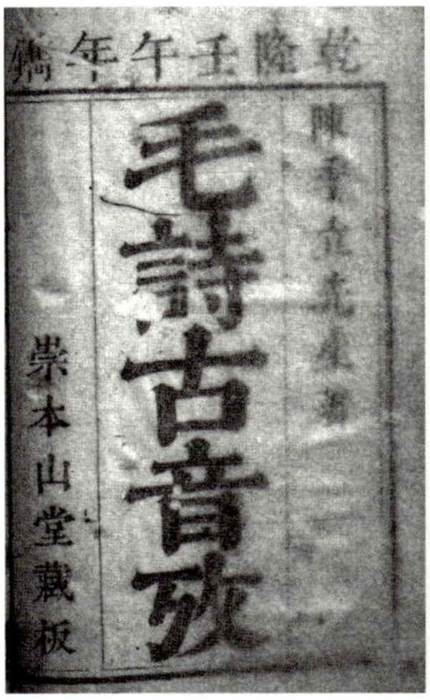
乾隆壬午年鐫
陳季立先生著
毛詩古音攷
崇本山堂藏板

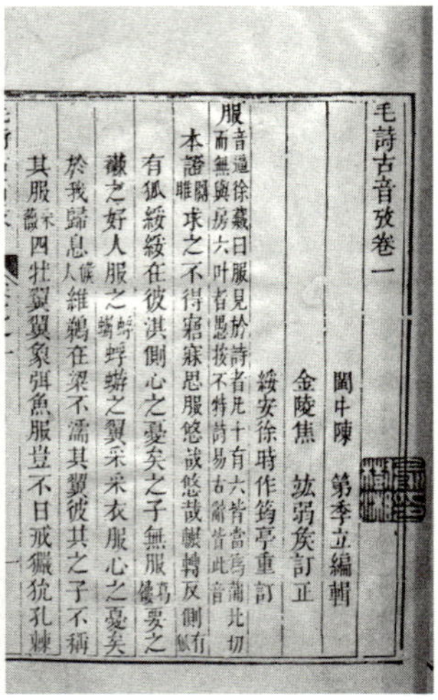
毛詩古音攷卷一
閩中陳第季立編輯
金陵焦竑弱侯訂正
綏安徐時作鈞亭重訂
服
本證 求之不得寤寐思服悠哉悠哉輾轉反側
有狐綏綏在彼淇側心之憂矣之子無服
蜉蝣之翼采采衣服心之憂矣於我歸息
維鵜在梁不濡其翼彼其之子不稱其服
四牡翼翼象弭魚服豈不日戒玁狁孔棘

陈第（1541—1617），字季立，号一斋，晚号温麻山农，别署五岳游人，连江（今福建连江）人。曾任蓟镇游击将军，后辞仕归里，专心研究音韵。家有世善堂，藏书万余卷。一生著述甚丰，除《一斋诗集》、《两粤游草》、《五岳游草》外，《毛诗古音考》、《屈宋古音义》、《伏羲图赞》、《尚书疏衍》等均收入《四库全书总目》。

焦竑（1540—1620），字弱侯，号漪园、澹园，生于江宁（今江苏南京）。明神宗万历十七年（1589）状元，官翰林院修撰，后曾任南京司业。明代著名学者，著作甚丰，有《澹园集》（正、续编）、《焦氏笔乘》、《焦氏类林》、《国朝献征录》、《国史经籍志》、《老子翼》、《庄子翼》等。

《毛诗古音考》作者以毛氏所传《诗经》为对象，以其他古代韵语为旁证，列《诗经》中韵字四百余条，考订古音，破除古人所谓“叶韵”之说，是研究《诗经》古音的音韵学的重要著作。此书于明万历辛丑年（1601）开始编撰，甲辰年（1604）编成。陈第的朋友焦竑“又为补其未备，正其音切”，对此书的编撰起过重要的作用。

书藏金陵图书馆。

茅山志十四卷　（清）笪蟾光编

清康熙八年（1669）刻本

框高 21.1 厘米，宽 13.9 厘米，9 行 21 字，白口，四周双边，单黑鱼尾。

笪重光（1623—1692），清朝书画家。字在辛，号君宜，又号蟾光、逸叟、江上外史、郁冈真隐、扫叶道人，晚年居茅山学道改名传光、蟾光，亦署逸光，号奉真、始青道人，江苏句容人，一作江苏丹徒人。顺治九年（1652）进士，官御史，巡按江西，以劾明珠去官。罢官归乡，隐居茅山之麓，学导引，读丹书，潜心于道教。卒年七十。工书善画，与姜宸英、汪士鋐、何焯称“四大家”。精古文辞。有《书筏》、《画筌》传世。

茅山，又称句曲山，横跨句容等县境。该志虽名为山志，但其内容远远超出此限，尤详于道教茅山派的历史。该书是记载道教茅山宗历史、文化、地理等多方面信息的博物志。由于本书内容丰富，编排得当，故在道教名山诸志中占有突出地位，甚为道教徒和学者们所重视。

书藏秦淮区图书馆。

鬱岡笪江上重編
茅山誌
古吳朱茂如梓

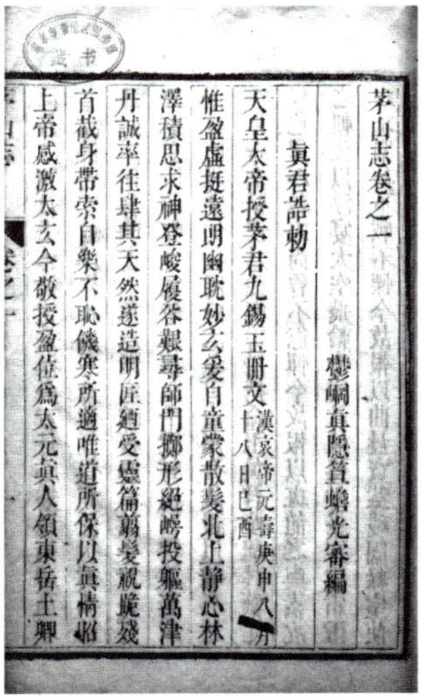
茅山志卷之一
鬱岡眞隱笪蟾光審編
眞君誥勅
天皇太帝授茅君九錫玉册文 漢哀帝元壽庚申八月十八日己酉
惟盈虛挺遼明幽耽妙玄爰自童蒙散髮北上靜心林澤積思求神登峻履谷艱辛備歷……

蒙斋年谱一卷续一卷补一卷

（清）田雯撰　（清）田肇丽补编

清康熙德州田氏刻本

框高 15.0 厘米，宽 12.3 厘米，10 行 19 字，黑口，左右双边，单黑鱼尾。

田雯（1635—1704），字紫纶，亦字纶霞，号山姜，又号漪亭，晚号蒙斋，山东德州人。康熙三年（1664）进士，官至户部侍郎。清初诗人，诗与王士祯、施闰章同具盛名。著有《山姜诗选》、《古欢堂集》等。

田肇丽（约 1662—1735），字念始，号苍崖，山东德州人，田雯之长子。以荫生官至户部郎中。自幼经田雯指点，诗文以雄洁明丽见长。著有《怀堂诗文集》等。

《蒙斋年谱》，田雯六十岁时自著，子肇丽续成后十年。

书藏金陵图书馆。

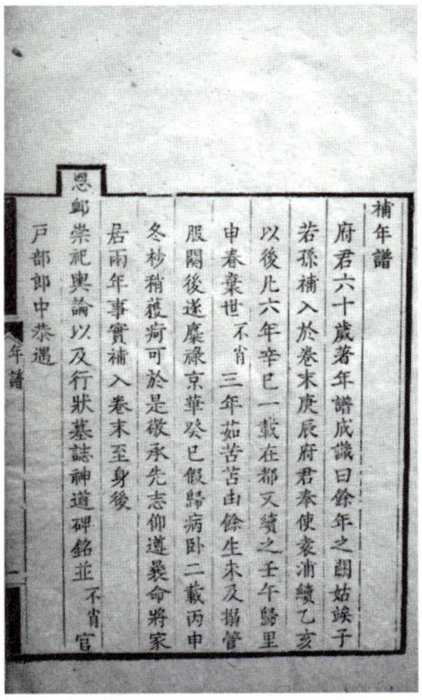
補年譜
府君六十歲著年譜成識曰餘年之自姑俟子若孫補入於卷末庚辰府君奉使袁浦續乙亥以後凡六年辛巳一載在都又續之壬午歸里……

第一善本
大六壬
懷慶楊衙藏板

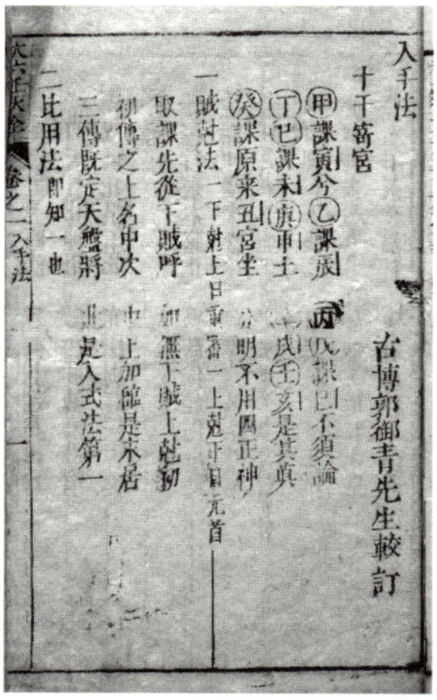
入手法
十干寄宫
古博郭御青先生較訂

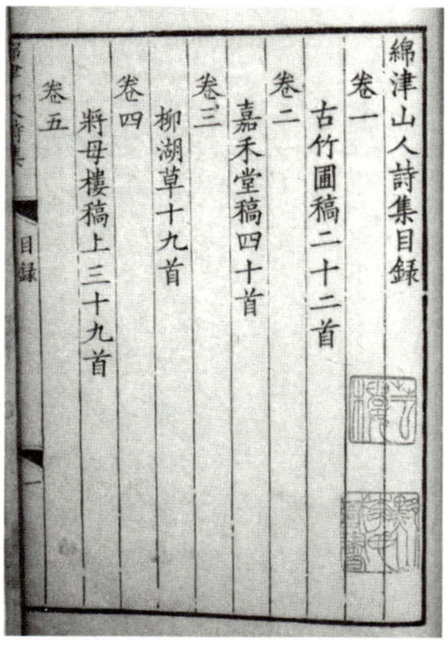
綿津山人詩集目録
卷一
古竹圃稿二十二首
卷二
嘉禾堂稿四十首
卷三
柳湖草十九首
卷四
將母樓稿上三十九首
卷五

秘藏大六壬大全十三卷　不著撰人名氏　（明）郭载騋校

清康熙四十三年（1704）郭氏刻本

半框高23.2厘米，宽14.3厘米，10行24字，小字双行同，白口，四周单边，单黑鱼尾。

郭载騋，字御青，明末清初人。万历举人，任怀庆府推官，迁南阳府，升汝南道。著有《六壬七百二十钤》、《课经集》等。

《秘藏大六壬大全》，该书不著撰人名氏，卷首题“怀庆府推官郭载騋校”，是纪昀总纂四库全书时挑拣出来的六壬占理论最完整的专著，内容广博，提纲挈领，对六壬术进行了系统的总结和整理。

书藏六合区图书馆。

绵津山人诗集三十二卷　（清）宋荦撰

清康熙刻本

框高18.4厘米，宽12.8厘米，10行19字，白口，四周单边，双黑顺鱼尾。

宋荦（1634—1714），字牧仲，号漫堂、西陂，河南商丘人。以荫入仕，累官至吏部尚书。宋荦精鉴藏，善画，工诗，诗宗苏轼，尝与王士祯合刻《王宋二家诗》。著有《漫堂墨品》、《绵津山人诗集》、《西陂类稿》等。

《绵津山人诗集》，诗别集，清宋荦作。康熙二十七年（1688），宋荦将曾刊之各个小集，重新更定，编为《绵津山人诗集》。李祖陶《国朝文录·西陂文录引》："所著《绵津山人诗集》，子湘采之与渔洋山人并行，号为《王宋二家诗选》。才虽少逊，格亦苍秀。近有以附庸风雅目之者，要不可谓非一家也。文不多作，作即质有其文，含吐从容，有典有则，不必高妙而自有远神，不必刻深而自无佻步，所谓有家数者非耶？中如品题侯、魏、汪三子及序阮亭、钝翁之文，皆万世公论；志子湘墓亦佳。"

书藏金陵图书馆。

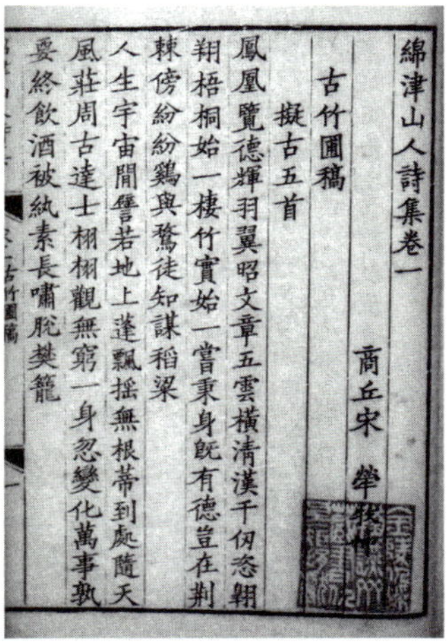
綿津山人詩集卷一
商丘宋 犖 牧仲
古竹圃稿
擬古五首
鳳凰覽德輝羽翼昭文章五雲橫清漢千仞恣翱
翔梧桐始一棲竹實始一嘗秉身既有德豈在荆
棘傍紛紛雞與鶩徒知謀稻粱
人生宇宙間譬若地上蓬飄搖無根蔕到處隨天
風莊周古達士栩栩觀無窮一身忽變化萬事孰
要終飲酒被紈素長嘯脫樊籠

明朝纪事本末八十卷　（清）谷应泰编著

清顺治十五年（1658）刻本

框高 24 厘米，宽 14 厘米。9 行 20 字，白口，左右双边，无鱼尾，版心下镌"纪事本末"字样。

谷应泰（1620—1690），字赓虞，别号霖苍，直隶丰润（今河北丰润）人。聪敏强记，工制举文，及长，肆力经史，书无不窥。顺治四年进士，历史学家，被称为清代文苑第一人。

该书仿《通鉴纪事本末》之例，纂次明代典章事迹，凡八十卷，每卷为一目。纪事始于元至正十二年（1352）朱元璋起兵，迄于明崇祯十七年（1644）李自成农民军攻入北京，朱由检自杀。选录其中八十个历史事件或专题，按时间顺序编排，记述始末，首尾一贯，简明扼要。卷末附有作者的史论。

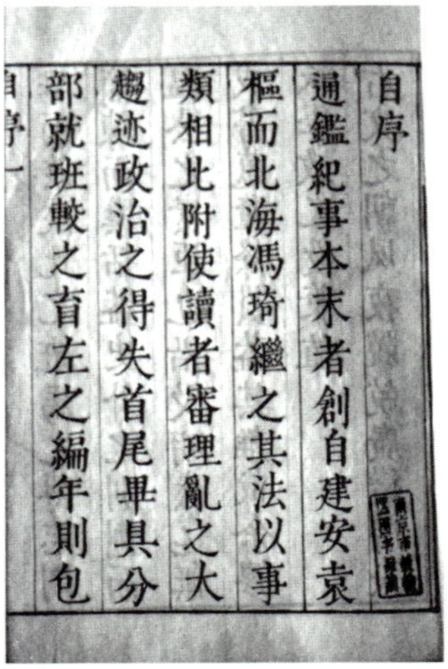
自序
通鑑紀事本末者創自建安袁
樞而北海馮琦繼之其法以事
類相比附使讀者審理亂之大
趨迹政治之得失首尾畢具分
部就班較之盲左之編年則包
自序 一

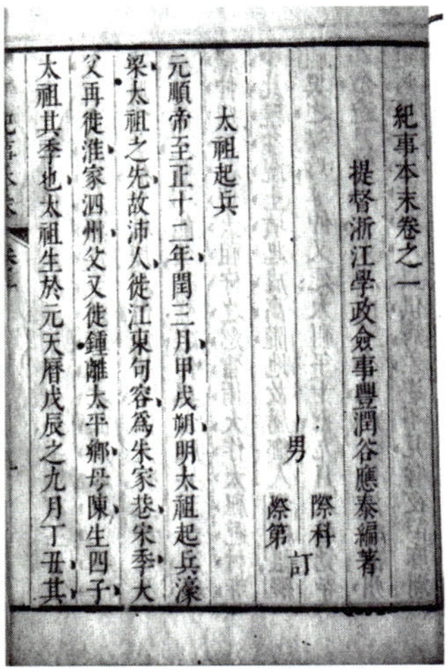
紀事本末卷之一
提督浙江學政僉事豐潤谷應泰編著
男 際科 際第 訂
太祖起兵
元順帝至正十二年閏三月甲戌朔明太祖起兵濠
梁太祖之先故沛人徙江東句容爲朱家巷宋季大
父再徙淮家泗州父又徙鍾離太平鄉母陳生四子
太祖其季也太祖生於元天曆戊辰之九月丁丑其

该书详于政治，略于经济和典章制度，虽选录的历史事件不够全面，但因成书早于《明史稿》、《明史》，又综合多种明代史料编纂而成，有一定的史料价值。

书藏鼓楼区图书馆。

明史稿三百一十卷首五卷　（清）王鸿绪撰

清雍正敬慎堂刻本

框高 19.7 厘米，宽 14.0 厘米，11 行 23 字，白口，左右双边，单黑鱼尾，版心下镌“敬慎堂”。

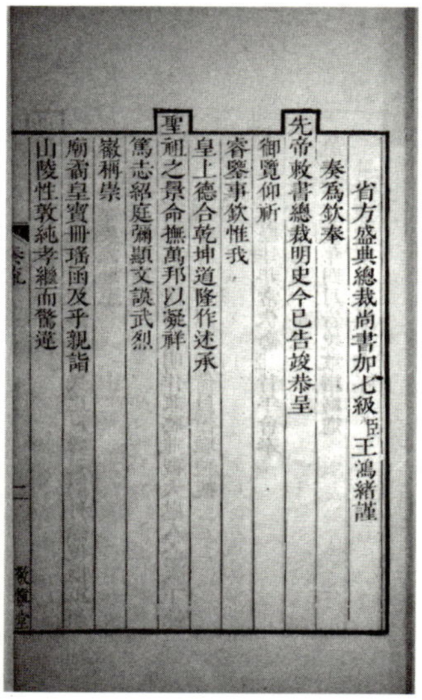

省方盛典總裁尚書加七級臣王鴻緒謹
奏爲欽奉
先帝敕書總裁明史今已告竣恭呈
御覽仰祈
睿鑒事欽惟我
皇上德合乾坤道隆作述承
聖祖之景命撫萬邦以凝祥
篤志紹庭彌顯文謨武烈
徽稱崇
廟禘皇實冊瑤函及乎親詣
山陵性敦純孝矧而驚逆

王鸿绪（1645—1723），初名度心，进士后改名鸿绪，字季友，号俨斋，别号横云山人，华亭张堰镇（今属上海金山）人。康熙十二年（1673）进士，授编修，官至工部尚书。曾入明史馆任《明史》总裁，与张玉书等共主编纂《明史》，为《佩文韵府》修纂之一。因卷入皇子嗣位争斗，罢官回家。归家后，将《明史》书稿全部带回，删改成《明史稿》三百余卷，署己名，献与朝廷，得刊行。著有《横云山人集》等。

《明史稿》是记述明代历史的纪传体史书。清康熙十八年，开馆纂修《明史》，万斯同参与编修，实操主撰之权。康熙三十年，完成初稿四百一十六卷。三十三年，王鸿绪任总裁时，继续邀请万斯同于其家负责编写和修订，前后历时八年。康熙四十一年，万斯同卒。康熙四十八年，王鸿绪解任回籍，继续删削改编成稿，在六十一年冬成《明史稿》三百一十卷，于雍正元年（1723）进呈，宣付明史馆收藏，刊印时均题为“王鸿绪著”。乾隆四年（1739），由张廷玉领衔所修《钦定明史》三百一十六卷就以此为底本。

书藏金陵图书馆。

明史三百三十二卷目录四卷　（清）张廷玉等撰

清乾隆四年（1739）乾隆校刻本

框高 21.9 厘米，宽 14.7 厘米，10 行 21 字，白口，左右双边，单黑鱼尾。

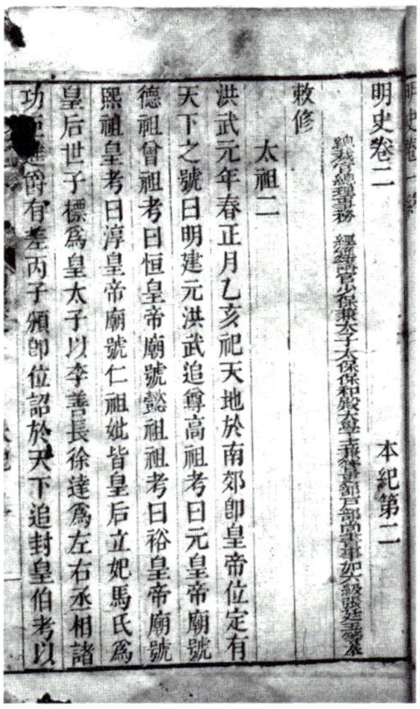
明史卷二
經筵講官少保兼太子太保保和殿大學士兼管吏部戶部事加六級臣張廷玉等奉
敕修
太祖二　本紀第二
洪武元年春正月乙亥祀天地於南郊卽皇帝位定有
天下之號曰明建元洪武追尊高祖考曰玄皇帝廟號
德祖曾祖考曰恒皇帝廟號懿祖祖考曰裕皇帝廟號
熙祖皇考曰淳皇帝廟號仁祖妣皆皇后立妃馬氏爲
皇后世子標爲皇太子以李善長徐達爲左右丞相諸
功臣進爵有差丙子頒卽位詔於天下追封皇伯考以

张廷玉（1672—1755），字衡臣，号研斋，安徽桐城人。康熙三十九年（1700）进士，历官内阁学士、吏部侍郎。世宗继位，擢礼部尚书，入直南书房，任《圣祖实录》副总裁，纂修缮写实录及起居注，深合世宗之意，又任《明史》总裁，历三朝元老，居官五十年。

全书凡三百三十二卷，包括本纪二十四卷、志七十五卷、列传二百二十卷、表十三卷，记载了自朱元璋洪武元年（1368）至朱由检崇祯十七年（1644）二百多年的历史，是二十四史最后一部。它史料较为丰富，体例严谨，叙事清晰，其卷数在二十四史中仅次于《宋史》，其修纂时间之久、用力之勤则是大大超过了以前诸史。《明史》虽有一些曲笔隐讳之处，但仍得到后世史家广泛的好评。赵翼在《廿二史札记》中说：“近代诸史自欧阳公《五代史》外，《辽史》简略，《宋史》繁芜，《元史》草率，惟《金史》行文雅洁，叙事简括，稍为可观，然未有如《明史》之完善者。”

书藏六合区图书馆。

明史杂咏四卷　（清）严遂成撰

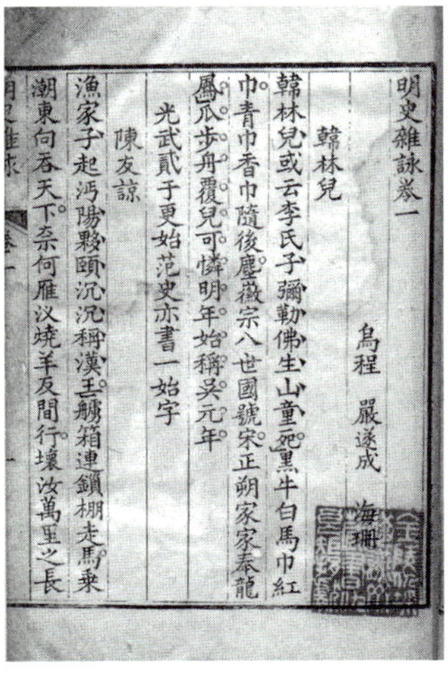
明史雜詠卷一
烏程　嚴遂成　海珊
韓林兒
韓林兒或云李氏子彌勒佛生山童死黑牛白馬巾紅
巾青巾香巾隨後塵徽宗八世國號宋正朔家家奉龍
鳳爪步舟覆兒可憐明年始稱吳元年
光武貳于更始范史亦書一始字
陳友諒
漁家子起沔陽黟頭沉沉稱漢王艤箱連鎖棚走馬乘
湖東向奉天下奈何雁汊燒手反間行壞汝萬里之長

清乾隆刻本

框高 17.6 厘米，宽 13.1 厘米，10 行 21 字，小字双行同，白口，四周双边，单黑鱼尾。

严遂成（1694—？），字崧占（一作崧瞻），号海珊，乌程（今浙江湖州）人。雍正二年（1724）进士，官至迁云南嵩明州知府。创办凤山书院。诗以咏古为工，著有《海珊诗钞》、《明史杂咏》、《诗经序传辑疑》等。

《明史杂咏》，清严遂成撰。收诗一百八十多首，赋明朝一代之事，古体、近体相间，评议多于刻画描写，以事论人，时人视为“诗史”。《四库全书总目》云：“咏史之作，起于班固。承其流者，唐胡曾、周昙皆用近体，明李东阳则用乐府体。遂成此编，赋明一代之事，古体近体相间，故名曰杂咏。”

书藏金陵图书馆。

南齐书五十九卷　（梁）萧子显撰

清康熙四十年（1701）重修冯梦祯明刻本

框高 20.5 厘米，宽 14.2 厘米，9 行 18 字，白口，四周双边，双黑鱼尾。

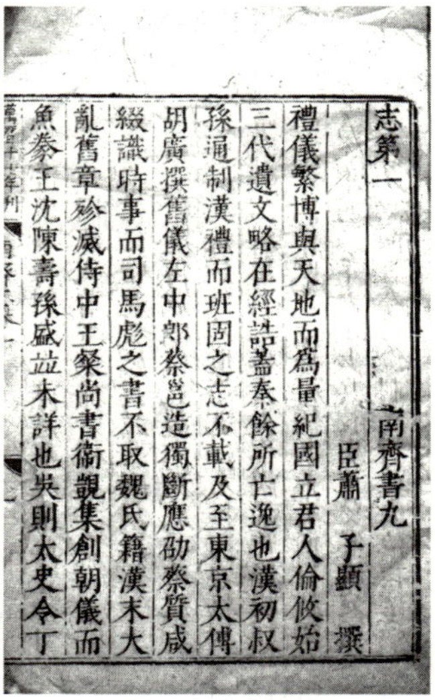
志第一　南齊書九
臣蕭　子顯　撰
禮儀繁博與天地而爲量紀國立君人倫攸始
三代遺文略在經誥蓋秦餘所亡逸也漢初叔
孫通制漢禮而班固之志不載及至東京太傅
胡廣撰舊儀左中郎蔡邕造獨斷應劭蔡質咸
綴識時事而司馬彪之書不取魏氏籍漢末大
亂舊章殄滅侍中王粲尚書衛覬集創朝儀而
魚豢王沈陳壽孫盛並未詳也吳則太史令丁

萧子显（489—537），字景阳，梁南兰陵（今江苏常州）人，南朝梁朝史学家、文学家。齐高帝萧道成孙。历任太子中舍人、国子祭酒、侍中、吏部尚书等职，后迁吴兴太守。博学能文，好饮酒、爱山水，不畏鬼神，恃才傲物。见九流宾客，不与交言，只是举起手中扇子，一挥而已。谥曰“骄”。

该书记述南朝萧齐王朝自齐高帝建元元年（479）至齐和帝中兴二年（502），共二十三年史事，是现存关于南齐最早的纪传体断代史。全书六十卷，志八篇十一卷，其中有的上承刘宋，有的起于萧齐立国，断限比较明显；传四十卷，其中不少是记少数民族地区史事的；序录一卷，刘知几都不曾见到，说明亡佚之甚早，故全书今存五十九卷。

书藏六合区图书馆。

南史八十卷　（唐）李延寿撰

清康熙四十年（1701）重修冯梦祯明刻本

框高 20.1 厘米，宽 14.2 厘米，9 行 18 字，白口，四周双边，单黑鱼尾。

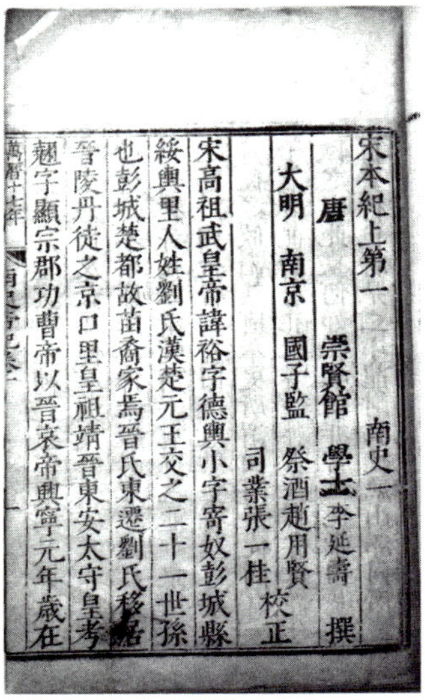
宋本紀上第一　南史一
唐　崇賢館學士李延壽撰
大明　南京　國子監　祭酒趙用賢　司業張一桂校正
宋高祖武皇帝諱裕字德輿小字寄奴彭城縣
綏輿里人姓劉氏漢楚元王交之二十一世孫
也彭城楚都故苗裔家焉晉氏東遷劉氏移居
晉陵丹徒之京口里皇祖靖晉東安太守皇考
翹字顯宗郡功曹帝以晉哀帝興寧元年歲在

李延寿，生卒年不详，字遐龄，唐代相州（今河南安阳）人，史学家。历官东宫典膳丞、崇贤馆学士、御史台主簿，兼直国史符玺郎、兼修国史等职。参与唐代官修史书《隋书》、《五代史志》、《晋书》和唐朝当代国史的修撰工作，又继承其父李大师遗志，以十六年时间独立修成《南史》和《北史》。

全书凡八十卷，含本纪十卷、列传七十卷，无表、志，上起宋武帝刘裕永初元年（420），下迄陈后主陈叔宝祯明三年（589），记载南朝宋、齐、梁、陈四国一百七十年的史事。该书以《宋书》、《南齐书》、《梁书》及《陈书》为蓝本，共五百六十六卷，又参考“杂史”千余卷，删繁就简，事增文省，其中删《魏书》、《宋书》最多，删文多为诏诰、符檄、章表。《新唐书》对李延寿评价颇高，称“其书颇有条理，删落酿辞，过本书远甚”。

书藏六合区图书馆。

南野堂诗集七卷首一卷
（清）吴文溥撰

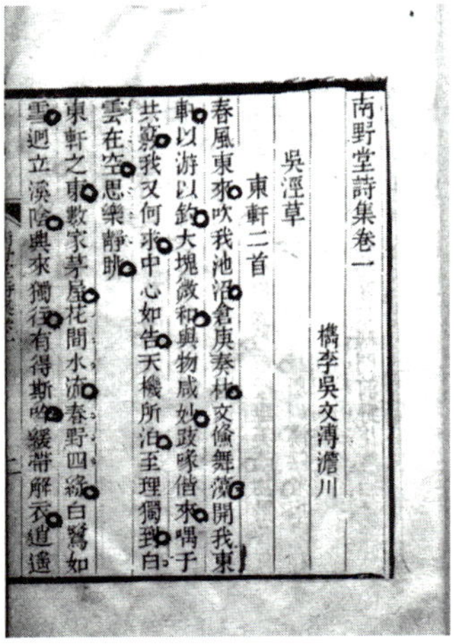
南野堂詩集卷一
檇李吳文溥澹川
吳涇草
東軒二首
春風東來吹我池沼倉庚奏林文鯈舞藻開我東
軒以游以釣大塊微和與物咸好跂喙偕來喁于
共窮我又何求中心如告天機所泊至理獨到白
雲在空思樂靜眺
東軒之東數家茅屋花間水流春野四綠白鷺如
雪迴立溪陰興來獨往有得斯吟緩帶解衣逍遙

清乾隆五十九年（1794）刻本

框高 12.8 厘米，宽 9.7 厘米，10 行 19 字，白口，左右双边，单黑鱼尾。

吴文溥（约 1795 年前后在世），字博如，一字冻帆，号澹川，浙江嘉兴人。生卒年均不详，约清高宗乾隆末前后在世。贡生，工诗。尝西入关中，南游台海，诗格益上。阮元督学浙江，见其诗，誉为浙中诗士之冠。因招入幕中，使校订《輶轩录》稿。元尝出其先大父征苗刀示之，文溥走笔作歌，震夺一席。尤精韬略，曾佐湖北巡抚幕，论两湖戎事，了如指掌。乾隆五十一年（1787）课榕城，随学使襄校各郡。翌年来台，客台湾道幕，掌教海东书院。课一艺，评点讲解，务令习者欢欣以去，台湾士风顿起。文溥之古文骈体，能集六朝、唐、宋之大成。著有《南野堂笔记》十二卷，及《南野堂集》、《师贞备览》、《所见录》、《闽游篇》等，并传于世。

书前有毛洋溟序，言“嘉兴吴君澹川，家世以诗传，君故童而习之家。其邑之吴泾，地擅山水之胜，后以应聘为记室，遂从客陕客闽，客吴客楚，之海外客台湾，所至皆有诗纪之，诗日积益多，其裒然成帙者，曰《吴泾草》、《江淮编》、《关中草》、《东津录》、《闽游编》、《杂编》，总而汇之，以为《南野堂集》，凡六卷”。

书藏秦淮区图书馆。

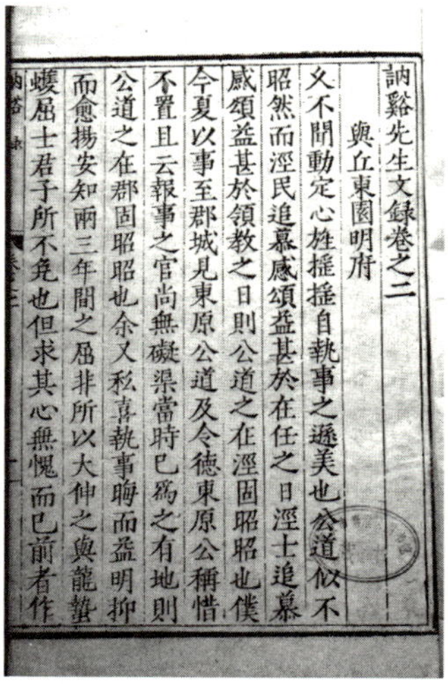
訥谿先生文録卷之二
與丘東園明府
久不聞動定心旌搖搖自執事之遜美也公道似不
昭然而涇民追慕感頌益甚於在任之日涇士追慕
感頌益甚於領教之日則公道之在涇固昭昭也僕
今夏以事至郡城見東原公道及令徳東原公稱惜
不置且云報事之官尚無礙渠當時已爲之有地則
公道之在郡固昭昭也余又私喜執事晦而益明抑
而愈揚安知兩三年間之屈非所以大伸之與龍蟄
蠖屈士君子所不免也但求其心無愧而已前者作

讷溪先生文录四卷　（明）周怡撰

明刻本

框高19.5厘米，宽13.4厘米，10行20字，白口，四周双边，单黑鱼尾。

周怡（1505—1569），字顺之，号都峰，又号讷溪，明代仙源人。嘉靖十七年（1538）登进士，初任顺德（今河北邢台）推官，政绩优异。翌年，擢升吏部给事中。刚正直言，嘉靖二十二年六月，吏部尚书许瓒揭发大学士严嵩擅权，遭世宗斥责。因上《劾大臣不和疏》，历数千言，切中时弊。世宗大怒。以中伤朝廷罪被廷杖下锦衣卫狱。隆庆元年（1567），穆宗即位，被复用，擢太常少卿。周怡一身正气，为官严峻廉洁，嫉恶如仇，论事辄议，言之以诚，先后系狱五年，心迹坦然。隆庆六年，敕建专祠祀之。天启二年（1622），追谥恭节。著有《讷溪文集》二十七卷，书目入《四库全书》。

书藏秦淮区图书馆。

廿一史约编不分卷　（清）郑元庆述

清康熙三十六年（1697）渔古山房藏版刻本

半框高 18 厘米，宽 13.3 厘米，9 行 21 字，白口，四周单边。

郑元庆（1660—1734），字芷畦，一字子余，浙江归安（今湖州）人。精通史学兼金石文字，并精通水利地理。著有《二十一史约编》、《行水金鉴》、《小谷口著述》、《礼记集说参同》、《湖录》等。

《廿一史约编》此书以廿一史卷帙繁而难阅，用是荟萃全史，钩沉提要，裁以己意，隐括成章。上溯太古，下迄明朝，计一百三十九篇，约而不遗，驯而可诵。而书表志传诸可激人观听者，又为采拾菁华，厘齐前后，存什一于千百，汇众体为一家，分金、石、丝、竹、匏、土、革、木八部，而以上古考略以下十五门为首卷。凡治乱废兴、是非得失之故，犁然备举，或略具于全目之首，或散著于纪传之中，较之全史，已得大概，可以一览而无遗、当时盛行于世。书成于康熙丙子，自为序例，又有陈一夔、郑开极二序。

书藏六合区图书馆。

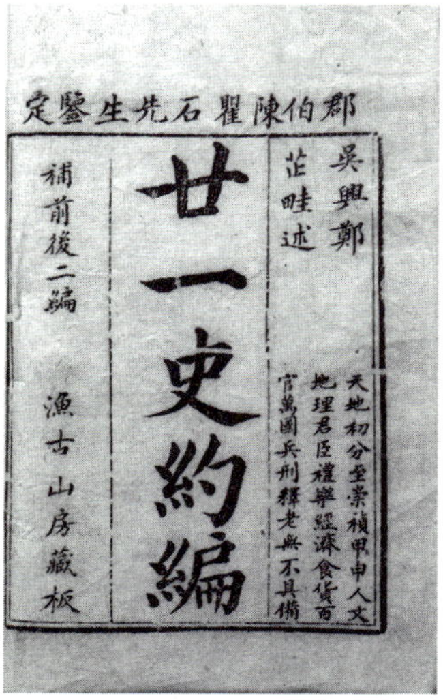
鄞伯陳瞿石先生鑒定
吳興鄭
芷畦述
廿一史約編
天地初分至崇禎甲申人文
地理君臣禮樂經濟食貨百
官萬國兵刑釋老無不具備
補前後二編
漁古山房藏板

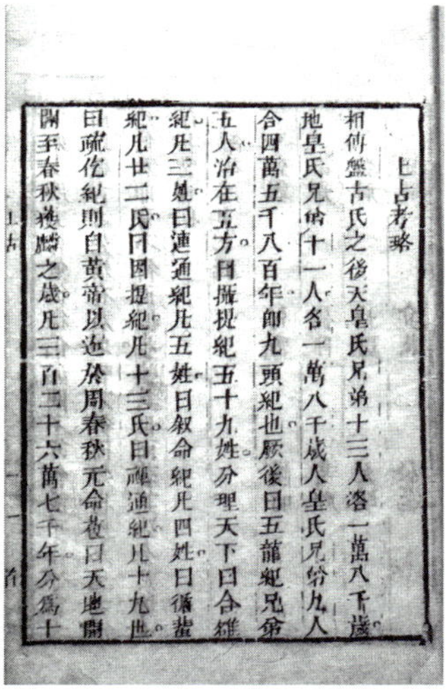
上古考略
相傳盤古氏之後天皇氏兄弟十三人洛一萬八千歲。
地皇氏兄弟十一人各一萬八千歲人皇氏兄弟九人
合四萬五千八百年即九頭紀也厥後曰五龍紀兄弟
五人治在五方曰攝提紀五十九姓分理天下曰合雒
紀凡三姓曰連通紀凡五姓曰敘命紀凡四姓曰循蜚
紀凡廿二氏曰因提紀凡十三氏曰禪通紀凡十九世
曰疏仡紀則自黃帝以迄於周春秋元命苞曰天地開
闢至春秋獲麟之歲凡三百二十六萬七千年分爲十

念一史弹词注二卷

（明）杨慎撰　（明）吴如珩注

清乾隆刻本

框高 18.6 厘米，宽 13.2 厘米，10 行 19 字，小字双行同，白口，左右双边，单黑鱼尾。

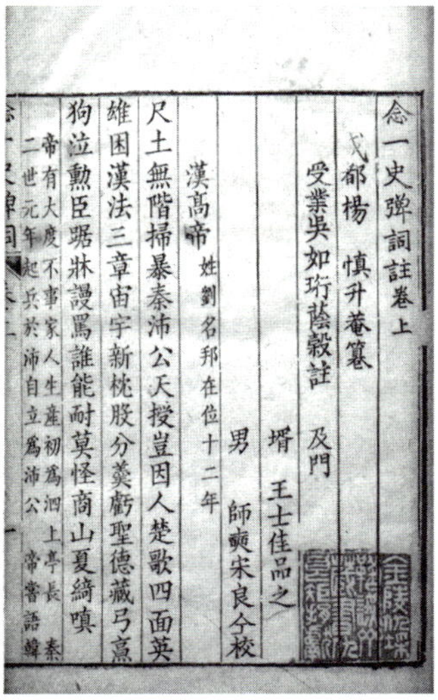
念一史彈詞註卷上
成都楊　慎升菴纂
受業吳如珩蓺穀註　及門
增　王士佳品之
男　師奭宋良仝校
漢高帝　姓劉名邦在位十二年
尺土無階掃暴秦沛公天授豈因人楚歌四面英
雄困漢法三章宙宇新桃朕分羹虧聖德藏弓烹
狗泣勳臣踞牀謾罵誰能耐莫怪商山夏綺嗔
帝有大度不事家人生産初爲泗上亭長　秦
二世元年起兵於沛自立爲沛公　常嘗語韓

杨慎（1488—1559），字用修，初号月溪、升庵，又号逸史氏、博南山人、洞天真逸、滇南戍史、金马碧鸡老兵等，四川新都（今成都新都）人，祖籍庐陵（今江西吉安）。明代著名文学家，明代三才子之首，东阁大学士杨廷和之子。正德六年（1511 年）状元及第，官翰林院修撰，参与编修《武宗实录》。著作达四百余种，后人辑为《升庵集》。

吴如珩，生平不详。

杨慎《廿一史弹词》，本名《历代史略词话》，其书铺陈历代兴亡之迹，自洪荒迄于元世，概为十段，每段先用《西江月》、《南乡子》、《临江仙》、《清平乐》、《点绛唇》、《定风波》、《蝶恋花》等词调及诗数首，次用散文及三三四攒十字的诗句，每段末了则以一诗一词作结。前人称其剪裁之妙，修短繁简，皆有尺寸寓乎其间，可谓匠意经营。其十字句式乃源于元代词话及明代的宝卷，实为有清北方鼓儿词之句型。杨氏之作，开文人拟作俗文学之先例，乃有不少学者及文人加以评注、改作或续作。

书藏金陵图书馆。

瓯北诗钞十五卷　（清）赵翼撰

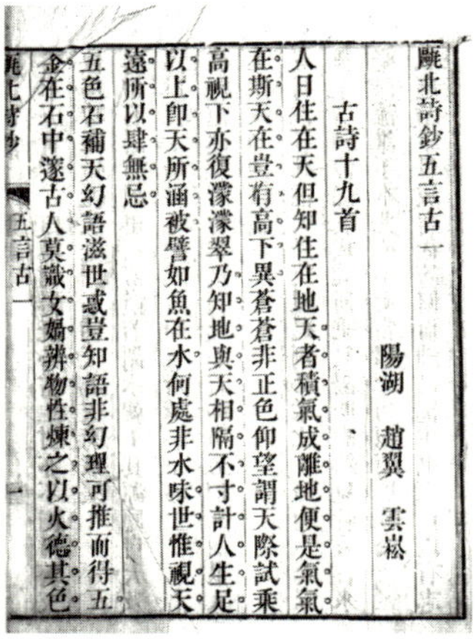
甌北詩鈔五言古一
陽湖　趙翼　雲崧
古詩十九首
人日住在天但知住在地天者積氣成離地便是氣氣
在斯天在豈有高下異蒼蒼非正色仰望謂天際試乘
高覘下亦復濛濛翠乃知地與天相隔不寸計人生足
以上卽天所涵被譬如魚在水何處非水味世惟覘天
遠所以肆無忌
五色石補天幻語滋世惑豈知語非幻理可推而得五
金在石中遂古人莫識女媧辨物性煉之以火德其色
甌北詩鈔　五言古　一

清乾隆五十六年（1791）刻本

半框高 18.4 厘米，宽 13.8 厘米，10 行 21 字，白口，左右双边，单黑鱼尾。

赵翼（1727—1814），字云崧、耘松，号瓯北，江苏阳湖（今江苏常州）人，清代史学家、诗文家、文学理论家。乾隆二十六年（1761）进士，授翰林院编修。他论诗也重“性灵”，与袁枚、张问陶并称清代性灵派三大家。著有《二十二史札记》、《陔余丛考》、《檐曝杂记》、《皇朝武功纪盛》、《瓯北诗钞》等。

《瓯北诗钞》，清赵翼所撰别集。系赵翼晚年删定《瓯北集》中约十分之四而成，按古今诗体分编。有嘉庆及道光间刻本。赵氏长于史学，又工诗。论诗之独创，反对摹拟。

书藏六合区图书馆。

欧阳文忠公新唐书抄二卷　（宋）欧阳修撰　（明）茅坤批评

明刻本

框高 20.9 厘米，宽 14.2 厘米，9 行 20 字，白口，四周单边，单白鱼尾。

欧阳修（1007—1072），字永叔，号醉翁、六一居士，吉州永丰（今江西永丰）人。天圣八年（1030）进士，官至翰林学士、枢密副使、参知政事，谥号文忠，世称欧阳文忠公。北宋政治家、文学家，欧阳修是在宋代文学史上最早开创一代文风的文坛领袖，继承韩愈崇古重道的精神，为唐宋八大家之一。他曾主修《新唐书》，并独撰《新五代史》。有《欧阳文忠集》传世。

茅坤（1512—1601），字顺甫，号鹿门，归安（今浙江吴兴）人。嘉靖十七年（1538）进士，官至大名兵备副使，后罢官家居，专心为文。明代散文家、藏书家。编选《唐宋八大家文钞》，对韩愈、欧阳修和苏轼尤为推崇。有《白华楼藏稿》、《茅鹿门集》。

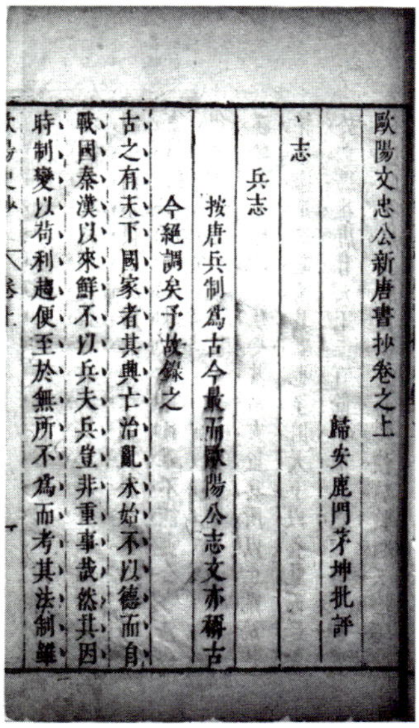
歐陽文忠公新唐書抄卷之上
歸安鹿門茅坤批評
志
兵志
按唐兵制爲古今最而歐陽公志文亦稱古
今絕調矣予故錄之
古之有天下國家者其興亡治亂未始不以德而自
戰國秦漢以來鮮不以兵夫兵豈非重事哉然其因
時制變以苟利趨便至於無所不爲而考其法制雖

《新唐书》是北宋时期宋祁、欧阳修、范镇、吕夏卿等合撰的一部记载唐朝历史的纪传体史书，“二十四史”之一。《新唐书》前后修史历经十七年，于宋仁宗嘉祐五年（1060）完成。《新唐书》所依据的唐人文献及唐史著作均审慎选择，删除当中的谶纬怪诞内容，裁减旧史本纪十分之七。《欧阳文忠公新唐书抄》为明代茅坤选编，收入《唐宋八大家文钞》。

书藏金陵图书馆。

欧阳文忠全集一百五十三卷　（宋）欧阳修撰

清康熙四十八年（1709）刻本

框高 21.4 厘米，宽 13.7 厘米，10 行 24 字，小字双行同，白口，左右双边，单黑鱼尾。

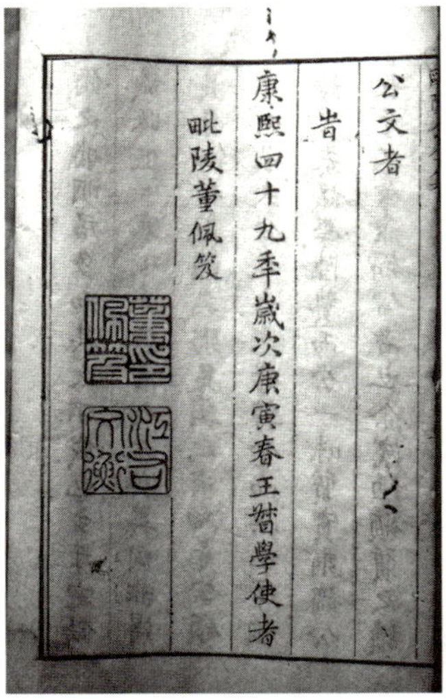

公文者

旹

康熙四十九季歲次庚寅春王暫學使者

毗陵董佩笈

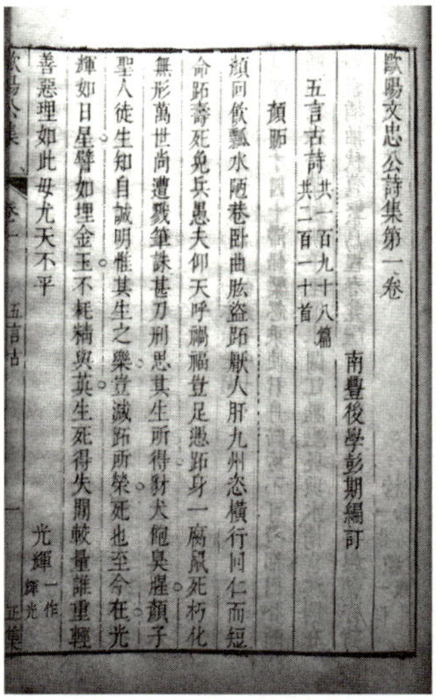

歐陽文忠公詩集第一卷

南豐後學彭期編訂

五言古詩 共一百九十八篇 共二百一十首

顏跖

顏回飲瓢水陋巷卧曲肱盜跖餍人肝九州恣横行回仁而短

命跖壽死免兵愚夫仰天呼禍福豈足憑跖身一腐鼠死朽化

無形萬世尚遭戮筆誅甚刃刑思其生所得豺犬飽臭腥顏子

聖人徒生知自誠明惟其生之樂豈減跖所榮死也至今在光

輝如日星譬如埋金玉不耗精與英生死得失間較量誰重輕

善惡理如此毋尤天不平 光輝 一作輝光

歐陽公集 卷一 五言古 一 正集

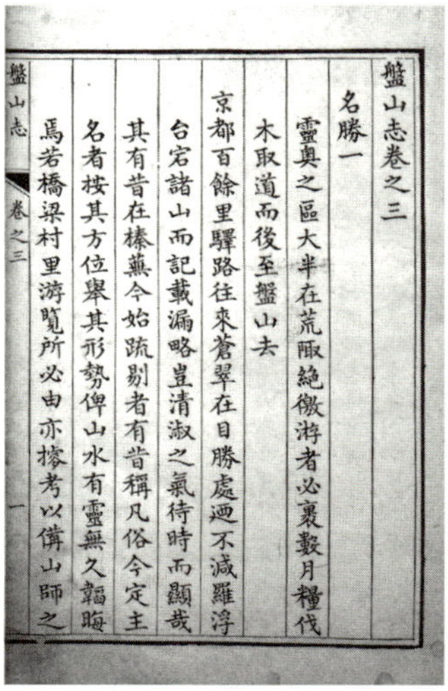

盤山志卷之三

名勝一

靈奥之區大半在荒陬絶徼游者必裹數月糧伐

木取道而後至盤山去

京都百餘里驛路往來蒼翠在目勝處迺不減羅浮

台宕諸山而記載漏略豈清淑之氣待時而顯哉

其有昔在榛蕪今始疏剔者有昔稱凡俗今定主

名者按其方位舉其形勢俾山水有靈無久韜晦

焉若橋梁村里游覽所必由亦據考以備山師之

盤山志 卷之三 一

欧阳修（1007—1072），字永叔，号醉翁、六一居士，吉州永丰（今江西吉安）人。因吉州原属庐陵郡，以“庐陵欧阳修”自居。与韩愈、柳宗元、苏轼被后人合称“千古文章四大家”。欧阳修是在宋代文学史上最早开创一代文风的文坛领袖，领导了北宋诗文革新运动，继承并发展了韩愈的古文理论。他的散文创作的高度成就与其正确的古文理论相辅相成，从而开创了一代文风。欧阳修在变革文风的同时，也对诗风、词风进行了革新。在史学方面，也有较高成就，他曾主修《新唐书》，并独撰《新五代史》。有《欧阳文忠集》传世。

全书分《居士集》、《外集》、《外制集》、《内制集》、《表奏书启四六集》、《奏议集》、《杂著述》七种，而以《童子问》、《集古录跋尾》、《书简》三种附焉。《居士集》为欧阳修手编，其余则周必大、孙谦益、丁朝佐、曾三异、胡柯及文忠子发等所编定。

书藏秦淮区图书馆。

盘山志十六卷首五卷　（清）蒋溥　（清）汪由敦　（清）董邦达纂修

清乾隆二十年（1755）刻本

框高 19.6 厘米，宽 13.0 厘米，9 行 21 字，小字双行同，白口，四周双边，单黑鱼尾。

蒋溥（1708—1761），字质甫，号恒轩，大学士蒋廷锡长子，江苏常熟人。雍正八年（1730）二甲第一名进士，官至东阁大学士兼户部尚书。

汪由敦（1692—1758），初名汪良金，字师茗，号谨堂，又号松泉居士。安徽休宁人，居浙江钱塘。

雍正二年进士，参与编撰《明史》。乾隆间，累官至吏部尚书。以文学见长，善书法，传世作品有《时晴斋法帖》等。著有《松泉诗文集》、《松泉集》等。

董邦达（1696—1769），字孚存、争存，号东山、非闻，浙江富阳人。雍正十一年进士，授编修，官至礼部尚书。清代书画家。传世画有《松崖苔磴图卷》、《仿荆浩匡庐图》等。

盘山位于天津市蓟县西北部，距蓟县约十五公里。原名四正山，据传因古时田盘先生隐居于此，故又称田盘山，后省去田字，称为盘山。魏、唐、宋、元、明、清各代都有皇帝至此地巡幸，并大兴土木，劈山建寺，清圣祖和高宗并在此建行宫。《盘山志》成书于乾隆二十年，前有乾隆序，为蒋溥、汪由敦、董邦达奉敕编修。共十六卷。卷首依次为巡典、天章，卷一卷二为图考、卷三卷四为名胜、卷五卷六为寺宇、卷七为流寓、卷八卷九为方外、卷十至卷十四为艺文、卷十五为物产、卷十六为杂缀。前有凡例十六则。

书藏金陵图书馆。

匏翁家藏集七十七卷　（明）吴宽撰

明正德三年（1508）吴奭刻本

框高 19.2 厘米，宽 14.3 厘米，12 行 24 字，白口，左右双边，无鱼尾。

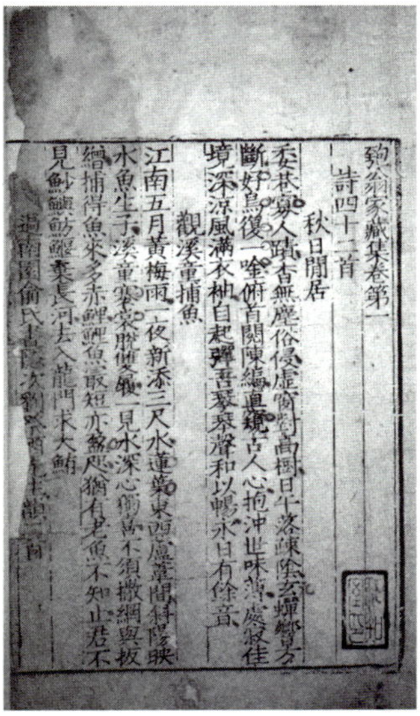
匏翁家藏集卷第一
詩四十二首
秋日閒居
委巷寡人蹤杳無塵俗侵虛窗對高樹日午落疎陰玄蟬響方
斷好鳥復一吟俯首閱陳編眞境古人心抱沖世味薄處寂佳
境深涼風滿衣襟自起彈吾琴琴聲和以暢永日有餘音
觀溪童捕魚
江南五月黃梅雨一夜新添三尺水蓮蕩東西處處開村落映
水魚生子溪童寒棠脫便衣一見水深心獨喜不須撒網與扳
繒捕得魚來多赤鯉鯉魚最短亦盈咫猶有老魚不知止君不
見鯈鰱魴鯉棄長河去入龍門求大鮪

吴宽（1435—1504），字原博，号匏庵、玉亭主，世称匏庵先生，直隶长州（今江苏苏州）人。明成化八年（1472）状元，授翰林修撰。历任詹事兼侍读学士、吏部右侍郎、礼部尚书等职。谥文定。其为文宗《左传》、《汉书》及唐宋散文大家，尤受苏轼影响，和平恬雅，典则有法。所作诸体杂著，精于构思，一向为人所称著。《四库全书总目》评论其诗文成就云："和平恬雅，有鸣鸾佩玉之风。"其诗深厚醲郁，自成一家，著有《匏庵集》。

《匏翁家藏集》凡七十七卷，其中诗三十卷，不分体制以年月先后为序，分卷编次，共收诸体诗一千四百六十九首，诗余三十二首；文四十七卷，分体汇编而年月先后亦隐寓其间，全集共收各体文章八百零五篇。卷首有正德三年李东阳和王鏊所撰两篇序文，卷末有徐源撰《匏翁家藏集后序》。其诗风格浑厚，用事典切，没有漫然嘲风弄月之作，遣辞造句，本色得实。诸体中以七言诗为最佳，如七律《悼沈瘿樵画史》、《题杨铁崖墓铭后》、《送张兼素出知施宗州》和七古《赋黄楼送李贞伯》等诗篇可为其代表作品。《明诗评》论其诗曰："文定力扫浮靡，一归雅淡，诗如杨柳受风，煦然不冽；又如学究论天下事，殷置竟日，本色自露。"

书藏金陵图书馆。

佩文斋书画谱一百卷　（清）孙岳颁等纂

清康熙刻本

框高 16.8 厘米，宽 10.8 厘米，11 行 21 字，小字双行不等，白口，左右双边，单黑鱼尾。

孙岳颁（1639—1708），字云韶，号树峰，吴县（今江苏苏州）人。康熙二十一年（1682）进士，官至礼部侍郎。充《佩文斋书画谱》总裁官。善书，受知圣祖，每有御制碑版必命书之。卒年七十。

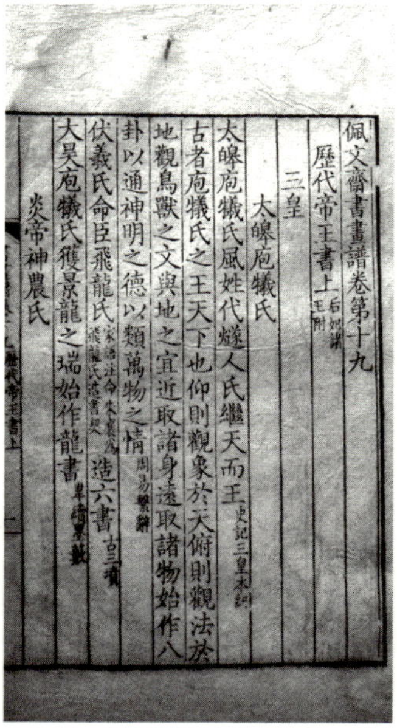
佩文齋書畫譜卷第十九
歷代帝王書上
三皇
太皞庖犧氏
太皞庖犧氏風姓代燧人氏繼天而王
古者庖犧氏之王天下也仰則觀象於天俯則觀法於地觀鳥獸之文與地之宜近取諸身遠取諸物始作八卦以通神明之德以類萬物之情
伏羲氏命臣飛龍氏造六書
大昊庖犧氏獲景龍之瑞始作龍書
炎帝神農氏

《佩文斋书画谱》是中国清代书画类书，卷帙浩繁，材料丰富，对后世之学有重要的参考价值，是中国书画研究者不可或缺的重要参考书籍。康熙四十七年成书，所引古籍一千八百四十四种，其中对书画家传记的引证，均注明出处。此书内容始自五帝而迄止于元明。先列历代帝王，其余则以时代相次。是书顺序依次为论书、论画、帝王书、帝王画、书家传、画家传、历代无名氏书、康熙皇帝御制书画跋、历代名人书跋、历代名人画跋、书辨证、画辨证、历代鉴藏等。有些书迹画幅偶传有作者姓名字号但无书可凭据者则不载入。全书体例精密，引据详实，颇便稽考，所征资料皆注明出处。但该书也有稍嫌不足之处，如对历代书画书籍没有另立“著录”一门，以便说明存佚。编中对于伪书一并收录，不作鉴定。

书藏秦淮区图书馆。

莆风清籁集六十卷　（清）郑兰陔选本

清乾隆三十七年（1772）郑氏家刻本

半框高17.6厘米，宽14.4厘米，9行21字，小字双行同，白口，左右双边，单黑鱼尾。

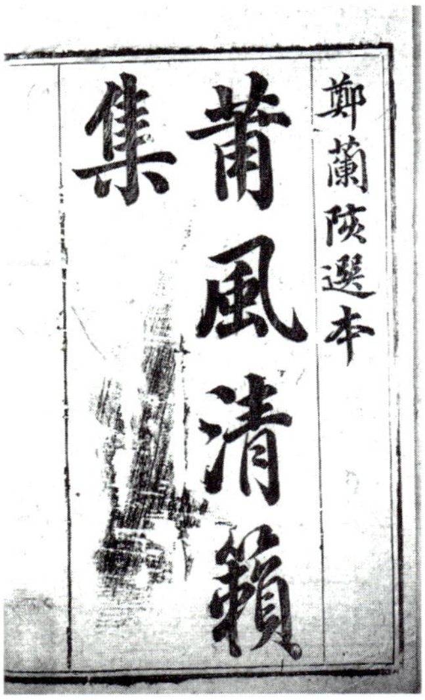

鄭蘭陔選本
莆風清籟集

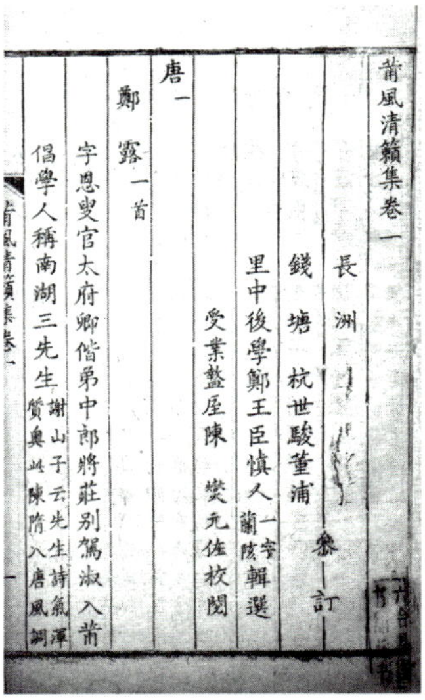

莆風清籟集卷一
長洲　錢塘　杭世駿堇浦　參訂
里中後學鄭王臣慎人一字蘭陔輯選
受業盩厔陳　燮元佐校閲
唐一
鄭露一首
字恩叟官太府卿偕弟中郎將莊別駕淑入莆
倡學人稱南湖三先生謝山子云先生詩氣渾質奥此陳隋入唐風調

郑王臣，生卒年不详，字慎人，号兰陔，又号黄石山人，福建莆田人。乾隆六年（1741）拔贡，二十一年举人，历任四川铜梁、成都、井研三县知县，甘肃兰州府知府等职。郑王臣著有《兰陔诗集》、《兰陔四六》、《黄石山人集》等，但其最重要的传世之作，还是乾隆三十七年面世的《莆风清籁集》。

《莆风清籁集》，诗总集，选收唐代至清乾隆间福建莆田（含兴化）人士各体诗作。凡诗人一千九百余家，其中清人二百三十九家，收诗约三千余首。全书仿金元好问《中州集》例，有诗人小传详载其人之里居出处、生平著作，并缀以各家评语。自著《兰陔诗话》亦附于后。书前冠以钱琦序。本书因诗存人，因人存诗，集一邑诗人诗作之大成，保存了唐代至清代莆田诗歌资料。

书藏六合区图书馆。

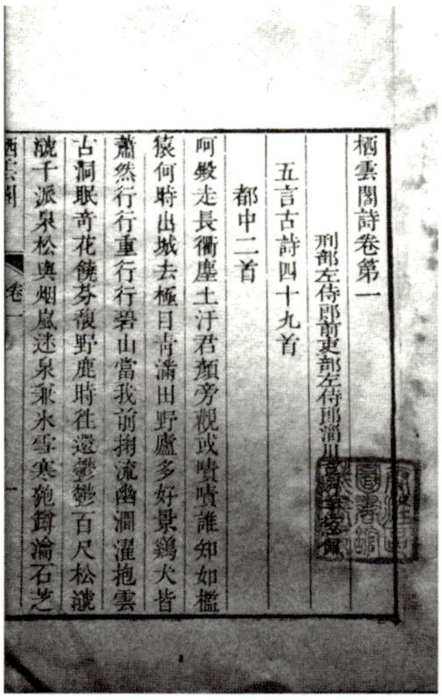
棲雲閣詩卷第一
刑部左侍郎前吏部左侍郎淄川
五言古詩四十九首
都中二首
呵殿走長衢塵土汙君顔旁觀或嘖嘖誰知如檻
猿何時出城去極目青滿田野廬多好景鷄犬皆
蕭然行行重行行碧山當我前掬流幽澗濯抱雲
古洞眠奇花饒芬馥野鹿時往還鬱鬱百尺松識

栖云阁诗十六卷拾遗三卷　（清）高珩撰

清乾隆刻本

框高 16.4 厘米，宽 12.2 厘米，9 行 19 字，白口，四周单边，单黑鱼尾。

高珩（1612—1697），始祖高全十世孙，字葱佩，号念东，晚号紫霞道人，山东淄川人。明崇祯十六年（1643）进士。选翰林院庶吉士。顺治朝授秘书院检讨，升国子监祭酒，后晋吏部左侍郎、刑部左侍郎。工诗，体近元、白，生平所著，不下万篇。著有《劝善》诸书及《栖云阁集》。有《栖云阁诗》十六卷，为赵执信所编；《拾遗》三卷，为宋弼所辑，并传于世。

《栖云阁诗》按体裁分为十六卷。各卷分类、收诗情况如下：五言古诗四十九首；七言古诗七十五首；杂言诗十九首；五言绝句四十五首；六言绝句十二首；五言律诗一百三十首；七言绝句三百八十首；七言律诗二百七十二首。十六卷共收诗九百八十二首。从体裁上看，《栖云阁诗》以近体的绝句、律诗居多，且两种体裁从数量上看旗鼓相当。这两种诗体外尚有古体、杂言，尤其值得注意的是高珩有专门的六言绝句独立成卷。《四库全书总目》如此评价：“其诗多率意而成，故往往近元、白《长庆集》体。”

书藏秦淮区图书馆。

齐东野语二十卷　（宋）周密撰

明刻本

框高 20.5 厘米，宽 13.5 厘米，9 行 20 字，白口，四周单边，单黑鱼尾。

周密（1232—1298），字公谨，号草窗，又号霄斋、蘋洲、萧斋，晚年号弁阳老人、四水潜夫、华不注山人，南宋词人、文学家。祖籍济南，先人因随高宗南渡，落籍吴兴（今浙江湖州），置业于弁山南。一说其祖后自吴兴迁杭州，周密出生于杭州。周密擅长诗词，作品典雅浓丽、格律严谨，亦有时感之作。能诗，擅书画。与吴文英（号梦窗）齐名，时人称为“二窗”。著述繁富，留传诗词有《草窗旧事》、《蘋洲渔笛谱》、《云烟过眼录》、《浩然斋雅谈》等。编有《绝妙好词》。笔记体史学著作有《武林旧事》、《齐东野语》、《癸辛杂识》等。

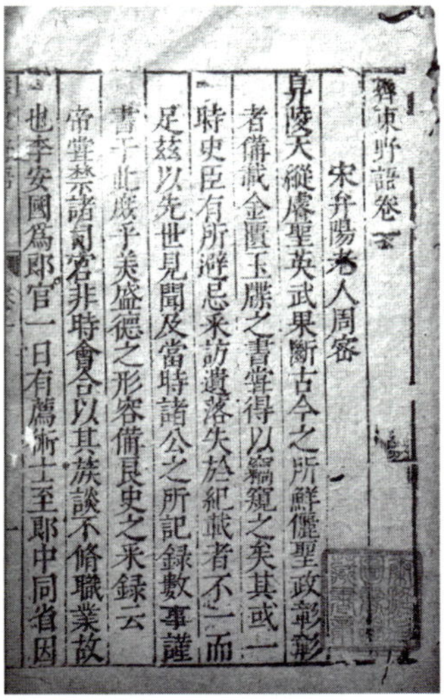
齊東野語卷五
宋弁陽老人周密
阜陵天縱睿聖英武果斷古今之所鮮儷聖政彰彰
者備載金匱玉牒之書嘗得以竊窺之矣其或一
時史臣有所避忌采訪遺落失於紀載者不一而
足茲以先世見聞及當時諸公之所記録數事謹
書于此庶乎美盛德之形容備良史之采録云
帝嘗禁諸司官非時會合以其族談不脩職業故
也李安國爲郎官一日有鄉士至郎中同省因

《齐东野语》，共二十卷，南宋周密撰。用《齐东野语》之名，乃作者不忘祖籍之意。书中所记，多宋元之交的朝廷大事，很多可补史籍之不足，如“李全始末”“端平入洛”“二张援襄”等，都是很有价值的资料。本书兼及文坛掌故、文人轶事，如“放翁钟情前室”记陆游与唐琬事，“台妓严蕊”记朱熹与严蕊事，考证古义，亦多精当之处。

书藏秦淮区图书馆。

启隽类函一百零七卷目录九卷　（明）俞安期辑

明刻本

框高 19.4 厘米，宽 13.4 厘米，10 行 20 字，白口，四周单边，单黑鱼尾。

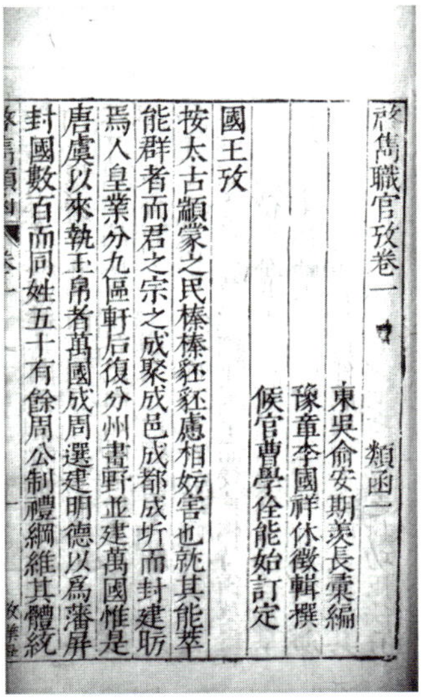
啓雋職官攷卷一　類函一
東吳俞安期羡長纂編
豫章李國祥休徵輯撰
候官曹學佺能始訂定
國王攷
按太古顓蒙之民榛榛狉狉慮相妨害也就其能萃
能群者而君之宗之成聚成邑成都成圻而封建昉
焉人皇業分九區軒后復分州畫野並建萬國惟是
唐虞以來執玉帛者萬國成周選建明德以爲藩屏
封國數百而同姓五十有餘周公制禮綱維其體統

俞安期，生卒年不详，明万历二十四年（1596）前后在世，初名策，字公临，后改名安期，字羡长，江苏吴江（今江苏苏州）人，徙阳羡（今江苏宜兴），卒于金陵（今南京）。魁颜长身，才气蜂涌。尝以长律一百五十韵投王世贞，世贞为之倾倒，名由是起，然竟以布衣终，亦工书。所著有《寥寥集》

四十卷，诗独占三十七卷；又有《唐类函》、《类苑琼英》、《启隽类函》等。

是书刻印于万历四十六年，首《职官考》共五卷，次载《笺疏表启》，分古体二卷、近体一百二卷。其中近体又分二十九部，上自诸王、宰相，下逮丞簿、教职，终以婚书及募缘疏引，大旨皆为应俗设也。安期自作凡例云：“江陵秉政，凡笺启中得一二警语，立跻显要。”由是可知当时所尚矣。

书藏金陵图书馆。

前汉书一百二十卷　（汉）班固撰　（唐）颜师古注

清康熙四十年（1701）重修明监本

框高 20.9 厘米，宽 15.1 厘米，10 行 21 字，小字双行同，白口，四周双边，双黑鱼尾。

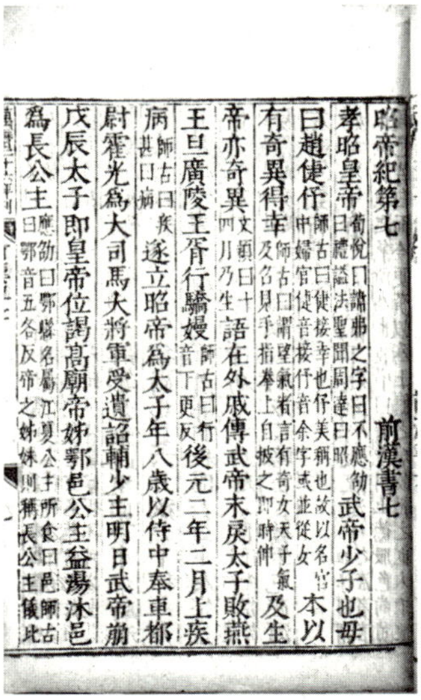
昭帝紀第七　前漢書七
孝昭皇帝荀悅曰諱弗之字曰不應劭曰禮謚法聖聞周達曰昭武帝少子也母
曰趙倢伃師古曰倢接幸也伃美稱也故以名宮中婦官倢音接伃音余字或並從女本以
有奇異得幸師古曰謂望氣者言有奇女天子氣及名見手指拳上自披之即時伸及生
帝亦奇異文穎曰十四月乃生語在外戚傳武帝末戾太子敗燕
王旦廣陵王胥行驕嫚師古曰行音下更反後元二年二月上疾
病師古曰疾甚曰病遂立昭帝爲太子年八歲以侍中奉車都
尉霍光爲大司馬大將軍受遺詔輔少主明日武帝崩
戊辰太子即皇帝位謁高廟帝姊鄂邑公主益湯沐邑
爲長公主應劭曰鄂縣名屬江夏公主所食曰邑師古曰鄂音五各反帝之姊妹則稱長公主儀比

班固（32—92），字孟坚，扶风安陵（今陕西咸阳）人，东汉著名史学家、文学家。

颜师古（581—645），名籀，字师古，隋唐以字行，故称颜师古，雍州万年人，生于京兆万年（今陕西西安），祖籍琅琊临沂（今山东临沂）。唐初儒家学者、经学家、训诂学家、历史学家，名儒颜之推之孙、颜思鲁之子。

《汉书》主要记述了上起西汉的汉高祖元年（前206），下至新朝的王莽地皇四年（23），共二百三十年的史事，包括纪十二篇，表八篇，志十篇，传七十篇，共一百篇，后人划分为一百二十卷，共八十万字。颜师古注《汉书》“上考典谟，旁究《苍》、《雅》，非苟臆说，皆有援据”，故其所作新注不仅内容丰富，而且引据确凿，有很强的说服力，并且根据《汉书》是史书的特点，尤其重视时间、地点、史实的补充和注释。

书藏六合区图书馆。

篋衍集十二卷　（清）陈维崧辑

清乾隆二十六年（1761）刻本

框高 16.0 厘米，宽 12.7 厘米，10 行 19 字，小字双行，字数不一，黑口，左右双边，单黑鱼尾。

陈维崧（1625—1682），字其年，号迦陵，宜兴（今属江苏）人。清初诸生，康熙十八年（1679）举博学鸿词科，授翰林院检讨，修纂《明史》，四年后卒于任所。能诗善词，尤以骈文见称。与吴兆骞、彭师度同被吴伟业誉为“江左三凤”，与吴绮、章藻功称“骈体三家”。所著有《湖海楼诗集》、《迦陵文集》、《迦陵词》、《两晋南北史集珍》、《妇人集》等。

《篋衍集》十二卷，系陈维崧辑选的清初诗歌总集，收康熙中叶前重要诗作者一百五十七人，诗八百四十九首，其中多明遗民，深藏箱中，不以示人，故名《篋衍集》。集中所录之诗，尽为当时之名家大笔如顾炎武、朱彝尊、毛奇龄、王士祯、侯方域等，并每于作者名下略述其生平、籍贯、仕履及主要著述等情况。所录之诗体例完备，包括五古、七古、五律、七律、五绝、七绝等，并有不少五古长篇、五言联句等。因其取去甚严，选本格调高雅、恬淡，王士祯曾有“古琴瑟疏越之遗”，颇有益于“诗教”之誉。《篋衍集》因其“辑以国朝诸家之诗，分体编次，所选颇为精华”（《清代禁毁书目》），被视为清初人诗歌总集的典范，又因有“钱谦益、屈大均”等人诗作而被列为禁书，传世本稀少。

书藏金陵图书馆。

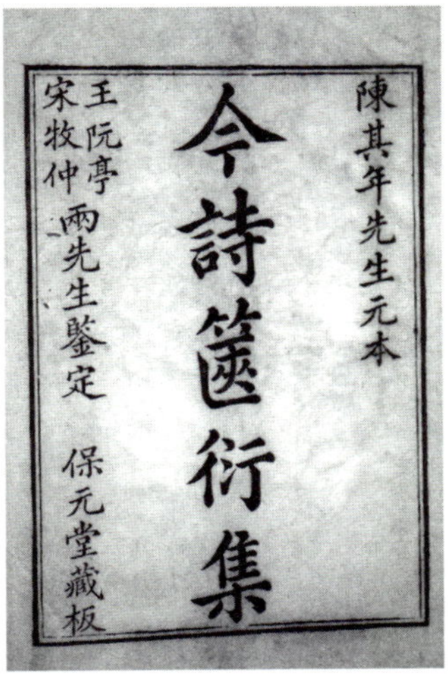
陳其年先生元本
今詩篋衍集
王阮亭 宋牧仲 兩先生鑒定
保元堂藏板

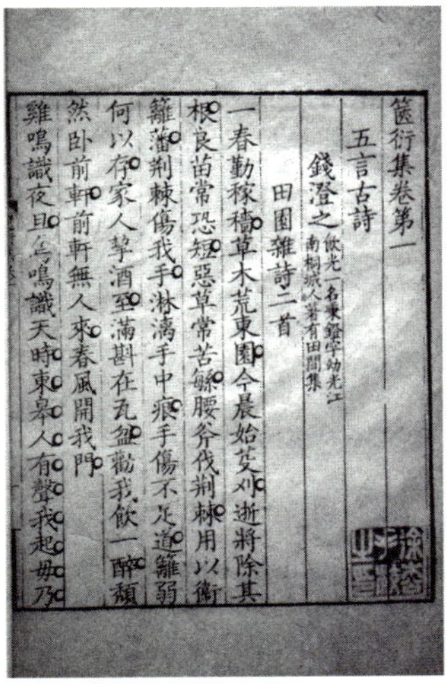
篋衍集卷第一
五言古詩
錢澄之 飲光一名秉鐙字幼光江南桐城人著有田間集
田園雜詩二首
一春勤稼穡草木荒東園今晨始芟刈逝將除其根良苗常恐短惡草常苦緐腰斧伐荆棘用以衛籬藩荆棘傷我手淋漓手中瘢手傷不足道籬弱何以存家人挈酒至滿斟在瓦盆勸我飲一醉頹然卧前軒前軒無人來春風開我門
雞鳴識夜旦烏鳴識天時東臯人有聲我起毋乃

钦定春秋传说汇纂三十八卷附卷首二卷

（清）王掞等撰

清康熙六十年（1721）刻本

半框高 21.7 厘米，宽 15.5 厘米，8 行 17 字，小字单双行 21 字，白口，四周双边，单黑鱼尾。

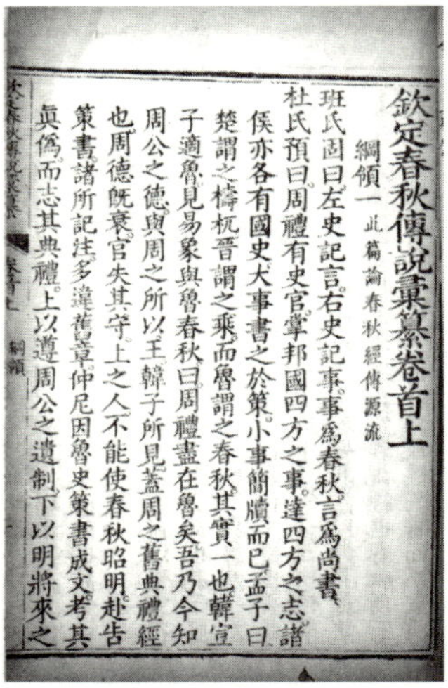

欽定春秋傳說彙纂卷首上

綱領一 此篇論春秋經傳源流

班氏固曰左史記言右史記事事爲春秋言爲尚書

杜氏預曰周禮有史官掌邦國四方之事達四方之志諸侯亦各有國史大事書之於策小事簡牘而已孟子曰楚謂之檮杌晉謂之乘而魯謂之春秋其實一也韓宣子適魯見易象與魯春秋曰周禮盡在魯矣吾乃今知周公之德與周之所以王韓子所見蓋周之舊典禮經也周德既衰官失其守上之人不能使春秋昭明赴告策書諸所記注多違舊章仲尼因魯史策書成文考其眞僞而志其典禮上以遵周公之遺制下以明將來之

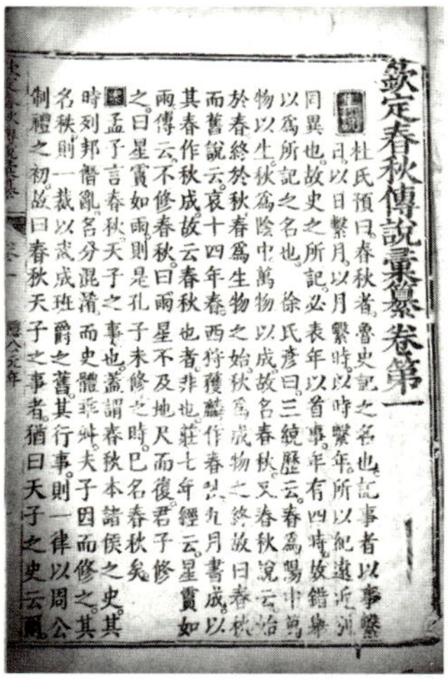

欽定春秋傳說彙纂卷第一

杜氏預曰春秋者魯史記之名也記事者以事繫日以日繫月以月繫時以時繫年所以紀遠近別同異也故史之所記必表年以首事年有四時故錯舉以爲所記之名也 徐氏彥曰三統歷云春爲陽中萬物以生秋爲陰中萬物以成故名春秋又春秋說云始於春終於秋故曰春秋而舊說云哀十四年春西狩獲麟作春秋九月書成以其春作秋成故云春秋也者非也莊七年經云星霣如雨傳云不修春秋曰雨星不及地尺而復君子修之曰星霣如雨則是孔子未修之時已名春秋矣

孟子言春秋天子之事也蓋謂春秋本諸侯之史其時列邦僭亂名分混淆而史體乖舛夫子因而修之其名秩則一裁以聖成班爵之舊其行事則一律以周公制禮之初故曰春秋天子之事者猶曰天子之史云爾

王掞（1645—1728），字藻儒，一作藻如，号颛庵、西田主人，江南太仓（今属江苏）人，明代首辅王锡爵曾孙。康熙九年进士，授编修，官至文渊阁大学士。

《钦定春秋传说汇纂》是康熙朝所修御纂四经之一，是一部言理、助教性汇编。卷首有御制序、总裁校对分修校刊诸臣职名、引用姓氏、目录、纲领、王朝世表、列国年表、王朝列国世次、王朝列国兴废说、列国爵姓、列国地图、王朝地名、列国地名。

书藏六合区图书馆。

钦定日下旧闻考一百六十卷译语总目一卷

（清）于敏中等修　（清）窦光鼐等纂

清乾隆刻本

框高 18.2 厘米，宽 13.9 厘米，9 行 21 字，小字双行同，白口，四周双边，单黑鱼尾。

于敏中（1714—1779），字重常，号叔子、耐圃，金坛人。乾隆二年（1737）进士第一，授修撰。累迁户部侍郎兼军机大臣，官至文华殿大学士兼户部尚书。于军机处近二十年，曾任《四库全书》馆总裁，又充国史馆、《三通》馆总裁。著有《浙程备览》、《临清纪略》等。

窦光鼐（1720—1795），字元调（一说符调），号东皋，山东诸城人。乾隆

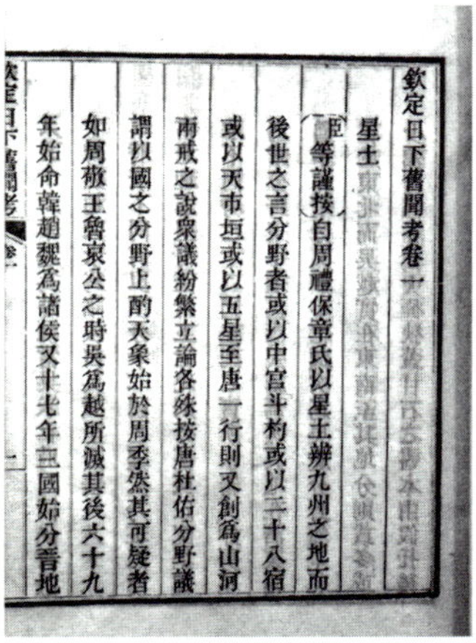

欽定日下舊聞考卷一

星土

臣等謹按自周禮保章氏以星土辨九州之地而後世之言分野者或以中宮斗杓或以二十八宿或以天市垣或以五星至唐一行則又創爲山河兩戒之說衆議紛紮立論各殊按唐杜佑分野議謂以國之分野上酌天象始於周季慭其可疑者如周敬王魯哀公之時吳爲越所滅其後六十九年始命韓趙魏爲諸侯又十七年三國始分晉地

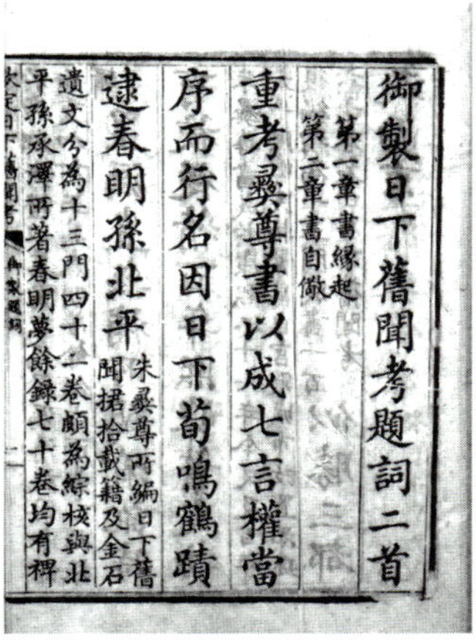

御製日下舊聞考題詞二首

第一章書緣起

第二章書自儆

重考彝尊書以成七言權當序而行名因日下蓟鳴鶴蹟逮春明孫北平

朱彝尊所編日下舊聞捃拾載籍及金石遺文分爲十三門四十二卷頗爲綜核與北平孫承澤所著春明夢餘錄七十卷均有裨

七年进士，授编修，官至左都御史、上书房总师傅。著有《省吾斋诗文集》。

《钦定日下旧闻考》为清都邑志。窦光鼐、朱筠等奉敕编纂，由于敏中、英廉任总裁，所以书前有“钦定”字样。始编于乾隆三十九年，根据朱彝尊《日下旧闻》加以增补、考证而成。叙述以北京为中心，兼及京畿各地。原书十三门，叙事止于明末；新书删繁补缺，考订讹误，以乾隆现制为准，体例大体依旧，新增宫署、苑囿、存疑等门，卷数增加至三倍，内容体裁，都较原书更为翔实精赅，保存了大量史料，为研究北京地理、掌故、史实的重要参考书。

书藏金陵图书馆。

钦定诗经传说汇纂二十一卷诗序二卷　（清）王鸿绪等撰

清康熙六十年（1721）刻本

框高 22 厘米，宽 15.5 厘米，8 行 17 字，小字单双行 21 字，白口，四周双边，单黑鱼尾。

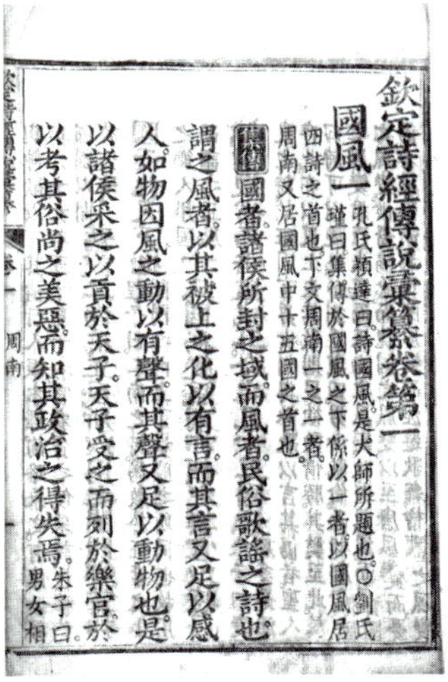

欽定詩經傳說彙纂卷第一

國風一 孔氏穎達曰詩國風是大師所題也○劉氏瑾曰集傳於國風之下係以一者以國風居四詩之首也下文周南一之一者周南又居國風中十五國之首也

集傳 國者諸侯所封之域而風者民俗歌謠之詩也謂之風者以其被上之化以有言而其言又足以感人如物因風之動以有聲而其聲又足以動物也是以諸侯采之以貢於天子天子受之而列於樂官於以考其俗尚之美惡而知其政治之得失焉 朱子曰男女相

王鸿绪（1645—1723），初名度心，中进士后改名鸿绪，字季友，号俨斋，别号横云山人，华亭张堰镇（今属上海金山）人。康熙十二年进士，授编修，官至工部尚书。曾入明史馆任《明史》总裁，与张玉书等共主编纂《明史》，为《佩文韵府》修纂之一。因卷入皇子嗣位争斗，罢官回家。归家后，将《明史》书稿全部带回，删改成《明史稿》三百余卷，署己名，献与朝廷，得刊行。著有《横云山人集》等。

《钦定诗经传说汇纂》为康熙六十年户部尚书王鸿绪等奉敕编，雍正五年（1727）校刊，代表了康熙朝的庙堂见解。“是书首列《集传》，而采汉、唐以来诸儒讲解训释之，与传合者存之，其义异而理长者别为附录，折中同异，间出己见。乙夜披览，亲加正定，书成凡若干卷，名曰《诗经传说汇纂》”。

书藏六合区图书馆。

钦定授时通考七十八卷　（清）鄂尔泰等撰

清乾隆江西书局刻本

框高20.8厘米，宽14厘米，半叶11行21字，小字双行同，四周双边，白口，单黑鱼尾。

鄂尔泰（1677—1745），西林觉罗氏，字毅庵，满洲镶蓝旗人。康熙三十六年（1697）举人，任内务府员外郎，总理事务大臣，历任军机大臣、领侍卫内大臣、议政大臣、经筵讲官，管翰林院掌院事，加衔太傅，国史馆、三礼馆、玉牒馆总裁，赐号襄勤伯。著有《西林遗稿》。

本书汇辑前人关于农业方面的著述，搜集古代经、史、子、集中有关农事的记载达四百二十七种之多，并配插图五百一十二幅。共分八门：一为“天时”，

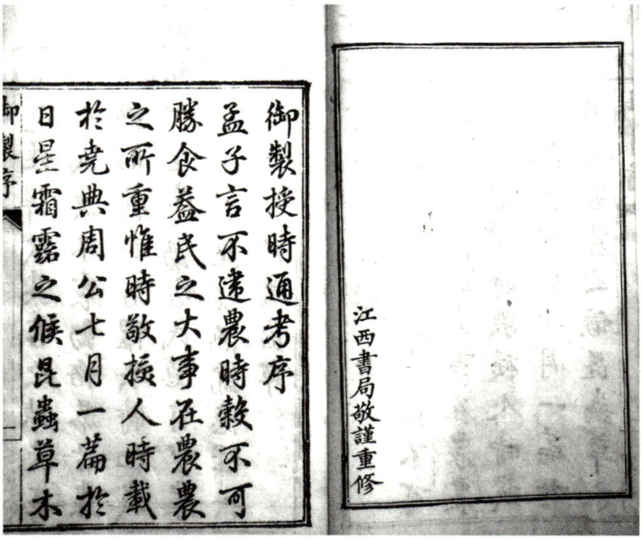
御製授時通考序
孟子言不違農時穀不可
勝食蓋民之大事在農農
之所重惟時敬授人時載
於堯典周公七月一篇於
日星霜露之候昆蟲草木

江西書局敬謹重修

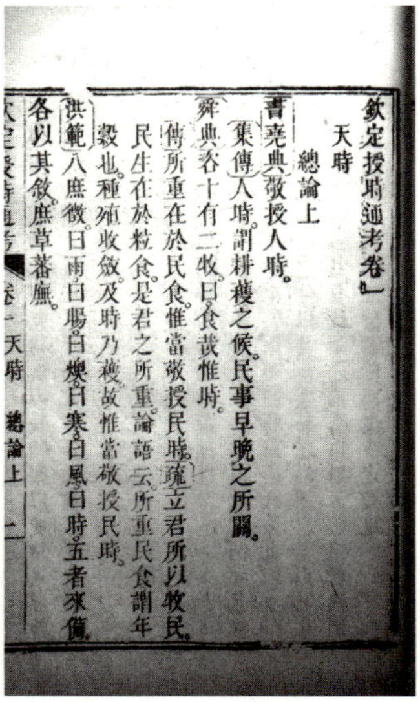
欽定授時通考卷一
天時
總論上
書堯典敬授人時
集傳人時謂耕穫之候民事早晚之所關
舜典咨十有二牧曰食哉惟時
傳所重在於民食惟當敬授民時疏立君所以牧民
民生在於粒食是君之所重論語云所重民食謂年
穀也種殖收斂及時乃穫故惟當敬授民時
洪範八庶徵曰雨曰暘曰燠曰寒曰風曰時五者來備
各以其敘庶草蕃廡

论述农家四季活计；二为“土宜”，讲辨方、物土、田制、水利等内容；三为“谷种”，记载各种农作物的性质；四为“功作”，记述从垦耕到收藏各生产环节所需工具和操作方法；五为“劝课”，是有关历朝重农的政令；六为“蓄聚”，论述备荒的各种制度；七为“农余”，记述大田以外的蔬菜、果木、畜牧等种种副业；八为“蚕桑”，记载养蚕缫丝等各项事宜。全书结构严谨，征引周详，涉及范围之广、内容之丰富前所未见，堪称是一部古代农学的百科全书。

书藏高淳区图书馆。

青邱高季迪先生诗集十八卷首一卷补遗一卷扣舷集一卷凫藻集五卷附录一卷　（明）高启撰　（清）金檀辑注

清雍正六年（1728）墨华池馆重印刻本

框高 17.9 厘米，宽 14.8 厘米，11 行 22 字，小字双行 33 字，白口，左右双边，单黑鱼尾。

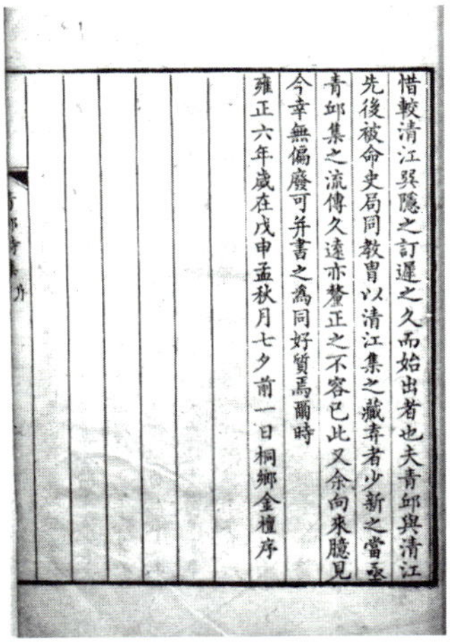

惜較清江槑隱之訂遲之久而始出者也夫青邱與清江
先後被命史局同教胄以清江集之藏弆者少新之當亟
青邱集之流傳久遠亦釐正之不容已此又余向來臆見
今幸無偏廢可并書之爲同好質焉爾時
雍正六年歲在戊申孟秋月七夕前一日桐鄉金檀序

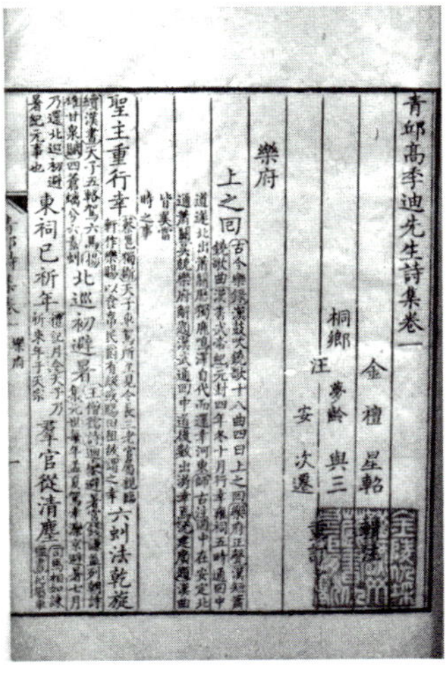

青邱高季迪先生詩集卷一
桐鄉　金檀　星軺　輯注
汪　夢齡　與三
安　次遷
樂府
上之回
聖主重行幸
北巡初避暑
東祠已祈年
六蚪法乾旋
羣官從清塵

高启（1336—1374），字季迪，号槎轩，自号青丘子，长洲（今江苏苏州）人。洪武初，以荐参修《元史》，授翰林院国史编修官，受命教授诸王。擢户部右侍郎。诗兼采众家之长，无偏执之病。有诗集《高太史大全集》、文集《凫藻集》、词集《扣舷集》。

金檀（1765—约 1826），字星轺，浙江桐乡人，后迁娄东，再迁至江苏吴县。诸生。清藏书家、学者。自幼嗜古，经史图籍，遍览无遗。以“文瑞楼”为贮书之所，亲自校勘，自编有《文瑞楼藏书目录》十二卷。

高启所著诗有《吹台集》、《缶鸣集》、《江馆集》、《凤台集》、《娄江吟稿》、《姑苏杂咏》等编。自景泰初徐庸掇拾遗逸，合而为一，题曰《大全集》，后多因之，而各集原本反不得见。此本系清雍正金檀辑注，大致系根据《大全书》，复搜采《姑苏志》、《虎丘志》及诸书所载题咏，凡《大全》本所无者一一为之补入，雠校精审，所注亦简要不苟。又据朱绍所辑三先生诗集内补入《遗诗》一卷，重辑《扣舷集》一卷附刊集尾，其所刻《凫藻集》五卷，则据明正统九年（1444）郑士昂刻本，正其误，多所校正。四库馆臣评其诗云：“天才高逸，实踞明一代诗人之上。凡古人之所长无不兼之。振元末纤秾缛丽之习而返之于古，启实为自力。”

书藏金陵图书馆。

清异录二卷　（宋）陶谷撰

清康熙刻本

框高16.2厘米，宽11.1厘米，11行21字，黑口，左右双边，双黑鱼尾。

陶谷（903—970），本姓唐，字秀实，邠州新平（今陕西彬县）人，北宋大臣。本唐彦谦之孙，避晋讳，改陶氏。仕晋，为知制诰，仓部郎中。仕汉，为给事中。仕周，为兵部侍郎，翰林承旨。入宋，仍原官，加户部尚书。

《四库全书总目》云：“是书皆采摭唐及五代新颖之语，分三十七门，各为标题，而注事实缘起于其下。陈振孙《书录解题》以为不类宋初人语，胡应麟《笔丛》尝辨之。今案：谷虽入宋，实五代旧人，当时文格，不过如是，应麟所云良是。惟谷本北人，仅一使南唐，而花九品九命一条云，张翊者世本长安，因乱南来，先主擢置上列，乃似江南人语，是则稍不可解耳。岂亦杂录旧文，删除未尽耶？所记诸事，如出一手，大抵即谷所造，亦《云仙散录》之流而独不伪造书名，故后人颇引为词藻之用。”

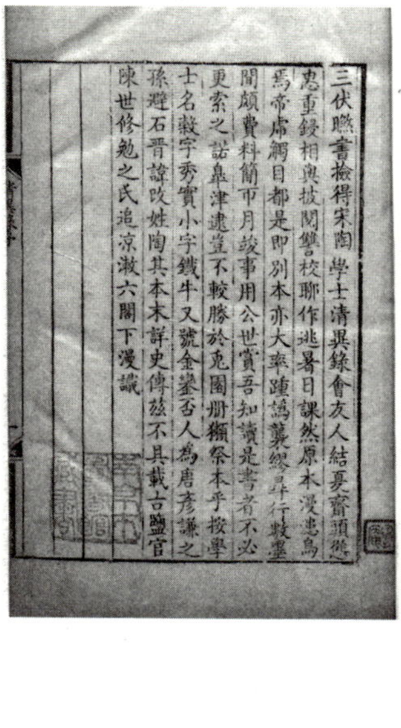

三伏臙書檢得宋陶學士清異錄會友人結夏齋頭遂
恿重錄相與披閱讐校聊作逃暑日課然原本漫患烏
焉帝虎觸目都是即別本亦大率踳譌褒綴𦍑行數墨
聞頗費料簡帀月竣事用公世賞吾知讀是書者不必
更索之詁㚖津逮豈不較勝於兎園册獺祭本乎按學
士名穀字秀實小字鐵牛又號金鑾否人爲唐彥謙之
孫避石晉諱改姓陶其本末詳史傳茲不具載古鹽官
陳世修勉之氏追涼澉六閣下漫識

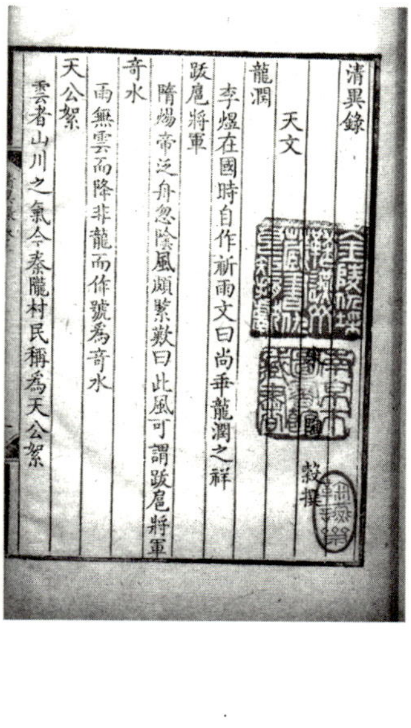

清異錄
　　穀撰
天文
龍潤
李煜在國時自作祈雨文曰尚乖龍潤之祥
跋扈將軍
隋煬帝泛舟忽陰風頻繁歎曰此風可謂跋扈將軍
奇水
雨無雲而降非龍而作號爲奇水
天公絮
雲者山川之氣今秦隴村民稱爲天公絮

书藏金陵图书馆。

秋锦山房集二十二卷外集三卷　（清）李良年撰

清乾隆二十四年（1759）刻本

框高 18.3 厘米，宽 13 厘米，11 行 21 字，黑口，左右双边，双黑鱼尾。

李良年（1635—1694），原名法远，又名兆潢，字武曾，号秋锦，浙江秀水人，李绳远之弟。诸生。少有隽才，与兄绳远、弟符齐名，时称“三李”；又与朱彝尊并称“朱李”。举试博学鸿词，不遇。徐乾学开志局于洞庭西山，聘主分修。良年工诗词，为古文尤长于议论，长洲汪琬颇推许之。著有《秋锦山房集》二十二卷行于世。

良年子潮偕于其父去世后，整理刊刻所著为《秋锦山房集》十卷，录诗一千二百四十一首，以写作时间先后为序。良年兄绳远为之序。然此编远非李良年作品之全部。后合刊其诗、文、词及简牍，为《秋锦山房集》二十二卷、外集三卷。其中诗、文各十卷，词二卷，外集则为简牍。其诗集前有李绳远序，后有李潮偕跋，并附朱彝尊所撰《征士李君行状》。

书藏秦淮区图书馆。

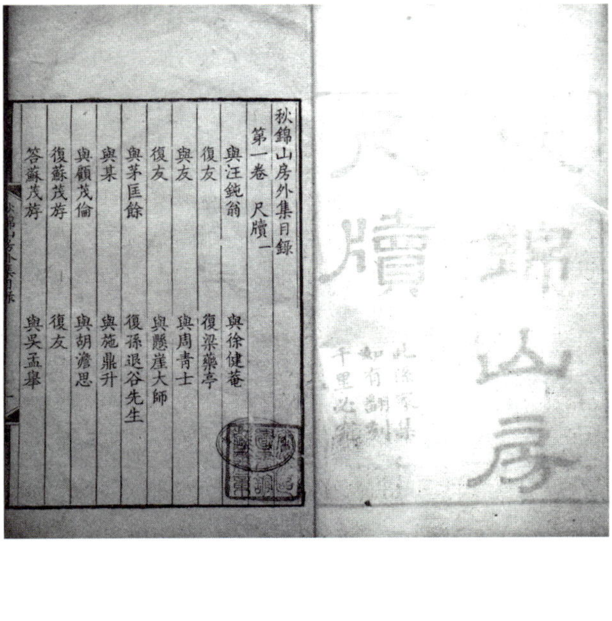
秋錦山房外集目録
第一卷　尺牘一
與汪鈍翁　與徐健菴
復友　復梁藥亭
與友　與周青士
復友　與懸崖大師
與茅匡餘　復孫退谷先生
與某　與施鼎升
與顧茂倫　與胡澹思
復蘇茂荐　復友
答蘇茂荐　與吴孟舉

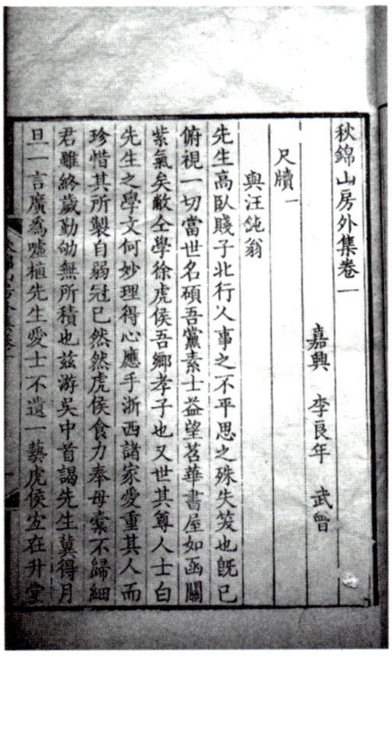
秋錦山房外集卷一
嘉興　李良年　武曾
尺牘一
與汪鈍翁
先生高臥賤子北行人事之不平思之殊失笑也既已俯視一切當世名碩吾黨素士益望茗華書屋如函關紫氣矣敝全學徐虎侯吾鄉孝子也又世其尊人士白先生之學文何妙理得心應手浙西諸家愛重其人而珍惜其所製自弱冠已然然虎侯食力奉母橐不歸細君雖終歲勤劬無所積也茲游吴中首謁先生莫得月旦一言廣爲嘘植先生愛士不遺一藝虎侯宜在升堂

屈宋古音义三卷　（明）陈第撰　（明）焦竑阅　（清）徐时作订

清乾隆三十二年（1767）刻本

框高 18.3 厘米，宽 12.5 厘米，10 行 21 字，小字双行同，白口，四周双边，单黑鱼尾。

陈第（1541—1617），字季立，号一斋，晚号温麻山农，别署五岳游人，连江（今福建连江）人。曾任蓟镇游击将军，后辞仕归里，专心研究音韵。家有世善堂，藏书万余卷。一生著述甚丰，除《一斋诗集》、《两粤游草》、《五岳游草》外，《毛诗古音考》、《屈宋古音义》、《伏羲图赞》、《尚书疏衍》等均收入《四库全书总目》。

焦竑（1540—1620），字弱侯，号漪园、澹园，生于江宁（今江苏南京）。明神宗万历十七年（1589）状元，官翰林院修撰，后曾任南京司业。明代著名学者，著作甚丰，有《澹园集》（正、续编）、《焦氏笔乘》、《焦氏类林》、《国朝献征录》、《国史经籍志》、《老子翼》、《庄子翼》等。

徐时作，生卒年不详，字邺侯，号筠亭，福建建宁人。雍正丁未（1727）进士，官沧州知州。有《崇本山堂诗钞》。

《屈宋古音义》，音韵学书，明陈第撰。《楚辞》研究著作。取屈原《离骚》等二十四篇，又取宋玉之《九辩》等宋赋十四篇，共计屈、宋作品三十八篇。择其中押韵字的音读与今音不同的二百三十四字，各推其本音，每字只列本证，旁证则间附字下，体例与《毛诗古音考》既互相发明，又有所不同。此书于音义训诂均有参考价值。

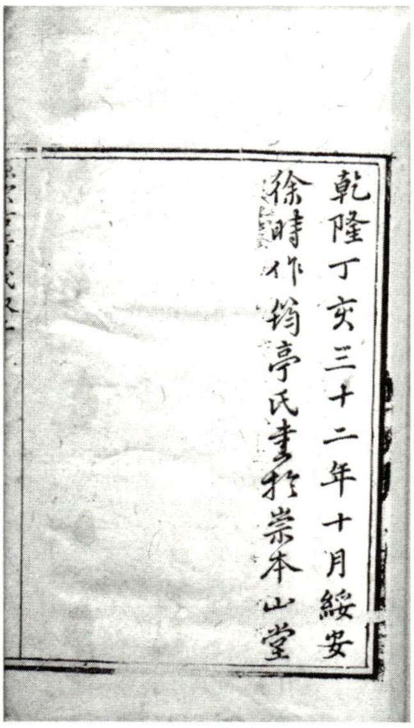
乾隆丁亥三十二年十月綏安
徐時作筠亭氏書於崇本山堂

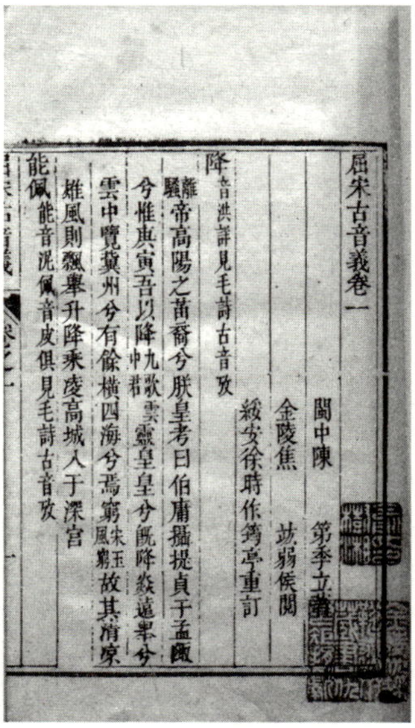
屈宋古音義卷一
閩中陳第季立著
金陵焦竑弱侯閱
綏安徐時作筠亭重訂
降 音洪詳見毛詩古音攷
離騷 帝高陽之苗裔兮朕皇考曰伯庸攝提貞于孟陬
兮惟庚寅吾以降 九歌雲中君 靈皇皇兮既降猋遠舉兮
雲中覽冀州兮有餘橫四海兮焉窮 宋玉風賦 故其清涼
雄風則飄舉升降乘凌高城入于深宮
能佩 能音泥佩音皮俱見毛詩古音攷

书藏金陵图书馆。

日知荟说四卷　（清）清高宗撰

清乾隆元年（1736）内府刻本

框高 19.0 厘米，宽 13.4 厘米，7 行 18 字，白口，四周双边，单黑鱼尾。

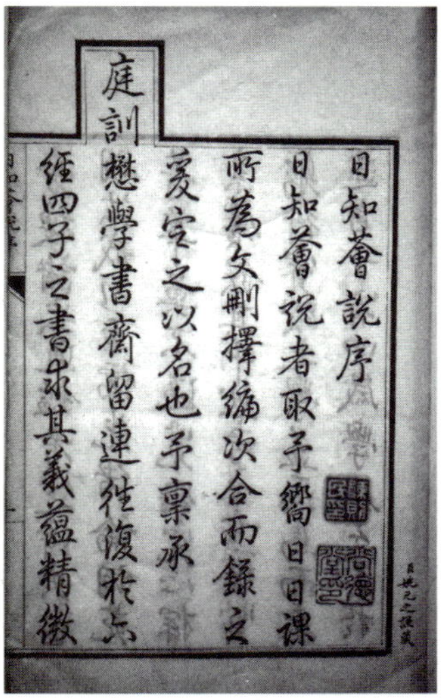
日知薈說序

日知薈說者取予嚮日日課所爲文刪擇編次合而錄之爰定之以名也予稟承庭訓懋學書齋留連往復於六經四子之書求其義蘊精微

清高宗（1711—1799），即乾隆皇帝爱新觉罗·弘历，世宗四子。1736—1795 年在位。乾隆自幼就接受汉族传统文化教育，四书五经、诗词歌赋、书法绘画，无一不精，文化修养很高，执政后也十分重视文化建设，“稽古右文，崇儒兴学”。

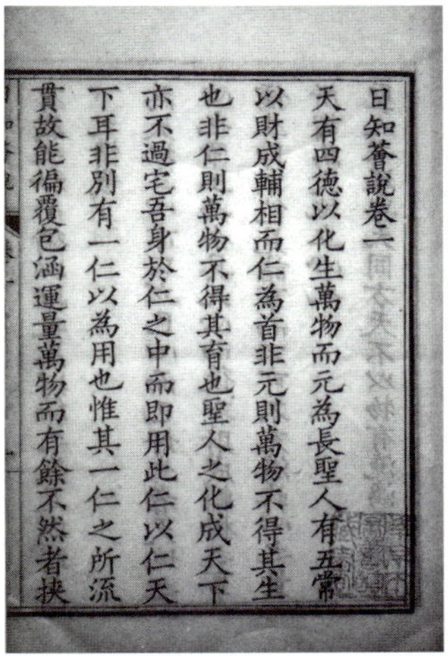
日知薈說卷一

天有四德以化生萬物而元爲長聖人有五常以財成輔相而仁爲首非元則萬物不得其生也非仁則萬物不得其育也聖人之化成天下亦不過宅吾身於仁之中而即用此仁以仁天下耳非別有一仁以爲用也惟其一仁之所流貫故能徧覆包涵運量萬物而有餘不然者挾

《日知荟说》凡四卷，卷一论帝王治化之要，卷二论天人性命之旨，卷三论礼乐法度之用，卷四论古今得失之迹，卷前收御制序，并钤印“惟精惟一”“乾隆宸翰”双御玺，卷后有鄂尔泰等人跋。弘历从十四岁时，开始研读五经四书，求其义蕴精微；遍览诸史通览，考定得失。乾隆元年登基后，将他十多年的日课学业取其精华，取旧制各体文删择精要，得二百六十则。

书藏金陵图书馆。

阮亭选古诗三十二卷　（清）王士禛选

清康熙刻本

框高 19.1 厘米，宽 13.6 厘米，10 行 21 字，黑口，左右双边，单黑鱼尾。

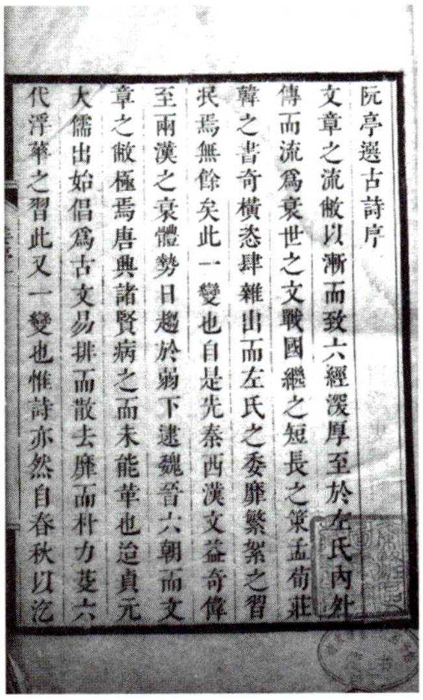
阮亭選古詩序

文章之流敝以漸而致六經渾厚至於左氏內外傳而流爲衰世之文戰國縱之短長之策孟荀莊韓之書奇橫恣肆雜出而左氏之委靡繁絮之習芟焉無餘矣此一變也自是先秦西漢文益奇偉至兩漢之衰體勢日趨於弱下逮魏晉六朝而文章之敝極焉唐興諸賢病之而未能革也迨貞元大儒出始倡爲古文易排而散去靡而朴力芟六代浮華之習此又一變也惟詩亦然自春秋以迄

王士祯（1634—1711），原名士禛，字子真、贻上，号阮亭，又号渔洋山人，人称王渔洋，谥文简。

该诗选是汉代至元代五、七言古体诗选集。清初王士祯所著，共三十二卷，分为五言古诗和七言古诗两大部分。共收作者约百五十家，作品千数百首，要在以“神韵说”为宗旨，所选较为精当。书前有姜宸英序，云：“新城阮亭王先生五言诗之选……于汉取全；于魏晋以下递严，而递有所录，而犹不废夫齐、梁、陈、隋之作者；于唐仅得五人，曰：陈子昂、张九龄、李白、韦应物、柳宗元……先生之选七言体，七言虽滥觞于《柏梁》，然其去《三百篇》已远，可以极作者之才思，义不主于一格，故所钞及于宋元诸家，至明人则别有论焉。学者合二集观之，于以辨古诗之源流，而斟酌于风会之间，庶乎其不为异论所淆惑矣。”

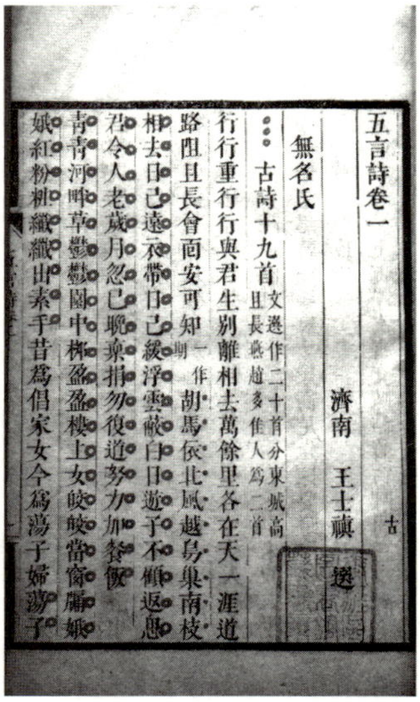
五言詩卷一 古
濟南 王士禛 選
無名氏
古詩十九首 文選作二十首分東城高且長燕趙多佳人爲二首
行行重行行 與君生別離 相去萬餘里 各在天一涯 道路阻且長 會面安可知 一作期 胡馬依北風 越鳥巢南枝 相去日已遠 衣帶日已緩 浮雲蔽白日 遊子不顧返 思君令人老 歲月忽已晚 棄捐勿復道 努力加餐飯
青青河畔草 鬱鬱園中柳 盈盈樓上女 皎皎當窗牖 娥娥紅粉粧 纖纖出素手 昔爲倡家女 今爲蕩子婦 蕩子

书藏秦淮区图书馆。

萨天锡诗集三卷　（元）萨都剌撰

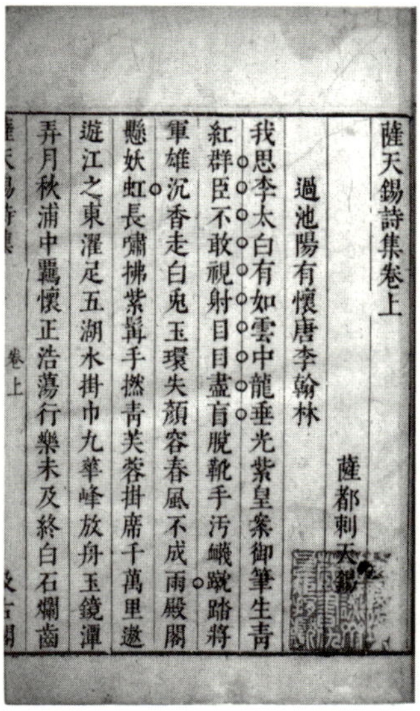
薩天錫詩集卷上
薩都剌天錫
過池陽有懷唐李翰林
我思李太白 有如雲中龍 垂光紫皇案 御筆生青紅 群臣不敢視 射目目盡盲 脫靴手污蛾 蹴踏將軍雄 沉香走白兔 玉環失顏容 春風不成雨 殿閣懸妖虹 長嘯拂紫髯 手撚青芙蓉 掛席千萬里 遨遊江之東 濯足五湖水 掛巾九華峰 放舟玉鏡潭 弄月秋浦中 羈懷正浩蕩 行樂未及終 白石爛齒
薩天錫詩集 卷上 汲古閣

明海虞毛氏汲古阁刻本

框高 18.6 厘米，宽 13.5 厘米，9 行 19 字，白口，左右双边，无鱼尾，版心下镌“汲古阁”。

萨都剌（约 1272—1355），字天锡，号直斋，回族（一说蒙古族），元代诗人、画家、书法家。其先世为西域人，出生于雁门（今山西代县），泰定四年（1327）进士。累迁江南行台侍御史。一生喜游山水，多写自然景物，间有反映民间疾苦之作，有《雁门集》等。

《萨天锡诗集》，元代萨都剌诗别集。明代末年，毛晋汲古阁以《萨天锡诗集》（弘治本）和《雁门集》（成化本）为底本刊刻的《萨天锡诗集》（《元人十种诗》本），首开将萨都剌诗集两种版本刊刻于一集之先。

书藏金陵图书馆。

三多斋重订注释采眉故事十卷
（明）陈继儒撰

清乾隆三十六年（1771）三多斋刻本

框高 20 厘米，宽 13 厘米，11 行 20 字，小字双行同，白口，四周单边，单黑鱼尾。

陈继儒（1558—1639），字仲醇，号眉公、麋公，华亭（今上海松江）人，明代文学家、书画家。诸生，年二十九，隐居小昆山，后居东佘山，杜门著述，工诗善文，书法苏、米，兼能绘事，屡奉诏征用，皆以疾辞。擅墨梅、山水，画梅多册页小幅，自然随意，意态萧疏。有《梅花册》、《云山卷》等传世。著有《眉公十种藏书》等。

或言此书乃坊间据旧辑之本重编，借陈眉公之名以行，未必是陈继儒手辑。是书分天文、地理、君道、官品、仕进、人道、德器、庸劣、交际、法教、流品、妇女、文学、人事、吉事、凶事、岁时、宫室、花木、禽兽、杂剧、珍宝、衣服、身体、饮食诸部，各部下又分若干细目。

书藏秦淮区图书馆。

乾隆三十六年鐫
廬江李鼎條先生校正
增訂采眉故事
三多齋梓行

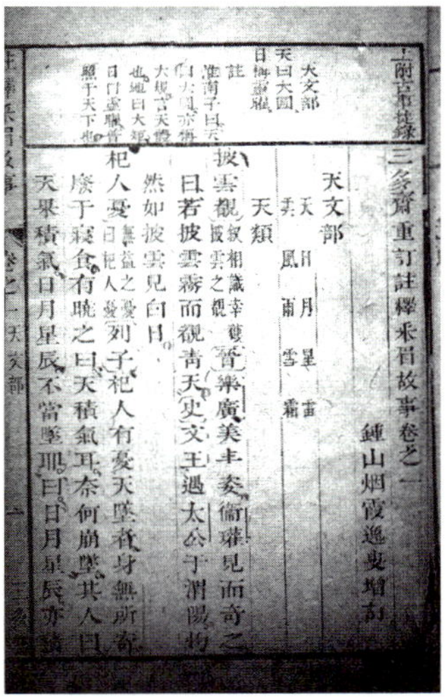
三多齋重訂註釋采眉故事卷之一
鍾山烟霞逸叟增訂
天文部

三国文二十卷　（明）张采辑

明崇祯刻本

框高 20.6 厘米，宽 13.7 厘米，9 行 19 字，白口，左右双边，单黑鱼尾。

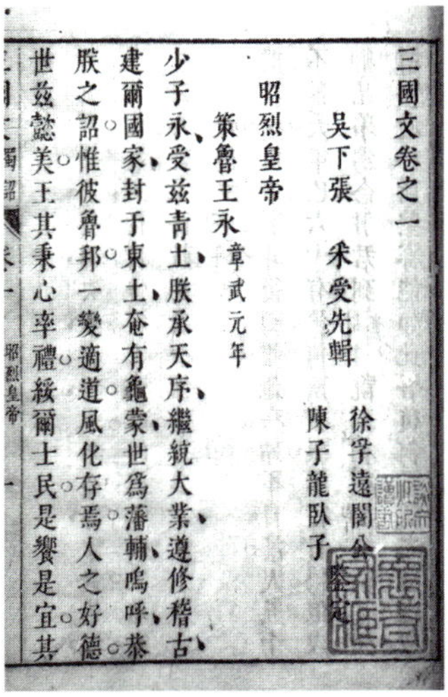
三國文卷之一
吳下張　采受先輯
徐孚遠闇公
陳子龍臥子
昭烈皇帝
策魯王永　章武元年
少子永受茲青土朕承天序繼統大業遵修稽古
建爾國家封于東土奄有龜蒙世爲藩輔嗚呼恭
朕之詔惟彼魯邦一變適道風化存焉人之好德
世茲懿美王其秉心率禮綏爾士民是饗是宜其

张采（1596—1648），字受先，又字来章，号南郭，江苏太仓人。明末官吏，学者。崇祯元年

（1628）进士。历官临川知县、礼部员外郎。与同里张溥齐名，号“娄东二张”，为“复社”的创始人和领袖。有《太仓州志》、《知畏堂集》。

《三国文》书前有明崇祯十年辑者序。该书主要辑录汉末三国时诏令、奏疏、名臣著述等。第一至二卷为诏令，第三卷为移教檄状，第四至十卷为章疏，第十一卷为对议，第十二至十四卷为书记。该书是研究三国法制的重要史料。

书藏金陵图书馆。

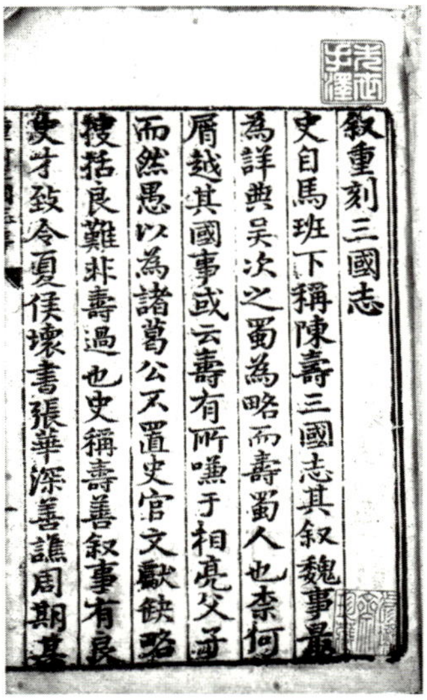
敘重刻三國志
史自馬班下稱陳壽三國志其敘魏事最
為詳典吳次之蜀為略而壽蜀人也奈何
屑越其國事或云壽有所嗛于相亮父爭
而然愚以為諸葛公不置史官文獻缺略
搜括良難非壽過也史稱壽善敘事有良
史才致令夏侯壞書張華深善譙周期其

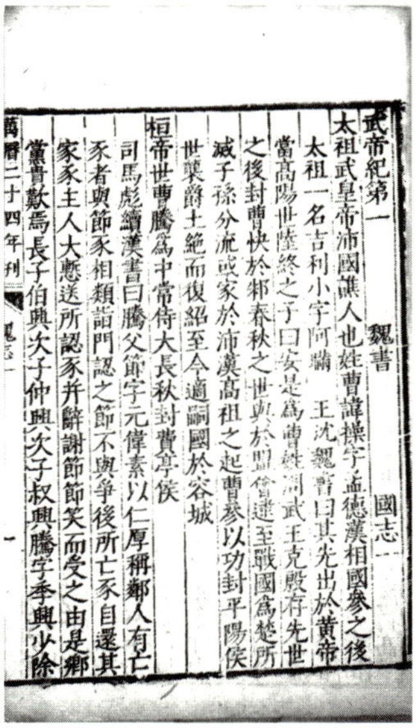
武帝紀第一　魏書　國志一
太祖武皇帝沛國譙人也姓曹諱操字孟德漢相國參之後
太祖一名吉利小字阿瞞　王沈魏書曰其先出於黃帝當高陽世陸終之子曰安是為曹姓周武王克殷存先世之後封曹俠於邾春秋之世與於盟會逮至戰國為楚所滅子孫分流或家於沛漢高祖之起曹參以功封平陽侯世襲爵土絕而復紹至今適嗣國於容城
桓帝世曹騰為中常侍大長秋封費亭侯
司馬彪續漢書曰騰父節字元偉素以仁厚稱鄰人有亡豕者與節豕相類詣門認之節不與爭後所亡豕自還其家豕主人大慙送所認豕并辭謝節節笑而受之由是鄉黨貴歎焉長子伯興次子仲興次子叔興騰字季興少除
萬曆二十四年刊

三国志六十五卷

（晋）陈寿撰　（宋）裴松之注

明冯梦祯刻清康熙四十年（1701）重修本

框高 20.8 厘米，宽 14 厘米，12 行 23 字，白口，左右双边，单黑鱼尾。

陈寿（233—297），字承祚，西晋巴西安汉（今四川南充）人。自幼便有志于史学事业，四十八岁开始撰写《三国志》，历时十年完成。

裴松之（372—451），字世期，河东闻喜（今山西闻喜）人，后移居江南。南朝宋著名史学家，为《三国志》作注，与儿子裴骃、曾孙裴子野被称为“史学三裴”。

《三国志》全书共六十五卷，其中《魏书》三十卷，《蜀书》十五卷，《吴书》二十卷，完整地记叙了自汉末至晋初近百年间中国由分裂走向统一的历史全貌。最早以《魏志》、《蜀志》、《吴志》三书单独流传，直到北宋咸平六年（1003）才合为一书，与《史记》、《汉书》和《后汉书》并称为“前四史”。与其他史书不同，《三国志》名为志其实无志，魏志有本纪、列传，蜀、吴二志只有列传。

书藏六合区图书馆。

三家宫词三卷　（明）毛晋辑

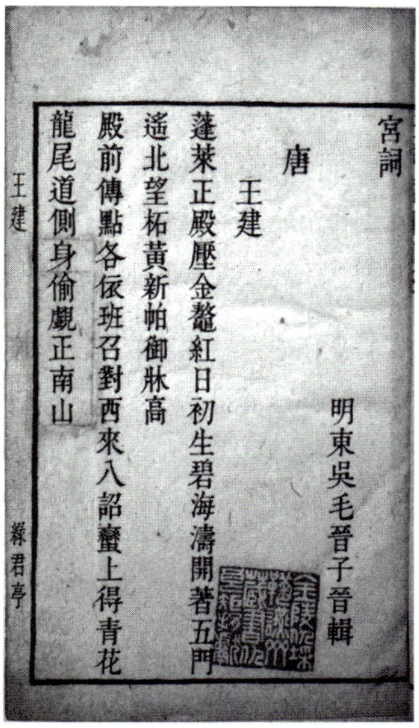
宮詞
唐
明東吳毛晉子晉輯
王建
蓬萊正殿壓金鼇紅日初生碧海濤開著五門
遥北望柘黃新帕御牀高
殿前傳點各依班召對西來八詔蠻上得青花
龍尾道側身偷覷正南山
王建　綠君亭

明天启毛氏绿君亭刻本

框高20.2厘米，宽13.1厘米，8行18字，小字双行同，白口，四周单边，无鱼尾。

毛晋（1599—1659），原名凤苞，字子久。后改名毛晋，字子晋，号潜在，别号汲古主人。常熟（今属江苏省）人。明末著名藏书家、出版家、刻书家、文学家、经学家。早年师从钱谦益。家藏图书八万四千余册，多为宋元刻本，藏于汲古阁、目耕楼中。曾校刻《十三经》、《十七史》、《津逮秘书》、《六十种曲》等书，流布甚广。所刻书初题绿君亭或世美堂，后皆用汲古阁。编著甚多，有《毛诗陆疏广要》、《苏米志林》、《海虞古今文苑》等。

《三家宫词》，诗总集。录唐王建、五代蜀花蕊夫人、宋王珪三家宫词各一卷；卷各七言绝句一百首。毛氏此编在前人编纂《三家宫词》基础上重加整理，考订正误。《四库全书总目》以为“足以考当日之轶事，不但取其词之工也”。

书藏金陵图书馆。

山带阁集三十三卷　（明）朱日藩撰

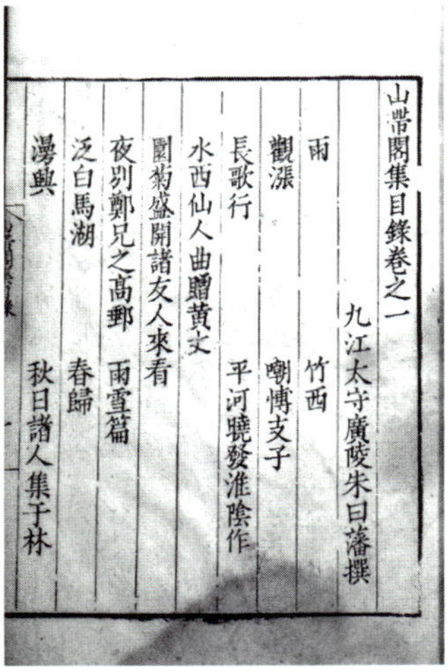
山帶閣集目錄卷之一
九江太守廣陵朱曰藩撰
雨　竹西
觀漲　嘲慱支子
長歌行　平河驍發淮陰作
水西仙人曲贈黃文
圜菊盛開諸友人來看
夜別鄭兄之高郵　雨雪篇
泛白馬湖　春歸
湯興　秋日諸人集于林

明万历刻本

框高18.5厘米，宽13.8厘米，10行19字，白口，四周单边，单白鱼尾。

朱日藩，字子价，号射陂，宝应（今江苏宝应）人，朱应登之子。生卒年不详，约明世宗嘉靖三十年（1551）前后在世。登嘉靖二十三年进士。授乌程知县，迁南京刑部主事，历兵部、礼部郎中，出知九江府，卒于官。

朱曰藩隽才博学，亦以诗名家，其诗文集为《山带阁集》三十三卷，集诗十五卷，杂文十八卷。《山带阁集》卷首有嘉靖三十四年杨慎序，万历元年（1573）陈文烛序。卷一至卷二十五为诗词，卷二十六至卷三十三为文。

书藏秦淮区图书馆。

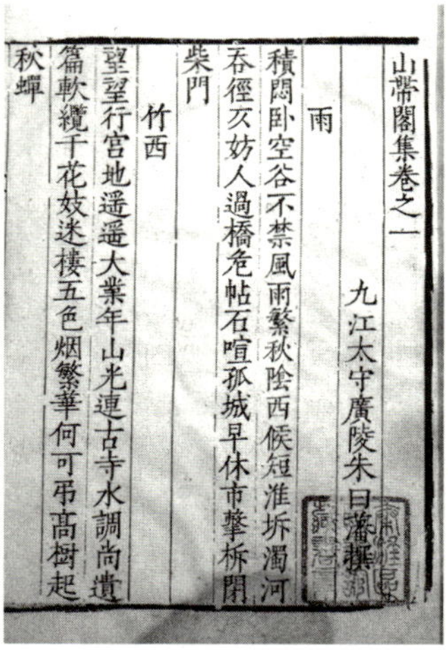
山帶閣集卷之一　九江太守廣陵朱曰藩撰
雨
積陰卧空谷不禁風雨繁秋陰西候短淮坼濁河
呑徑夕妨人過橋危帖石喧孤城早休市擊柝閉
柴門
竹西
望望行宫地遥遥大業年山光連古寺水調尚遺
篇軟纜千花妓迷樓五色烟繁華何可弔高樹起
秋蟬

山堂肆考二百二十八卷补遗十二卷
（明）彭大翼撰

明万历刻本

框高 20.2 厘米，宽 12.4 厘米，上下两栏，下栏 11 行 22 字，白口，四周单边，单黑鱼尾。

彭大翼（1552—1643），字云举，又字一鹤，号林居，扬州（今江苏江都）人。自幼即好读书，不到二十岁便成为秀才。后屡试不中，时人称其“冠军诸生二十有余年，竟不得一登贤书”。嘉靖年间任广西梧州通判，曾任云南沾益州知州。晚年辞归，闭门著述。焦竑称其“一鹤彭先生，琅琊之魁，垒标淮海之箐英。学富青箱，名高珠斗”。凌儒称“海门彭公，幼负颖质，博览自喜，上窥结绳，下穷掌故”。所著有《山堂肆考》二百二十八卷、《一鹤斋稿》、《明时席珍》等。

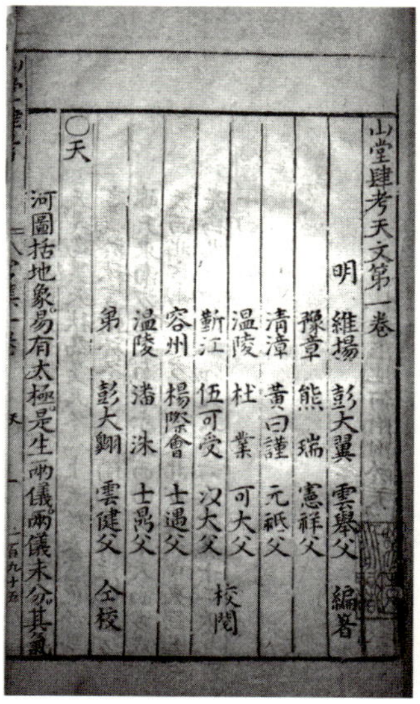
山堂肆考天文第一卷
明　維揚　彭大翼　雲舉父　編著
豫章　熊瑞　憲祥父
清漳　黄曰謹　元祇父
温陵　杜業　可大父　校閲
新江　伍可受　汉大父
容州　楊際會　士遇父
温陵　潘洙　士禹父
弟　彭大翮　雲健父　全校
天
河圖括地象易有太極是生兩儀兩儀未分其氣

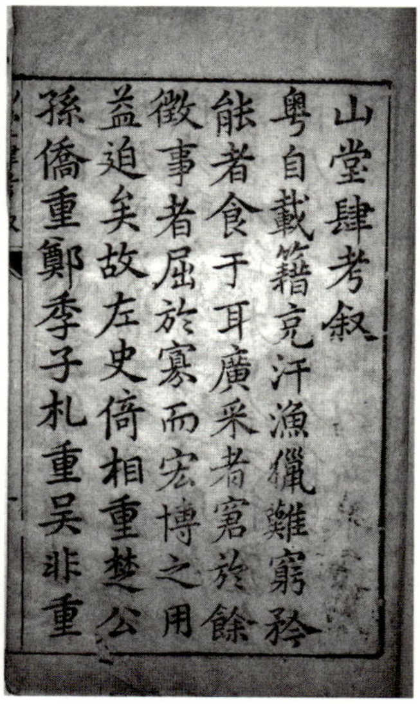
山堂肆考叙
粤自載籍克汗漁獵難窮矜
能者食于耳廣采者寤於餘
徵事者屈於寡而宏博之用
益迫矣故左史倚相重楚公
孫僑重鄭季子札重吴非重

《山堂肆考》成于万历乙未，“浸淫散佚越二十余年”，至万历己未“其孙婿张幼学乃寻绎旧闻，踵事增订，遂成完帙”。全书二百二十八卷，补遗十二卷，分宫、商、角、徵、羽五集，共四十五门，每门又分子目若干，每一子目有小序一篇，述其内容、范围、沿革等，下录引文，或标书名，剪裁得当，浅显易懂。采集宏富，内容浩博，门类繁杂，经史子集、释经道藏，无所不及。“一时博物君子，争相传览焉，亦是书中兴会也”。

书藏金陵图书馆。

山洋指迷四卷　　（明）周景一撰

清乾隆五十二年（1787）文盛堂刻本

框高 15.9 厘米，宽 11.2 厘米，9 行 21 字，小字双行同，白口，四周单边，单黑鱼尾。

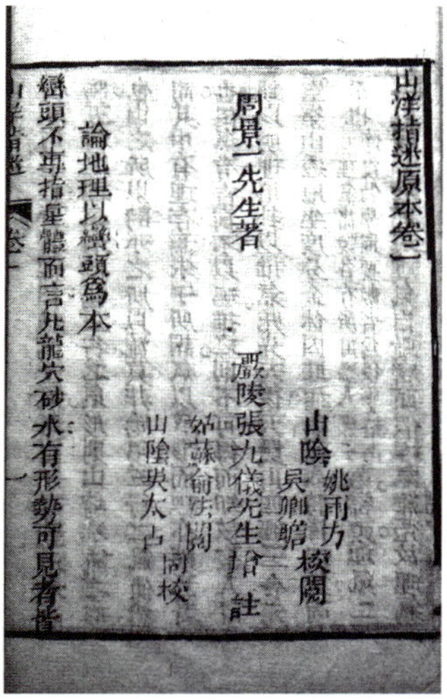

周景一，史书不见记载，仅从乾隆间《山洋指迷》重版序中略知一二。周景一，明朝初期台州郡人，原为儒生，性耽山水，后得青囊之术，遂善堪舆之学，人称其为地仙。明永乐间游于越地，为人相地。著有《山洋指迷》。

全书共四卷。从书名可知，此书既讲山法，又讲洋法，即山区与平原地带兼而述之。全书总的观点是论述山区地形时以“开面”为第一准则，论述平原地区时则以“来气”为最高准则，所谓“开面”和“来气”都是风水术的专有名词，并且作者还以“开面”来审察地之有无，即以“开面”为标准考察地形的好坏，又以“地步”定地之大小，即以“地步”作标准衡量其地区的环境容量的大小。《山洋指迷》是一本以风水形式出现的专讲山川地质、地理形势和建筑选址的专书。对如何直观地形、把握自然，有着一定的参考价值，也为我们了解考察明代风水理论提供了重要的史料。

书藏秦淮区图书馆。

删订唐诗解二十四卷　（明）唐汝询辑释　（清）吴昌祺评定

清康熙刻本

高 22.3 厘米，宽 13.9 厘米，9 行 21 字，小字双行同，左右双边，单黑鱼尾。

唐汝询（1565—1659），字仲言，华亭人。生五岁而瞽。未瞽时能识字，即瞽，父兄抱膝上授以《三百篇》及唐诗。尝撰《唐诗解》、《汇编唐诗十集》等书，援据赅博，当时目为异人。又工诗，有《编蓬集》十卷、后集十五卷及《姑蔑集》等并行于世。

吴昌祺，生卒年不详，字绥眉，别号樊桐山人，原籍青浦（今属上海），后徙朱泾（今上海金山），清康熙年间人。

《删订唐诗解》，二十四卷。华亭唐汝询原有《唐诗解》一书，昌祺为之删订。《焦山志》称，昌祺于百家诸子之书靡不通贯，尤究心诗学。晚年屏迹一楼，取是书删订之，汰芜存英，易讹表微，论者谓为“后学津梁，三唐羽翼”云。康熙间其弟子陈修夏为之付梓。卷首有昌祺自序及例言二十则，又陈继儒、陈所有、黄汝亨《唐诗解原序》三首。书中保留唐氏原注，吴氏又加评语，皆在眉端，甚精。

书藏秦淮区图书馆。

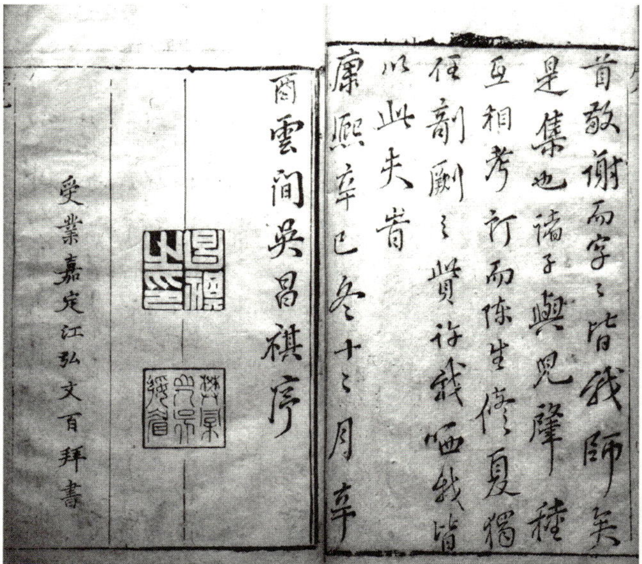

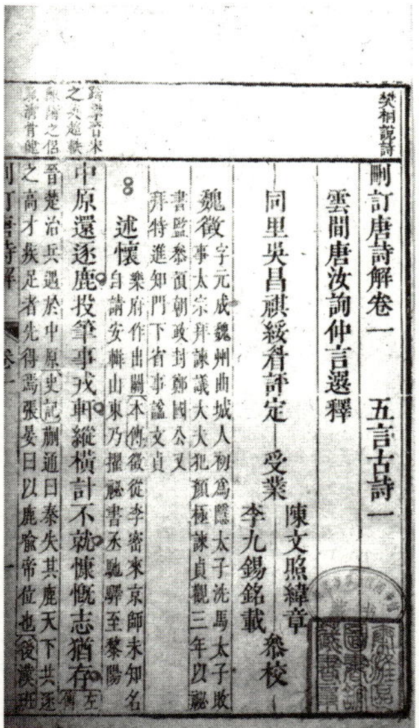

伤寒附翼二卷　（汉）张仲景著　（清）柯韵伯编注

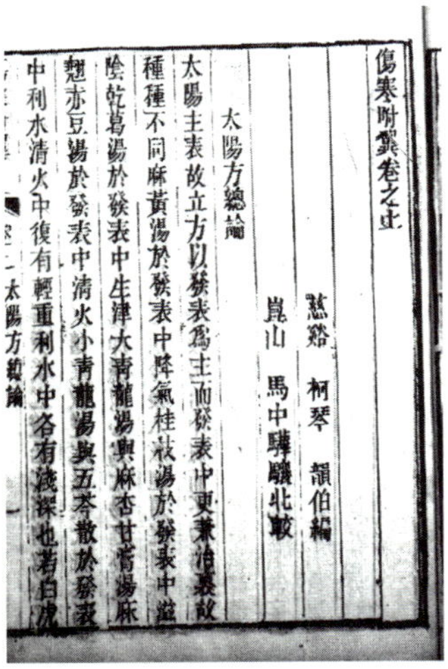
傷寒附翼卷之上

慈谿 柯琴 韻伯編
崑山 馬中驊驤北較

太陽方總論

太陽主表故立方以發表爲主而發表中更兼治裏故種種不同麻黄湯於發表中降氣桂枝湯於發表中益陰乾葛湯於發表中生津大青龍湯與麻杏甘膏湯麻翹赤豆湯於發表中清火小青龍湯與五苓散於發表中利水清火中復有輕重利水中各有淺深也若白虎

清乾隆金阊绿慎堂刻《伤寒来苏集》本

框高18.4厘米，宽12.5厘米，半叶10行21字，小字双行同，左右双边，白口，单黑鱼尾。

张仲景（约150~154—约215~219），名机，字仲景，东汉南阳涅阳县（今河南邓州）人。东汉末年著名医学家，被后人尊称为医圣。

柯琴（1662—1735），字韵伯，号似峰，浙江慈溪人。清代伤寒学家。他的“以方名证、因方类证”的作法较切临床实用，对后世研究《伤寒论》颇有影响。生平事迹不详，仅知其业儒而兼治医，后客死虞山（今江苏常熟）。曾校正《内经》，著有《内经合璧》一书，已佚。又著《伤寒论注》、《伤寒论翼》和《伤寒附翼》三书，合称《伤寒来苏集》，为伤寒学派的重要著作。

《伤寒附翼》，伤寒著作。本书专论《伤寒论》方，解释方义及使用法颇精，是结合病因、病理及脉证加以阐述的，可供研究《伤寒论》方剂的参考。现存康熙等多种清刻本、民国二十年（1931）千顷堂石印本及《伤寒来苏集》本。

书藏高淳区图书馆。

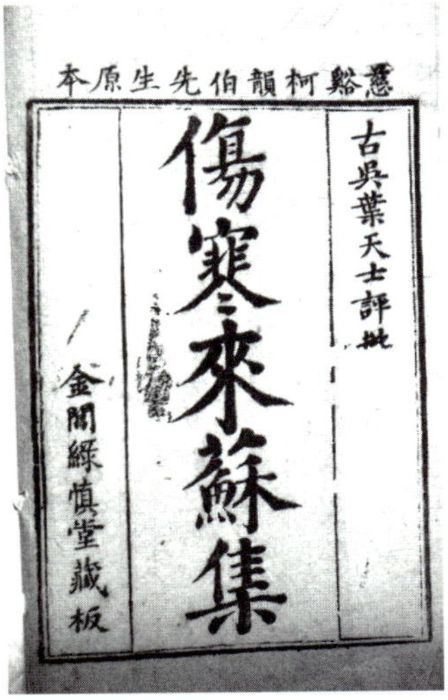
慈谿柯韻伯先生原本

古吳葉天士評批

傷寒來蘇集

金閶綠慎堂藏板

伤寒论注四卷

（汉）张仲景著　（清）柯韵伯编注

清乾隆金阊绿慎堂刻《伤寒来苏集》本

高18.3厘米，宽12.5厘米，半叶10行21字，小字双行同，左右双边，白口，单黑鱼尾。

张仲景（约150~154—约215~219），名机，字仲景，东汉南阳涅阳县（今河南邓州）人。东汉末年著名医学家，被后人尊称为医圣。张仲景广泛收

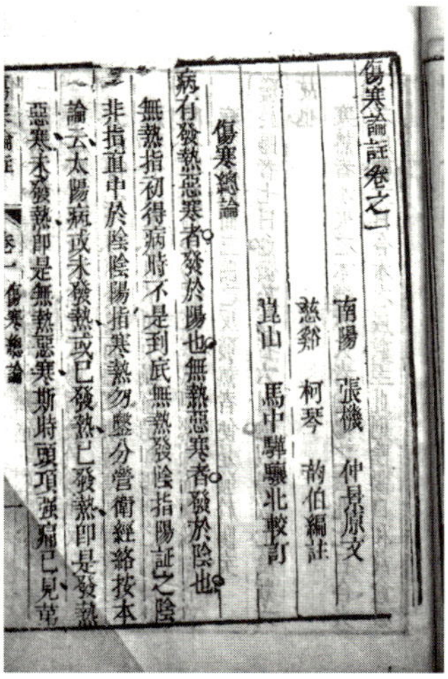
傷寒論注卷之一
南陽 張機 仲景原文
慈谿 柯琴 韻伯編注
崑山 馬中驊驪北較訂
傷寒總論
病有發熱惡寒者發於陽也無熱惡寒者發於陰也
無熱指初得病時不是到底無熱發陰指陽証之陰
非指直中於陰陰陽指寒熱勿鑿分營衛經絡按本
論云太陽病或未發熱或已發熱已發熱即是發熱
惡寒未發熱即是無熱惡寒斯時頭項強痛已見當

集医方，写出了传世巨著《伤寒杂病论》。他确立的辨证论治原则，是中医临床的基本原则，是中医的灵魂所在。

柯琴（1662—1735），清代伤寒学家。字韵伯，号似峰。浙江慈溪人。有《伤寒来苏集》传世。

《伤寒论注》贯串了“仲景之六经为百病立法，不专为伤寒一科”的思想，对《伤寒论》原文逐条逐句地加以研究、校正。编法上的特点是以证为主分篇汇论，挈其大纲，详其细目。证因类聚，方随证附，辨明异说，发挥隐旨。如麻黄、桂枝、白虎、承气汤证等，各以相关条目归纳类聚，揭示了伤寒方证一体的规律性。柯氏阐析、注疏，条理比较清楚，并能充分发挥个人见解。其以方类证的研究方法颇受后人推崇，在《伤寒论》注本中具有较大的影响。刊本颇多，现存十多种清刻本。

书藏高淳区图书馆。

尚书大传四卷补遗一卷郑司农集一卷　（汉）郑玄撰

清乾隆二十一年（1756）雅雨堂刻本

框高 18.5 厘米，宽 13.6 厘米，10 行 21 字，小字双行同，白口，四周单边，单黑鱼尾，版心下镌“雅雨堂”。

乾隆丙子鐫
尚書大傳
雅雨堂藏板

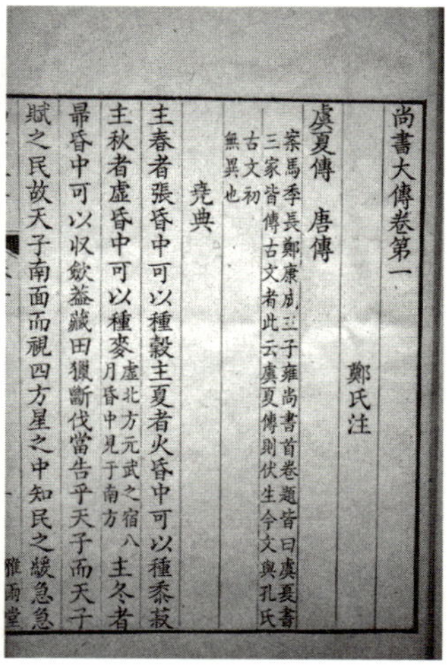
尚書大傳卷第一　鄭氏注
虞夏傳　唐傳
案馬季長鄭康成王子雍尚書首卷題皆曰虞夏書三家皆傳古文者此云虞夏傳則伏生今文與孔氏古文初無異也
堯典
主春者張昏中可以種穀主夏者火昏中可以種黍菽
主秋者虛昏中可以種麥虛北方元武之宿八月昏中見于南方主冬者
昴昏中可以收斂蓋藏田獵斷伐當告乎天子而天子
賦之民故天子南面而視四方星之中知民之緩急急
雅雨堂

郑玄（127—200），字康成，北海高密（今山东高密）人，东汉末年儒家学者、经学大师。郑玄治学以古文经学为主，遍注群经，博采今古经文，以“整百家之不齐”，结束二百余年的今古文的争辩。著有《天文七政论》、

《中侯》等书，共百万余言，世称“郑学”，为汉代经学的集大成者。

《尚书大传》是对《尚书》的解释性著作，备载古代礼制与史事，“皆唐虞三代遗文，往往六经所不备，诸子百家所不详”，因而具有极高的思想与文献价值。《尚书》的作者和成书时间均无法完全确定，相传为伏生所著。汉代经学大师郑玄注之，编成《尚书大传》。

书藏金陵图书馆。

尚友录二十二卷　（明）廖用贤编

尚友錄
廖太中丞先生叅訂
三瑞堂藏板
翻刻必究

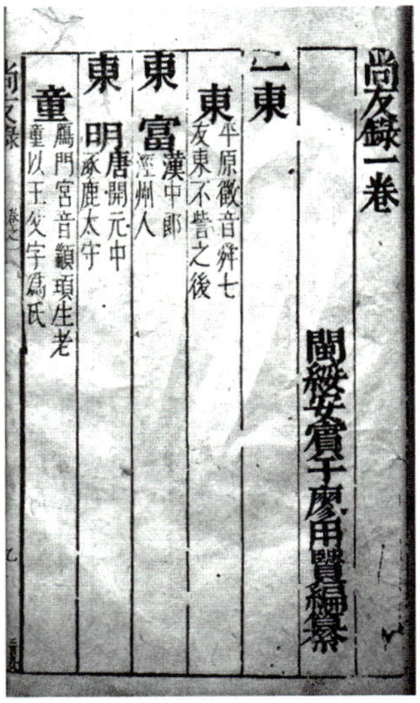
尚友錄一卷
閩綏安賓于廖用賢編纂

明万历二十一年（1593）三瑞堂藏版

半框高21.4厘米，宽13.3厘米，7行20字，小字双行同，白口，四周单边。

廖用贤，生卒年不详，字宾于，明建宁（今属福建）人。诸生。与同里陈一言结诗社，唱和无虚日。著有《尚友录》、《吸露斋集》行世。

《尚友录》，刻印于明代天启年间（1621—1627），廖用贤编纂，此书汇编自周秦至南宋人小传，仿《万姓统谱》体例，以韵为纲，以姓为目。流传甚广。

书藏六合区图书馆。

摄山志八卷卷首一卷　（清）陈毅纂

清乾隆五十五年（1790）苏州府刻本

框高20.4厘米，宽13.3厘米，10行22字，白口，左右双边，单黑鱼尾。

乾隆庚戌年
攝山志
蘇州府署雕板

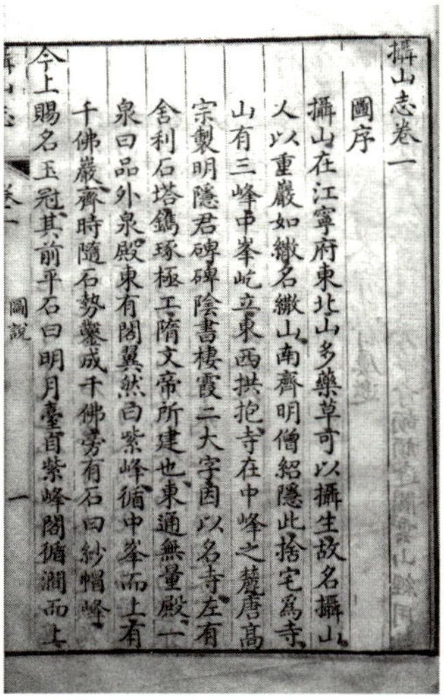
攝山志卷一
圖序
攝山在江寧府東北山多藥草可以攝生故名攝山
人以重巖如繖名繖山南齊明僧紹隱此捨宅為寺
山有三峰中峯屹立東西拱抱寺在中峰之麓唐高
宗製明隱君碑碑陰書棲霞二大字因以名寺左有
舍利石塔鐫琢極工隋文帝所建也東通無量殿一
泉曰品外泉殿東有閣翼然白紫峰循中峯而上有
千佛巖齊時隨石勢鑿成千佛旁有石曰紗帽峰
今上賜名玉冠其前平石曰明月臺百紫峰閣循澗而上
攝山志 卷一 圖說 一

陈毅，生年不详，卒于清乾隆五十二年，字直方，号古渔，江宁人。居古长干里。少孤贫，奉母孝，清代布衣。性兀傲不谐于俗。为随园高弟，工文词尤深于诗，与同县何士容并称。《嘉庆瓜洲志》录其《瓜洲望京口诸山》诗一首。

该志由安徽桐城人汪志伊删补，钱大昕考订，清乾隆五十五年汪志伊刊印。全志共分八卷，志首刊汪志伊、陈毅、王泽宏、耿光祚、马士芳等人所作序及凡例，天章部分，刊载清乾隆帝游摄山所作诗、赞、楹联、题匾计一百余（篇）首，卷一图说，刊载栖霞山风景名胜图十一幅及说明，卷二形胜、创始、建置及古迹，卷三人物卷，介绍与栖霞寺有关的历史人物、高僧、律师，卷四收载诏、碑铭、塔铭、山中铭、建记，卷五赞、记、序、书启、疏、引、文、帖、赋、偈参，卷六、卷七收载历代与栖霞山有关的名人诗歌，卷八考证、灵异、诗话、杂记，主要记载栖霞山及附近地区历史上消失的市镇、湖泊、景点及相关的神怪逸事等。该志虽以山志名，实为栖霞寺志，内容详实全面，为历代栖霞志书内容最为丰富的一部。

书藏秦淮区图书馆。

诗话类编三十二卷　（明）王昌会辑

明刻本

框高 22.2 厘米，宽 13.3 厘米，9 行 20 字，白口，四周单边，单黑鱼尾。

王昌会，字嘉侯，明时云间（今上海松江）人。陕西布政参议王圻之孙。生平事迹不详。

本书卷首有万历四十四年（1616）丙辰孟秋临川友人吴之甲、元秉父题辞，

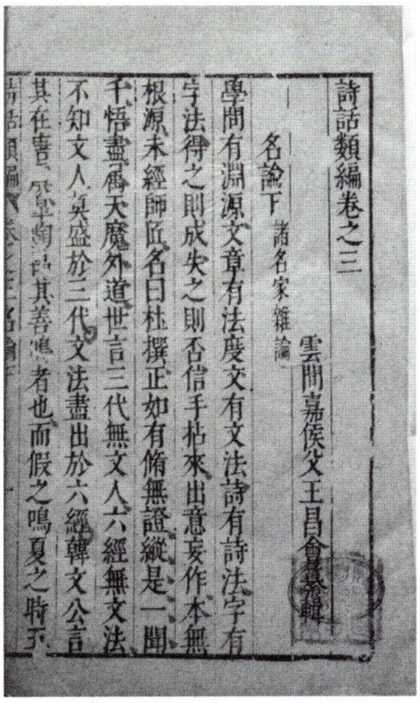
詩話類編卷之三
雲間嘉侯父王昌會纂輯
名論下 諸名家雜論
學問有淵源文章有法度文有文法詩有詩法字有
字法得之則成失之則否信手拈來出意妄作本無
根源未經師匠名曰杜撰正如有脩無證縱是一聞
千悟盡屬天魔外道世言三代無文人六經無文法
不知文人莫盛於三代文法盡出於六經韓文公言
其在唐 者也而假之鳴夏之時

可知书成于此前。又有凡例，说明编辑宗旨、内容、体例。书中掇拾古今诗坛嘉语，加以分类，凡二十九目，依次为：体格、名论、帝王、忠孝、节义、夙慧、科第、神仙、鬼怪、方外、宫词、闺秀、妓、题咏、考订、品评、诗赏、诗遇、诗弹、诗穷、诙谐、感慨、谶异、高逸、吊古、哀挽、梦幻、规讽、杂录。《四库全书总目》云：“《诗话类编》摭拾诸诗话，参以小说，裒合成书。议论则不著其姓名，事实则不著其时代。又并不著出自何书。糅杂割裂，茫无体例，亦博而不精之学也。”

书藏秦淮区图书馆。

诗话总龟前集四十八卷后集五十卷　　（宋）阮阅撰

明嘉靖年间月窗道人刻本

半框高 17.2 厘米，宽 13 厘米，11 行 22 字，白口，四周单边，单黑鱼尾。

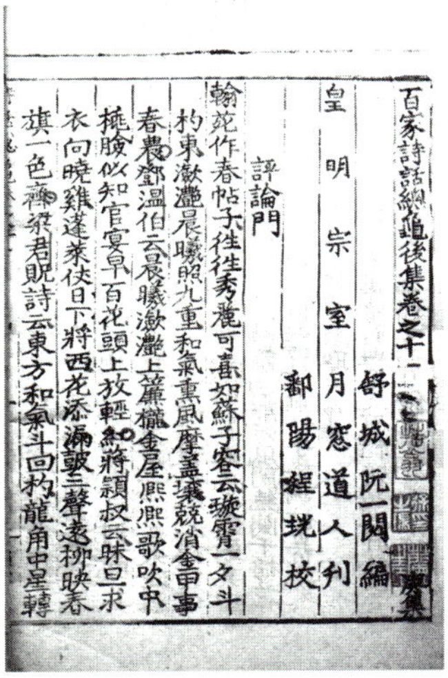
百家詩話總龜後集卷之十一
舒城阮一閱編
皇明宗室月窓道人刊
鄱陽程珖校
評論門
翰苑作春帖子往往秀麗可喜如蘇子容云璇霄一夕斗
杓東瀲灧晨曦照九重和氣熏風摩蓋壤競消金甲事
春農鄧溫伯云晨曦瀲灧上簾櫳金屋熙熙歌吹中
掩臉似知官宴早百花頭上放輕紅將穎叔云昧旦求
衣向曉雞蓬萊仗下將西花添漏鼓三聲遠柳映春
旗一色齊君貺詩云東方和氣斗回杓龍角中星轉

阮阅，生卒年不详，字闳休，一字美成，号散翁，又号松菊道人。两宋之际庐州舒城（今属安徽）人。元丰八年（1085）进士，官历户部郎中、知郴州、知袁州等职。其后致仕，寓居宜春。著有《松菊集》、《诗话总龟》、《郴江百咏》等。

《诗话总龟前集》为辑阮阅书而成，本书采取分门编纂方式将同一题材作品编在一处，创分门别类编排之体，以事为纲。所取除诗话外，又有小说笔记一类资料，注明出处，便于查考。《天禄琳琅书目》称本书“在诗话中荟萃最为繁富”，其价值之一即在于保存大量资料。

书藏六合区图书馆。

诗经八卷　（宋）朱熹集传

清乾隆六年（1741）宁静堂刻本

框高21.3厘米，宽14.6厘米。上下两栏，上栏小字3字，下栏9行17字，小字双行同。白口，左右双边，上黑鱼尾。版心上镌“诗经”，中镌卷次，下镌“宁静堂”。

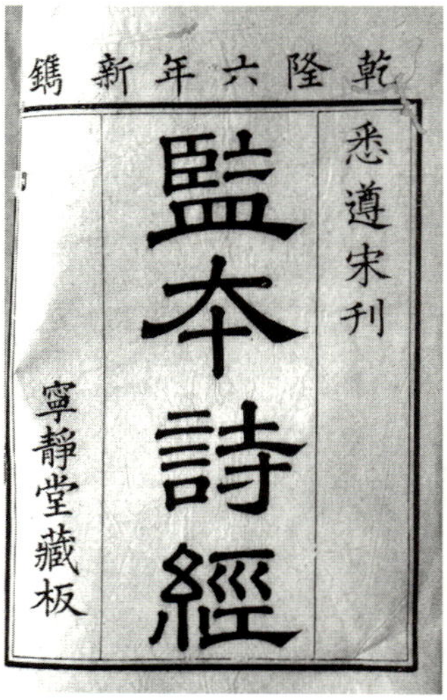

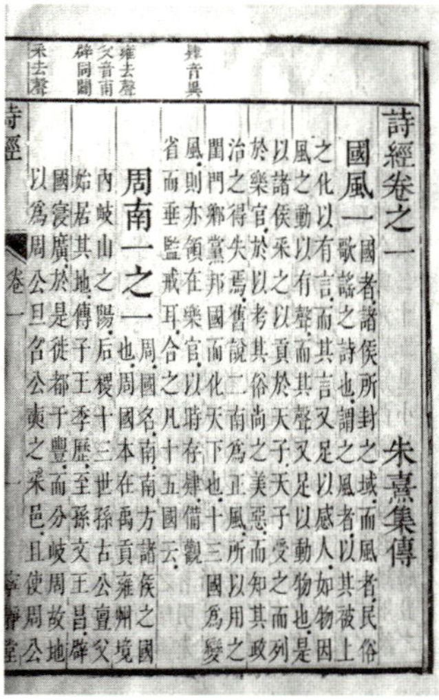

朱熹（1130—1200），字元晦，一字仲晦，号晦庵，晚称晦翁，又称紫阳先生、考亭先生、沧州病叟、云谷老人，谥文，又称朱文公，徽州婺源（今江西婺源）人。宋朝著名的理学家、思想家、哲学家、教育家、诗人，闽学派的代表人物，儒学集大成者，世称朱子。

《诗经集传》是朱熹对《诗经》的说解，书中对大序和小序作了全面的批判，正文杂采《毛传》郑笺之说，间或引用齐、鲁、韩三家诗说，以己意为取舍，意在重新探讨《诗经》本意，说解方法兼顾训诂与剖析义理，以剖析义理为主，其说强调以诗言理，即主性情讲义理，从性情的角度来解释《诗经》的大义。

书藏鼓楼区图书馆。

诗经阐注八卷　（清）浦泰

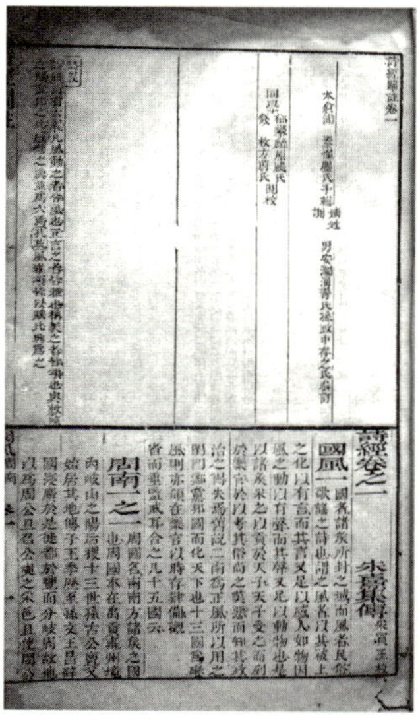

清乾隆三年（1738）序刻本

框高23.4厘米，宽15.2厘米，上下两栏，上栏24行32字，下栏9行17字，小字双行同，左右双边，白口，无鱼尾。

浦泰（1676—？），江苏太仓人，清藏书家。浦泰是他的原姓名，后从姓谢，字心传，一字惺廛，诸生。刻印过吴世尚注释《楚辞疏》八卷，自编《四书阐注》十九卷、《诗经阐注》八卷。浦泰喜藏书抄书，家藏抄本甚多，曾手抄宋唐庚《唐眉山集》二十卷，宋张耒《张右史文集》六十卷附《补遗》不分卷，宋王廷珪《卢溪先生文集》五十卷，宋朱槔《玉兰集》十卷，宋朱松《韦斋集》十二卷，宋周必大《周益文忠公集》二百卷《附录》五卷《年谱》一卷，宋郑虎臣编《吴都文粹》十卷，元柳贯《柳待制文集》二十卷《附录》一卷等等。

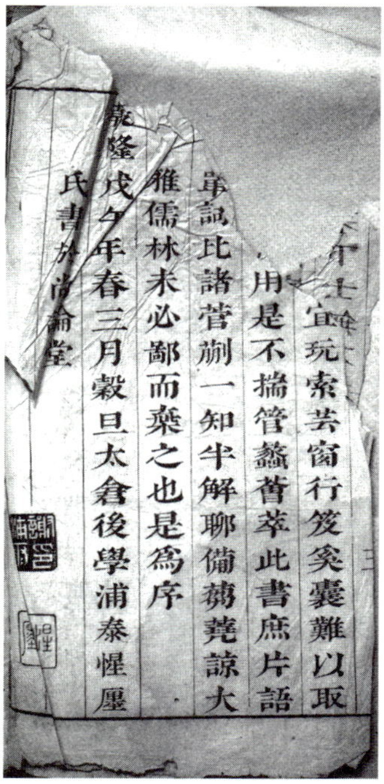
宜玩索芸窗行笈奚囊難以取
用是不揣管蠡萅萃此書庶片語
隻詞比諸菅蒯一知半解聊備芻蕘諒大
雅儒林未必鄙而棄之也是爲序
乾隆戊午年春三月穀旦太倉後學浦泰惺廛
氏書於尚論堂

书藏江宁区图书馆。

施注苏诗四十二卷续补遗二卷　（宋）苏轼撰　（宋）施元之、顾禧注　（清）宋荦、邵长蘅等补注

清康熙三十八年（1699）刻本

框高18.8厘米，宽13.6厘米，10行21字，小字双行31字，黑口，四周单边，单黑鱼尾。

苏轼（1037—1101），字子瞻，又字和仲，号东坡居士，眉州眉山（今四川眉山市）人。北宋著名文学家、书法家、画家，唐宋八大家之一。

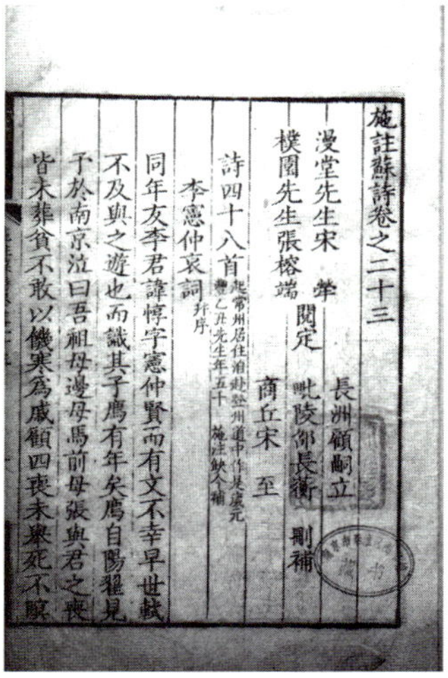
施註蘇詩卷之二十三
漫堂先生宋　犖　閱定　長洲顧嗣立
樸園先生張榕端　毗陵邵長蘅　刪補
商丘宋　至
詩四十八首 起常州居住泊赴登州道中作是歲元豐乙丑先生年五十　施注缺今補
李憲仲哀詞 并序
同年友李君諱惇字憲仲賢而有文不幸早世軾
不及與之遊也而識其子廌有年矣廌自陽翟見
軾於南京泣曰吾祖母邊母馬前母張與君之喪
皆未葬貧不敢以饑寒爲戚顧四喪未舉死不瞑

施元之（1102—1174），字德初，吴兴（今湖州）人。南宋绍兴二十四年（1154）进士。乾道二年（1166）除秘书省正字。五年进著作佐郎、国史院编修、左司谏。七年知衢州，后知赣州。是南宋著名的刻书家，室名“坐啸斋”。在衢州时，刻有《五代史通录》、《五代会要》、《新仪象法要》、《苏子美集》等。

顾禧，字景繁，吴郡吴县（今苏州）人。宋代处士。生卒年均不详，约宋高宗绍兴初前后在世。居光福山，闭户诵读，不求仕进。绍兴间以遗逸荐，不起。筑室邳村，颜曰漫庄，自号痴绝叟。凡田居五十年而终。著有《志道集》一卷。

宋荦（1634—1714），字牧仲，号漫堂、西陂、绵津山人，晚号西陂老人、西陂放鸭翁，河南商丘人。曾官至吏部尚书。诗人、画家、文物收藏家。“后雪苑六子”之一。宋荦与王士祯、施润章等人同称“康熙年间十大才子”。

邵长蘅（1637—1704）一名衡，字子湘，号青门山人，武进（今江苏常州）人。诸生。以布衣终。早年诗学唐人，著有《青门全集》。

《施注苏诗》是在宋荦主持下，以邵长蘅为主，若干学者集体协作，共同完成的学术成果。共四十二卷附苏诗续补遗二卷，卷前有东坡先生笠屐图一幅。此书体例按时代先后编排。苏诗施元之注本，在宋代已称佳本，至清几近散佚。清康熙时藏书家宋荦得残本三十卷，请学者顾嗣立、邵长衡、李必恒等校补，遂完善成此本。

书藏秦淮区图书馆。

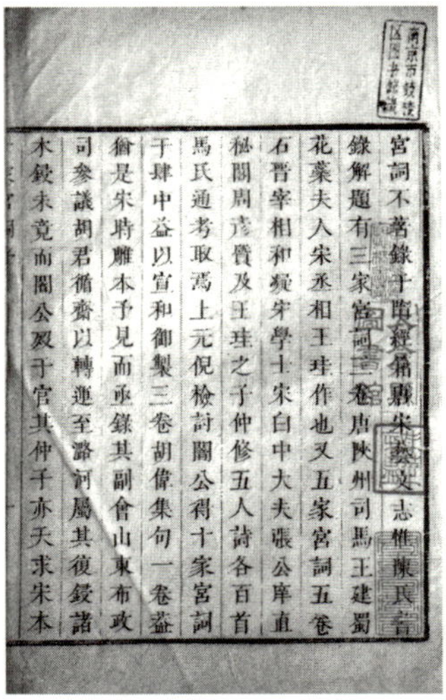
宮詞不著錄于唐經籍宋藝文志惟陳氏書
錄解題有三家宮詞三卷唐陝州司馬王建蜀
花蘂夫人宋丞相王珪作也又五家宮詞五卷
石晉宰相和凝牙學士宋白中大夫張公庠直
秘閣周彥質及王珪之子仲修五人詩各百首
馬氏通考取焉上元倪檢討闇公彙十家宮詞
于肆中益以宣和御製三卷胡偉集句一卷蓋
備是宋時雕本予見而亟錄其副會山東布政
司參議胡君循齋以轉運至潞河屬其復鋟諸
木鋟未竟而闇公歿于宮其仲子亦夭求宋本

十家宫词十二卷　（清）倪灿编

清康熙二十八年（1689）胡介祉刻清乾隆八年（1743）史开基重修本

框高 17.8 厘米，宽 14.3 厘米，10 行 18 字，白口，左右双边，无鱼尾。

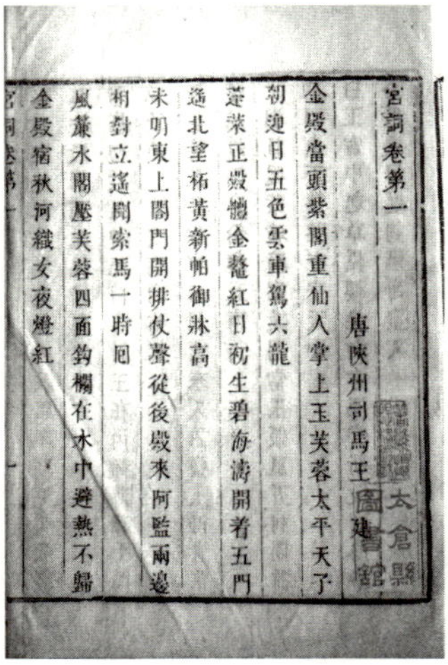
宮詞卷第一
唐陝州司馬王建
金殿當頭紫閣重仙人掌上玉芙蓉太平天子
朝迎日五色雲車駕六龍
蓬萊正殿壓金鼇紅日初生碧海濤開着五門
遙北望柘黃新帕御牀高
未明東上閤門開排仗聲從後殿來阿監兩邊
相對立遙聞索馬一時回
風簾水閣壓芙蓉四面鉤欄在水中避熱不歸
金殿宿秋河織女夜燈紅

倪灿（1626—1687），字暗公，号雁园，江苏上元（今南京）人。康熙十六年举人，举鸿博，授翰林院检讨，充《明史》纂修官。所撰《艺文志·序》，与姜宸英《刑法志·序》并称佳作。工诗书，有《雁园集》。

宫词起源于唐朝，是古代文人墨客以皇宫中的日常琐事为题材，歌咏、讽喻封建帝王和宫女们骄奢淫逸生活的歌词。其内容多写翠阁红楼、风花雪月，风格亦精巧工丽，富艳典雅。十二卷凡宋徽宗《宫词》三卷，宋白《宫词》一卷，唐王建一卷，蜀花蕊夫人一卷，宋王珪一卷，胡伟《集句》一卷，后晋和凝一卷，宋张公庠一卷，王仲修一卷，周彦质一卷。

书藏鼓楼区图书馆。

十三经注疏三百三十三卷　（明）毛晋编

明崇祯元年至十二年（1628—1639）毛氏汲古阁刻本

框高 17.9 厘米，宽 12.5 厘米，9 行 21 字，小字双行同，白口，左右双边，版心下镌“汲古阁”。

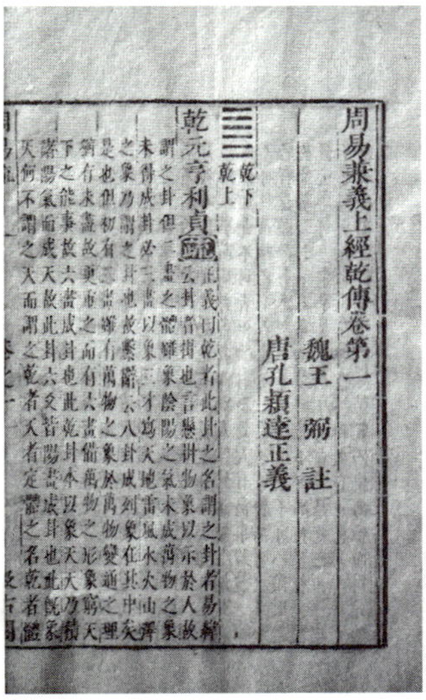

毛晋（1599—1659），原名凤苞，字子久，后改字子晋，号潜在，别号汲古主人，江苏常熟人。明末著名藏书家、出版家、刻书家、文学家、经学家。早年师从钱谦益。家藏图书甚丰，多为宋、元刻本，建汲古阁、目耕楼藏之。曾校刻《十三经》、《十七史》、《津逮秘书》、《六十种曲》等书，流布甚广，居历代私家刻书者之首。尤嗜好抄录罕见秘籍，缮写精良，后人称为“毛钞”。

“十三经”涵盖《周易》、《尚书》、《毛诗》、《周礼》、《仪礼》、《礼记》、《春秋左传》、《春秋公羊传》、《春秋谷梁传》、《论语》、《孝经》、《尔雅》、《孟子》十三种儒家经典，各书成书年代各不相同，上自上古，下迄秦汉。内容包括哲学、文学、历史、政治、经济、语言文字、伦理、民俗、地理、科技、典章制度等，是研究中国古代社会不可缺少的最重要的历史文献。

书藏鼓楼区图书馆。

石湖居士诗集三十四卷　（宋）范成大撰　（清）顾嗣皋等重订

清康熙二十七年（1688）依园刻本

框高 20.1 厘米，宽 14.6 厘米，11 行 21 字，小字双行同，白口，左右双边，单黑鱼尾。

范成大（1126—1193），字致能，一字幼元，早年自号此山居士，晚号石湖居士，平江吴县（今江苏苏州）人。谥文穆。绍兴二十四年（1154）进士，初授户曹，累官起居郎。与杨万里、陆游、尤袤合称南宋“中兴四大诗人”。

顾嗣皋，生卒年不详，字汉鱼，号椒雨。长庠。附贡。顾嗣立之兄。

康熙间，顾嗣立得一抄本，顾氏序中说“吾友金子亦陶所藏，从宋板抄得。更为广集诸家，校勘精密，可称善本”，顾氏从中摘出范成大诗集刊刻别行，编成《石湖居士诗集》三十三卷，“卷帙前后悉依原本，外附赋、楚辞一卷，乐府一卷，赋本在诗前，今附诗后”。此诗集本凡诗一千九百一十六首，不分体，按年编次。其诗风格轻巧，但好用僻典、佛典。杨万里称其：“大篇决流，短章敛芒；缛而不酿，缩而不僒。清新妩媚，奄有鲍谢；奔逸隽伟，穷追太白。求其支字之陈陈，一唱之呜呜，不可得世。”

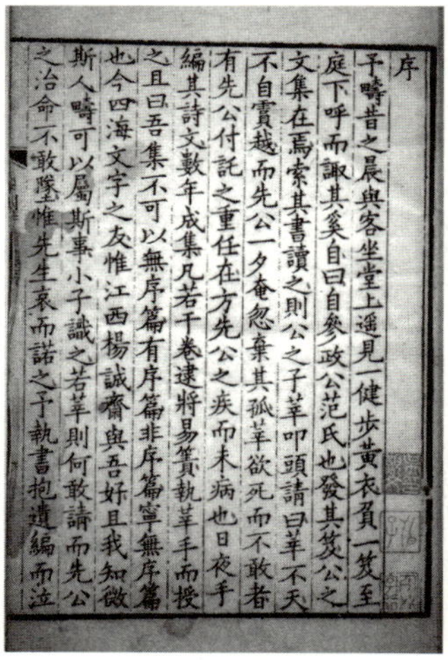

序

予疇昔之晨與客坐堂上遥見一健步黄衣負一笈至庭下呼而諏其奚自曰自參政公范氏也發其笈公之文集在焉索其書讀之則公之子莘叩頭請曰莘不天不自霣越而先公一夕奄忽棄其孤莘欲死而不敢者有先公付託之重任在方先公之疾而未病也日夜手編其詩文數年成集凡若干卷逮將易簀執莘手而授之且曰吾集不可以無序篇有序篇非序篇寧無序篇也今四海文字之友惟江西楊誠齋與吾好且我知微斯人疇可以屬斯事小子識之若莘則何敢請而先公之治命不敢墜惟先生哀而諾之予執書抱遺編而泣

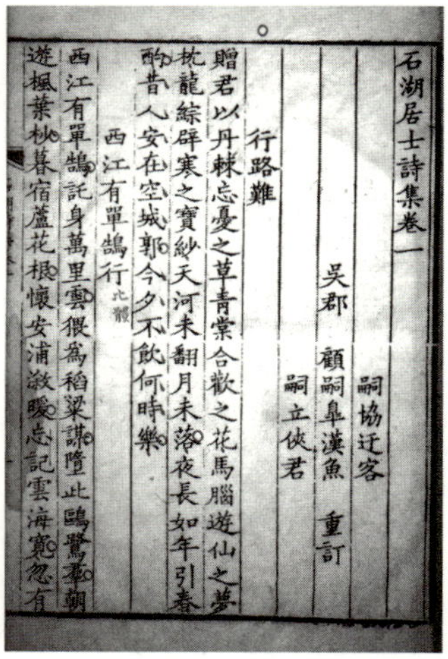

石湖居士詩集卷一

嗣協迂客

吴郡　顧嗣臯漢魚　重訂

嗣立俠君

行路難

贈君以丹棘忘憂之草青棠合歡之花馬腦遊仙之夢枕龍綜辟寒之寶紗天河未翻月未落夜長如年引春酌昔人安在空城郭今夕不飲何時樂

西江有單鵠行

西江有單鵠託身萬里雲猥爲稻粱謀墮此鷗鷺羣朝遊楓葉秋暮宿蘆花根懷安浦溆暖忘記雲海寬忽有

书藏金陵图书馆。

石林词一卷　（宋）叶梦得撰

明虞山毛晋汲古阁刻本

框高 18.4 厘米，宽 13.6 厘米，8 行 18 字，小字双行同，白口，左右双边，无鱼尾，版心下镌“汲古阁”。

叶梦得（1077—1148），字少蕴，苏州吴县人，宋代词人。绍圣四年（1097）登进士第，历任户部尚书等官职。晚年隐居湖州弁山玲珑山石林，故号石林居士。有《建康集》、《石林燕语》、《石林词》、《石林诗话》等。

《石林词》，又称《石林琴趣外篇》，词别集，宋叶梦得著。原本均已佚。《唐宋名贤百家词》本存词一百首。毛晋汲古阁刊《宋六十名家词》本，收录九十九首，影响较大。《四库全书》承用毛本。毛本颇多疏舛，《四库全书总目》卷一百九十八对毛本有辨证。

书藏金陵图书馆。

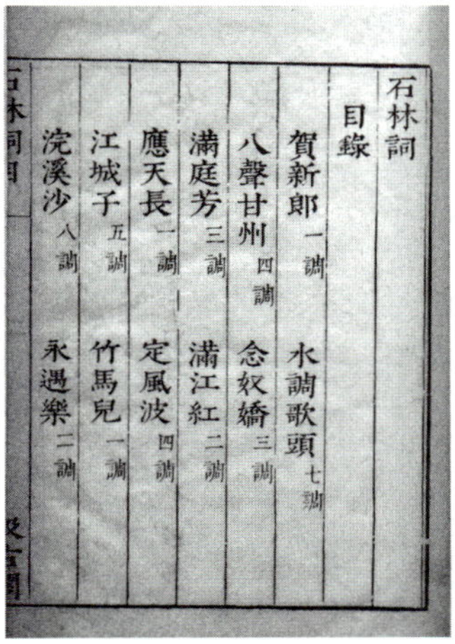
石林詞
目録
賀新郎 一調　水調歌頭 七調
八聲甘州 四調　念奴嬌 三調
滿庭芳 三調　滿江紅 二調
應天長 一調　定風波 四調
江城子 五調　竹馬兒 一調
浣溪沙 八調　永遇樂 二調

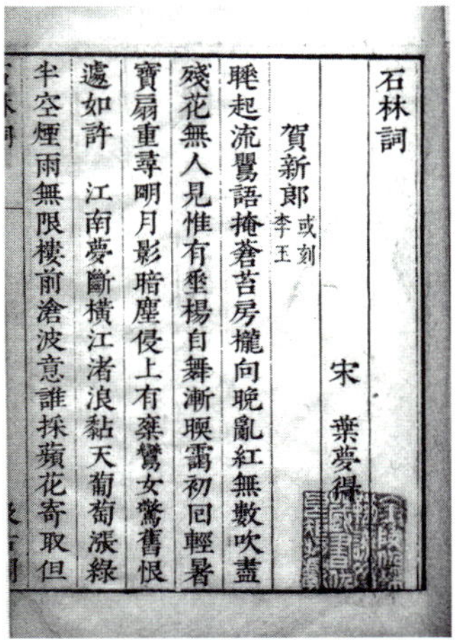
石林詞　宋　葉夢得
賀新郎 或刻李玉
睡起流鶯語掩蒼苔房櫳向晚亂紅無數吹盡
殘花無人見惟有垂楊自舞漸暖靄初回輕暑
寶扇重尋明月影暗塵侵上有乘鸞女驚舊恨
遽如許　江南夢斷橫江渚浪黏天葡萄漲綠
半空煙雨無限樓前滄波意誰採蘋花寄取但

史记一百三十卷　（汉）司马迁撰

明冯梦祯刻清康熙四十年（1701）重修本

框高 19.5 厘米，宽 14.5 厘米，10 行 21 字，小字双行 27 字，白口，左右双边，单黑鱼尾。

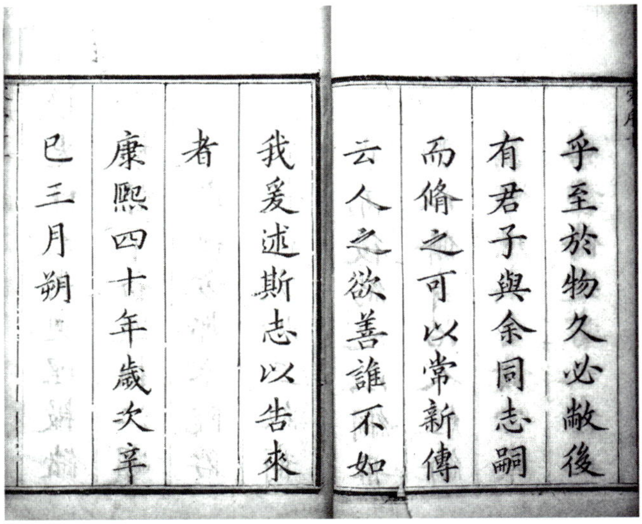
乎至於物久必敝後
有君子與余同志嗣
而脩之可以常新傳
云人之欲善誰不如
我爰述斯志以告來
者
康熙四十年歲次辛
巳三月朔

司马迁（前 145—？），字子长，夏阳（今陕西韩城）人，司马谈之子。因替李陵败降之事辩解而受宫刑，元封三年（前 108）任太史令，继承父业，著述历史，以其“究天人之际，通古今之变，成一家之言”的史识创作了中国第一部纪传体通史《史记》

（原名《太史公书》），被后世尊称为史迁、太史公、历史之父。

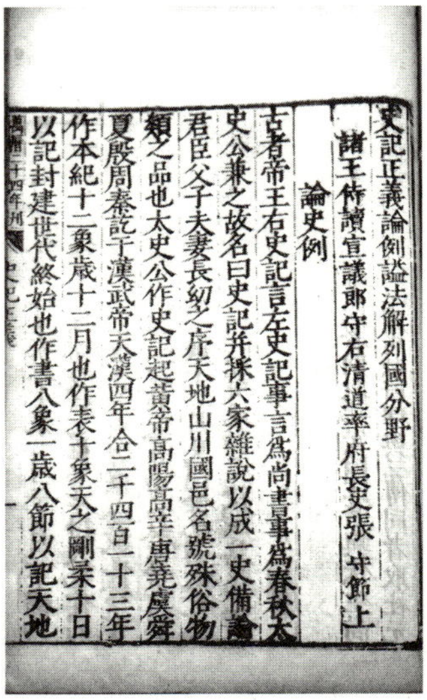
史記正義論例諡法解列國分野
諸王侍讀宣議郎守右清道率府長史張守節上
論史例
古者帝王右史記言左史記事言爲尚書事爲春秋太史公兼之故名曰史記并採六家雜說以成一史備論君臣父子夫妻長幼之序天地山川國邑名號殊俗物類之品也太史公作史記起黃帝高陽高辛唐堯虞舜夏殷周秦訖于漢武帝天漢四年合二千四百一十三年作本紀十二象歲十二月也作表十象天之剛柔十日以記封建世代終始也作書八象一歲八節以記天地

《史记》是中国史书的典范，该书记载了从上古传说中的黄帝时期，到汉武帝元狩元年（前 122）长达三千多年的历史，是“二十五史”之首，被鲁迅誉为“史家之绝唱，无韵之离骚”。司马迁写史的“实录”精神一直被后人所推崇，班固在《汉书·司马迁传》的赞语中称：“自刘向、杨雄博极群书，皆称迁有良史之材，服其状况序事理，辩而不华，质而不俚，其文直、其事核，不虚美、不隐恶，故谓之实录。”可谓一语中的，世称其当，后人皆服。

书藏六合区图书馆。

世说新语补二十卷　（明）王世贞编

清乾隆二十七年（1762）黄氏刻本

框高 17.6 厘米，宽 12.1 厘米，9 行 18 字，小字双行同，白口，左右双边，单黑鱼尾，版心下镌“茂清书屋”。

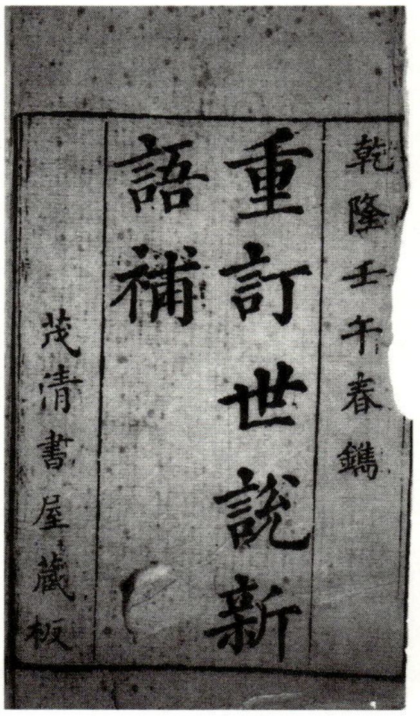
乾隆壬午春鐫
重訂世說新語補
茂清書屋藏板

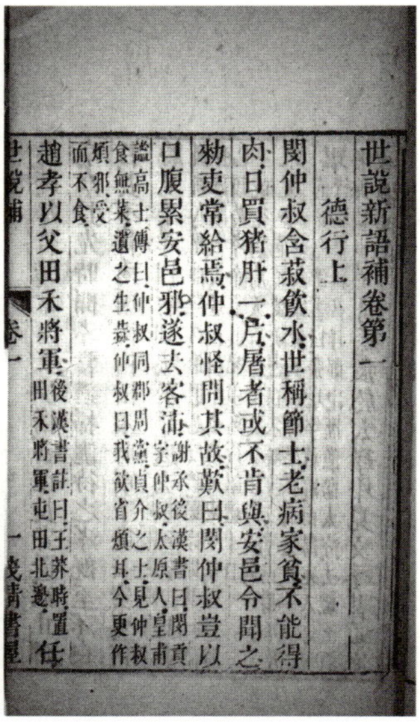
世說新語補卷第一
德行上
閔仲叔含菽飲水世稱節士老病家貧不能得肉日買猪肝一片屠者或不肯與安邑令聞之勑吏常給焉仲叔怪問其故歎曰閔仲叔豈以口腹累安邑邪遂去客沛謝承後漢書曰閔貢字仲叔太原人皇甫謐高士傳曰仲叔同郡周黨貞介之士見仲叔食無菜遺之生蒜仲叔曰我欲省煩耳今更作煩邪受而不食
趙孝以父田禾將軍任後漢書註曰王莽時置田禾將軍屯田北邊
世說補　卷一　一　茂清書屋

王世贞（1526—1590），字元美，号凤洲，又号弇州山人，苏州府太仓州（今江苏太仓）人，明代文学家、史学家。嘉靖二十六年（1547）进士，累官至南京刑部尚书，卒赠太子少保。与李攀龙同为“后七子”领袖。一生著述数百万言，对戏曲也有较深的研究。著有《弇州山人四部稿》及《续稿》等。

《翁方纲纂四库提要稿》云：“《世说新语》，宋临川王刘义庆撰，梁刘峻孝标注，于漠晋魏吴各朝代佳事佳语，备多采撷，而注中所引史籍，特为详核。至明云间何良俊仿义庆之书撰《语林》，而吴郡王世贞删定之，目以《世说新语补》，吴兴凌氏刻之，名曰《鼓吹》，而张文柱为之注者也。此本则以何良俊所补与义庆之书合刻为一书，而统以《世说新语补》名之，亦未著合刻年月。顾义庆原书，笔墨简远，非何良俊之补撰所可并言，自分刻为二书为是。”

书藏金陵图书馆。

书经六卷　（宋）蔡沈撰

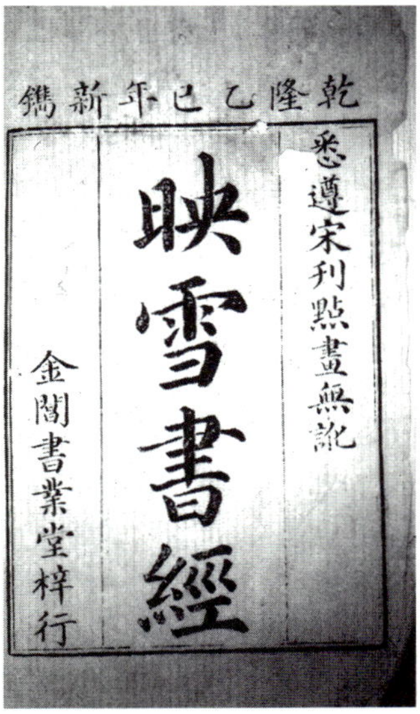
乾隆乙巳年新鐫
悉遵宋刊點畫無訛
映雪書經
金閶書業堂梓行

清乾隆五十年（1785）金阊书业堂刻本

框高21厘米，宽14.4厘米，上下两栏，上栏4字，下栏9行17字，小字双行同，左右双边，白口，单黑鱼尾。

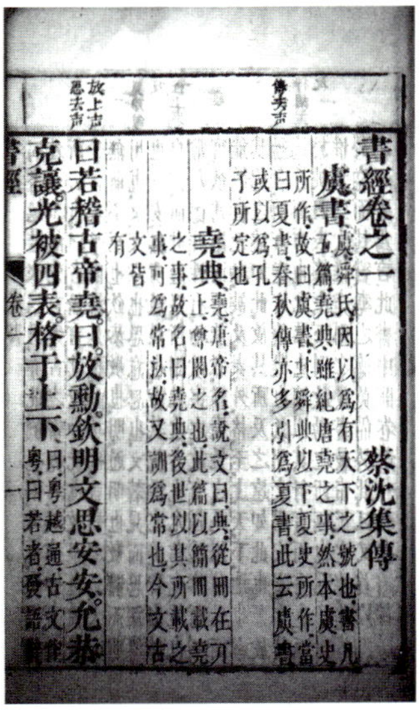
書經卷之一　蔡沈集傳
虞書
堯典
曰若稽古帝堯曰放勳欽明文思安安允恭克讓光被四表格于上下

蔡沈（1167—1230），字仲默，建州建阳（今属福建）人，南宋学者。学者蔡元定子，朱熹门人。一生未应举，隐居九峰，学者称九峰先生。洪范之数的学者失传已经很久了，其父蔡元定本打算独自完成整理成书的任务，然而没来得及论著，于是把成书的任务交给了蔡沈。蔡沈受父之托，潜心研究《尚书》达数十年，遂成《书经集传》、《洪范皇极》等书。承继北宋邵雍以来的象数学思想和朱熹的政治伦理思想，提出“天地之所以肇者数也。人物之所以生者数也，万事之所以失得者亦数也”（《洪范皇极序》）。

蔡沈的《书经集传》是宋代《尚书》经学的代表之作，成书于嘉定二年（1209），是一部“求圣贤之心”的求道著作。总括了宋代两百年间学者们对

《尚书》的探索成果，它与唐代孔颖达所撰《尚书正义》分别代表了《尚书》学术史上的两个时代。书中纠正前人不少误解，有不少独出新义，其主要是宣扬德、仁、敬、诚。此书与朱熹的《周易本义》、《诗集传》，胡安国的《春秋传》并列为官书，成为元、明、清三代士人的必读课本。

书藏江宁区图书馆。

蜀道驿程记二卷　　（清）王士祯撰

清康熙三十年（1691）刻本

框高 16.1 厘米，宽 13.0 厘米，10 行 19 字，黑口，左右双边，单黑鱼尾。

王士祯（1634—1711），原名王士禛，字子真、贻上，号阮亭，又号渔洋山人，世称王渔洋，谥文简，新城（今山东桓台）人，常自称济南人。清顺治十四年（1657）进士，康熙四十三年官至刑部尚书，颇有政声。继钱谦益之后主盟诗坛，与朱彝尊并称“南朱北王”。诗论创“神韵说”。早年诗作清丽澄淡，中年转为苍劲。擅长各体，尤工七绝。好为笔记，有《池北偶谈》、《古夫于亭杂录》、《香祖笔记》等。

该书为王士祯于康熙十一年所作。是年六月奉命典四川乡试，诗编为《蜀道集》，记其来往所经之文，成《蜀道驿程记》。《四库全书总目》云：“上卷自京至成都，下卷自成都至河南新乡县止。盖士祯是年于新乡闻讣旋里，未及还京故也。中多辨证古事，较士祯他行记颇为精核。盖他行记一时笔录，此则越二十年至康熙辛未始补成之。检阅修改，历时既久，考订自为详密耳。”

书藏金陵图书馆。

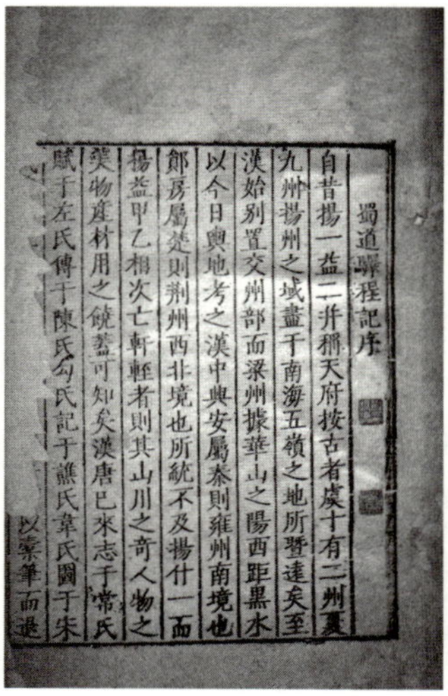
蜀道驛程記序
自昔揚一益二并稱天府按古者虞十有二州夏
九州揚州之域盡于南海五嶺之地所曁遠矣至
漢始別置交州部而梁州據華山之陽西距黑水
以今日輿地考之漢中興安屬秦則雍州南境也
郎房屬楚則荊州西非境也所統不及揚什一而
揚益甲乙相次亡軒輊者則其山川之奇人物之
英物産材用之饒蓋可知矣漢唐已來志于常氏
賦于左氏傳于陳氏勾氏記于譙氏韋氏圖于朱
以橐筆而還

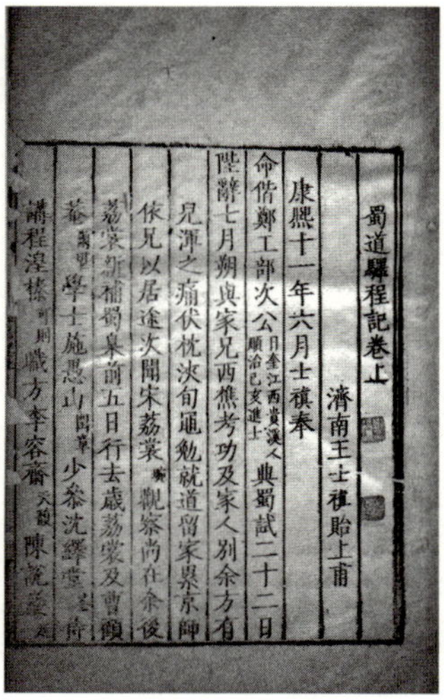
蜀道驛程記卷上
濟南王士禛貽上甫
康熙十一年六月士禛奉
命偕鄭工部次公日奎江西貴溪人順治己亥進士典蜀試二十二日
陛辭七月朔與家兄西樵考功及家人別余方有
兄渾之痛伏枕浹旬黽勉就道留家累京師
依兄以居途次聞宋荔裳琬觀察尚在余後
荔裳近補蜀臬前五日行去歲荔裳及曹頌
嘉禾學士施愚山閏章少參沈繹堂荃侍
講程湟榛可則職方李容齋天馥陳說巖

水道提纲二十八卷　　（清）齐召南撰

清乾隆四十一年（1776）传经书屋刻本

框高 18.4 厘米，宽 13.0 厘米，9 行 22 行，小字双行同，白口，左右双边，无鱼尾。

齐召南（1703—1768），字次风，号琼台，晚号息园，浙江天台人。清雍正副贡，乾隆元年举博学鸿词，改庶吉士，授检讨，累官礼部侍郎，坐事削职。召南幼称神童，书一览即记，最精舆地之学，尝以郦道元《水经注》明于西北，暗于东南。所著《水经提纲》，盛行于时。又有《史汉侯第考》、《后汉公卿表》、《历代帝王表》、《宝纶堂》、《赐砚堂诗文集》等书。

此书为记述我国河道水系源流分部的权威著作，专叙全国主要水道源流的分合。首列海水，次列各省诸水，再次为西藏、漠北诸水和西域诸水，皆以巨川为纲，所受支流为目，故名提纲。作者于乾隆元年至八年期间，参与编纂《大清一统志》，曾参考清王朝秘藏的康熙五十七年（1718）绘制的全国实测地图《皇舆全图》及各省图籍。因此，对于当时河道现势的记述较为准确，不同于一般水道或地理古籍的辗转抄袭。书成于乾隆二十六年，初无刻本，以抄本流行，至乾隆四十一年始于杭州刊行。末附《水道提纲天度刊误》，其后光绪四年（1878）及民国三十年（1941）上海文瑞楼刊本，均无《天度刊误》。

书藏金陵图书馆。

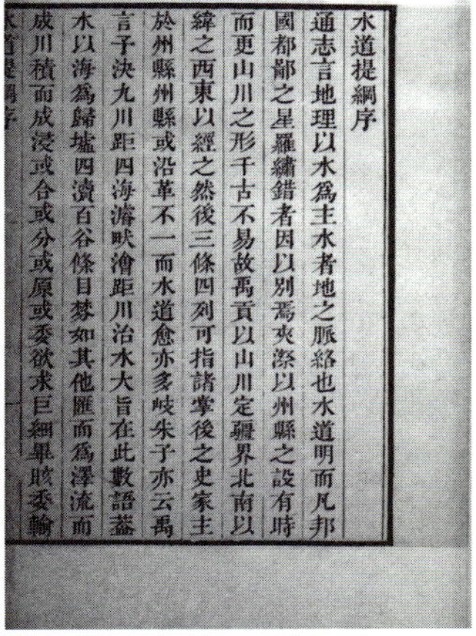
水道提綱序
通志言地理以水爲主水者地之脈絡也水道明而凡邦
國都鄙之星羅繡錯者因以别焉夾漈以州縣之設有時
而更山川之形千古不易故禹貢以山川定疆界北南以
緯之西東以經之然後三條四列可指諸掌後之史家主
於州縣州縣或沿革不一而水道愈亦多岐朱子亦云禹
言予決九川距四海濬畎澮距川治水大旨在此數語蓋
水以海爲歸墟四瀆百谷條目棼如其他匯而爲澤流而
成川積而成淺或合或分或原或委欲求巨細畢晐委輸

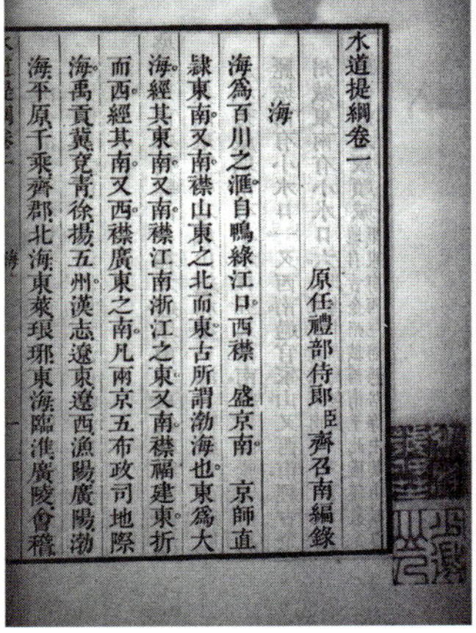
水道提綱卷一　原任禮部侍郎臣齊召南編錄
海
海爲百川之滙自鴨綠江口西襟盛京南　京師直
隸東南又南襟山東之北而東古所謂渤海也東爲大
海經其東南又南襟江南浙江之東又南襟福建東折
而西經其南又西襟廣東之南凡兩京五布政司地際
海禹貢冀兖青徐揚五州漢志遼東遼西漁陽廣陽渤
海平原千乘齊郡北海東萊琅琊東海臨淮廣陵會稽

水经注四十卷　（北魏）郦道元纂

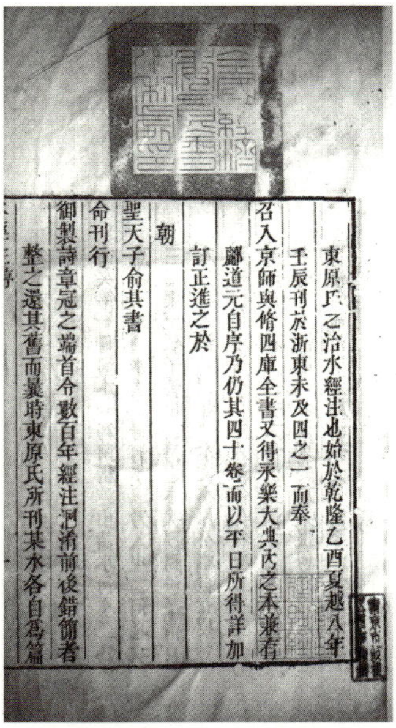
東原氏之治水經注也始於乾隆乙酉夏越八年
壬辰刊於浙東未及四之一而奉
召入京師與脩四庫全書又得永樂大典內之本兼有
酈道元自序乃仍其四十卷而以平日所得詳加
訂正進之於
朝
聖天子命其書
命刊行
御製詩章冠之端首令數百年經注混淆前後錯簡者
整之還其舊而曩時東原氏所刊某水各自爲篇

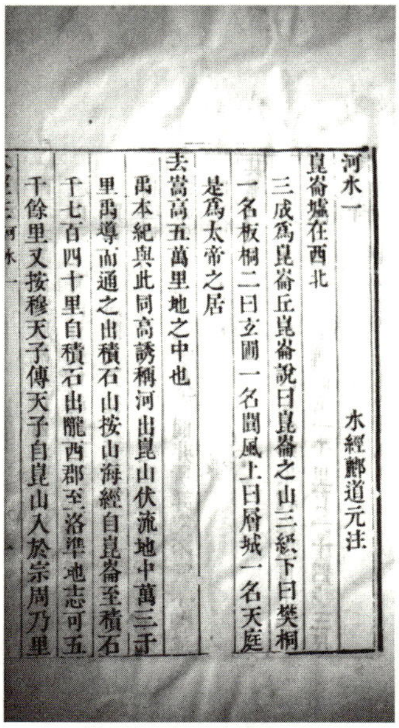
河水一　　水經　酈道元注
崑崙墟在西北
三成爲崑崙丘崑崙說曰崑崙之山三級下曰樊桐
一名板桐二曰玄圃一名閬風上曰層城一名天庭
是爲太帝之居
去嵩高五萬里地之中也
禹本紀與此同高誘稱河出崑山伏流地中萬三千
里禹導而通之出積石山按山海經自崑崙至積石
千七百四十里自積石出隴西郡至洛準地志可五
千餘里又按穆天子傳天子自崑山入於宗周乃里

清曲阜孔氏刻本

框高18.6厘米，宽14.2厘米，10行21字，白口，左右双边，无鱼尾，版心上镌“水经注”。

郦道元（约470—527），字善长，范阳涿州（今河北涿州）人。平东将军郦范之子，南北朝时期地理学家、散文家。道元好学，历览奇书。撰《水经注》四十卷、《本志》十三篇，又为《七聘》及诸文，皆行于世。

《水经》原本记载的大小河流有一百三十七条，一万多字，经过郦道元注释以后，大小河流增加到一千二百五十二条，共三十多万字，比原著增加二十倍。该书突破了《水经》只记河流的局限，以河流为纲，详细地记述了河流流经区域的地理情况，包括山脉、土地、物产、城市的位置和沿革、村落的兴衰、水利工程、历史遗迹等古今情况，并且具有明确的地理方位和距离的观念，文笔隽永，描写生动，既是一部内容丰富多彩的地理著作，也是一部优美的山水散文汇集，可称为我国游记文学的开创者，对后世游记散文的发展影响颇大。

书藏鼓楼区图书馆。

水心文集二十九卷　（宋）叶适撰

清乾隆二十年（1755）刻本

框高19.1厘米，宽13.5厘米，10行20字，白口，左右双边，单黑鱼尾。

叶适（1150—1223），字正则，号水心居士，温州永嘉（今浙江温州）人，南宋著名思想家、文学家、政论家。生于瑞安，后居于永嘉水心村，世称水心先生。历仕孝宗、光宗、宁宗三朝，历官平江府观察推官、太学博士、尚书左选郎、国子司业、知泉州、兵部侍郎等职，曾参与策划“绍熙内禅”。嘉定十六年（1223），叶适去世，年七十四，赠光禄大夫，获谥文定（一作忠定），故又称“叶文定”、“叶忠定”。叶适主张功利之学，反对空谈性命，对朱熹学说提出批评，为永嘉学派集大成者。他所代表的永嘉事功学派，与当时朱熹的理学、陆九渊的心学并列为“南宋三大学派”。著有《水心先生文集》、《水心别集》、《习学记言》等。

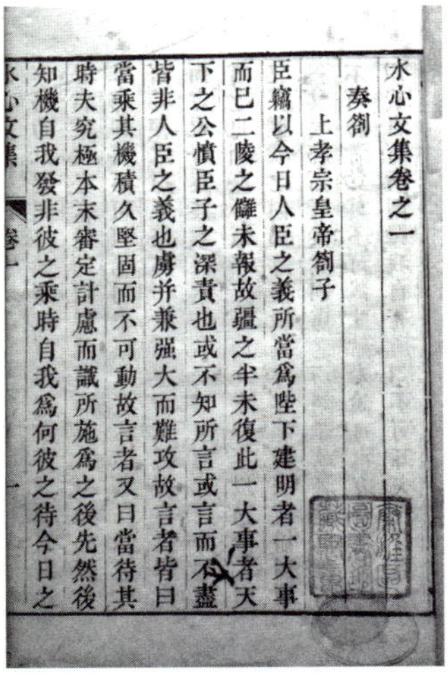
水心文集卷之一
奏劄
上孝宗皇帝劄子
臣竊以今日人臣之義所當爲陛下建明者一大事而已二陵之讎未報故疆之半未復此一大事者天下之公憤臣子之深責也或不知所言或言而不盡皆非人臣之義也虜并兼强大而難攻故言者皆曰當乘其機積久堅固而不可動故言者又曰當待其時夫究極本末審定計慮而識所施爲之後先然後知機自我發非彼之乘時自我爲何彼之待今日之

《水心文集》，又名《水村先生文集》。原集已佚。明正统间黎谅编为二十九卷，凡文二十六卷，诗三卷。此后，清孙衣言又据二十九卷本校正重订，增补《补遗一卷》，成三十卷本。为永嘉学派代表作。

书藏秦淮区图书馆。

水云集一卷　（宋）汪元量撰

清乾隆知不足斋刻本

框高 18.8 厘米，宽 12.3 厘米，10 行 19 字，小字双行同，黑口，左右双边，单黑鱼尾。

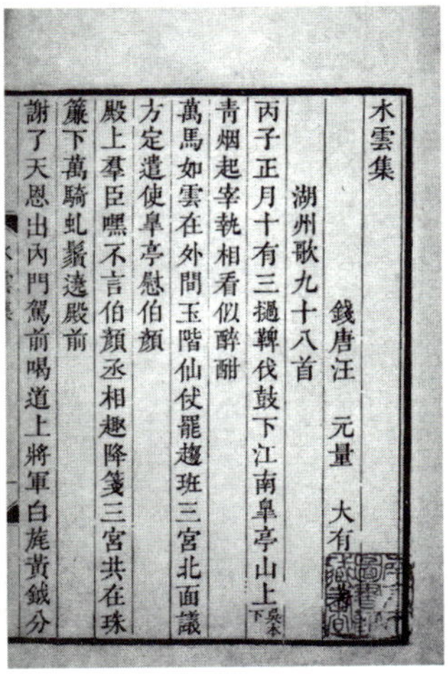
水雲集
錢唐汪　元量　大有
湖州歌九十八首
丙子正月十有三撾鞞伐鼓下江南皋亭山上吳本下青烟起宰執相看似醉酣
萬馬如雲在外間玉階仙仗罷趨班三宮北面議方定遣使皋亭慰伯顔
殿上羣臣嘿不言伯顔丞相趣降箋三宮共在珠簾下萬騎虬鬚遶殿前
謝了天恩出內門駕前喝道上將軍白旄黃鉞分

汪元量（1241—1317后），字大有，号水云，钱塘（今浙江杭州）人。南宋末诗人、词人、宫廷琴师。元灭宋，随三宫被虏北去。曾多次访文天祥于狱中，诗歌唱和。后出家为道士，还归钱塘。因亲历亡国之痛，故所作多纪实，感慨悲凉，后世有“宋亡之诗史”之誉。有《湖山类稿》五卷、《水云集》一卷传世。

《水云集》，宋汪元量诗集，一卷。汪元量因爱杭州之水光云影，故自号水云、水云子。集收诗二百五十首左右，多记宋末时事。

书藏金陵图书馆。

说郛　（明）陶宗仪辑

清顺治三年（1646）宛委山房刻本

框高 19.3 厘米，宽 14.4 厘米，9 行 20 字，白口，左右双边，上白鱼尾。

陶宗仪（1329—约 1412），字九成，号南村，浙江黄岩人。元至正八年（1348）三月，赴考进士，因议论政事而落第，遂弃科举。八月，黄岩方国珍起义，陶为避兵乱出游浙东、浙西，师从张翥、李孝光、杜本，潜心古学，造诣颇深。所著有《辍耕录》三十卷，又葺《说郛》、《书史会要》、《四书备遗》，并传于世。

《说郛》之名取自扬雄《法言·问神》“大哉天地之为万物郭，五经之为众说郛”句，意为五经杂说，是元末明初学者陶宗仪选录汉魏至宋元的各种笔记汇集而成，凡经史百家、笔记杂录、小说诗话、志怪传奇、典章制度、山川风物、天文地理、医药养生、百工技艺等无所不包。卷首杨维桢《序》云：“学者得是书，开所闻扩所见者多矣。”

书藏鼓楼区图书馆。

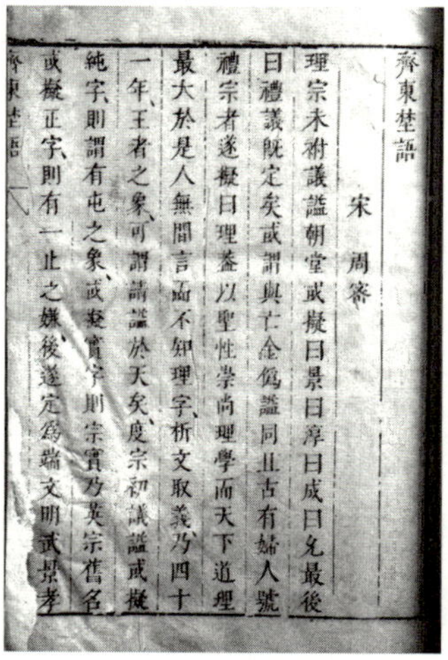
齊東埜語
宋 周密
理宗未祔議謚朝堂或擬曰景曰淳曰成曰允最後
曰禮議既定矣或謂與亡金僞謚同且古有婦人號
禮宗者遂擬曰理蓋以聖性崇尚理學而天下道理
最大於是人無間言而不知理字析文取義乃四十
一年王者之象可謂識謚於天矣度宗初議謚或擬
純宗則謂有屯之象或又擬實宗則宗實乃英宗舊名
或擬正宗則有一止之嫌後遂定爲端文明武景孝
齊東埜語

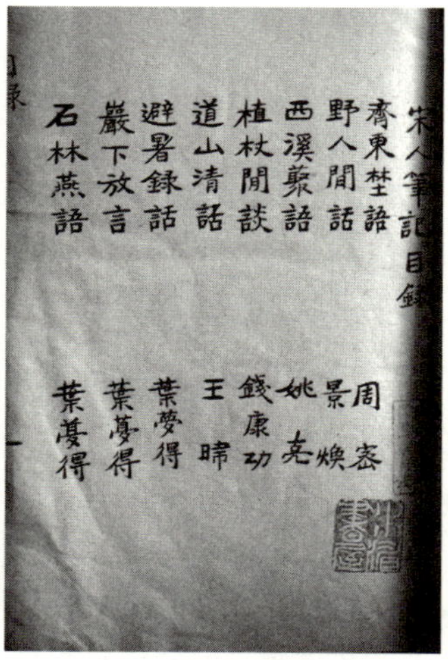
宋人筆記目錄
齊東埜語 周密
野人閒話 景煥
西溪叢語 姚寬
植杖閒談 錢康功
道山清話 王暐
避暑錄話 葉夢得
巖下放言 葉夢得
石林燕語 葉夢得

思绮堂文集十卷　（清）章岂绩撰

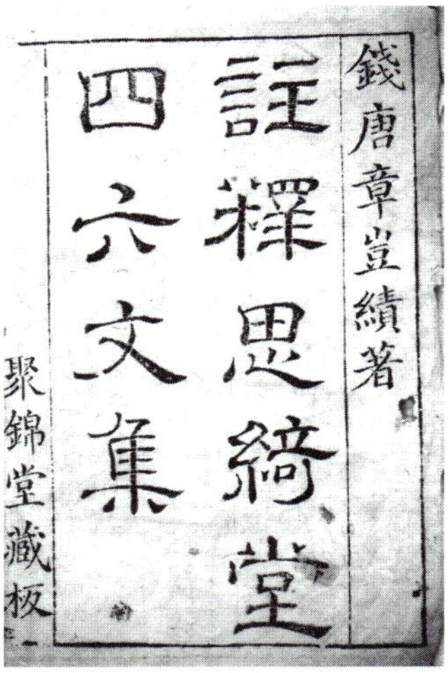
錢唐章豈績著
註釋思綺堂
四六文集
聚錦堂藏板

清康熙六十一年（1722）聚锦堂刻本

框高 19.6 厘米，宽 14.1 厘米，10 行 22 字，小字双行同，白口，四周单边，单黑鱼尾。

章藻功，生卒年不详，字岂绩，浙江钱塘（今杭州）人。幼承家学。康熙四十二年进士及第，改翰林院庶吉士。在官五月，即引疾归，事母终身。藻功与陈维崧、吴绮皆以骈文有名，以新巧胜。著有《思绮堂文集》。

《思绮堂文集》，清章藻功撰。十卷。为作者文集，因其室号思绮堂，故以名集。全为骈体，约三百篇。

书藏六合区图书馆。

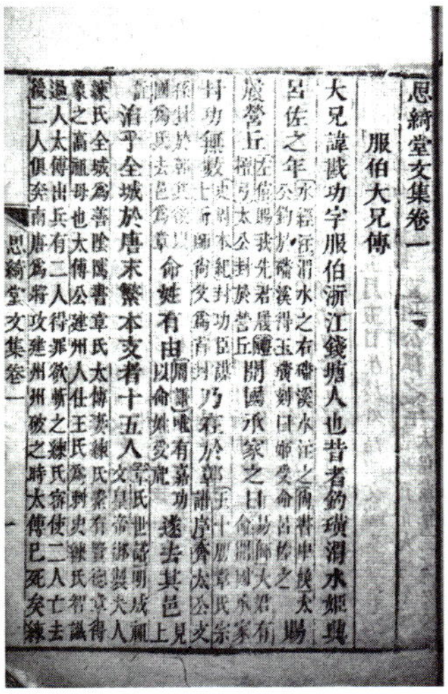
思綺堂文集卷一
服伯大兄傳

四书典林三十卷
（清）江永编　（清）汪基参定

清雍正十三年（1735）锄经斋刻本

框高 19.7 厘米，宽 12.9 厘米，8 行 22 字，小字双行同，白口，左右双边，单黑鱼尾。

江永（1681—1762），字慎修，又字慎斋，徽州府婺源县（今江西婺源）人。清代著名经学家、音韵学家、天文学家和数学家，皖派经学创始人。生员出身，晚年入贡。博通古今，尤长于考据之学，深究《三礼》，撰《周礼疑义举要》颇有创见。于音韵、乐律、天文、地理均有研究，著述甚多，《四库全书》收其所著书至十余部。戴震、程瑶田、金榜等皆其弟子。

汪基，生平不详。

是书前有窦容恂、吴华孙序，江永自序及凡例，凡例后又有门人汪世望等及其子江逢圣、江逢辰附记。书分天文、时令、地理、人伦、性情、身体、人事、人品、王侯、国邑、官职、庶民、政事、文学、礼制、祭祀、衣服、饮食、宫室、器用、乐律、武备、丧纪、珍宝、庶物、杂语诸部，为题七百三十多。所列引用书目凡一百六十二种，自经传外，诸史子集杂书概为收采，大体仿《北堂书钞》，唯以提要字数由少至多为序，则用阴氏《韵府群玉》例。多举成说，天文、历法、制度、名物，先儒说有未精者，辄加按语。是书虽为举业家储材，而援引必确，排次不苟，可为类书范式，并足供词家采获，经学参证。

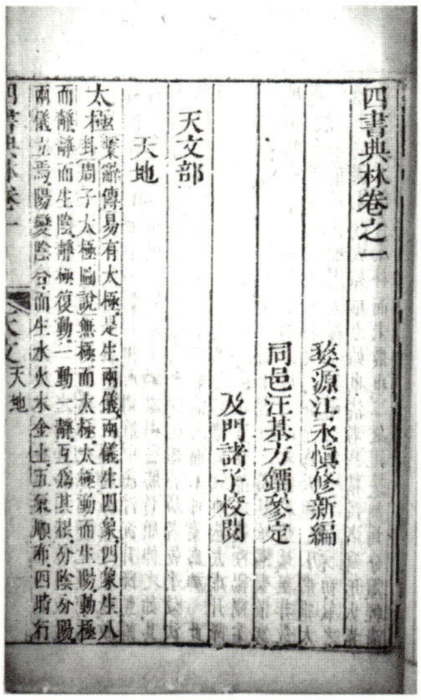

书藏金陵图书馆。

四书释地一卷续一卷二续一卷三续一卷孟子生卒年月考一卷
（清）阎若璩撰

清乾隆五十三年（1788）听雨斋吴照刻本

框高 17.1 厘米，宽 11.6 厘米，9 行 20 字，小字双行，字数不一，白口，左右双边，单黑鱼尾，版心下镌“听雨斋”。

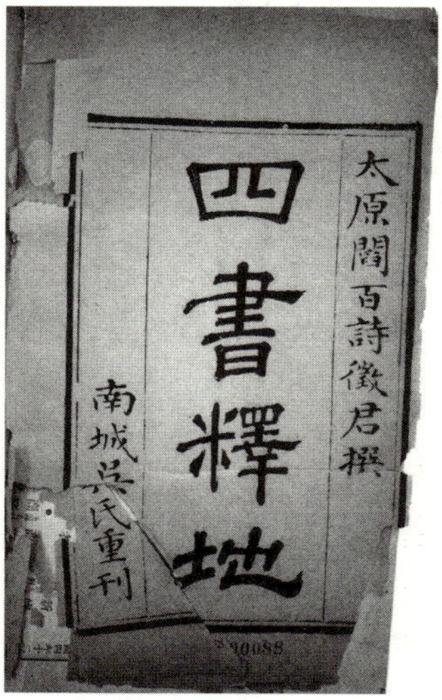

阎若璩（1636—1704），字百诗，号潜邱，山西太原人。徙居江苏淮安。生而口吃，性钝。年十五，“心忽开朗”，从此颖悟异常，补学官弟子。康熙十八年（1679）应博学鸿儒不第。精于地理之学，应邀参修《大清一统志》。治学严谨，“事必求其根柢，言必求其依据”，“无一字假”。纪昀评价他“百年以来，自顾炎武以外，罕能与之抗衡者”。所著有《古文尚书疏证》、《四书释地》、《潜邱札记》、《困学记闻注》、《孟子生逐年月考》、《眷西堂集》等。

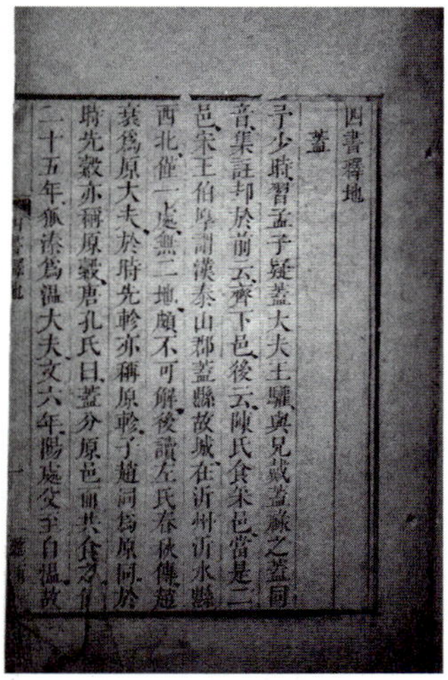

四書釋地

蓋

予少時習孟子疑蓋大夫王驩與兄戴蓋祿之蓋同
音集註𨚫於前云齊下邑後云陳氏食采邑當是二
邑宋王伯厚謂漢泰山郡蓋縣故城在沂州沂水縣
西北從一處無二地頗不可解後讀左氏春秋傳趙
衰爲原大夫於時先軫亦稱原軫子趙同爲原同於
時先縠亦稱原縠唐孔氏曰蓋分原邑而共食之僖
二十五年狐溱爲溫大夫文六年陽處父至自溫故

《四书释地》凡三续四编，计六卷。若璩以朱熹《四书集注》昧于地理、人物，训诂也有乖经义者，故作是书，或申其义，或补其缺，或厘其失，内容包括释地名、人物、典制、名物等。先成《四书释地》一卷，凡五十七条；复搜集宋尽之处，作《释地续》一卷，释地名兼及人物，凡八十条。复又作《四书释地又续》二卷，释地名、人物及训诂典制，凡一百六十二条。又得其他解释经义者一百二十二条，谓之《四书释地三编》二卷。合成一书，仍依最初之名，总称作《四书释地》。全书计释地名一百五十五条，人物六十三条，训诂典制二百零三条，凡四百二十一条。每条必究其根底，言必有据，旁参互证，多所贯通。虽有偏执之词，然可信者颇多。

书藏金陵图书馆。

四书左国汇纂四卷　（清）高其名、郑师成仝纂

清乾隆三十五年（1770）本立堂刻本

框高 19.2 厘米，宽 12.1 厘米，9 行 22 字，小字双行同，白口，四周双边，单黑鱼尾。

高其名、郑师成，生平不详。

此书又名《增订四书左国辑要》，是书前有魏之柱序及凡例。大旨就四书中所载君、公、大夫、文人学士生平事迹，见于《左传》与《战国策》者列举成书。其中又有国别，卷一为鲁，卷二为齐，卷三为卫，卷四为晋楚诸国。各国行事先录其君，后及大夫士庶，所录之事，文词稍奥，附以原书注解。若四书中有其人而《左传》、《国策》中无其事，一概不旁采。

书藏金陵图书馆。

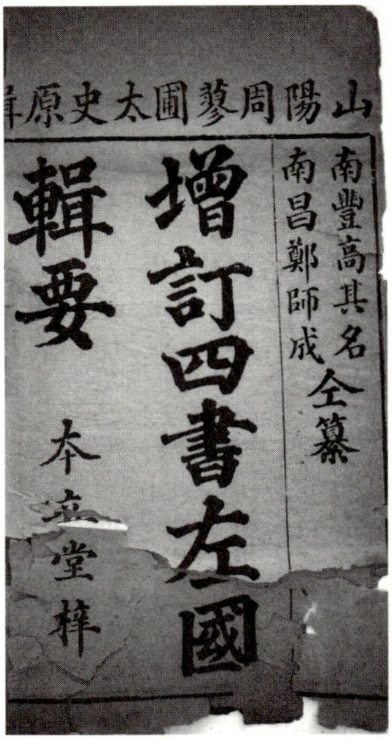

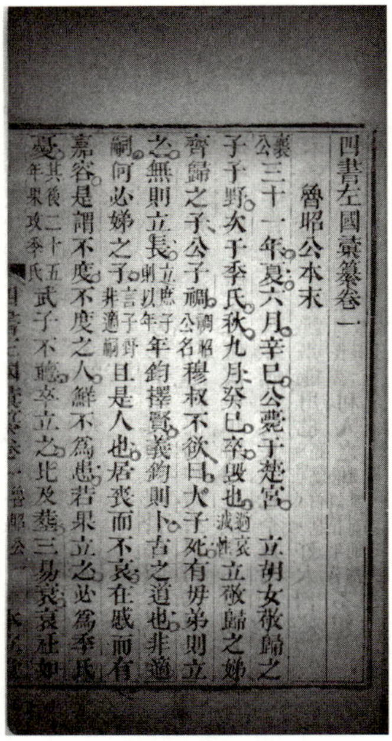

松桂堂全集三十七卷延露词三卷南淮集三卷　（清）彭孙遹撰

清乾隆八年（1743）刻本

框高 19.5 厘米，宽 11.9 厘米，10 行 26 字，白口，四周双边，单黑鱼尾。

彭孙遹（1631—1700），字骏孙，号羡门，又号金粟山人。浙江海盐（今浙江海宁）人，清顺治十六年（1659）进士。康熙十八年（1679）举博学鸿儒，取为第一，授翰林院编修，累官吏部右侍郎，兼翰林院掌院学士，为《明史》总裁。才学富瞻，工诗，尤善填词，与王士祯齐名，时号“彭王”。有《延露词》三卷及《金粟词话》、《词统源流》、《词藻》等。

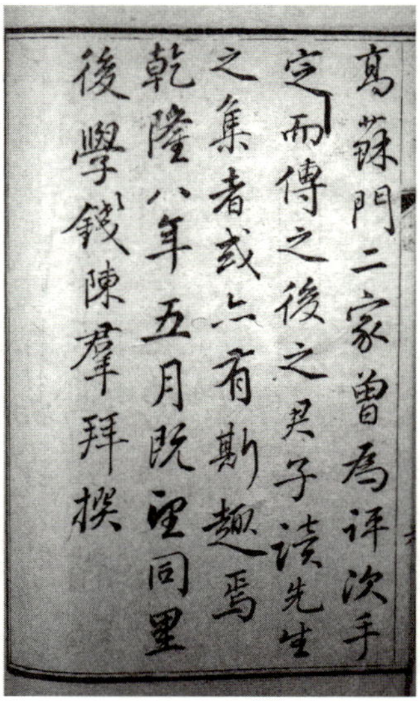

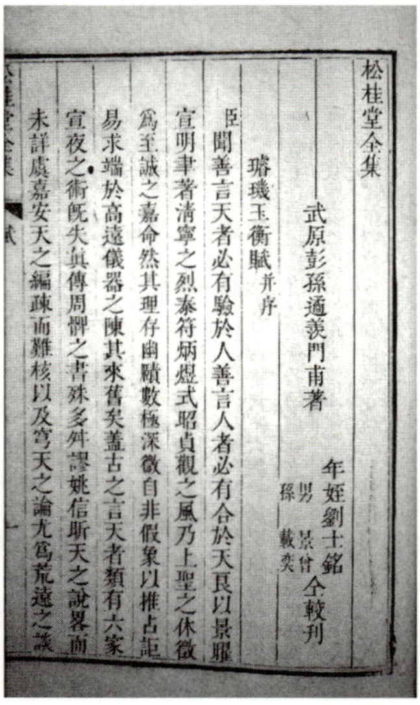

《松桂堂全集》，诗文别集。三十七卷，其

中诗三十三卷。彭孙遹以诗词名家，与诗坛领袖王士祯唱和，曾刊《彭王倡和集》。其手订全集，生前未能刊刻，直至高宗乾隆八年才由其子彭景曾刊刻问世。乾隆八年刊刻此集时并附《南淮集》三卷、《延露词》三卷。

书藏金陵图书馆。

宋百家诗存二十卷　（清）曹庭栋辑

清乾隆六年（1741）二六堂刻本

框高 17.4 厘米，宽 12.7 厘米，11 行 21 字，小字双行同，白口，左右双边，单黑鱼尾。

曹庭栋（1700—1785），一作廷栋。字楷人，号六圃，又号慈山居士，浙江嘉善人。乾隆六年举人。少嗜学，工诗文。中年后，绝意仕途，于居处累土为山，曰“慈山”。弹琴赋诗，写兰竹，摹篆隶以自娱。著述颇丰，自成一家。有《产鹤亭诗集》九卷、《隶通》二卷、《琴学内篇》一卷、《外篇》一卷、《魏塘纪胜、续纪》、《易准》、《孝经通释》等。养生专著有《老老恒言》。

《宋百家诗存》入选者百集，每集一家，已见《宋诗钞》者不收，存诗十首以下者不收。每集冠以小传，编次悉照原本。所采之集，当时均属僻书，钞本居多，于其讹误有所订正。曹庭栋自称忧虑宋人诗集传世者日渐沦灭，并认为吴之振等《宋诗钞》漏略尚多，且刊刻未竟，往往有录无书，因此搜采遗佚，编选此书。搜采始于魏野《东观集》，终于僧斯植《采芝集》。北宋有魏野、贺铸等十余家，南宋有吕本中等八十余家。

书藏秦淮区图书馆。

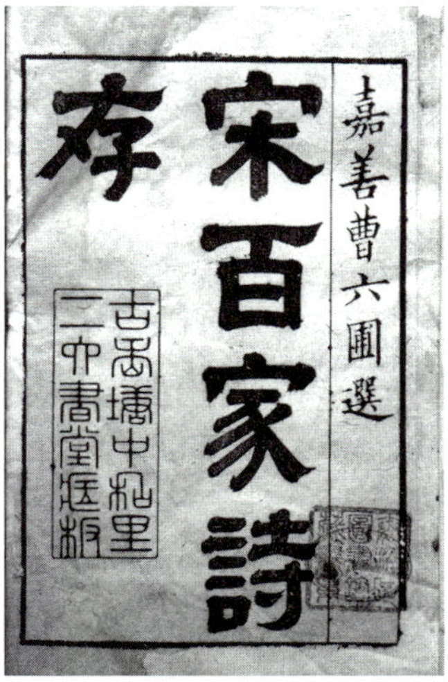
嘉善曹六圃選
宋百家詩存
古香墟中和里二六書堂梓板

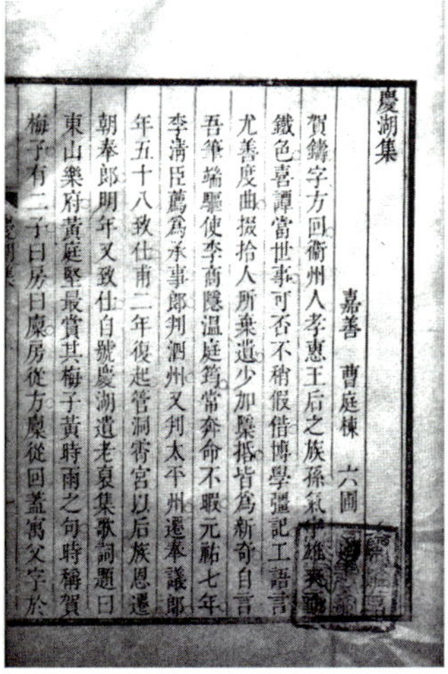
慶湖集
嘉善　曹庭棟　六圃
賀鑄字方回衛州人孝惠王后之族孫氣俠雄爽
鐵色喜譚當世事可否不少假借博學強記工語言
尤善度曲掇拾人所棄遺少加檃括皆爲新奇自言
吾筆端驅使李商隱溫庭筠常奔命不暇元祐七年
李清臣薦爲承事郎判泗州又判太平州還奉議郎
年五十八致仕甫二年復起管洞霄宮以后族恩遷
朝奉郎明年又致仕自號慶湖遺老裒集歌詞題曰
東山樂府黃庭堅最賞其梅子黃時雨之句時稱賀
梅子有二子曰房曰廩房從方廩從回蓋寓父字於

宋稗类钞八卷　　（清）潘永因编

清康熙八年（1669）木刻本

半框高19厘米，宽13.1厘米，10行24字，小字双行同，白口，四周单边，单黑鱼尾。

潘永因，生卒年不详，字长吉，清江苏常熟人，《读史津逮》作者潘永圜之弟。因避祸逃至平陵（今陕西咸阳），埋头著书，汇集宋代稗官野史摘录编成《宋稗类钞》。

《宋稗类钞》此书杂采前人野史、笔记、诗话而成。主要记载宋代遗闻琐事，而个别门类中竟杂有唐、元、明故事，选录不甚严谨；而在体例上分门别类，以事类从，分五十九门编排。

书藏六合区图书馆。

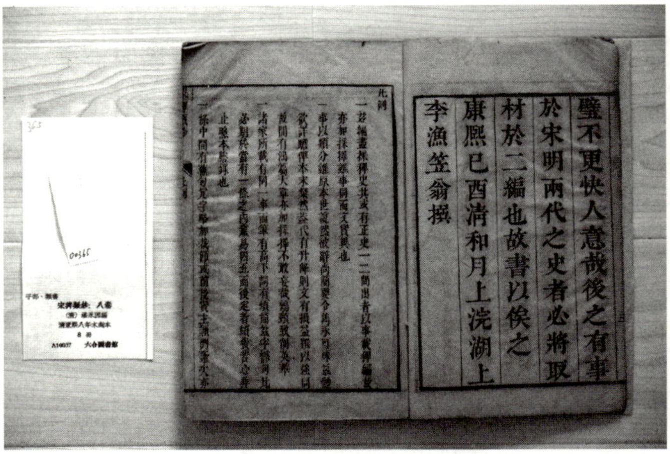

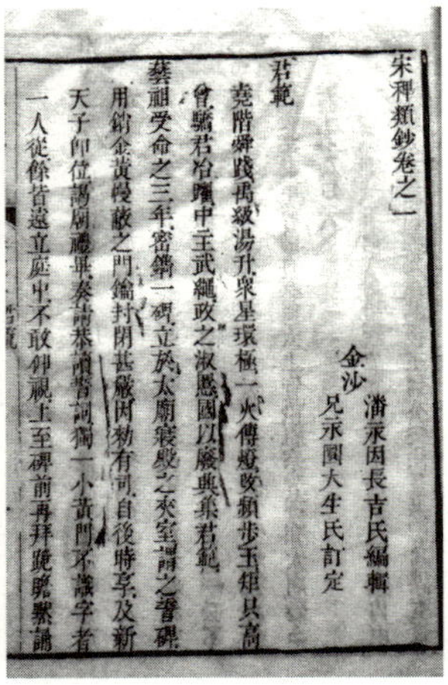

宋大家曾文定公文选二卷首一卷
（宋）曾巩撰　　（清）彭期编　　（清）汤煺评点

清康熙刻本

框高19.7厘米，宽12.3厘米，9行20字，白口，左右双边，单黑鱼尾。

曾巩（1019—1083），字子固，建昌军南丰（今江西南丰）人，后居临川。谥文定。出身儒学世家，祖父曾致尧、父亲曾易占皆为北宋名臣。嘉祐二年（1057），进士及第，任太平州司法参军，以明习律令、量刑适当而闻名。后历任齐州、襄州等知州。元丰四年（1081），任史官修撰，管勾编修院，判太常寺兼礼仪事。北宋散文家、史学家、政治家。其文“古雅、平正、冲和”，位列“唐宋八大家”，世称“南丰先生”。

书藏金陵图书馆。

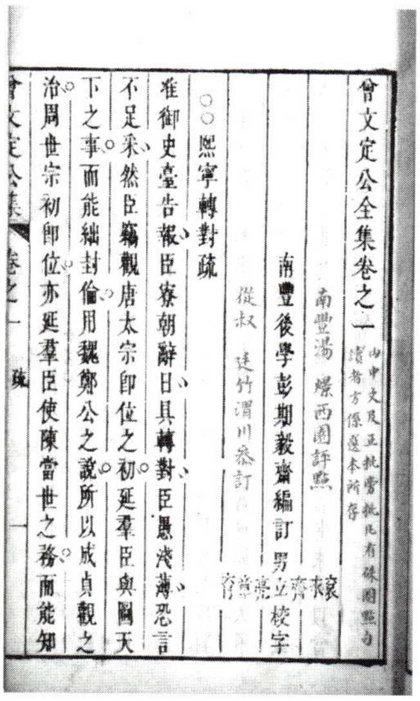
曾文定公全集卷之一
南豐湯燦西園評點
南豐後學彭期毅齋編訂
從叔廷竹渭川參訂
○○熙寧轉對疏
准御史臺告報臣寮朝辭日具轉對臣愚淺薄恐言不足采然臣竊觀唐太宗即位之初延羣臣與圖天下之事而能絀封倫用魏鄭公之說所以成貞觀之治周世宗初即位亦延羣臣使陳當世之務而能知

宋大家苏文定公文抄二十卷　（宋）苏辙撰　（明）茅坤评

明刻本

框高 20.2 厘米，宽 13.5 厘米，9 行 19 字，小字双行同，白口，左右双边，单鱼尾。

苏辙（1039—1112），字子由，一字同叔，晚号颍滨遗老，眉州眉山（今属四川）人，北宋文学家、诗人、宰相，“唐宋八大家”之一。嘉祐二年（1057），登进士第，初授试秘书省校书郎、商州军事推官。哲宗时历官右司谏、御史中丞、尚书右丞、门下侍郎等职。与父苏洵、兄苏轼齐名，合称“三苏”。学问以散文著称，擅长政论和史论，苏轼称其“汪洋澹泊，有一唱三叹之声，而其秀杰之气终不可没”，其诗力图追步苏轼，风格淳朴

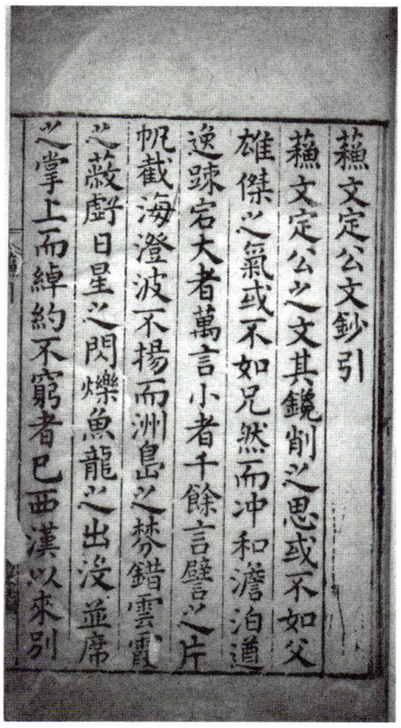
蘓文定公文鈔引
蘓文定公之文其鑱削之思或不如父雄傑之氣或不如兄然而冲和澹泊遒逸疎宕大者萬言小者千餘言譬之片帆截海澄波不揚而洲島之棼錯雲霞之蔽虧日星之閃爍魚龍之出沒並席之掌上而綽約不窮者也西漢以來別

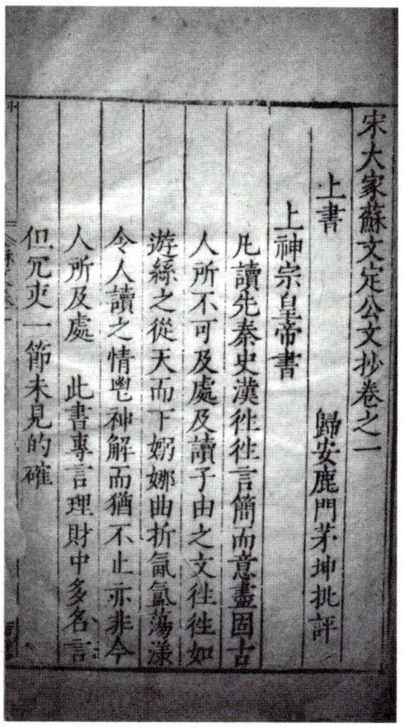
宋大家蘇文定公文抄卷之一
歸安鹿門茅坤批評
上書
上神宗皇帝書
凡讀先秦史漢往往言简而意盡固古人所不可及處及讀子由之文往往如游絲之從天而下娲娜曲折氤氲蕩漾令人讀之情思神解而猶不止亦非今人所及處　此書專言理財中多名言但冗長一節未見的確

无华，文采少逊。书法潇洒自如，工整有序。谥文定。所著有《诗传》、《春秋传》、《栾城集》等。

茅坤（1512—1601），字顺甫，号鹿门，归安（今浙江吴兴）人，明末儒将茅元仪祖父。嘉靖十七年（1538）进士。文武兼长，雅好书法。著有《白华楼藏稿》，刻本罕见。行世者有《茅鹿门集》。

是书当为《唐宋八大家文钞》本。《明史·文苑传》称：“坤善古文，最心折唐顺之。顺之喜唐、宋诸大家文，所著文编，唐、宋人自韩、柳、欧、三苏、曾、王八家外，无所取，故坤选八大家文钞。”《四库全书总目》云：“坤所选录，尚得烦简之中。集中评语，虽所见未深，而亦足为初学之门径。一二百年以来，家弦户诵，固亦有由矣”。

书藏金陵图书馆。

宋诗纪事一百卷　（清）厉鹗辑

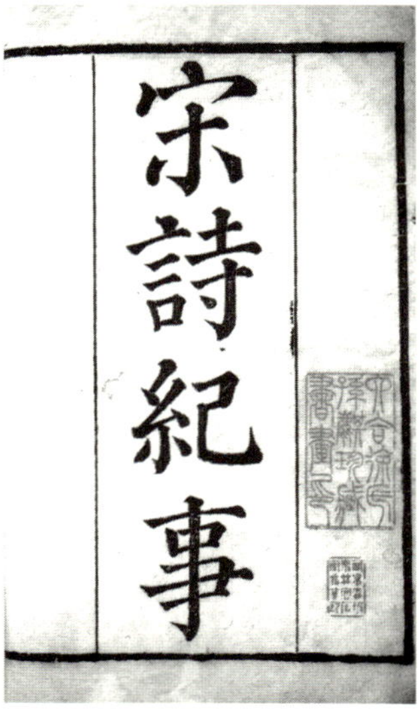

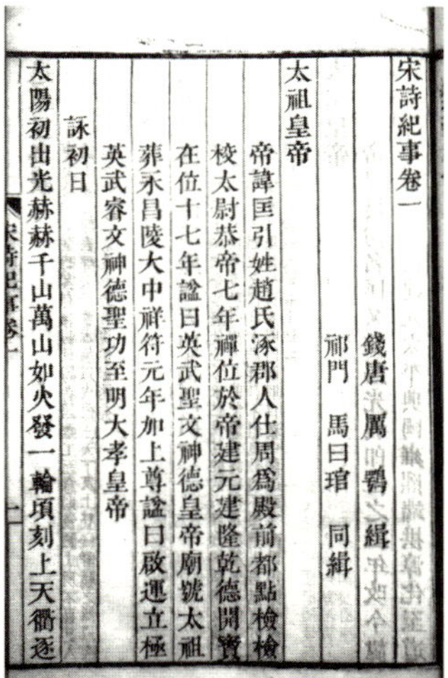
宋詩紀事卷一
錢唐 厲鶚 緝
祁門 馬曰琯 同緝
太祖皇帝
帝諱匡胤姓趙氏涿郡人仕周爲殿前都點檢檢
校太尉恭帝七年禪位於帝建元建隆乾德開寶
在位十七年謚曰英武聖文神德皇帝廟號太祖
葬永昌陵大中祥符元年加上尊謚曰啟運立極
英武睿文神德聖功至明大孝皇帝
詠初日
太陽初出光赫赫千山萬山如火發一輪頃刻上天衢逐

清乾隆十一年（1746）厉氏原刻本

半框高19.5厘米，宽13.9厘米，11行22字，线黑口，左右双边，单黑鱼尾。

厉鹗（1692—1752），字太鸿，又字雄飞，号樊榭、南湖花隐等，钱塘（今浙江杭州）人，清圣祖康熙五十九年（1720）举人，后屡试不第，以教书为生并专心著述。他学识广博，对金石碑版、辽宋历史都有研究。又以词名，亦工诗。论词推崇南宋周邦彦、姜夔，为浙西词派中坚人物。著有《樊榭山房集》、《宋诗纪事》、《辽史拾遗》、《东城杂记》、《南宋杂事诗》等书。其中《南宋杂事诗》一书，采诸书为之注，征引浩博，为考史事者所重。

《宋诗纪事》是清代厉鹗编辑的宋代诗歌资料汇集，共一百卷。书中录宋诗作者三千八百一十二家及其小传，记载了与诗歌有关的事迹和人物，诗后列举了有关诗的本事。本书兼有诗选性质。全书编纂“访求积卷”，网罗内容十分丰富，对宋代一朝文学的文献整理，对后人了解和进行文学史的断代研究有很重要的影响。

书藏六合区图书馆。

宋史四百九十六卷　（元）脱脱等撰

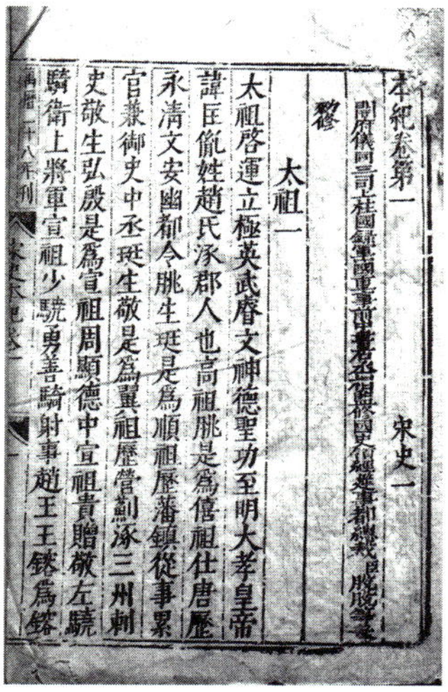
本紀卷第一　宋史一
開府儀同三司上柱國錄軍國重事中書右丞相監修國史領經筵事都總裁臣脫脫等修
太祖一
太祖啓運立極英武睿文神德聖功至明大孝皇帝
諱匡胤姓趙氏涿郡人也高祖朓是爲僖祖仕唐歷
永淸文安幽都令朓生珽是爲順祖歷藩鎮從事累
官兼御史中丞珽生敬是爲翼祖歷營薊涿三州刺
史敬生弘殷是爲宣祖周顯德中宣祖貴贈敬左驍
騎衛上將軍宣祖少驍勇善騎射事趙王王鎔爲鎔

清康熙四十年（1701）重修冯梦祯明刻本

框高20.6厘米，宽14.3厘米，10行20字，白口，四周双边，双黑鱼尾。

脱脱（1314—1355），亦作托克托、脱脱帖木儿，蔑里乞氏，字大用，蒙古族蔑儿乞人，元朝末年政治家、军事家。元朝元统二年（1334），任同知宣政院事，迁中政使、同知枢密院事、御史大夫、中书右丞相。至元六年（1340），为中书右丞相，大改伯颜旧政，复科举取士。至正三年（1343），主编《辽史》、《宋史》、《金史》，任都总裁官。

全书凡四百九十六卷，其中本纪四十七卷，志一百六十二卷，表三十二卷，列传二百五十五卷，是“二十四史”中最庞大的一部史书。列传涉及两千多人，比《旧唐书》列传多出一倍，其中《周三臣传》将韩通、李筠、李重进同列，横跨五代至宋初，弥补过去新、旧五代史之不足。志分天文、五行等十五类，约占全书三分之一，其中职官志详细地记述了宋朝从中央到地方各级官僚机构的组织情况；食货志十四卷亦叙述详细，相当于《旧唐书·食货志》的七倍。

书藏六合区图书馆。

宋书一百卷　（梁）沈约撰

明冯梦祯刻清康熙四十年（1701）重修本

框高22.1厘米，宽15.7厘米，9行18字，白口，四周双边，双黑鱼尾。

沈约（441—513），字休文，吴兴武康（今浙江德清）人，南朝史学家、文学家。出身门阀士族，家族显赫，历史上有所谓“江东之豪，莫强周、沈”的说法。历仕宋、齐、梁三朝，曾自称“少好百家之言，身为四代之史”。笃志好学，博通群籍，擅长诗文，所著颇丰，今仅存《宋书》。

该书是一部记述南朝刘宋一代历史的纪传体史书，含本纪十卷、志三十卷、列传六十卷，共一百卷。八志原排在列传之后，后人移于本纪、列传之间，并把律历志中律与历两部分分割开。《宋书》有纪、传、志而无表，成书草率，叙事又多忌讳，但因收录当时的诏令奏议、书札、文章等各种文献较多，保存了原始史料，颇有利于后代的研究。

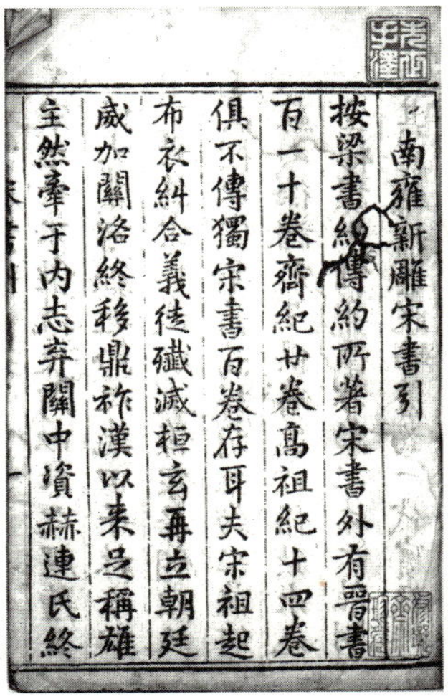
南雍新雕宋書引
按梁書約傳約所著宋書外有晉書
百一十卷齊紀廿卷高祖紀十四卷
俱不傳獨宋書百卷存耳夫宋祖起
布衣糾合義徒殲滅桓玄再立朝廷
威加關洛終移鼎祚漢以来足稱雄
主然𡚁于内志弃關中資赫連氏終

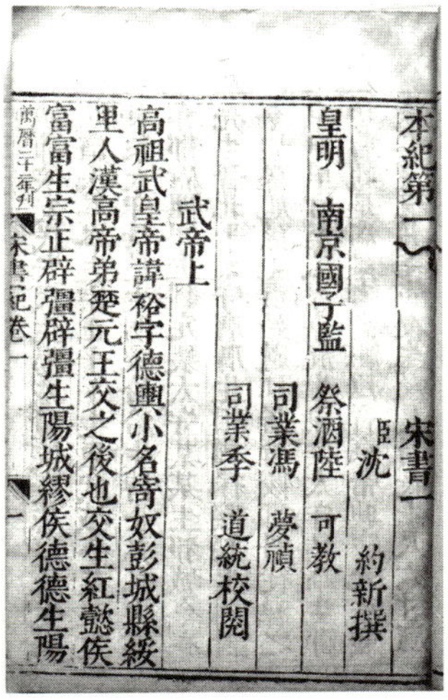
本紀第一　宋書一
臣沈　約新撰
皇明　南京國子監　祭酒陸　可教
司業馮　夢禎
司業季　道統校閱
武帝上
高祖武皇帝諱裕字德輿小名寄奴彭城縣綏
里人漢高帝弟楚元王交之後也交生紅懿侯
富富生宗正辟彊辟彊生陽城繆侯德德生陽
萬曆二十年刊　宋書紀卷一

书藏六合区图书馆。

宋周公谨云烟过眼录四卷　（宋）周密撰　（明）陈继儒订

明刻本

框高 20.2 厘米，宽 12.3 厘米，8 行 18 字，小字双行同，白口，四周单边，单黑鱼尾。

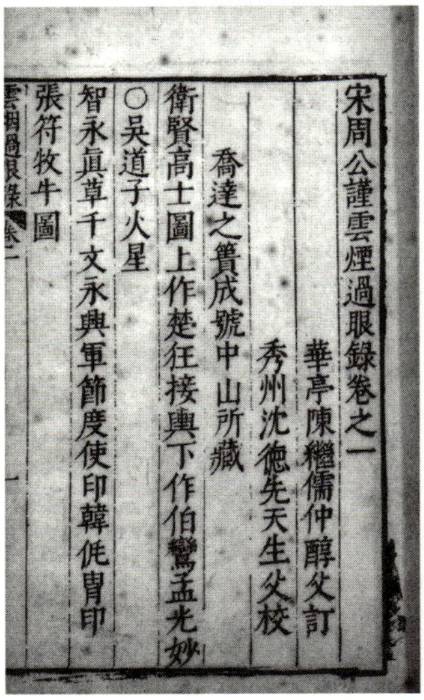
宋周公謹雲煙過眼録卷之一
華亭陳繼儒仲醇父訂
秀州沈德先天生父校
喬達之賛成號中山所藏
衛賢高士圖上作楚狂接輿下作伯鸞孟光妙
○吳道子火星
智永眞草千文永興軍節度使印韓侂冑印
張符牧牛圖
雲煙過眼録　卷一

周密（1232—约 1298），字公谨，号草窗、苹洲、四水潜夫、弁阳老人等，原籍济南（今属山东），后居吴兴（今浙江湖州市）。宋末曾任义乌令。宋亡不仕。能诗词，善书画，词讲究格律。著有笔记《武林旧事》、《齐东野语》、《癸辛杂识》等。词有《草窗词》、《蘋洲渔笛谱》，编纂有《绝妙好词》。

陈继儒（1558—1639），字仲醇，号眉公、麋公，华亭（今上海松江）人，隐居昆山。明代文学家、书画家，善画水墨梅花。有《梅花册》、《云山卷》等传世。著有《陈眉公全集》、《小窗幽记》、《妮古录》。

《云烟过眼录》，中国书画著录书，南宋周密编著。此书记述当时著名收藏家赵与懃、赵孟频、庄肃等三十六人所藏历代书画名迹，间加评语。其中以书画为多，各以藏家为纲，记其品目，略附说明。元代汤允谟有《云烟过眼录续集》一卷，记赵仁举等五家藏品，体例如周书，虽只三十九条，亦足补阙。

书藏金陵图书馆。

搜神记八卷　（晋）干宝撰

明刻本

框高 20.7 厘米，宽 13.7 厘米，9 行 20 字，白口，四周单边，单黑鱼尾。

干宝（？—351），字令升，祖籍新蔡（今河南新蔡），后迁居海宁盐官，东晋文学家、史学家。干宝在晋元帝时担任佐著作郎，奉命领修国史。后经王导提拔为司徒右长史，升任散骑常侍。除精通史学，干宝还好易学。著述颇丰，主要有《周易注》、《五气变化论》、《论妖怪》、《论山徙》、《司徒仪》、《周官礼注》、《晋纪》、《干子》、《春秋序论》、《百志诗》、《搜神记》等。

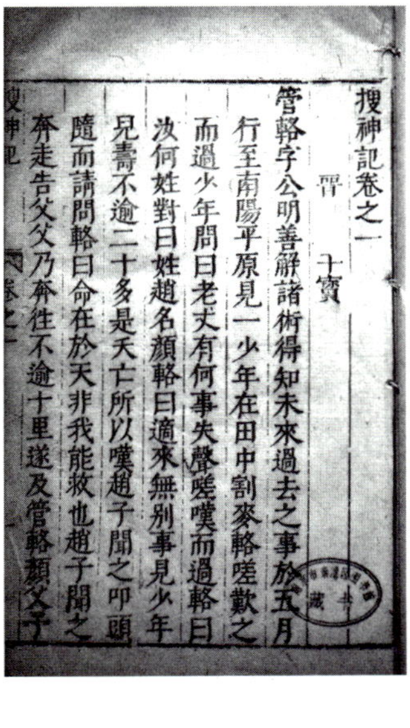
搜神記卷之一
晋　干寶
管輅字公明善解諸術得知未來過去之事於五月
行至南陽平原見一少年在田中割麥輅嗟歎之
而過少年問曰老丈有何事失聲嗟嘆而過輅曰
汝何姓對曰姓趙名顏輅曰適來無別事見少年
見壽不逾二十多是夭亡所以嘆趙子聞之叩頭
隨而請問輅曰命在於天非我能救也趙子聞之
奔走告父父乃奔往不逾十里遂及管輅顏父子
搜神記　卷之一

《搜神记》是一部记录古代民间传说中神奇怪异故事的小说集。原本已散，《津逮秘书》所收，分为二十卷；《汉魏丛书》本仅有八卷，要非原撰可知。然事实古雅，文笔简洁，盖佳构也。传干宝曾将《搜神记》以示刘惔，惔为之作序以陈其志，并称之曰“鬼之董狐”。其后明瞿佑之《剪灯新话》、清蒲松龄之《聊斋志异》，类此志怪小说，皆取法于此也。

书藏秦淮区图书馆。

苏东坡诗集注三十二卷　（宋）苏东坡撰　（宋）王十朋辑

清康熙文蔚堂刻本

框高 18.1 厘米，宽 14 厘米，11 行 19 字，小字双行不等，白口，左右双边，单黑鱼尾。

苏轼（1037—1101），字子瞻，又字和仲，号铁冠道人、东坡居士，世称苏东坡、苏仙。

王十朋（1112—1171），字龟龄，号梅溪，生于温州乐清四都左原（今浙江乐清）。南宋著名政治家、诗人，爱国名臣。绍兴二十七年（1157），擢为进士第一。官秘书郎。曾数次建议整顿朝政，起用抗金将领。孝宗立，累官侍御史，力陈抗金恢复之计。历知饶、夔、湖、泉诸州。乾道七年（1171）卒，年六十。绍熙三年（1192），追谥忠文。有《梅溪集》等。

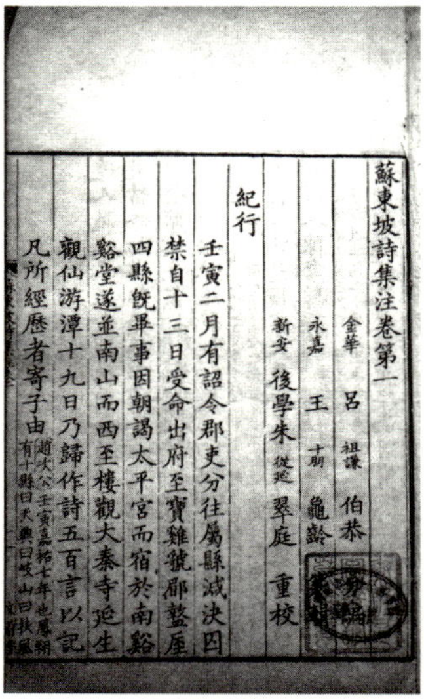
蘇東坡詩集注卷第一
金華　呂　祖謙　伯恭
永嘉　王　十朋　龜齡
新安　後學朱　從延　翠庭　重校
紀行
壬寅二月有詔令郡吏分往屬縣減決囚
禁自十三日受命出府至寶雞虢郿盩厔
四縣既畢事因朝謁太平宮而宿於南谿
谿堂遂並南山而西至樓觀大秦寺延生
觀仙游潭十九日乃歸作詩五百言以記
凡所經歷者寄子由

《苏东坡诗集注》属于宋《王状元集百家注分类东坡先生诗》二十五卷刻本系统，此康熙文蔚堂刻本，前有王十朋、顾嗣立序，末有朱从延序，有目录一卷，卷一书名下刊“金华吕祖谦伯恭分编，永嘉王十朋龟龄纂辑，新安后学朱从延翠庭重校”，卷末有康熙三十七年（1772）李枢题记。此刻本将元刊本七十八类并为三十类，并增加了和陶诗，共收苏诗二千五百一十八首，此本又将茅本三十类中的酬和、酬答二类并为一类，成为二十九类。

书藏秦淮区图书馆。

苏文忠公全集七十五卷　（宋）苏轼撰　（明）陈仁锡订

明陈明卿订正文盛堂刻本

框高 20.2 厘米，宽 14.3 厘米，10 行 19 字，白口，左右双边。

苏轼（1037—1101），字子瞻，号东坡居士，眉山（今四川眉山）人。苏洵之子。“唐宋八大家”之一；在诗歌方面，与黄庭坚并称“苏黄”，开宋一代诗歌新貌；在词方面，与辛弃疾并称“苏辛”，同是豪放派的代表。著有《易传》、《东坡全集》一百一十五卷。

陈仁锡（1581—1636），字明卿，号芝台，长洲（今江苏苏州）人，明代官员、学者、史官。天启二年（1622）进士，授翰林编修，因得罪权宦魏忠贤被罢职。崇祯初复官，官至国子监祭酒。陈仁锡讲求经济，性好学，喜著述，有《四书备考》、《经济八编类纂》、《重订古周礼》等。

《苏文忠公全集》为明人所刊类编本苏集，江枰在《明代苏文研究史》认为，该书为万历三十四年（1606）茅维所刊。陈仁锡对其做过订正，删除《全集》卷首焦竑和茅维的序，换上项煜的序。此本虽有脱题、漏句现象，但资料齐全，尤以题跋、尺牍收录最多，另外编排大体合理，同类文章多能按照写作时间排比。

陳明卿太史訂正
蘇文忠公全集
文盛堂藏板

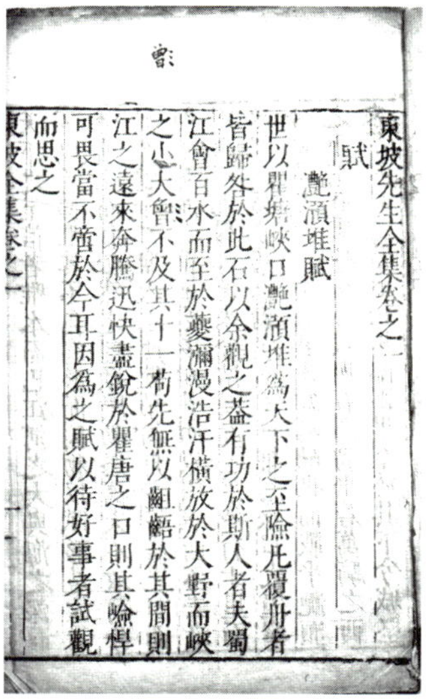

東坡先生全集卷之一
賦
灔澦堆賦
世以瞿塘峽口灔澦堆為天下之至險凡覆舟者
皆歸咎於此石以余觀之蓋有功於斯人者夫蜀
江會百水而至於夔瀰漫浩汗橫放於大野而峽
之小大曾不及其十一苟先無以齟齬於其間則
江之遠來奔騰迅快盡銳於瞿唐之口則其嶮悍
可畏當不啻於今耳因為之賦以待好事者試觀
而思之
東坡全集卷之一

书藏六合区图书馆。

隋书八十五卷　（唐）魏征等撰

明冯梦祯刻清康熙四十年（1701）重修本

框高 20.6 厘米，宽 14.2 厘米，9 行 18 字，白口，四周双边，双黑鱼尾。

魏征（580—643），字玄成，钜鹿（今河北巨鹿）人，唐朝政治家、思想家、文学家和史学家，曾任谏议大夫、左光禄大夫，封郑国公，谥文贞，为凌烟阁二十四功臣之一。因直言进谏，辅佐唐太宗共同创建“贞观之治”的大业，被后人称为“一代名相”。其言论多见《贞观政要》。

全书凡八十五卷，其中帝纪五卷，列传五十卷，志三十卷，是现存最早的隋史专著。该书由多人共同编撰，分为两阶段成书，从草创到全部修完共历时三十五年。受唐太宗“以古为镜，可以见兴替”指导思想的影响，《隋书》主张以史为鉴，弘扬秉笔直书的优良史学传统，品评人物较少阿附隐讳。此外，书中还保存了大量政治、经济以及科技文化资料，其中十志记载梁、陈、北齐、北周和隋五朝的典章制度，有些部分甚至追溯到汉魏。

书藏六合区图书馆。

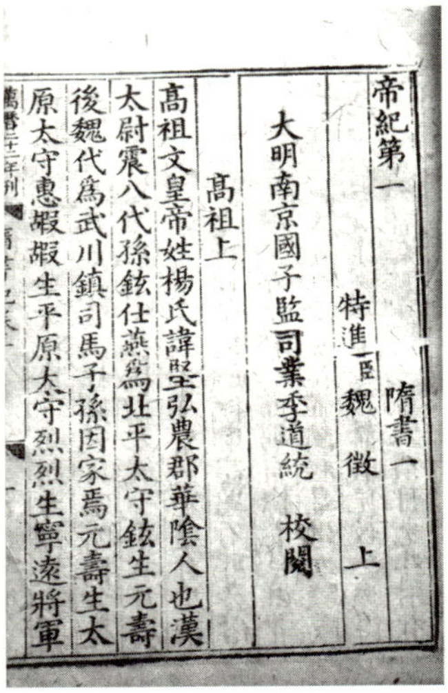
帝紀第一　隋書一
特進臣魏徵上
大明南京國子監司業季道統校閲
高祖上
高祖文皇帝姓楊氏諱堅弘農郡華陰人也漢
太尉震八代孫鉉仕燕爲北平太守鉉生元壽
後魏代爲武川鎮司馬子孫因家焉元壽生太
原太守惠嘏嘏生平原太守烈烈生寧遠將軍

随村先生遗集六卷　（清）施瑮撰

清乾隆四年（1739）刻本

框高 17.8 厘米，宽 13 厘米，11 行 21 字，小字双行同，白口，四周双边，单黑鱼尾。

施瑮，生卒年不详，字质存，一字质夫，号随村，又号剩圃，安徽宣城人。闰章孙。家学渊源，天怀高旷，而与家庭师友尤其亲切笃至。工诗，多行役游观之作。《四库全书总目》谓其“酷学其祖而风格稍逊”，“根柢之深厚不及也”。

《随村先生遗集》六卷，为杭世骏编订其诗而成。

书藏秦淮区图书馆。

剩圃詩集
本衙藏板

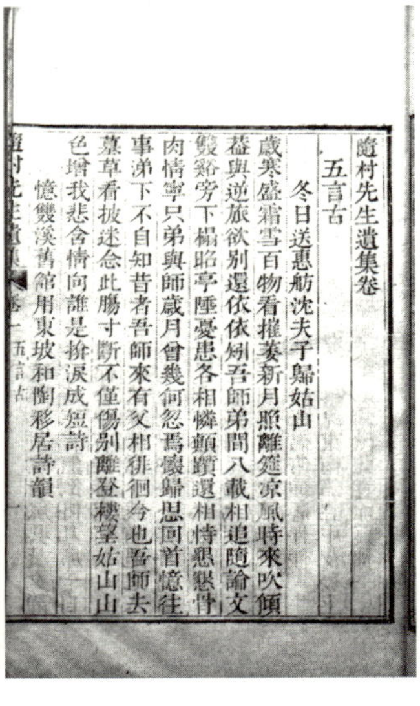
隨村先生遺集卷
五言古
冬日送惠舫沈夫子歸姑山
歲寒盛霜雪百物看摧萎新月照離筵涼風時來吹傾
蓋與逆旅欲別還依依俐吾師弟間八載相追隨論文
雙谿旁下榻昭亭陲憂患各相憐顛躓還相恃懇懇骨
肉情寧只弟與師歲月曾幾何忽焉懷歸思回首憶往
事渺下不自知昔者吾師來有父相徘徊今也吾師去
墓草看披迷念此腸寸斷不僅傷別離登樓望姑山山
色增我悲含情向誰是拚淚成短詩
憶雙溪舊館用東坡和陶移居詩韻

随园诗话十六卷　（清）袁枚撰

清乾隆五十五年（1790）刻本

框高 16.3 厘米，宽 12.3 厘米，11 行 21 字，白口，左右双边，单黑鱼尾。

袁枚（1716—1797），字子才，号简斋，晚年自号仓山居士、随园主人、随园老人，钱塘（今浙江杭州）人，祖籍浙江慈溪。乾隆四年进士，历任溧水、江宁等县知县，有政绩，四十岁即告归。在江宁小仓山下筑随园，吟咏其中。广收诗弟子，女弟子尤众。乾嘉时期代表诗人之一，与赵翼、蒋士铨合称“乾隆三大家”。

该书凡二十六卷，其中《诗话》十六卷，《诗话补遗》十卷。其体制为分条排列，每条或述一评，或记一事，或采一诗（或数诗），针对性很强。书中所论及的，从诗人的先天资质，到后天的品德修养、读书学习及社会实践；从写景、言情，到咏物、咏史；从立意构思，到谋篇炼句；从辞采、韵律，到比兴、寄托、自然、空灵、曲折等各种表现手法和艺术风格，以及诗的修改、诗的鉴赏、诗的编选，乃至诗话的撰写，无所不包，是清代影响最大的论诗之作。

书藏金陵图书馆。

乾隆庚戌
隨園詩話
小倉山房藏版
翻刻必究

隨園詩話卷一　倉山居士著
古英雄未遇時都無大志非止鄧禹希文學馬武望督
郵也晉文公有妻有馬不肯去齊光武貧時與李通訟
逋租於嚴尤尤奇而目之光武歸謂李通曰嚴公寧目
君耶窺其意以得嚴君一盼爲榮韓蘄王爲小卒時相
士言其日後封王韓大怒以爲侮己奮拳毆之都是一
般見解鄂西林相公辛丑元日云攬鏡人將老開門草
未生詠懷云看來四十猶如此便到百年已可知皆作
郎中時詩也玩其詞若不料此後之出將入相者及其
爲七省經略在金中丞席上云問心都是酬恩客屈指

太湖备考十六卷　（清）金友理撰

清乾隆十五年（1750）艺兰圃刻本

框高18.3厘米，宽12.8厘米，10行21字，小字双行32字，白口，左右双边，单黑鱼尾。

金友理，字玉相，苏州吴县人。邑诸生。友理世居太湖东山，家世敦谨，兄弟四人，恂恂相友爱，时人皆以誉比前汉万石君家风。友理编纂《太湖备考》，其弟友管、友治、友坟皆襄理校阅，传为佳话。

《太湖备考》为太湖专志，此志共十六卷三十类，设图、表、志、传、补遗等门目，体例悉仿志体。卷首为巡幸、图说，卷一为太湖总志，卷二为沿湖水口、滨、湖山；卷三为水治、水议；卷四为兵防、湖防论说，记兵、职官；卷五为湖中山、泉、港渎、桥梁、都图（地名）、田赋；卷六为坊表，祠庙、寺观、古迹、第宅园亭、冢墓、风俗、物产；卷七为选举（进士至乾隆七年壬戌会试）、乡饮；卷八为人物；卷九为列女；卷十、十一为集诗；卷十二、十三为集文；卷十四为书目、灾异；卷十五为补遗；卷十六为杂记。末附湖程纪略，为友理业师吴曾所撰。该书内容翔实、可靠。书不曰“志”而曰“考”，盖嫌与郡邑等同，同时也表示所辑，为补考前志，亦聊以备后人之考订。文字简洁，可以弥补《震泽编》、《具区志》之不足。

书藏金陵图书馆。

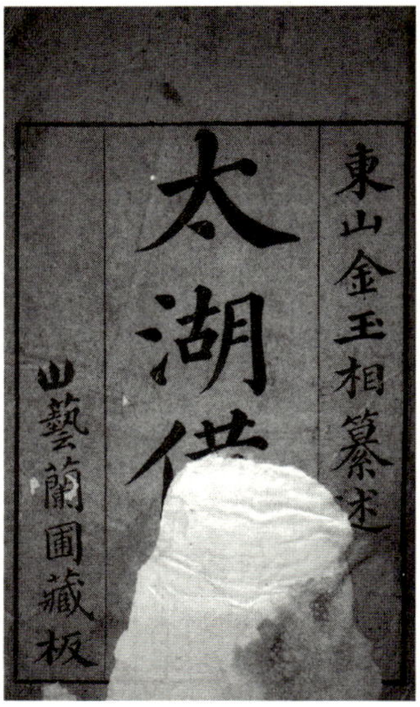

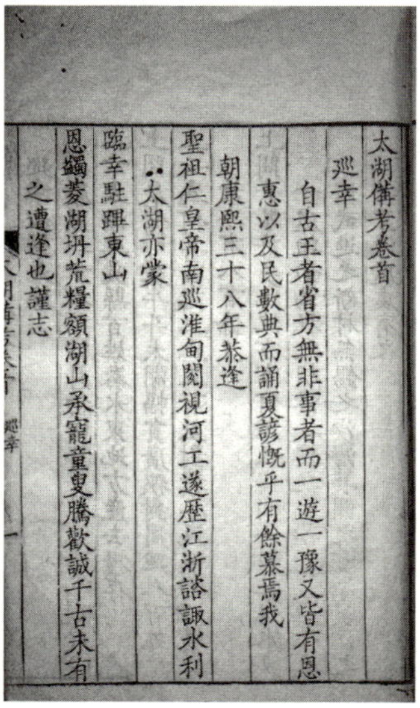
太湖備考卷首
巡幸
自古王者省方無非事者而一遊一豫又皆有恩
惠以及民歟典而誦夏諺慨乎有餘慕焉我
朝康熙三十八年恭逢
聖祖仁皇帝南巡淮甸閱視河工遂歷江浙諮諏水利
太湖亦蒙
臨幸駐蹕東山
恩蠲菱湖坍荒糧額湖山承寵童叟騰歡誠千古未有
之遭逢也謹志

檀弓二卷　（宋）谢枋得批点

明万历四十四年（1616）闵齐伋刻朱墨套印本

框高 20.6 厘米，宽 14.7 厘米，8 行 18 字，白口，左右双边，无鱼尾，朱墨套印。

谢枋得（1226—1289），字君直，号叠山，信州弋阳县（今江西上饶）人。宝祐四年（1256）进士。次年复试教官，性好直言，发策十问，斥责贾似道误国，谪兴国军安置。德祐初，以江东提刑知信州。入元后，不应荐，参政魏天佑强之押往北上，至燕都不食而死。有《叠山集》、《文章轨范》。

闵齐伋（1580—1662？），字及武，号遇五，一作寓五，乌程（今浙江湖州）人。明诸生，不求进取，耽著述，批校《国语》、《国策》、《檀弓》、《孟子》等书，汇刻十种，士人能雠一字之讹者，即赠书全帙，辗转传较，悉成善本。著有《六书通》，盛行于世。

《四库全书总目提要》云："是编莫知所自来。明万历丙辰，乌程闵齐伋始以朱墨版刻之。齐伋《序》称得谢高泉所校旧本，亦不言谢本出谁氏。书中圈点甚密，而评则但标章法、句法等字，似孙矿等评书之法，不类宋人体例。疑因枋得有《文章轨范》，依托为之。又题'杨升庵附注'，而与慎《檀弓丛训》复不相同。据齐伋《序》，称汇《注》、《疏》、《集注》、《集说》诸书，去其繁而存其要，以着于简端。则齐伋之所加，非慎原注也。盖明季刊本，名实舛互，往往如斯矣。"

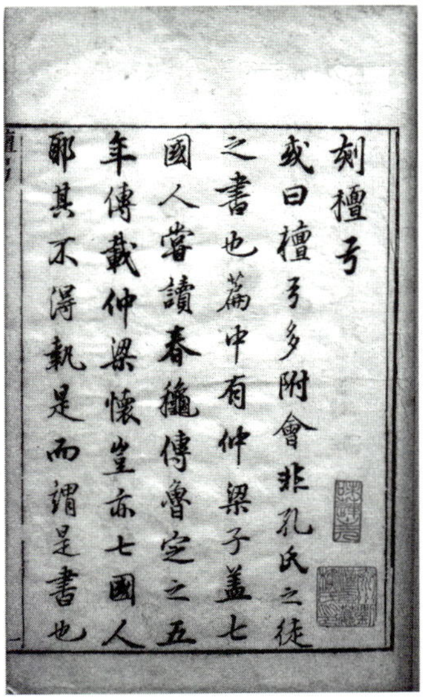
刻檀弓

或曰檀弓多附會非孔氏之徒之書也篇中有仲梁子蓋七國人嘗讀春秋傳魯定之五年傳載仲梁懷豈亦七國人耶其不得執是而謂是書也

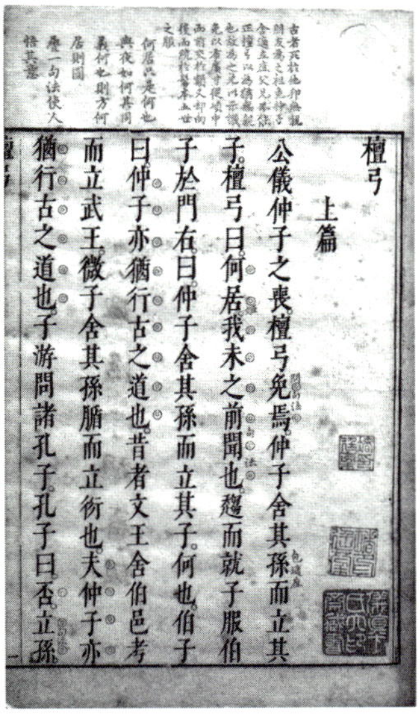
檀弓　上篇

公儀仲子之喪檀弓免焉仲子舍其孫而立其子。檀弓曰何居我未之前聞也趨而就子服伯子於門右曰仲子舍其孫而立其子何也伯子曰仲子亦猶行古之道也昔者文王舍伯邑考而立武王微子舍其孫腯而立衍也夫仲子亦猶行古之道也子游問諸孔子孔子曰否立孫

书藏金陵图书馆。

唐人万首绝句选七卷　（宋）洪迈编　（清）王士禛选

清康熙刻本

框高 16 厘米，宽 13 厘米，10 行 19 字，黑口，左右双边，单黑鱼尾。

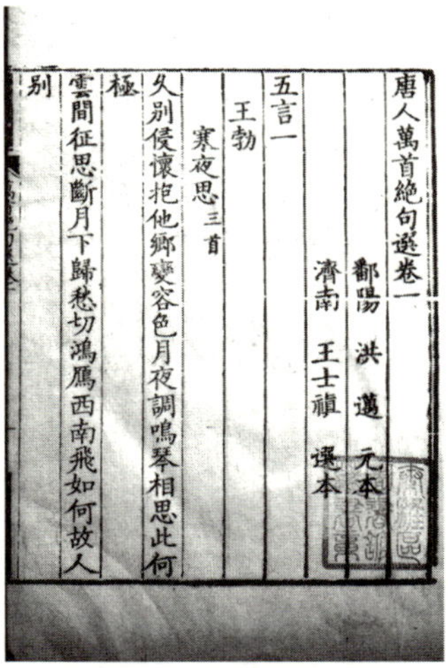
唐人萬首絕句選卷一
鄱陽 洪 邁 元本
濟南 王士禛 選本
五言一
王勃
寒夜思三首
久別侵懷抱他鄉變容色月夜調鳴琴相思此何
極
雲間征思斷月下歸愁切鴻雁西南飛如何故人
別

洪迈（1123—1202），南宋饶州鄱阳（今江西鄱阳）人，字景卢，号容斋，又号野处。洪皓第三子。官至翰林院学士、资政大夫、端明殿学士，宰执，封魏郡开国公、光禄大夫。卒年八十，谥文敏。配张氏，兵部侍郎张渊道女，继配陈氏，均封和国夫人。南宋著名文学家。作品有《容斋随笔》、《夷坚志》。

王士祯（1634—1711），原名王士禛，字子真，一字贻上，号阮亭，又号渔洋山人，世称王渔洋，谥文简。

《唐人万首绝句选》是王士祯选编的唐诗选集。因感洪迈《万首唐人绝句》卷帙过繁，乃从中选出二百六十四人，诗八百九十五首。遴选精审，颇获佳评。有康熙四十七年（1708）芸香阁刻本。收入《王渔洋遗书》。《四库全书》收入集部总集类。

书藏秦淮区图书馆。

唐诗三百首不分卷　（清）蘅塘退士编

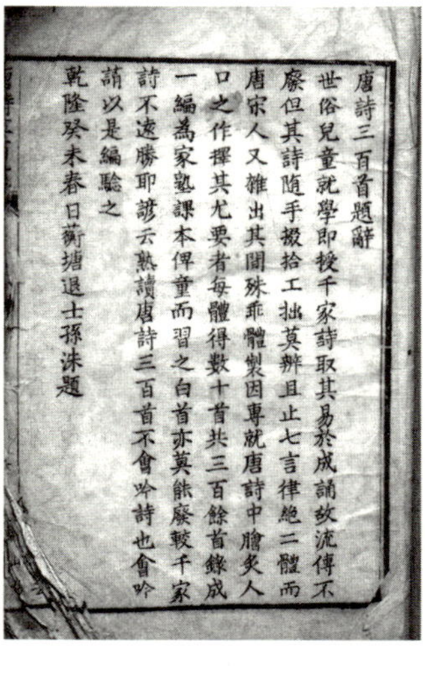
唐詩三百首題辭
世俗兒童就學即授千家詩取其易於成誦故流傳不
廢但其詩隨手掇拾工拙莫辨且止七言律絕二體而
唐宋人又雜出其間殊乖體製因專就唐詩中膾炙人
口之作擇其尤要者每體得數十首共三百餘首錄成
一編為家塾課本俾童而習之白首亦莫能廢較千家
詩不遠勝耶諺云熟讀唐詩三百首不會吟詩也會吟
請以是編驗之
乾隆癸未春日蘅塘退士孫洙題

乾隆二十八年（1763）小石山房刻本

框高 18 厘米，宽 12.8 厘米，10 行 21 字，小字双行同，左右双边，白口，单黑鱼尾。

孙洙（1711—1778），字临西，一字苓西，号蘅塘，晚号退士，生于江苏无锡，祖籍安徽休宁。乾隆十六年进士，曾任知县及山东乡试同考官、江宁府学教授等职，著有《蘅塘漫谈》等。孙洙于乾隆十六年中了进士以后，只做过几任知县便退居乡里，以读书、写书为乐，他与继室徐兰英互相商榷，编成《唐诗三百首》，颇负盛名。徐兰英工诗善书，《清朝书画家笔录》有传。

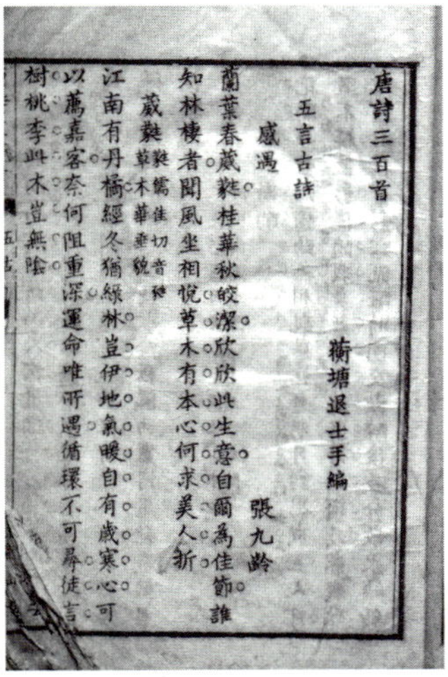
唐詩三百首
五言古詩
衡塘退士手編
感遇 張九齡
蘭葉春葳蕤。桂華秋皎潔。欣欣此生意。自爾為佳節。誰知林棲者。聞風坐相悅。草木有本心。何求美人折。
葳蕤 草木華垂貌
江南有丹橘。經冬猶綠林。豈伊地氣暖。自有歲寒心。可以薦嘉客。奈何阻重深。運命唯所遇。循環不可尋。徒言樹桃李。此木豈無陰。

《唐诗三百首》是一部流传很广的唐诗选集。该书成书于乾隆二十八年，作者孙洙模仿《诗经》“诗三百”的说法，意为继承《诗经》传流。该书选入七十五位唐代诗人及二位无名氏的诗作共三百一十首，刻印时又补入了杜甫的《咏怀古迹》三首。由于所选作品体裁完备，风格各异，富有代表性，又通俗易懂，刊行后广为流传，是众多唐诗选本中传播最广、影响最大的一本。

书藏江宁区图书馆。

唐书二百四十八卷录一卷释音一卷
（宋）欧阳修、宋祁同撰

清康熙四十年（1701）重修冯梦祯明刻本

框高 22.5 厘米，宽 14.8 厘米，10 行 22 字，白口，四周双边，双黑鱼尾。

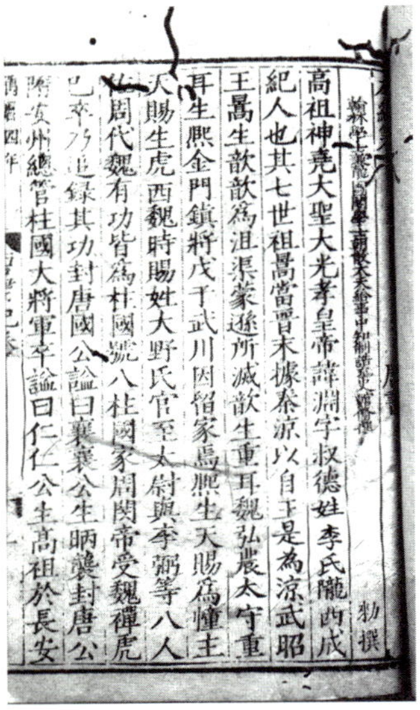
高祖神堯大聖大光孝皇帝諱淵字叔德姓李氏隴西成紀人也其七世祖暠當晉末據秦涼以自王是為涼武昭王暠生歆歆為沮渠蒙遜所滅歆生重耳魏弘農太守重耳生熙金門鎮將戍于武川因留家焉熙生天賜為幢主天賜生虎西魏時賜姓大野氏官至太尉與李弼等八人佐周代魏有功皆為柱國號八柱國家周閔帝受魏禪虎已卒乃追錄其功封唐國公謚曰襄襄公生昞襲封唐公隋安州總管柱國大將軍卒謚曰仁仁公生高祖於長安

欧阳修（1007—1072），字永叔，号醉翁、六一居士，吉州永丰（今江西永丰）人。常以“庐陵欧阳修”自居。官至翰林学士、枢密副使、参知政事，谥号文忠，世称“欧阳文忠公”。北宋政治家、文学家，“千古文章四大家”“唐宋散文八大家”之一。

宋祁（998—1061），字子京，安州安陆（今湖北安陆）人，后徙居开封雍丘（今河南杞县）。天圣二年（1024）进士，官翰林学士、史馆修撰。北宋文学家。卒谥景文，与兄宋庠并有文名，时称“二宋”。

全书凡二百二十五卷，其中本纪十卷，志五十卷，表十五卷，列传一百五十卷，是记载唐朝历史的纪传体断代史书。该书在欧阳修主持下，前后历经十七年，于宋仁宗嘉祐五年（1060）完成。《列传》部分主要由宋祁负责编写，《志》和《表》分别由范镇、吕夏卿负责编写。“其事则增于前，其文则省其旧”被认为是其胜过《旧唐书》之处。体例上首增《兵志》、《选举志》，系统论述唐代府兵等军事制度和科举制度，为后世所沿袭。

书藏六合区图书馆。

唐堂集五十卷补遗二卷续八卷冬录一卷　（清）黄之隽撰

清乾隆刻本

框高 19.4 厘米，宽 12.0 厘米，10 行 21 字，小字双行同，白口，左右双边，单黑鱼尾。

黄之隽（1668—1748），字石牧，江苏华亭（今上海松江）人，原籍安徽休宁。少聪颖，读书过目成诵。康熙六十年（1721）进士，改翰林院庶吉士。雍正元年（1723），授编修，充日讲起居注官，奉命提督福建学政。二年，迁中允。三年，巡抚毛文铨劾之隽庇护生员，命回京。四年，降编修。五年，复以浮开廪册，革职。乾隆元年（1736），尚书徐本荐试博学鸿词，时之隽年逾七十，试日属稿成，以目眵不能就烛下作书，遂纳卷出，罢归。又十余年，卒。手编《唐堂集》五十卷、又补遗二卷、续集八卷。

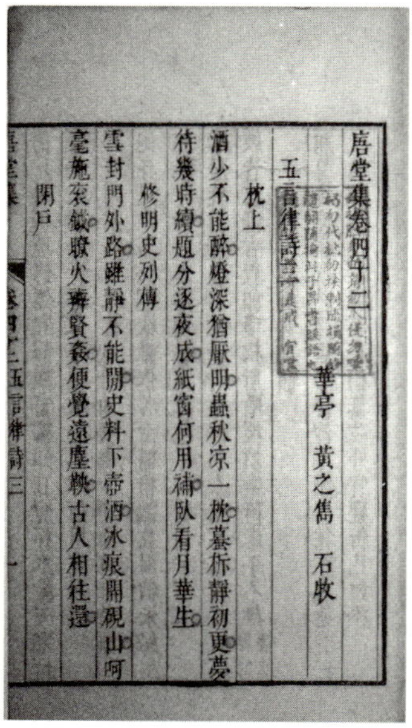
唐堂集卷四十二
五言律詩三
華亭　黃之雋　石牧
枕上
酒少不能醉燈深猶厭明蟲秋京一枕墓柝靜初更夢
待幾時續題分逐夜成紙窗何用補臥看月華生
修明史列傳
雪封門外路蹤靜不能開史料下帝酒冰痕開硯山河
毫挽衰鐵暸火瓣賢姦便覺遠塵鞅古人相往還
閉戶

《四库全书总目提要》：“是集凡五十卷，又补遗二卷、续集八卷，皆之隽所手编，各有自序。末附冬录一卷，则所自撰年谱也。之隽之学，排陆王而尊程朱，多散见所作诗文中，持论甚正。而综览浩博、才华富赡。兴之所至、下笔不能自休，往往溢为狡狯游戏之文，不免词人之结习。又名誉既盛，赠答遂繁，牵率应酬，不能割爱，榛楛勿翦，所存者不尽精华。譬之古人，殆陆机之患才多矣。”

书藏金陵图书馆。

唐摭言十五卷　（五代）王定保撰

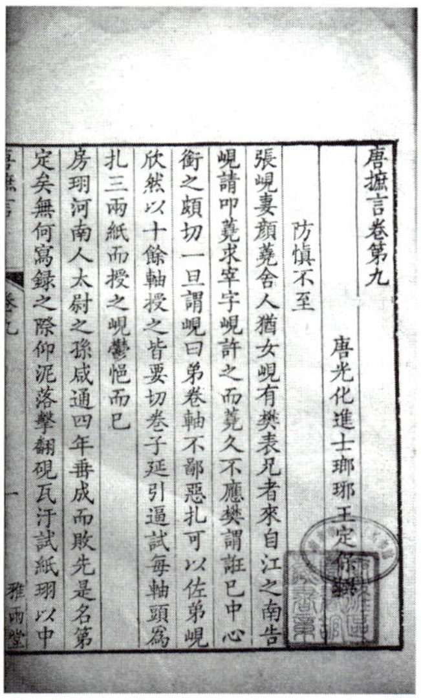
唐摭言卷第九
唐光化進士瑯琊王定保撰
防慎不至
張峴妻顏蕘舍人猶女峴有樊表兄者來自江之南告
峴請叩蕘求宰宇峴許之而蕘久不應樊謂誑已中心
銜之頗切一旦謂峴曰弟卷軸不鄙惡扎可以佐弟峴
欣然以十餘軸授之皆要切卷子延引逼試每軸頭爲
扎三兩紙而授之峴鬱悒而已
房珝河南人太尉之孫咸通四年垂成而敗先是名第
定矣無何寫錄之際仰泥落擊翻硯瓦汙試紙珝以中
唐摭言　卷九　一　雅雨堂

清乾隆雅雨堂刻本

框高18.5厘米，宽13.6厘米，10行21字，白口，四周单边，单黑鱼尾。

王定保（870—954），字翊圣，吴融之婿，南昌（今属江西）人。光化三年（900）举进士及第。唐末避中原之乱入湖南，任容管巡官。不见遇马殷，遂入岭南，附于节度史刘隐处为幕客。后任南汉宁远军节度使、中书侍郎同平章事等职。官至中书侍郎、同平章事。善文辞，“雅好著述，老而弥笃”，著有《唐摭言》十五卷。

《唐摭言》是古代文言轶事小说集，记述大量唐代诗人文士的遗闻佚事，多记正史所不详述者。出版时间不详。书中还保存了不少唐人别集所失载的断章零句，可以作为唐诗辑佚的重要依据。全书共十五卷，分一百零三门。每卷分若干标题，每个标题下或作综合论述，或分记若干有关故实，大致前三卷汇录科举制度掌故，其余十二卷按类记叙科举士人言行。

书藏秦淮区图书馆。

桃溪客语五卷阳羡名陶录二卷国山碑考一卷补遗一卷　（清）吴骞撰

清乾隆刻本

框高18厘米，宽13.2厘米，10行20字，小字双行同，黑口，左右双边，双黑鱼尾。

吴骞（1733—1813），字槎客，一字葵里，号兔床、愚谷，晚年别署齐云采药翁。祖籍安徽休宁，居于浙江海宁。贡生。尤嗜典籍，遇善本图书，倾囊相购，校勘精审。又得藏书家马氏“道古楼”、查氏“得树楼”部分图书，多有宋元精椠，建“拜经楼”收藏，聚书数十万卷。著有《愚谷文存》等。

此书前有乾隆五十三年（1788）周广业序，称其客游宜兴，著述其间，搜剔溪山，爬梳人物，博而且精云云。又有丁亥吴骞自序，称结庐国山之下，日与田更野老相往还，偶有闻见，笔而识之，命曰《桃溪客语》。此书五卷，为吴氏闲谈随笔，因其客居桃溪而专录此地见闻，或来自历史典籍，或来自笔记杂录，或来自地方文献，或来自野老传闻，或来自实地考求，皆渊源有自。

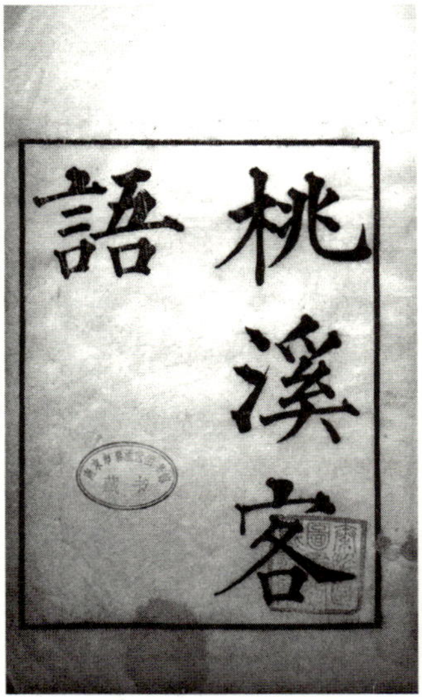
桃溪客語

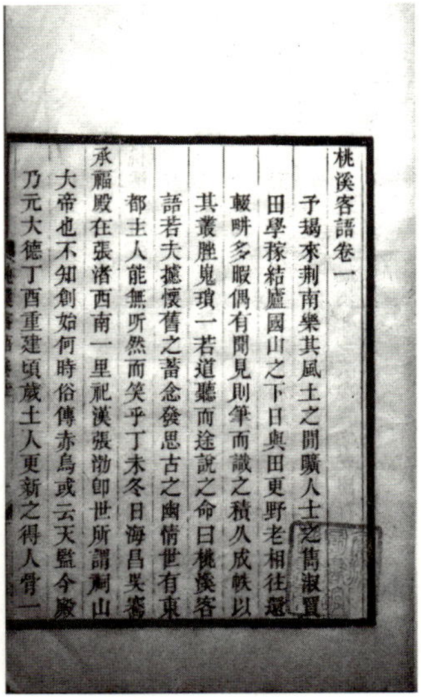
桃溪客語卷一
予揭來荆南樂其風土之閒曠人士之馴淑買
田學稼結廬國山之下日與田更野老相往還
輒畊多暇偶有聞見則筆而識之積久成帙以
其叢脞鬼瑣一若道聽而途說之命曰桃溪客
語若夫撫懷舊之蓄念發思古之幽情世有東
都主人能無所然而笑乎丁未冬日海昌吳騫
承雷殿在張渚西南一里祀漢張渤卽世所謂祠山
大帝也不知創始何時俗傳赤烏或云天監今殿
乃元大德丁酉重建頃歲士人更新之得人骨一

书藏秦淮区图书馆。

陶彭泽集五卷附录一卷　（晋）陶渊明撰　（明）张燮纂

明天启二年（1622）刻本

框高20.6厘米，宽13.8厘米，9行18字，小字双行同，白口，左右双边，单黑鱼尾。

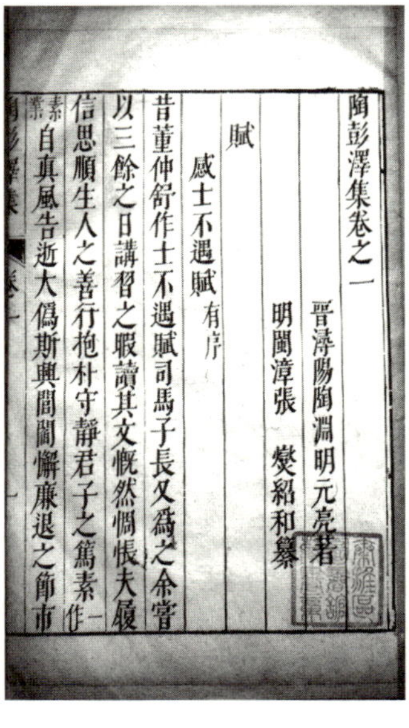
陶彭澤集卷之一
晉潯陽陶淵明元亮著
明閩漳張燮紹和纂
賦
感士不遇賦 有序
昔董仲舒作士不遇賦司馬子長又爲之余嘗
以三餘之日講習之暇讀其文慨然惆悵夫履
信思順生人之善行抱朴守靜君子之篤素
自真風告逝大僞斯興閭閻懈廉退之節市

陶渊明（352或365—427），字元亮，又名潜，私谥“靖节”，世称靖节先生，浔阳柴桑（今江西九江）人。有《陶渊明集》。

张燮（1574—1640），字绍和，自号海滨逸史。他天资聪慧，十岁通五经，二十岁中举后，从父亲张廷榜被无故“罢官”的一事中，深感官场竞争的激烈。于是无心仕途，定居镇江（石码镇）侍奉父亲。天启年间，何乔远荐张燮入朝编修《神宗实录》，力辞不就。著有《文集》和《东西洋考》、《群玉楼集》，刊刻汉魏《七十二家文选》，黄宗羲称他为“万历间作手”。

《陶彭泽集》收录了陶渊明的诗文辞赋，诗多描绘自然景色及其在农村生活的情景，而这田园生活也是陶渊明诗的主要题材，其中的优秀作品寄寓着对官场与世俗社会的厌倦，表露出其洁身自好，不愿屈身逢迎的志趣，但也有宣扬“人生无常”“乐安天命”等消极思想。其艺术特色，兼有平淡与爽朗之胜，语言质朴自然，而又极为精炼，具有独特风格。

书藏秦淮区图书馆。

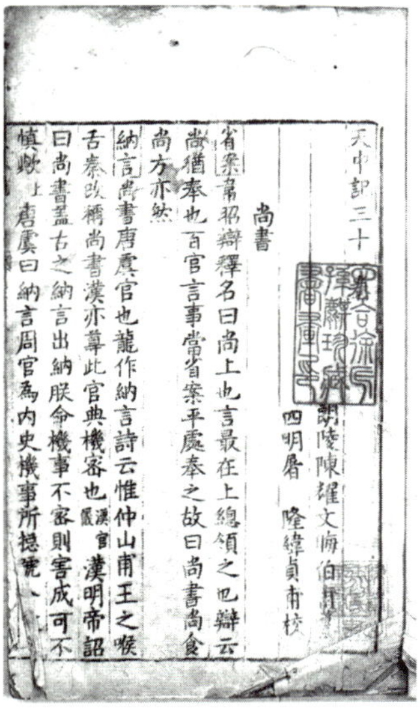
天中記三十
朗陵陳耀文晦伯撰
四明屠隆緯真甫校
尚書
省案常招辯釋名曰尚上也言最在上總領之也辯云
尚猶奉也百官言事當省案平處奉之故曰尚書尚食
尚方亦然
納言尚書唐虞官也龍作納言詩云惟仲山甫王之喉
舌秦改稱尚書漢亦尊此官典機密也漢官儀 漢明帝詔
曰尚書蓋古之納言出納朕命機事不密則害成可不
慎歟上 唐虞曰納言周官為内史機事所揔覽、

天中记六十卷　（明）陈耀文撰

明万历三十七年（1609）刻本

半框高 19 厘米，宽 13 厘米，11 行 21 字，小字双行同，白口，左右双边，单黑鱼尾。

陈耀文（约 1573—约 1619），字晦伯，号笔山，确山（今属河南）人。明代文学家、训诂学家。万历三十八年（1610）进士。官至按察副使。明中叶后，心学盛行，独能潜心训诂。著有《正杨》、《学林就正》、《花草粹编》、《天中记》等。

《天中记》，明陈耀文编撰类事之书。天中山又名天台山，在今河南汝南县城北。因编者所居近天中山，故以此为书名。定本六十卷分七百九十六类，每一类目下有事物名称的标题，征引广博，且皆注明出处，体裁较善，间附考证，订正以往类书之沿讹。

书藏六合区图书馆。

亭林全集　（清）顾炎武撰

清康熙刻亭林遗书本

框高 19 厘米，宽 14.7 厘米，11 行 20 字，白口，左右双边，上黑鱼尾。

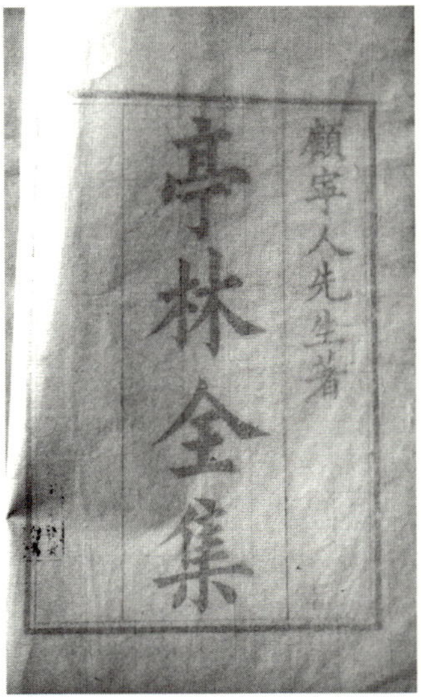

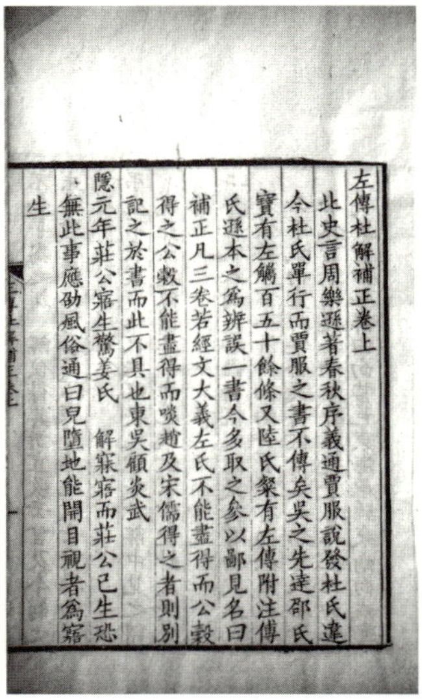
左傳杜解補正卷上
北史言周樂遜著春秋序義通賈服說發杜氏違
今杜氏單行而賈服之書不傳矣吳之先達邵氏
寶有左觿百五十餘條又陸氏粲有左傳附注傅
氏遜本之爲辨誤一書今多取之參以鄙見名曰
補正凡三卷若經文大義左氏不能盡得而公穀
得之公穀不能盡得而啖趙及宋儒得之者則別
記之於書而此不具也東吳顧炎武
隱元年莊公寤生驚姜氏　解寤寤而莊公已生恐
無此事應劭風俗通曰兒墮地能開目視者爲寤
生

顾炎武（1613—1682），原名绛，字忠清，明亡后改名炎武，字宁人，亦自署蒋山佣，南直隶苏州府昆山（今江苏昆山）人。因故居旁有亭林湖，学者尊为亭林先生，明末清初著名的思想家、经学家、史地学家、音韵学家，与黄宗羲、王夫之并称为明末清初三大儒。著述极丰，多昭示后代以门径。

《亭林全集》凡诗集五卷、文集六卷、余集一卷。清军渡江时，顾炎武曾在苏州参加抗清战争，失败后仍积极进行反清复明的斗争。清朝政府逼迫他修明史时，他毅然拒绝，在《与叶讱庵书》（文集卷三）中曾和朋友表示，如果真的强他出仕，就准备“以身殉之”。从他的诗句“苍龙日暮还行雨，老树春深犹著为”、“远路不须愁日暮，老年终自望河清”中亦可见他的抗清意志至老未衰。

书藏鼓楼区图书馆。

资治通鉴纲目三编二十卷　（清）张廷玉等编

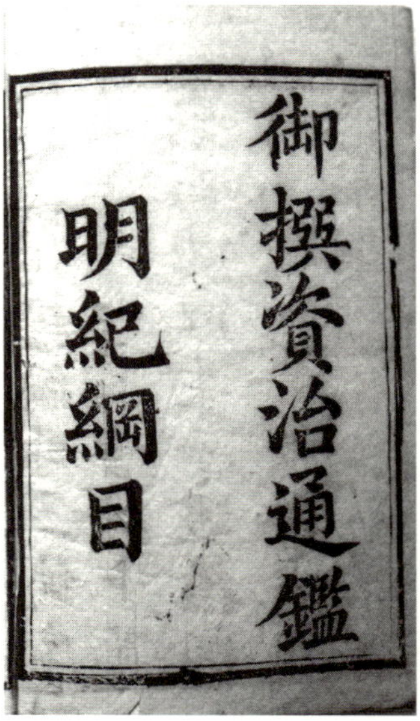

清乾隆十一年（1746）木刻巾箱本刻本

半框高13.3厘米，宽10厘米，11行22字，小字双行同，白口，四周单边，单黑鱼尾。

张廷玉（1672—1755），字衡臣，号研斋，安徽桐城人。康熙三十九年（1700）中进士。康熙时曾任内阁学士、吏部侍郎。雍正帝即位，擢升为礼部尚书，入值南书房，深为雍正帝信任。军国大事，多有参决，鸿典巨文，也多出其手。先后任《亲征

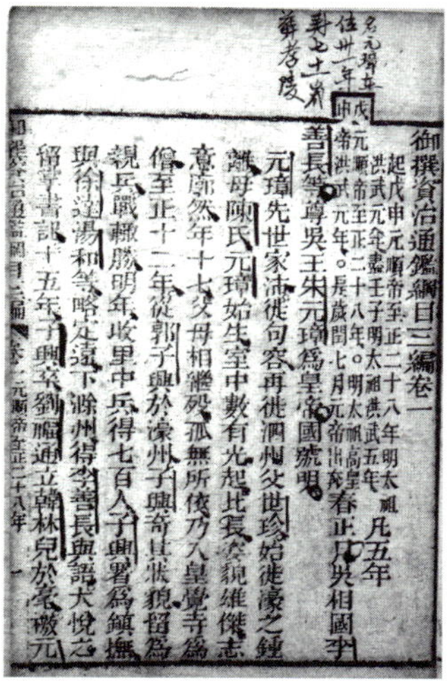

平定朔北方略》纂修官，《省方盛典》、《清圣祖实录》副总裁官，《明史》、《四朝国史》、《大清会典》、《世宗实录》总裁官。

《资治通鉴纲目三编》，清乾隆时官修。张廷玉奉诏采明代事迹加以编纂，以续朱熹《通鉴纲目》和商辂《续资治通鉴纲目》，于乾隆十一年（1746）四月成书二十卷进呈，高宗亲自为之作序、参定。其书仿《通鉴纲目》，大书以提要，分注以备言。后因事迹不免漏落，地名、人名又多舛误，乾隆四十年赫舒德奉命重修，体例大书皆遵《通鉴辑览》，细注则详核史传，补遗纠谬，使端委秩然，卷数比初编加倍。

书藏六合区图书馆。

通俗编三十八卷　（清）翟灏撰

清乾隆十六年（1751）无不宜斋刻本

框高 17.2 厘米，宽 12.1 厘米，12 行 22 字，白口，左右双边，单黑鱼尾。

翟灏（？—1788），字大川，改字晴江，自号巢翟子，仁和（今浙江杭州）

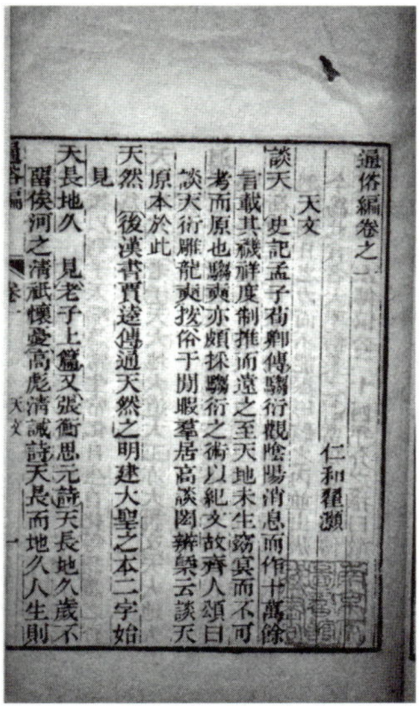

人。乾隆十九年进士，官金华、衢州府学教授。性嗜藏书，自经史外，凡诸子百家、山经地志、稗史说部、佛乘道诰等书，广加收罗。建书楼三楹，储书检校，名“书巢”，藏书家杭世骏亦记其“环堵之室，而卷且盈万”。作有《书巢记》，记其储书经过。撰述勤奋，至老不倦。

全书凡三十八类，以每一语标题，并明其所自出。率皆采集通俗成语，予以辨析诠释。援引详赡，时有关于神话传说资料之引用及考证。

书藏金陵图书馆。

通志堂经解　（清）纳兰成德辑

清康熙十九年（1680）刻本

框高 19.3 厘米，宽 14.2 厘米，11 行 20 字，小字双行，字数不一，白口，左右双边，单黑鱼尾，版心刻“通志堂”，有刻工，有字数。卷末署“后学成德校订”。

纳兰性德（1655—1685），字容若，号楞伽山人，满洲正黄旗人，清朝初年词人，原名纳兰成德，大学士明珠长子。康熙十五年举进士。纳兰性德曾拜徐乾学为师。他于两年中主持编纂了一部儒学汇编——《通志堂经解》，深受康熙皇帝赏识，为今后发展奠定基础。其诗词“纳兰词”在清代以至整个中国词坛上都享有很高的声誉。著有《通志堂集》、《侧帽集》、《饮水词》等。

《通志堂经解》本名《九经解》，清纳兰成德（性德）编辑。容若在编校《经解》过程中，得到了徐乾学、朱彝尊、严绳孙、顾湄、陆元辅的悉心指导和大量帮助。《经解》搜集唐宋元明关于《易》、《书》、《诗》、《春秋》、《三礼》、《孝经》、《论语》、《孟子》、《四书》等经的注释，加以汇刻，共计一百四十六种，一千八百六十卷。是清代最早出现的一部阐释儒家经义的大型丛书。

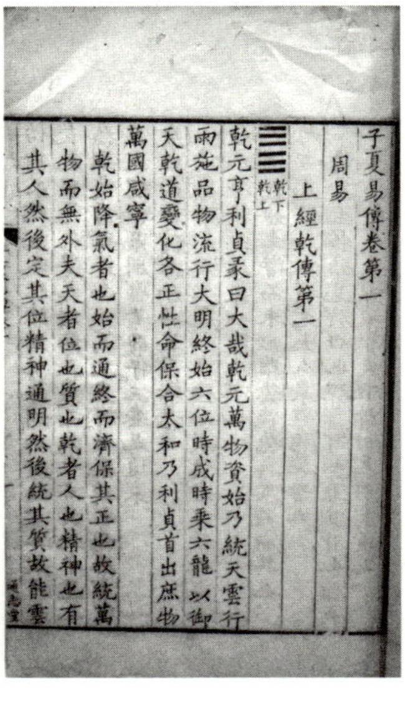
子夏易傳卷第一
周易
上經乾傳第一
乾下 乾上
乾元亨利貞彖曰大哉乾元萬物資始乃統天雲行
雨施品物流行大明終始六位時成時乘六龍以御
天乾道變化各正性命保合太和乃利貞首出庶物
萬國咸寧
乾始降氣者也始而通終而濟保其正也故統萬
物而無外夫天者位也質也乾者人也精神也有
其人然後定其位精神通明然後統其質故能雲

书藏金陵图书馆。

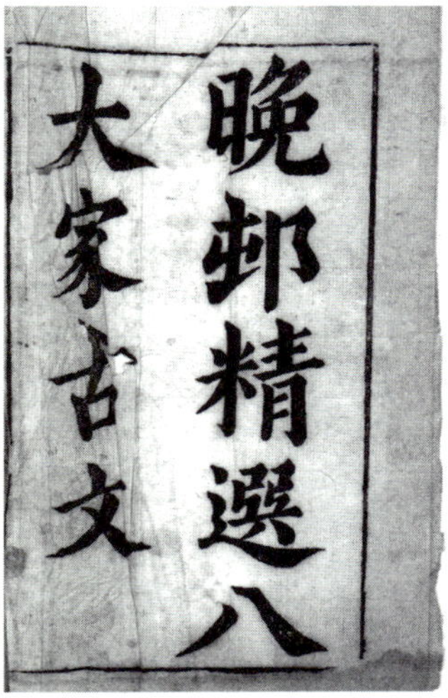

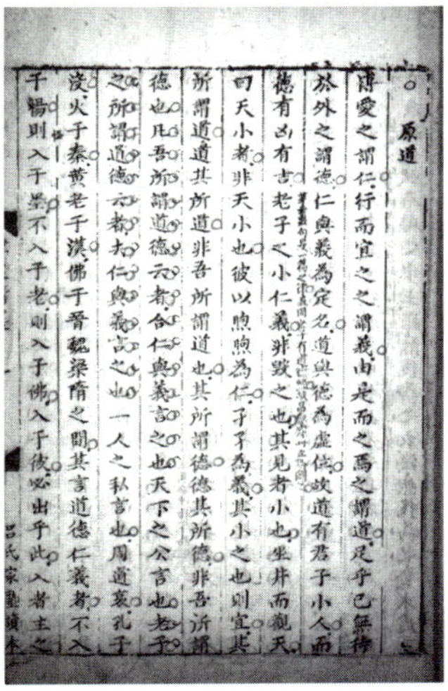
原道
博愛之謂仁行而宜之之謂義由是而之焉之謂道足乎己無待於外之謂德仁與義為定名道與德為虛位故道有君子小人而德有凶有吉老子之小仁義非毀之也其見者小也坐井而觀天曰天小者非天小也彼以煦煦為仁孑孑為義其小之也則宜其所謂道道其所道非吾所謂道也其所謂德德其所德非吾所謂德也凡吾所謂道德云者合仁與義言之也天下之公言也老子之所謂道德云者去仁與義言之也一人之私言也周道衰孔子沒火于秦黃老于漢佛于晉魏梁隋之間其言道德仁義者不入于楊則入于墨不入于老則入于佛入于彼必出于此入者主之
吕氏家塾讀本

晚村精选八大家古文不分卷　（清）吕留良辑

清康熙吕氏刻本

框高19.5厘米，宽13.4厘米，10行25字，白口，左右双边，双黑鱼尾，朱笔圈点，版心下镌“吕氏家塾读本”。

吕留良（1629—1683），又名光轮，一作光纶，字庄生，一字用晦，号晚村，别号耻翁、南阳布衣、吕医山人等，浙江崇德县（今浙江桐乡）人。明末清初杰出的学者、思想家、诗人和时文评论家、出版家。暮年为僧，名耐可，字不昧，号何求老人。顺治十年（1653）应试为诸生，后隐居不出。康熙间拒应鸿博之征，削发为僧。死后，雍正十年（1733）被剖棺戮尸，子孙及门人等或戮尸，或斩首，或流徙为奴，罹难之酷烈，为清代文字狱之首。著述多毁，现存《吕晚村先生文集》、《东庄诗存》。

此为清代禁书，落款及序言、书口处出现的吕氏姓名均被墨笔涂去，全书才得以保存。是书为吕留良晚年选定的唐宋八大家集，内收韩愈、柳宗元、欧阳修、曾巩、苏洵、苏轼、苏辙、王安石的名作八十五篇，由其子吕褒中点勘，以付家塾。前有康熙甲申年吕褒中序、凡例。

书藏金陵图书馆。

晚笑堂画传不分卷　（清）上官周撰

清乾隆八年（1743）刻本

框高22.4厘米，宽14.9厘米，行款不一，白口，左右双边，单黑鱼尾。

上官周（1665—1752），福建长汀南山官坊（今属福建长汀县）人，原名世显，后改名周，字文佐，号竹庄，清代著名画家，终生布衣。山水和人物画造诣很高，门生有“扬州八怪”之一的黄慎。著有《晚笑堂竹庄诗集》、《晚笑堂画传》，后者成为传世之作。

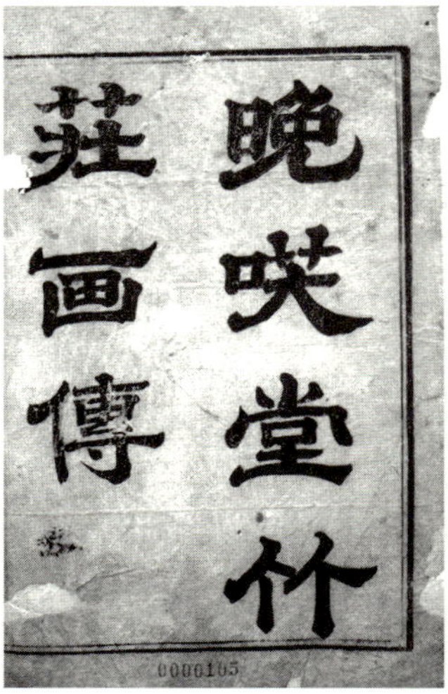

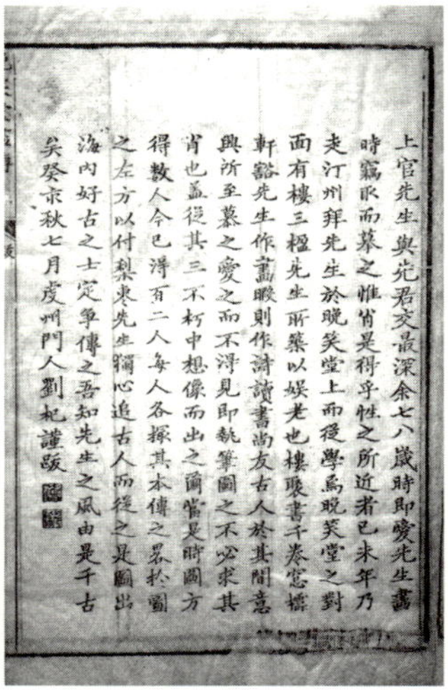
上官先生與先君交最深余七八歲時即愛先生畫時竊取而摹之惟肖是得乎性之所近者已未年乃走汀州拜先生於晚笑堂上而從學焉晚笑堂之對面有樓三楹先生所築以娛老也樓聚書千卷窓牖軒豁先生作畫暇則作詩讀書尚友古人於其間意興所至慕之愛之而不得見即執筆圖之不必求其肖也蓋從其三不朽中想像而出之爾當是時圖方得數人今已得百二人每人各掇其本傳之畧於圖之左方以付梨棗先生獨心追古人而從之是圖出海內好古之士定爭傳之吾知先生之風由是千古矣癸亥秋七月虔州門人劉杞謹跋

《晚笑堂画传》，木刻人物画集，清康乾时期的著名画家上官周绘。刻画了我国古代一百二十位著名历史人物，绣像旁有榜题并有赞语。画传分为上下两卷，前半部是上官周浏览史籍时，遇着有契于心的古人，则追摹其形象，累积而成共七十六人。后半部四十四人均为有明一代开国勋臣，也包含马皇后在内。笔力稳健，人物形象生动，刀刻劲挺流利。

书藏金陵图书馆。

王荆文公诗五十卷　（宋）王安石撰　（宋）李壁辑

清乾隆六年（1741）刻本

框高 19 厘米，宽 14.3 厘米，11 行 21 字，注文小字双行 31 字，黑口，左右双边。

王安石（1021—1086），字介甫，号半山，临川（今江西抚州）人，北宋著名思想家、政治家、文学家。任参知政事，实行变法，企图改变北宋中期积贫积弱的局面。变法失败后，退居江宁（今江苏南京），封荆国公，世称“王荆公”。他擅长诗文，文风古朴，是“唐宋八大家”之一。诗风前后截然不同。前期多政治诗，锋芒毕露；后期多写山水自然，精练含蓄，自成一家。其诗多收录于《临川集》。

李壁（1159—1222），字季章，号雁湖居士，眉州丹棱（今属四川）人，南宋经学家。淳熙进士。任著作佐郎兼刑部郎、权礼部侍郎兼直学院。李壁一生虽然长期肩负中枢和地方军政重任，却爱好读书，群经百家之书无所不读，熟知历朝典章制度，为文隽逸。一生著述近千卷，有《雁湖集》、《涓尘录》、《挥毫录》、

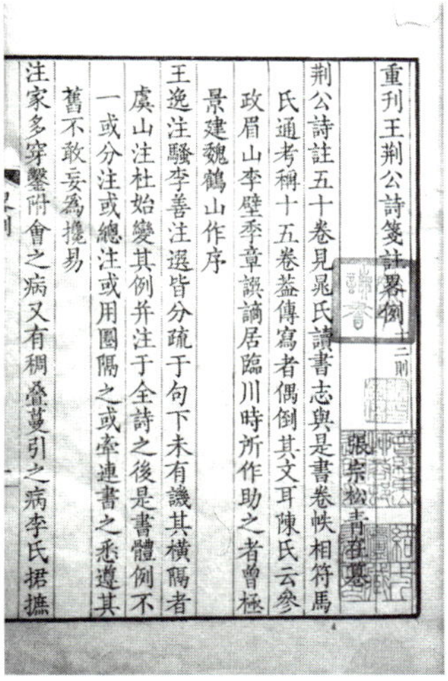
重刊王荆公詩箋註畧例 十二則
荆公詩註五十卷見晁氏讀書志與是書卷帙相符馬
氏通考稱十五卷葢傳寫者偶倒其文耳陳氏云參
政眉山李壁季章謫居臨川時所作助之者曾極
景建魏鶴山作序
王逸注騷李善注選皆分疏于句下未有識其横隔者
虞山注杜始變其例并注于全詩之後是書體例不
一或分注或總注或用圈隔之或牽連書之悉遵其
舊不敢妄爲攙易
注家多穿鑿附會之病又有稠叠蔓引之病李氏捃摭

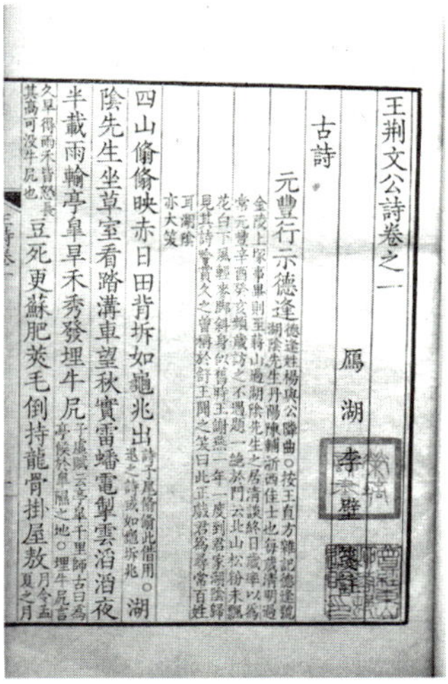
王荆文公詩卷之一
鴈湖李壁箋註
古詩
元豐行示德逢
四山翛翛映赤日田背坼如龜兆出○湖
陰先生坐草室看踏溝車望秋實雷蟠電掣雲滔滔夜
半載雨輸亭皋旱禾秀發埋牛尻
豆死更蘇肥莢毛倒持龍骨掛屋敖

《临汝闲书》等。他还为大诗人王安石诗集作笺疏，有《王荆公诗注》五十卷，其引证广博，笺注详备，是宋人注宋诗的范本。

《王荆文公诗》是李壁谪居抚州（今属江西）时所作。王安石许多诗篇是当时激烈复杂的政治斗争的产物，诗中又喜用典使事。李氏不仅笺释诗中典故出处，而且就诗篇所涉及的人物、作诗背景亦作了较多的探索。他核对版本，还多方搜寻石刻，访阅安石墨迹，从这些墨本、石刻中又为安石诗补充了作者小叙，这对理解王诗帮助很大。而且当时李壁所参考文献，今多不见，故李注弥足珍贵。此编所录诗篇较《临川先生文集》多出七十二首，荆公一些精妙七绝，赖此编以传。李注亦有失误之处。该书有较多版本，本版为清乾隆六年（1741）张宗松清绮斋刊本。

书藏江宁区图书馆。

王右丞集二十八卷首一卷末一卷

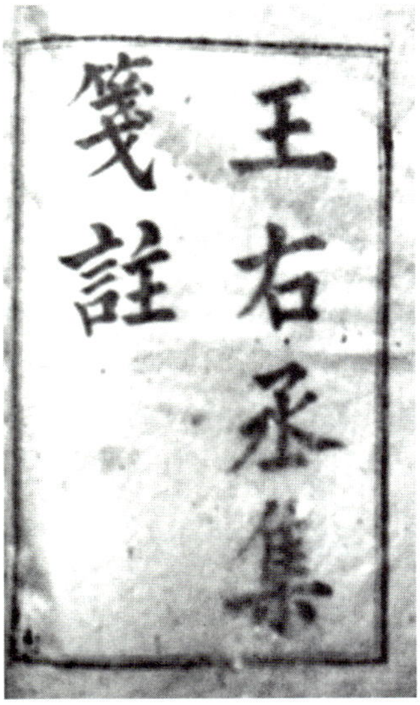

（唐）王维撰　（清）赵殿成辑录

清乾隆二年（1737）刻本

框高 18 厘米，宽 13.9 厘米，10 行 20 字，白口，左右双边，上黑鱼尾，版心上镌“大戴礼记”。

王维（701—761），字摩诘，号摩诘居士，河东蒲州（今山西运城）人，祖籍山西祁县，唐代著名诗人、画家。唐肃宗乾元年间任尚书右丞，故世称“王右丞”。

赵殿成（1683—1756），字武韩，号松谷，浙江仁和人。雍正初，举孝廉方正，不就。注有《王右丞集笺注》二十八卷，与所著《古今年谱》、《群书索隐》、《临民金镜录》并传于世。

王维精通诗、画，苏轼评价其作品："味摩诘之诗，诗中有画；观摩诘之画，画中有诗。"其诗歌思想内容和题材丰富多样，题材多选取山水田园风光和边塞军旅生活，最擅长描写自然风景，代表作有《相思》、《山居秋暝》等。赵殿成称其诗"丽而不失于浮，乐而不流于荡"。今存文七十篇，清洪亮吉称王维"能为诗而不能为文，即有文亦不及其诗"，颇为中肯。

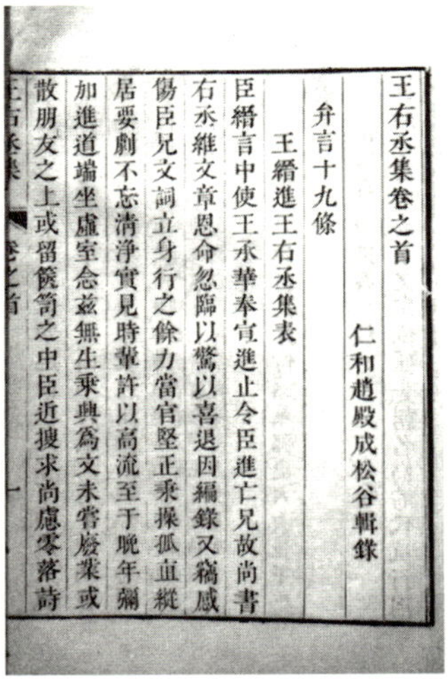
王右丞集卷之首
仁和趙殿成松谷輯錄
弁言十九條
王縉進王右丞集表
臣縉言中使王承華奉宣進止令臣進亡兄故尚書
右丞維文章恩命忽臨以驚以喜退因編錄又竊感
傷臣兄文詞立身行之餘力當官堅正秉操孤直縱
居要劇不忘清淨實見時輩許以高流至于晚年彌
加進道端坐虛室念玆無生乘典爲文未嘗廢業或
散朋友之上或留篋笥之中臣近捜求尚慮零落詩
王右丞集 卷之首 一

书藏鼓楼区图书馆。

魏书一百一十四卷　（北齐）魏收撰

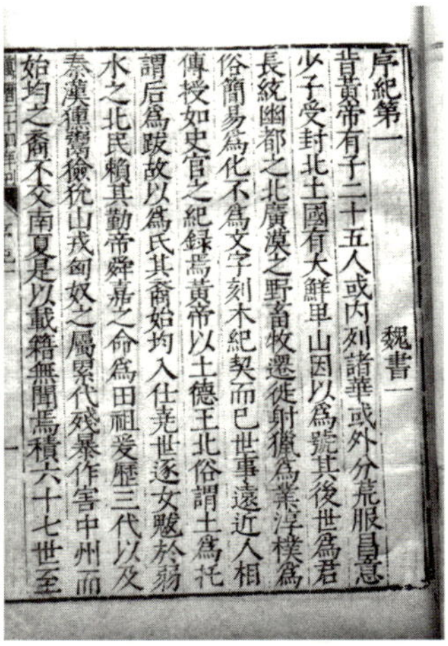
魏書一
序紀第一
昔黃帝有子二十五人或內列諸華或外分荒服昌意
少子受封北土國有大鮮卑山因以爲號其後世爲君
長統幽都之北廣漠之野畜牧遷徙射獵爲業淳樸爲
俗簡易爲化不爲文字刻木紀契而已世事遠近人相
傳授如史官之紀錄焉黃帝以土德王北俗謂土爲托
謂后爲跋故以爲氏其裔始均入仕堯世逐女魃於弱
水之北民賴其勤帝舜嘉之命爲田祖爰歷三代以及
秦漢獯鬻獫狁山戎匈奴之屬累代殘暴作害中州而
始均之裔不交南夏是以載籍無聞焉積六十七世至

明冯梦祯刻清康熙四十年（1701）重修本

框高 19.8 厘米，宽 14.4 厘米，10 行 21 字，白口，左右双边，单黑鱼尾。

魏收（507—572），字伯起，小字佛助，钜鹿下曲阳（今河北晋州）人，北魏骠骑大将军魏子建之子，南北朝时期史学家、文学家。累官至尚书右仆射，掌诏诰，总议监五礼事，位特进。历仕北魏、东魏、北齐三朝，与温子升、邢邵并称"北地三才子"。

全书凡一百二十四卷，其中本纪十二卷，列传九十二卷，志二十卷，因有些本纪、列传和志篇幅过长，又分为上、下，或上、中、下三卷，实共一百三十一卷，记载了鲜卑拓跋部早期至东魏被北齐取代这一阶段时期的历史，是正史中第一部专记少数民族政权史事的著作。《魏书》的志中新增《官氏志》、《释老志》两篇，前者记载了鲜卑氏族的名称及所改之姓、官制和制度的变化，后者记载了佛教在中国传播的过程，反映当时的社会风尚和时代特点，为后世研究提供了完备的资料。

书藏六合区图书馆。

温飞卿诗集九卷
（唐）温庭筠撰　（明）曾益注　（清）顾予咸补注

清康熙三十八年（1773）秀野草堂刻本

框高 19.5 厘米，宽 14.4 厘米，11 行 20 字，小字双行 30 字，白口，左右双边，单黑鱼尾。

温庭筠（约 812—约 866），本名岐，字飞卿，太远（今山西祁县）人，晚唐诗人、词人，有“温八叉”之称。曾任随县和方城县尉，官至国子监助教。然恃才不羁，又好讥刺权贵，取憎于时，故长被贬抑。精通音律、工诗，与李商隐齐名，时称“温李”。其诗辞藻华丽，浓艳精致，内容多写闺情。其词艺术成就在晚唐诸词人之上，为“花间派”首要词人。在词史上，与韦庄齐名，并称“温韦”。后人辑有《温飞卿集》及《金奁集》。

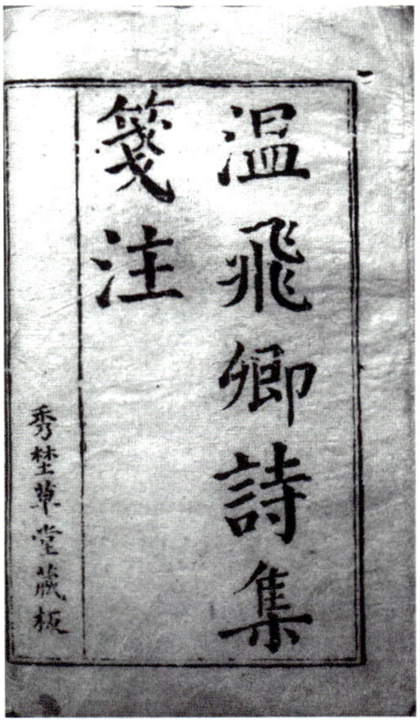

曾益，生卒年不详，明末清初绍兴人，为人古道，寿近百岁。工书善画，敷色花鸟，幽妍动人，用笔细腻；画梅竹松鹰，则喜用秃笔疾扫，绝无拘束。前后画风，判若两人。著有《昌谷集注》。

顾予咸（1613—1669），字小阮，一字以虚，号松交。清长洲人，居史家巷，为雅园主人。顺治丁亥进士。官至吏部考功司员外郎。顾嗣立之父。

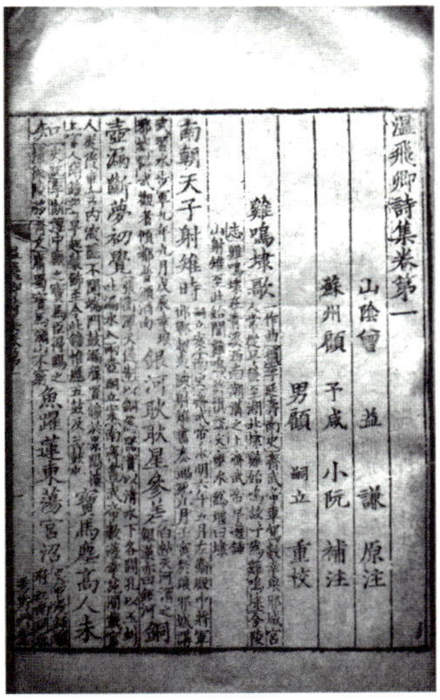

此书为唐代文学家温庭筠的诗集，收诗百余首。卷一次行题“山阴曾益谦原注，苏州顾予咸小阮补注，男顾嗣立重校”。版心上方刻有字数，版心下方刻有“秀野草堂”字样。此诗集由明曾益撰，顾予咸补辑，其子嗣立又重订之。凡注中不署名者，益原注。署补字者，予咸注。署嗣立案者，则所续注也。

书藏秦淮区图书馆。

文恭集四十卷　（宋）胡宿撰

清乾隆四十年（1775）武英殿木活字印本

框高 12.6 厘米，宽 9.3 厘米，9 行 21 字，小字双行同，白口，左右双边，单黑鱼尾。

胡宿（996—1067），字武平，常州晋陵（今江苏常州）人。谥文恭。仁宗天圣二年（1024）进士。历官湖州守、两浙转运使、吏部侍郎，以太子少师致仕，卒赠太子太傅。其文典重雅丽，波澜壮阔，声律铿訇，仿佛盛唐遗响。

此书以作者谥号命名。其墓志铭称有《文集》四十卷，《直斋书录解题》著录《胡文恭集》七十卷，久佚。今所见者，有《唐诗鼓吹》、《吴郡志》、《天台续集》、《两宋名贤小集》、《宋诗纪事》、《积书岩宋诗删》等各收有胡宿诗。清四库馆臣从《永乐大典》辑出胡宿诗文一千五百余首，编为《文恭集》五十卷，又搜辑散见于他书者为《补遗》一卷。收入《四库全书》和《武英殿聚珍版丛书》时，删去其中《青词乐语》十卷，并将《补遗》编入，定为四十卷。该集存诗四百二十一首，大致分为应制酬唱、述怀咏志、山水田园三类主题。

书藏金陵图书馆。

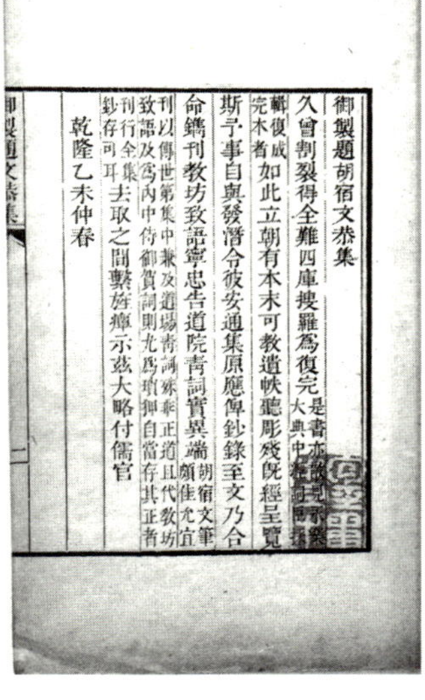
御製題胡宿文恭集
久曾割裂得全難四庫搜羅爲復完是書亦散見永樂大典中
軼復成完本者如此立朝有本末可教遺帙聽彫殘既經呈覽
斯予事自與發潛令彼安通集原應俾鈔錄至文乃合
命鐫刊教坊致語寧忠告道院靑詞實異端胡宿文筆頗佳尤宜刊以傳世第集中兼及道場靑詞殊乖正道且代教坊致語及爲內中侍御賀詞則尤爲瑣猥自當存其正者刊行全集鈔存可耳去取之間繫旌癉示茲大略付儒官
乾隆乙未仲春

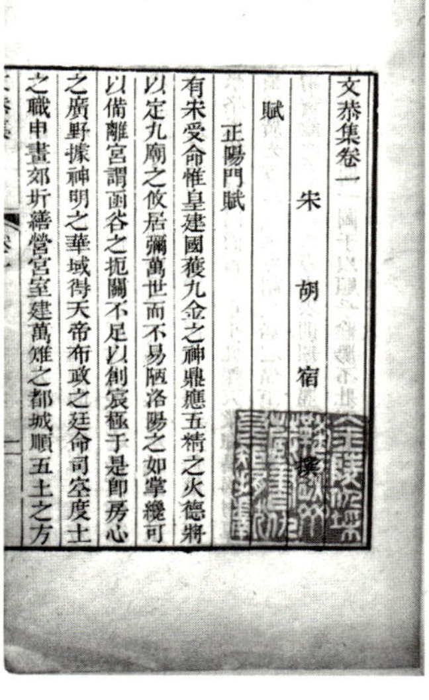
文恭集卷一
宋　胡宿　撰
賦
正陽門賦
有宋受命惟皇建國獲九金之神鼎應五精之火德將
以定九廟之攸居彌萬世而不易陋洛陽之如掌幾可
以備離宮謂函谷之扼關不足以剏宸極于是卽房心
之廣野揉神明之華域得天帝布政之廷命司空度土
之職申畫郊圻繕營宮室建萬雉之都城順五土之方

文心雕龙十卷　（梁）刘勰撰

明刻本

框高 19.6 厘米，宽 13.8 厘米，9 行 20 字，白口，左右双边，单白鱼尾。

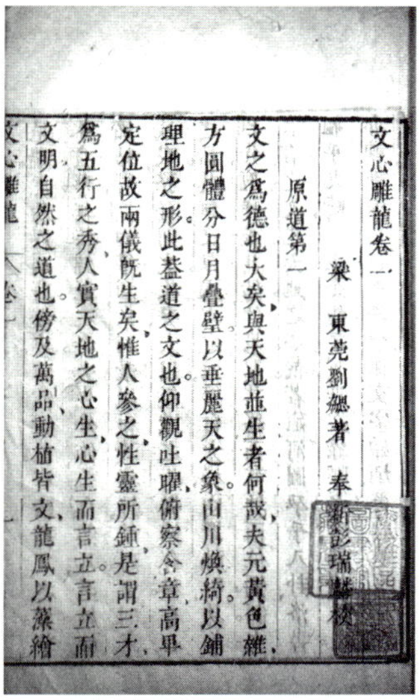
文心雕龍卷一

梁　東莞劉勰著　奉新彭瑞[illegible]校

原道第一

文之爲德也大矣與天地並生者何哉夫元黃色雜方圓體分日月疊璧以垂麗天之象山川煥綺以鋪理地之形此蓋道之文也仰觀吐曜俯察含章高卑定位故兩儀旣生矣惟人參之性靈所鍾是謂三才爲五行之秀人實天地之心生心生而言立言立而文明自然之道也傍及萬品動植皆文龍鳳以藻繪

文心雕龍　卷一

刘勰（约 465—约 532），字彦和，南朝梁人，生于京口（今镇江），祖籍山东莒县（今山东莒县）。曾官县令、步兵校尉、宫中通事舍人，颇有清名。晚年创办（北）定林寺。刘勰虽任多种官职，但其名不以官显，而以文彰，有《文心雕龙》。

《文心雕龙》是一部理论系统、结构严密、论述细致的文学理论专著。全书共十卷，五十篇（原分上、下部，各二十五篇），以孔子美学思想为基础，兼采道家，认为道是文学的本源，圣人是文人学习的楷模，“经书”是文章的典范。把作家创作个性的形成归结为“才”“气”“学”“习”四个方面。它是中国文学理论批评史上第一部有严密体系的、“体大而虑周”（章学诚《文史通义・诗话篇》）的文学理论专著。刘勰《文心雕龙》的命名来自于黄老道家环渊的著作《琴》。其解《序志》云：“夫文心者言为文之用心也，昔涓子（环渊）《琴心》，王孙巧心，心哉美矣，故用之焉。”

书藏秦淮区图书馆。

文选六十卷　（梁）昭明太子撰　（唐）李善注

清乾隆三十七年（1762）彦彬堂朱墨套印本

框高 19.3 厘米，宽 14.5 厘米，12 行 25 字，小字双行 37 字，白口，左右双边，单黑鱼尾。

萧统（501—531），字德施，小字维摩，南兰陵（江苏武进）人。梁武帝萧衍长子，梁简文帝萧纲、梁元帝萧绎长兄。天监元年（502），萧统被立为太子，未及即位即于中大通三年（531 年）去世，谥号昭明，后世称“昭明太子”。主持编撰中国现存的最早一部汉族诗文总集《文选》(又称《昭明文选》)。

李善（630—689），唐代知名学者，江都（今扬州）人（一说为江夏；今湖北武昌人）。清正廉洁、刚直不阿。有雅行。淹贯古今，不能属辞，人号“书簏”。先后任录事参军、秘书郎、崇贤馆直学士兼沛王侍读、泾城（今安徽泾县）县令。因事流放姚州，遇赦还，寓居河南开封、郑州一带，以讲授《文选》为业，人送外号“文选学士”。

《文选》一书分为赋，诗，骚，七，诏，册，令，教，文，表，上书，启，弹事，笺，奏记，书，檄，移，对问，设论，辞，序，颂，赞，符命，史论，史述赞，论，连珠，箴，铭，诔，哀，碑文，墓志，行状，吊文，祭文三十八类。所选多大家之作，时代愈近入选愈多。其中楚辞、汉赋和六朝骈文占有相当比重，诗歌则多选对偶严谨的颜延之、谢灵运等人作品，陶渊明等人平易自然之作则入选较少。

书藏秦淮区图书馆。

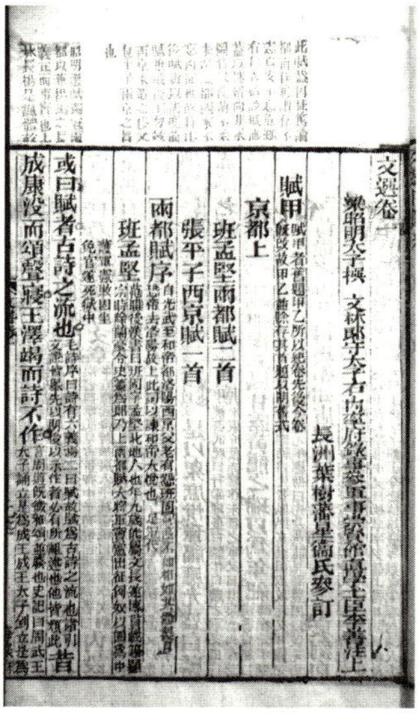
文選卷一
梁昭明太子撰
長洲葉樹藩星衢氏參訂
賦甲
京都上
班孟堅兩都賦二首
張平子西京賦一首
兩都賦序
班孟堅
或曰賦者古詩之流也
成康沒而頌聲寢王澤竭而詩不作

文选注六十卷　（梁）昭明太子编　（唐）李善注　（清）何义门评点

清乾隆三十七年（1772）叶氏海录轩刻本

框高 19.2 厘米，宽 14.7 厘米，12 行 25 字，小字双行 37 字，白口，左右双边，单黑鱼尾。

萧统（501—531），字德施，小字维摩。南兰陵（江苏武进）人。南朝梁代文学家，梁武帝萧衍长子，两岁时被立为太子，未及即位而卒，谥昭明，世称“昭明太子”。萧统编有或著有《文集》二十卷，典诰类的《正序》十卷，五言

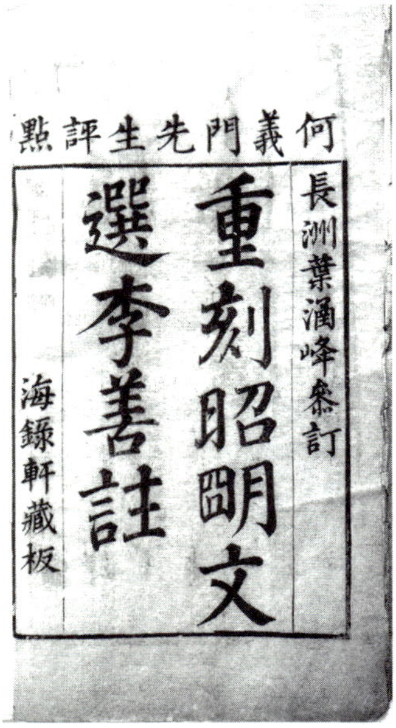
何義門先生評點
長洲葉涵峰參訂
重刻昭明文選李善註
海錄軒藏板

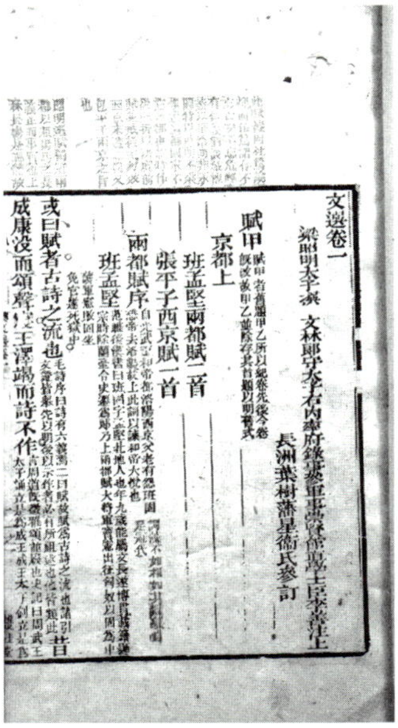
文選卷一
梁昭明太子選
長洲葉樹藩星衢氏參訂
賦甲
京都上
班孟堅兩都賦二首
張平子西京賦一首
兩都賦序
班孟堅
或曰賦者古詩之流也
成康沒而頌聲寢王澤竭而詩不作

诗精华《英华集》二十卷，历代诗文而成的总集《文选》三十卷。

萧统曾招聚众多文学之士编成《文选》三十卷。这是我国现存最早的汉诗文总集，它选录了先秦至梁代八百多年间重要作家的诗文歌赋等各种文体共七百余篇。成为后人研究梁以前文学发展史的珍贵文献，在文学史上有着深远的影响。萧统在编选《文选》时，对作品去芜存精，而选择的标准就是序文所论及的“事出于沉思，义归乎翰藻”。

书藏六合区图书馆。

文选纂注评林十二卷　（梁）昭明太子选　（明）张凤翼纂注

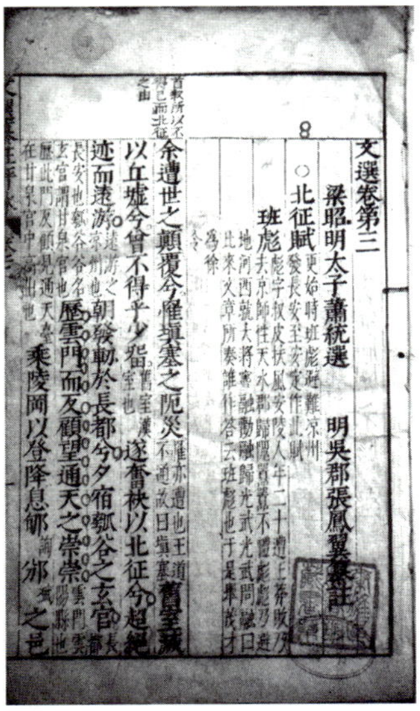
文選卷第三
梁昭明太子蕭統選　明吳郡張鳳翼纂註
北征賦
班彪
余遭世之顛覆兮罹填塞之阨災
以丘墟今曾不得乎少留　遂奮袂以北征兮超絕
迹而遠遊　朝發軔於長都兮夕宿瓠谷之玄宮
歷雲門而反顧望通天之崇崇
乘陵岡以登降息郇邠之邑

明万历刻本

框高 23.4 厘米，宽 14.8 厘米，11 行 22 字，小字双行同，白口，四周单边，单黑鱼尾。

萧统（501—531），字德施，小字维摩。南兰陵（江苏武进）人。南朝梁代文学家，梁武帝萧衍长子，两岁时被立为太子，未及即位而卒，谥昭明，世称“昭明太子”。

张凤翼，字伯起，号灵虚，别署灵墟先生、冷然居士。南直隶苏州府长洲（今江苏苏州）人。与弟燕翼、献翼并有才名，时人号为“三张”。嘉靖四十三年（1564）中举人。张凤翼为人狂诞，擅作曲。凤翼所著戏曲，有传奇《红拂记》、《祝发记》、《窃符记》、《灌园记》、《扊扅记》、《虎符记》（以上六种，合题《阳春集》），另据傅惜华《明代传奇全目》著录，尚有《平播记》、《芦衣记》、《玉燕记》三种，均无传本。

《文选纂注》主要内容是删节重组六臣注而来，但取五臣注为多；注释方式与五臣注基本相同，但更通俗浅易；凡用李善注处，一律省略彼所标明之引典释字出处。亦偶取他贤之注。张凤翼又有少量自注，还对一些选篇进行了文学性的评论，一般置于篇尾。张凤翼撰《文选纂注》，虽主要取资前人，但也颇为用心，又因刻印精良，行世不久便大兴，得到时人如梅鼎祚的极力称扬："删繁会简，提要钩玄，兼以剞劂都工，豕鱼悉正。一加拭目，便知苦心。实足羽翼斯文，岂徒橐钥后进。"

书藏秦淮区图书馆。

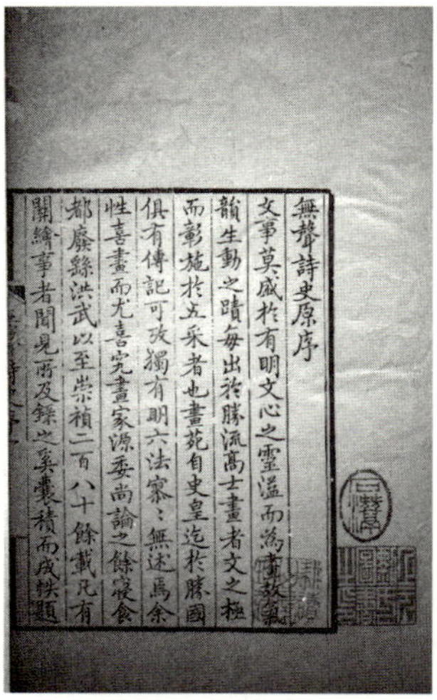

無聲詩史原序
文事莫盛於有明文心之靈溢而為
韻生動之蹟每出於勝流高士畫者文之極
而彰施於五采者也畫苑自史皇迄於勝國
俱有傳記可攷獨有明六法寥寥無述焉余
性喜畫而尤喜究畫家源委尚論之餘寢食
都廢緜洪武以至崇禎二百八十餘載凡有
關繪事者聞見所及錄之奚囊積而成帙題

无声诗史七卷　（清）姜绍书辑

清康熙五十九年（1720）刻本

框高 14.1 厘米，宽 9.6 厘米，8 行 17 字，小字双行同，黑口，左右双边，单鱼尾。

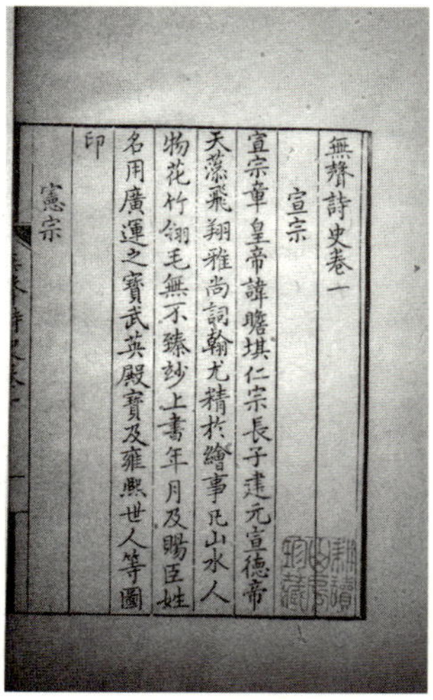

無聲詩史卷一
宣宗
宣宗章皇帝諱瞻基仁宗長子建元宣德帝
天藻飛翔雅尚詞翰尤精於繪事凡山水人
物花竹翎毛無不臻妙上書年月及賜臣姓
名用廣運之寶武英殿寶及雍熙世人等圖
印
憲宗

姜绍书（？—约 1680），字二酉，号晏如居士，江苏丹阳（今镇江）人。曾官南京工部郎，工绘画，善鉴识，另著有《瑶琨谱》、《二笔》、《韵斋石笔谈》等。

《无声诗史》据黄庭坚"淡墨写出无声诗"的诗句取名，全书七卷，所录皆明画家小传，前四卷收二百零一人，第四卷专门收录女画家二十二人，第六、七两卷所收，则系著者认为"丹青别调、画苑附庸"，存姓名、字号以备考。搜罗虽富，史称其"仍有挂漏和失当之处"。《四库全书总目》云："是编搜辑前明画家、自洪武以至崇祯，为四卷，附以女史一卷。自卷六以下则或真迹不存、或品格未高、偶然点染、不以画名者，亦附着焉。后有嘉兴李光暎跋，谓乡人李芳与同时褚勋均未载入，颇以挂漏为憾。”

书藏金陵图书馆。

吴诗集览二十卷目录一卷附吴诗谈薮一卷
（清）吴伟业撰　（清）靳荣藩辑

清乾隆四十年（1775）刻本

框高 18.5 厘米，宽 13 厘米，9 行 21 字，白口，四周双边，单黑鱼尾。

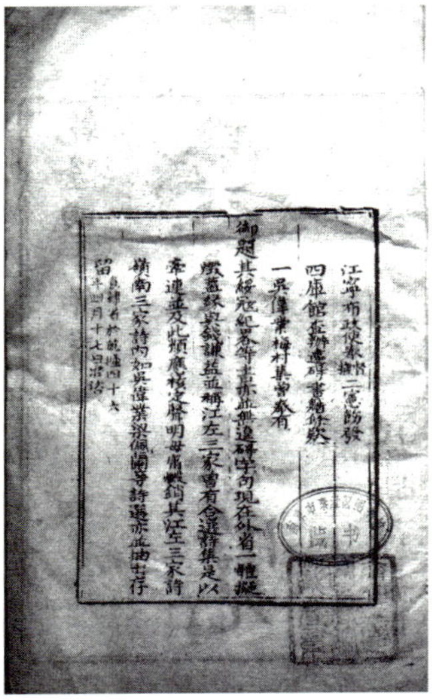

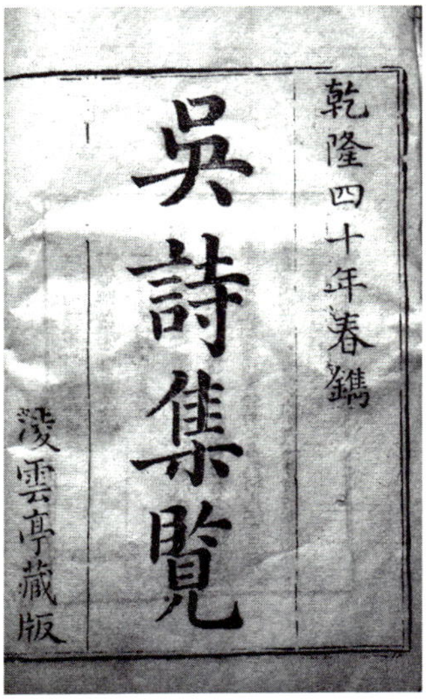
乾隆四十年春鐫
吴詩集覽
淩雲亭藏版

吴伟业（1609—1672），字骏公，号梅村，别署鹿樵生、灌隐主人、大云道人，江苏太仓人。明崇祯四年（1631）进士及第，曾任翰林院编修、左庶子等职。清顺治十年（1653）应诏北上，次年被授予秘书院侍讲，后升国子监祭酒。与钱谦益、龚鼎孳并称“江左三大家”，为娄东诗派开创者。长于七言歌行，初学“长庆体”，后自成新吟，后人称之为“梅村体”。

靳荣藩（1726—1784），字价人、朴园，号绿溪，山西黎城人。出生诗书之家，聪慧好学，博览强记，通读经史，清乾隆九年中举，十三年中进士。历新蔡、龙门、迁安知县，蔚州、遵化知州，累官至大名府知府。卒年五十八岁。著有《吴诗集览》等。

此书是靳荣藩对明末清初著名诗人吴伟业诗稿的笺注，该注对当时诗坛震动颇大，被认为是“读吴诗之最精本”。此书刊成后，因吴与钱谦益并称江左三家受牵连，依四库查办违碍书籍遭禁，于乾隆四十六年以御题其诗集而获解禁，书前附有直隶省的咨文。

书藏秦淮区图书馆。

五车韵瑞一百六十卷　（明）凌稚隆辑

明崇祯刻本

框高21.7厘米，宽15.2厘米，10行20字，小字双行27字，白口，左右双边，单黑鱼尾。

凌稚隆，生卒年不详，字以栋，号磊泉，浙江乌程（今浙江湖州）人，明代学者、雕版印刷家。祖先世代为官。他撰纂并刻印了大量书籍。如《万姓类苑》（传记）四十六卷、《史记评林》一百三十卷、《汉书评林》一百卷、《史记纂》二十四卷及《五车韵瑞》、《文林绮绣》等，雕制精良，为后世藏书家珍视。其中《史记纂》朱墨套印，刊于万历七年（1579），为现见最早的套印本。浙江图书馆现藏多种万历凌刻本。凌稚隆晚年辑《三才统志》，日呕血数升不缀，未竟而卒。

《五车韵瑞》，此书以元阴时夫《韵府群玉》为底本，增补而成。五车：书多之义。《庄子·天下》："惠施多方，其书五车。"此书抄录众书的资料，按韵编排，故名。此书随韵隶事，列出二至四字熟语，注明出处；又以赋颂歌诗之类，分体缀列于后。清代编撰《佩文韵府》即以《韵府群玉》及此书为底本，再加增广。

书藏秦淮区图书馆。

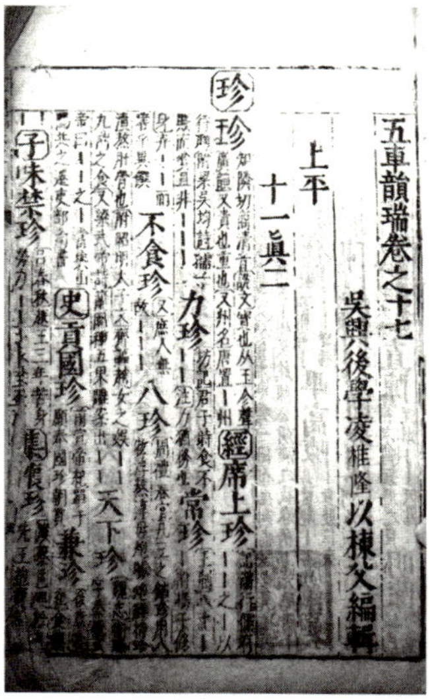

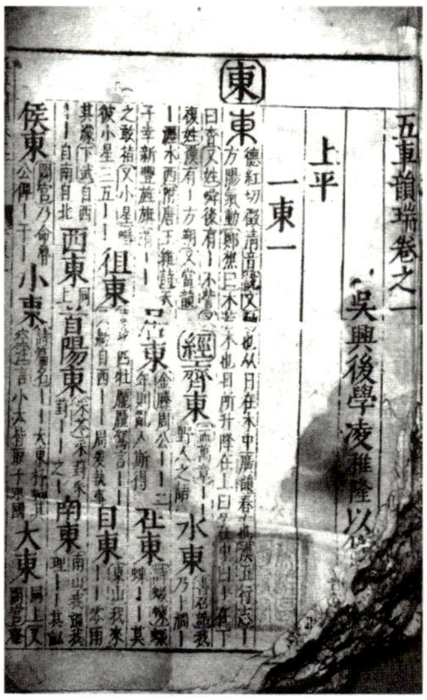

五代史记七十四卷　（宋）欧阳修等撰　（宋）徐无党注

明冯梦祯刻清康熙四十年（1701）重修本

框高 20.7 厘米，宽 14.3 厘米，10 行 21 字，小字双行同，白口，四周双边，双黑鱼尾。

欧阳修（1007—1072），字永叔，号醉翁、六一居士，吉州永丰（今江西永丰）人。常以“庐陵欧阳修”自居。官至翰林学士、枢密副使、参知政事，谥号文忠，世称“欧阳文忠公”。北宋政治家、文学家，“千古文章四大家”“唐宋散文八大家”之一。

徐无党（1024—1086），初名光，五岗塘村人。北宋皇祐五年（1053）省试第一，赐进士出身。初任郡教授，升著作郎，转任政和殿学士。

全书凡七十四卷，包括本纪十二卷、列传四十五卷、考三卷、世家及世家年谱十一卷、四夷附录三卷，是唐代设馆修史以后唯一的私修正史。其中的列传最有特色，它采用类传的形式，每类传目，内寓特定涵义，用以贯彻作者的“褒贬”义例，凡专事一朝的将相大臣在《臣传》，历事几朝的则列《杂传》；根据忠心程度，头等的进《死节传》，次等的入《死事传》。编排体例上，打破朝代界线，按时间顺序把五朝的人、事综合统编。徐注旨在解释《春秋》笔法、阐述微言大意。

书藏六合区图书馆。

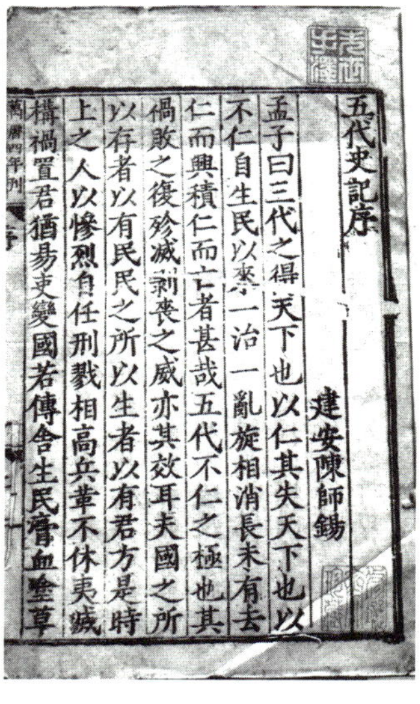
五代史記序
建安陳師錫
孟子曰三代之得天下也以仁其失天下也以
不仁自生民以來一治一亂旋相消長未有去
仁而興積仁而亡者甚哉五代不仁之極也其
禍敗之復殄滅剥喪之威亦其效耳夫國之所
以存者以有民民之所以生者以有君方是時
上之人以慘烈自任刑戮相高兵革不休夷滅
構禍置君猶易吏變國若傳舍生民膏血塗草

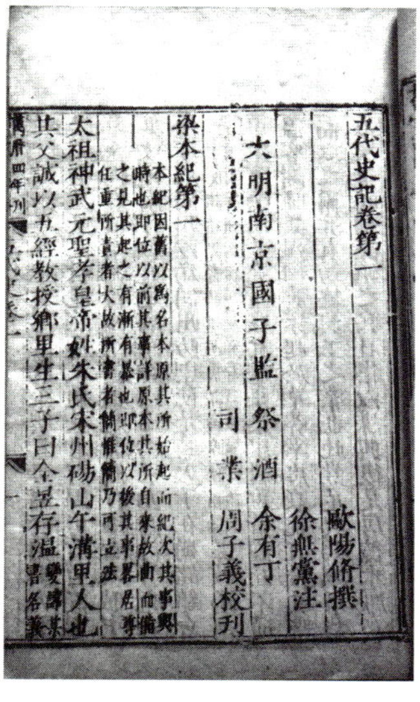
五代史記卷第一
歐陽脩撰
徐無黨注
大明南京國子監祭酒余有丁
司業周子義校刊
梁本紀第一
本紀因舊以爲名本原其所始起而紀次其事與時也即位以前其事詳原本其所自來故曲而備之見其起之有漸有暴也即位以後其事略居尊任重所責者大故所書者簡惟簡乃可立法
太祖神武元聖孝皇帝姓朱氏宋州碭山午溝里人也
其父誠以五經教授鄉里生三子曰全昱存溫

五经类编二十八卷　（清）周世樟辑

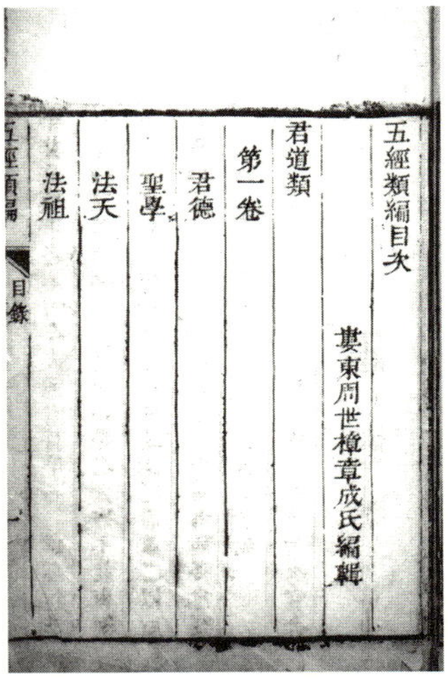
五經類編目次　婁東周世樟章成氏編輯
君道類
第一卷
君德
聖學
法天
法祖
五經類編　目錄

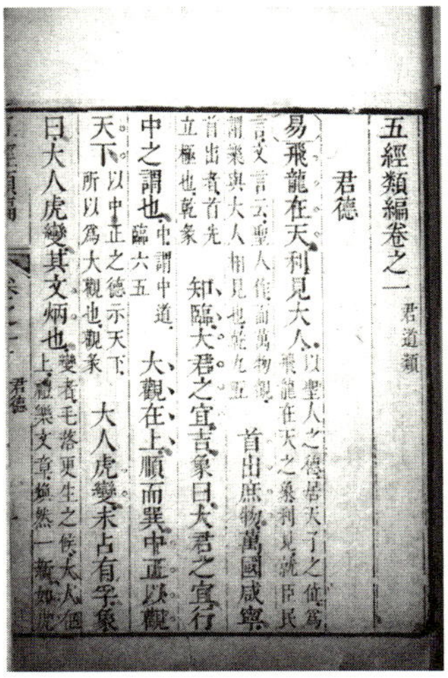
五經類編卷之一　君道類
君德
易飛龍在天利見大人
首出庶物萬國咸寧
知臨大君之宜吉象曰大君之宜行中之謂也
大觀在上順而巽中正以觀天下
大人虎變未占有孚象曰大人虎變其文炳也
五經類編　君德

清康熙二十三年（1684）刻本

半框高 16.9 厘米，宽 12.7 厘米，8 行 20 字，小字双行同，白口，左右双边，单黑鱼尾。

周世樟（1636—？），字章成，号安素，世居江苏娄东（今江苏太仓）人。专《春秋》之学，又明天文算术。撰有《经义辨讹》、《五经类编》、《诸经略说》。

《五经类编》全书二十八卷，分十门。该书为类文类书，摘取五经之语，分门目编辑，每门又分子目，末附《诸经略说》、《经义辨讹》及《辨疑》等篇。书中对难懂的经文予以注疏，每目之下，时附一题，发为论说，以便时文之用。

书藏六合区图书馆。

五知斋琴谱八卷
（清）徐祺撰　（清）周鲁封汇纂

清乾隆三年（1738）刻本

框高 18.1 厘米，宽 14 厘米，7 行 12 字，小字双行 24 字，白口，左右双边，单黑鱼尾。

徐祺，字大生，号古琅老人。其子徐俊，字越千。两人曾四处游历，遍访名师，博采众长，成为独步清初琴坛的著名琴家。《五知斋琴谱》就是徐祺早年游历燕齐赵魏及吴楚瓯越等地，对各家传谱的“可因”“可革”之处，精细推敲三十余年，在清康熙六年（1667）编成的。康熙五十八年徐俊从金陵到皖江，得周鲁封等人支持，由周修改汇纂，徐俊和黄镇校订，康熙六十年刻书，雍正二年（1724）成书。

周鲁封，生平不详。

此书一、二卷为琴论、琴法、琴图等，卷二末以下收各派琴曲三十三首。该集为广陵琴派重要琴谱。取《宋史·李绎传》“知时、知难、知命、知退、知足”五知之意。

书藏秦淮区图书馆。

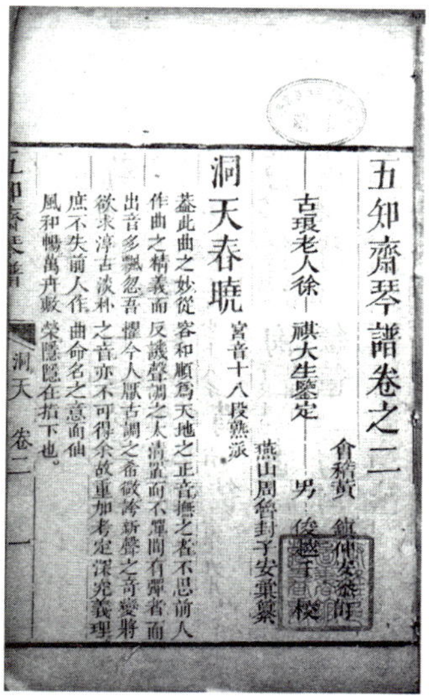
五知齋琴譜卷之二

洞天春曉

五子近思录十四卷　（清）汪星溪订补

清乾隆刻本

框高 20.7 厘米，宽 13.9 厘米，9 行 20 字，小字双行同，白口，左右双边，单黑鱼尾，版心下镌“星溪订补”。

汪佑（1605—1681），字启我，号星溪，清初安徽休宁人。与同志致力于振兴紫阳大会，讲学于歙县紫阳、休宁还古两书院近三十年。著有《诗传阐要》、《易传阐要》、《礼记问答》、《四书耕录》、《五子近思录》、《读史笔记》等。

《五子近思录》，清汪佑编撰。明末钱士升《五子近思录》的编辑对清初学者有较大启发和影响，一度成为时人理学入门读本的首选。汪佑在前人编辑理学书籍的基础上编成《五子近思录》十四卷。编订增补朱子之书，将“朱子精微之言吻合于四先生者，增入各卷篇末”，在《近思录》原语录的基础上“取《学的》与《节要》合订”，朱子之语主要取自朱子的十八种文献。汪氏此编收录了《近思录》原有的六百二十二条四子语录，另增补五百四十八条语录，共计一千一百七十条，语录条数远远超出《近思录》原本。

书藏金陵图书馆。

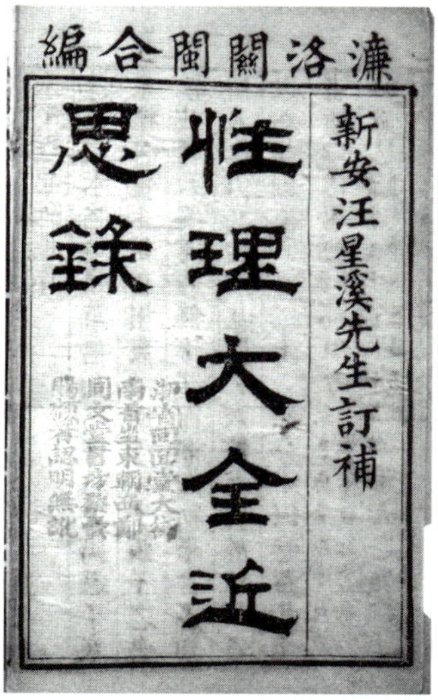
濂洛關閩合編

新安汪星溪先生訂補

性理大全近思錄

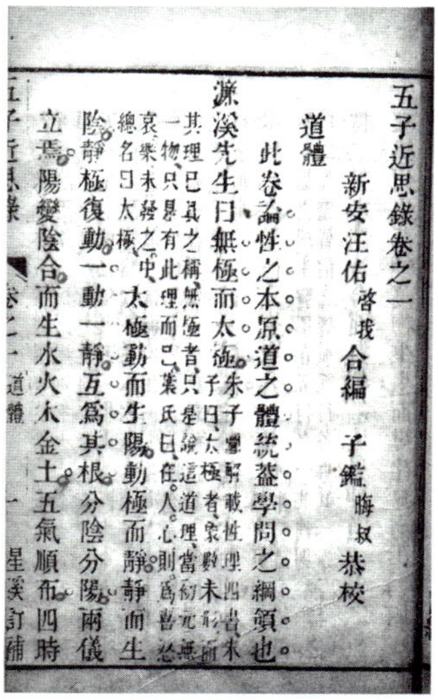
五子近思錄卷之一

新安汪佑啓我合編

道體

西湖志纂十二卷首一卷

（清）沈德潜　（清）傅王露辑　（清）梁诗正纂

清乾隆二十年（1755）刻本

框高 17.7 厘米，宽 11.5 厘米，9 行 21 字，小字双行同，白口，四周双边，单白鱼尾。

沈德潜（1673—1769），字碻士，号归愚，长洲（今江苏苏州）人。乾隆元年荐举博学鸿词科，四年成进士，曾任内阁学士兼礼部侍郎。为叶燮门人，论诗主格调，提倡温柔敦厚之诗教。其诗多歌功颂德之作，少数篇章对民间疾苦有所反映。所著有《沈归愚诗文全集》，又选有《古诗源》、《唐诗别裁》、《明诗别裁》、《清诗别裁》等，流传颇广。

傅王露，字晴溪，一字良木，号玉笥，又号阆林，浙江会稽人。康熙五十四年（1715）进士，授翰林院编修。退居乡里近四十年，晚筑信天书屋，自号信天翁，以书画自娱。八十余岁尚能挥翰。乾隆初加中允衔。所著有《玉笥山房集》、《晴溪诗钞》等。

梁诗正（1697—1763），字养仲，号芗林，又号文濂子，钱塘（今浙江杭州）人。常随乾隆帝出巡，朝廷重要文稿多出其手。

是书为乾隆帝南巡时，大学士梁诗正、沈德潜等依《西湖志》稿删削重辑而成，厘为十二卷，乾隆二十年由赐经堂代刻进呈。《四库全书总目提要》称该书“首名胜各图，次西湖水利，次孤山、南山、北山、吴山、西溪诸胜迹，而终以艺文。虽门目减于旧志，而大纲已包括无余。且仰荷宸翰亲题，荣光下烛，尤从来舆记所未有”。

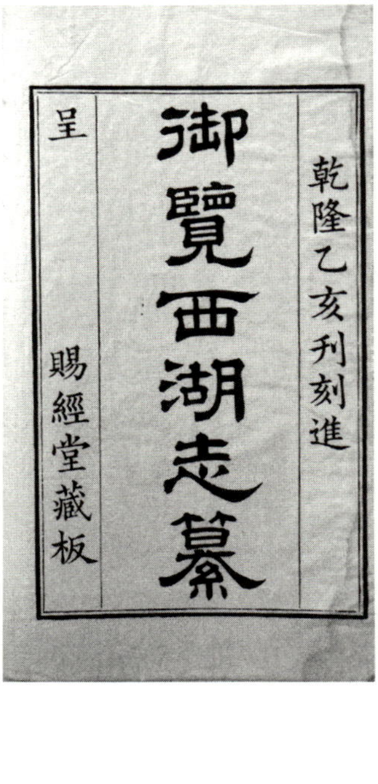

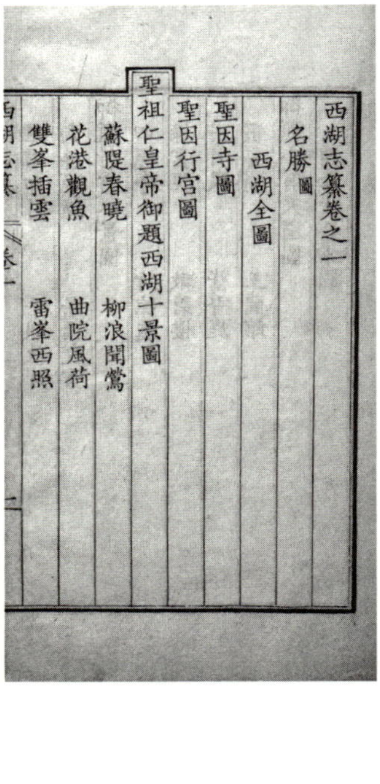

书藏金陵图书馆。

西堂全集六十五卷　　（清）尤侗撰

清康熙四十三年（1704）尤氏家刻本

半框高 17.3 厘米，宽 13 厘米，10 行 21 字，白口，四周单边，单黑鱼尾。

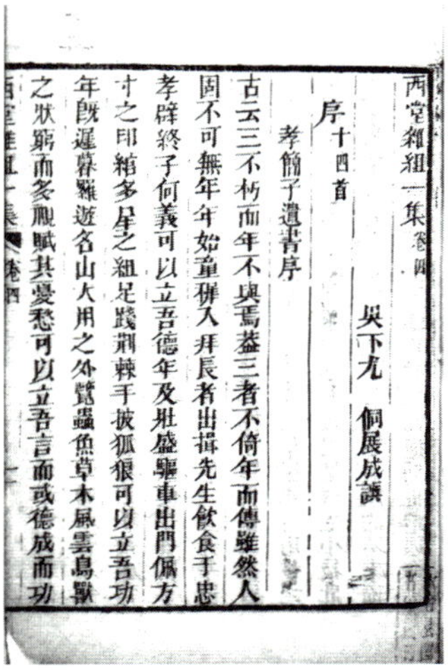
西堂雜組一集卷四
吳下尤　侗展成譔
序十四首
孝餘子遺書序
古云三不朽而年不與焉蓋三者不倚年而傳雖然人
固不可無年年如童穉入拜長者出揖先生飲食手忠
孝辭終子何義可以立吾德年及壯盛驅車出門佩方
寸之印綰多星之組足踐荊棘手披狐狼可以立吾功
年既遲暮難遊名山大川之外覽蟲魚草木風雲鳥獸
之狀窮而多觀賦其憂愁可以立吾言而或德成而功

尤侗（1618—1704），字展成，又字同人，号悔庵，又号艮斋、西堂老人，长洲（今江苏省苏州）人。于康熙十八年举博学鸿儒，授翰林院检讨，参与修《明史》，被顺治誉为“真才子”；康熙誉为“老名士”。著述颇丰，有《鸡栖堂文集》、《西堂全集》。

《西堂全集》为清初文学家尤侗的诗文杂集。尤侗一生著述极丰，最具代表性是他的《西堂全集》，将尤侗平生所著之诗、词、赋、文章尽皆收入，充分展示其在学术思想上的发展、变化，特别是尤侗早期和晚期诗歌写作的风格、内容上的变化，有利于后学者了解和掌握。

书藏六合区图书馆。

西堂文集六十一卷　　（清）尤侗撰

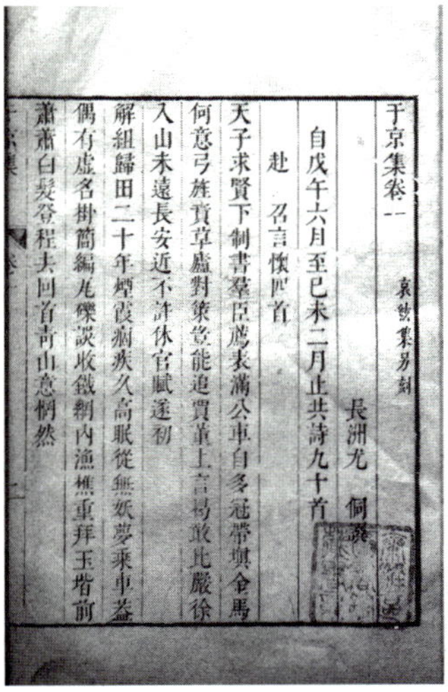
于京集卷一　哀弦集另刻
長洲尤　侗展成
自戊午六月至己未二月止共詩九十首
赴　召言懷四首
天子求賢下制書羣臣薦表滿公車自多冠帶慚金馬
何意弓旌賁草廬對策豈能追賈董上言曷敢比嚴徐
入山未遠長安近不許休官賦遂初
解組歸田二十年煙霞痼疾久高眠從無妖夢乘車蓋
偶有虛名掛簡編老噪談收鐵網內漁樵重拜玉階前
蕭蕭白髮登程去回首青山意惘然

清康熙刻本

框高 17.6 厘米，宽 13.2 厘米，10 行 21 字，白口，四周单边，单黑鱼尾。

尤侗（1618—1704），字展成，一字同人，早年自号三中子，又号悔庵，晚号艮斋、西堂老人、鹤栖老人、梅花道人等，长洲（今江苏苏州）人。有《西堂全集》。

《西堂文集》共为六十一卷。分别是《西堂杂组》三集共二十四卷；《西堂诗集》包括以下各部：《西堂剩稿》二卷、《西堂秋梦录》一卷、《西堂小草》一卷、《论语诗》一卷、《右北平集》一卷、《看云草堂集》八卷、《述祖诗》一卷、《于京集》五卷、《哀弦集》一卷、《拟明史乐府》一卷、《外国竹枝词》一卷、《百末词》六卷、《性理吟》一卷、《后性理吟》一卷、《湘草》六卷。以上共计三十七卷。

书藏秦淮区图书馆。

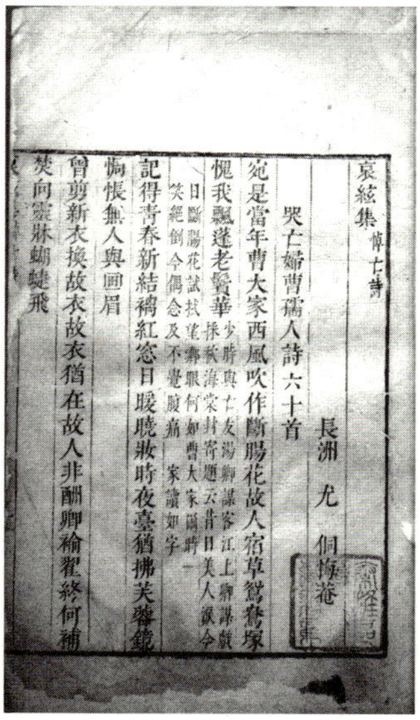
哀絃集 悼亡詩

哭亡婦曹孺人詩六十首　長洲 尤 侗悔菴

宛是當年曹大家西風吹作斷腸花故人宿草鴛鴦塚

愧我飄蓬老鬢華

記得青春新結褵紅窗日暖曉妝時夜臺猶拂芙蓉鏡

惆悵無人與畫眉

曾剪新衣換故衣故衣猶在故人非

笑向靈牀蝴蝶飛

香苏山馆全集五十七卷　（清）吴嵩梁撰

清乾隆五十七年（1792）刻本

框高 17.7 厘米，宽 12.5 厘米，11 行 24 字，白口，四周单边，单黑鱼尾。

吴嵩梁（1766—1834），字子山，号兰雪，晚号澈翁，别号莲花博士、石溪老渔，江西东乡（今属江西抚州市）人。清代文学家、书画家，清代江西最杰出的诗人，有“诗佛”之誉。生于乾隆三十一年。吴居澳之子。少孤贫，有异才，以鬻文养母。十五岁以文名于乡，为金溪杨護所识，结为忘年交。乾隆四十九年，高宗南巡，吴嵩梁应召赴金陵应试，时年不到二十岁，诗稿已有数百首。嘉庆五年（1800）举人，授国子监博士，旋改内阁中书。道光十年（1830）擢贵州黔西知州，次年在黔西东山开元寺修建阳明书院，有惠政。因事得罪上司，转为长寨厅（今长顺县）同知。后曾两任乡试同考官。卒于道光十四年。

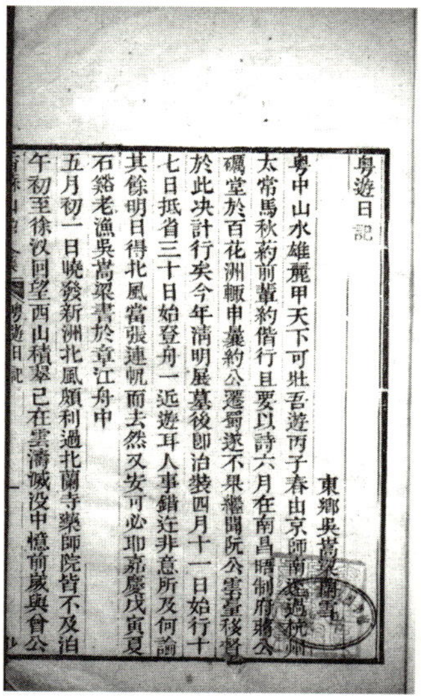
粵遊日記　東鄉吳嵩梁蘭雪

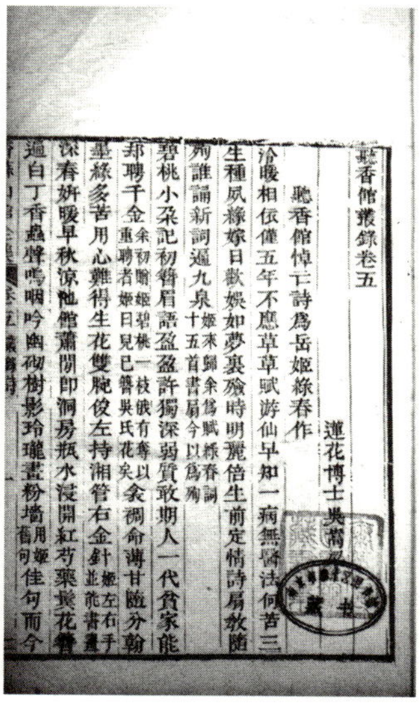
聽香館叢錄卷五

聽香館悼亡詩爲岳姬綠春作　蓮花博士吳嵩梁

《香苏山馆全集》

五十七卷，其中《近体诗古体诗》二十八卷，《词》一卷，《文集》二卷，《石溪舫诗话》二卷，《听香馆丛录》六卷，《鹅湖书田志》四卷，《新田十忆图咏》四卷，《表忠录》、《东乡风土记》、《粤游日记》、《庐山记游图咏》、《武夷记游图咏》、《莲花博士图咏》、《拜梅图咏》、《秦淮春泛图咏》、《香苏草堂图咏》、《鹤听诗图咏》各一卷。

书藏秦淮区图书馆。

萧亭诗选六卷　（清）张实居撰　（清）王士禛批点

清康熙刻本

框高 17.4 厘米，宽 13.0 厘米，10 行 20 字，小字双行同，黑口，左右双边，单黑鱼尾。

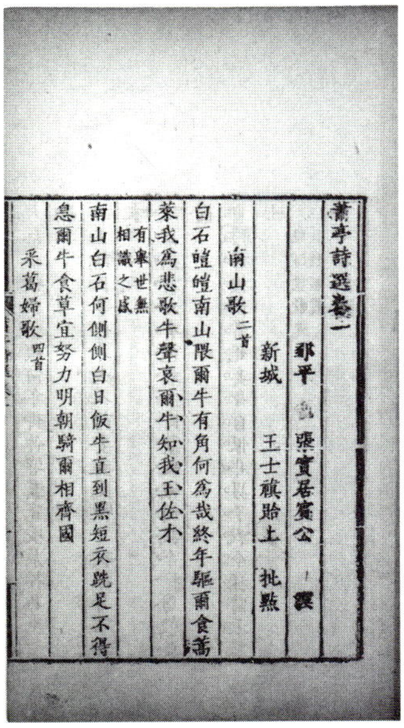
蕭亭詩選卷一
鄒平　張實居賓公　撰
新城　王士禛貽上　批點
南山歌二首
白石皚皚南山隈爾牛有角何為哉終年驅爾食蒿
萊我為悲歌牛聲哀爾牛知我玉佐木
有卑世無相識之感
南山白石何側側白日飯牛直到黑短衣跣足不得
息爾牛食草宜努力明朝騎爾相齊國
采葛婦歌四首

张实居（约 1634—约 1713），字宾公，别号萧亭，自号萧亭先生，邹平人。出身官宦世家，祖父张延登，官至工部尚书、左右都御史，得宋版《昭明文选》，筑室宝藏，题“萧亭”匾额，实居因以为号；父张万钟曾任浙江府推官。明亡，实居坚不出仕，隐居大谷，采得五色灵芝，因作采芝山堂。弹琴咏歌以自娱。诗多述怀感叹之作。所著有《萧亭诗选》。

王士祯（1634—1711），原名王士禛，字子真，一字贻上，号阮亭，又号渔洋山人，世称“王渔洋”，谥文简。山东新城（今桓台县）人，官至刑部尚书，颇有政声。清初杰出诗人、文学家，继钱谦益之后主盟诗坛，与朱彝尊并称“南朱北王”。诗论创“神韵说”，于后世影响深远。

全书凡六卷，士祯辑而序之，以表重其人品学问，序中称其古今诗盈千首，乐府古选尤有神解，为择其最者三百余篇，为此集云。多山水诗作，为研究邹平历史与风俗的参考之作。

书藏金陵图书馆。

小仓山房尺牍十卷，牍外余言　（清）袁枚撰

清乾隆三十年（1765）随园刻本

框高 16.6 厘米，宽 12.4 厘米，11 行 21 字，白口，左右双边，单黑鱼尾。

袁枚（1716—1798），字子才，号简斋，晚年自号仓山居士、随园主人、随园老人。钱塘（今浙江杭州）人，祖籍浙江慈溪。清乾嘉时期代表诗人、散文家、文学评论家和美食家。乾隆四年进士，授翰林院庶吉士。乾隆七年外调江苏，历任溧水、江宁、江浦、沭阳任县令七年，为官政治勤政颇有名声，奈仕途不顺，无意吏禄；乾隆十四年辞官隐居于南京小仓山随园，吟咏其中，广收诗弟子，女弟子尤众。嘉庆二年（1797），袁枚去世，享年八十二岁，去世后葬在南京百步坡，世称“随园先生”。主要传世的著作有《小仓山房文集》、《随园诗话》及《补遗》,《随园食单》、《子不语》、《续子不语》等。散文代表作《祭妹文》，哀婉真挚，流传久远，古文论者将其与唐代韩愈的《祭十二郎文》并提。

此书辑录袁枚与同人往来书札三百余封，配以散文写法，虽有许多世故人情，不足为法。书中展现了许多对于诗文的主张，一是重创见，一是赞白描，反对烦琐哲学，反对故作高深。

书藏秦淮区图书馆。

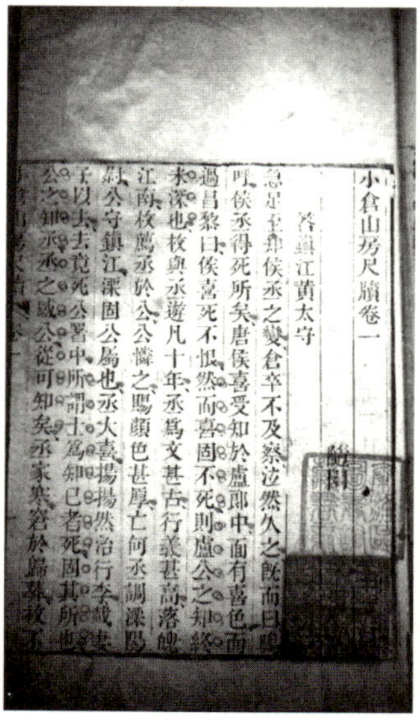

谢宣城集不分卷　（南朝齐）谢朓撰

明刻本

框高 20.0 厘米，宽 13.5 厘米，9 行 18 字，白口，左右双边，单白鱼尾。

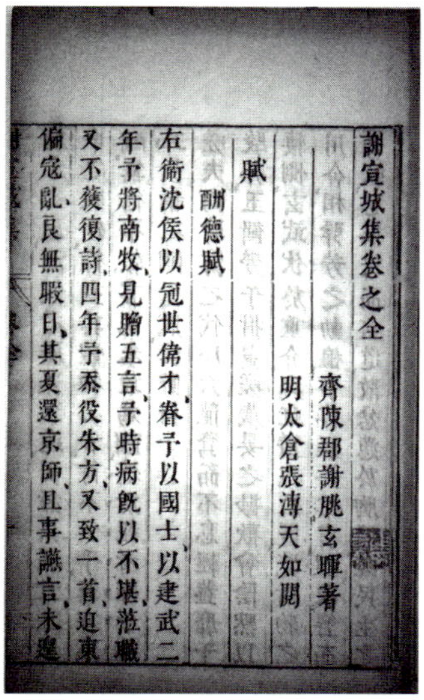
谢宣城集卷之全 齊陳郡謝朓玄暉著
明太倉張溥天如閱
賦
酬德賦
右衛沈侯以冠世俊才眷予以國士以建武二
年予將南牧見贈五言予時病既以不堪莅職
又不獲復詩四年予忝役朱方又致一首追東
偏寇亂良無暇日其夏還京師且事讞言未還

谢朓（464—499），字玄晖，陈郡阳夏（今河南太康）人。南朝齐杰出的山水诗人，出身高门士族，与“大谢”谢灵运同族，世称“小谢”。官至尚书吏部郎，又称谢宣城、谢吏部，后受诬陷，下狱死。谢朓在山水诗方面的成就很高，是“永明体”的创始人之一，今存诗二百多首，风格清逸秀丽，意境新颖。原有集，已散佚，明人辑有《谢宣城集》。

《谢宣城集》，南朝齐谢朓诗文别集。原集十二卷，已散佚，至宋时存十卷。南宋楼炤取其前五卷赋、乐府、诗刊刻，名《谢宣城诗集》，凡赋一卷、乐歌、四言诗一卷、五言诗一卷、诗赋咏联句二卷；余有五卷散文未刻，已散佚。今有影印明依宋钞本，又有明薛应旂、汪士贤刻本及张溥刻一卷本等，别有明正德间刘绍刻本。清嘉庆间吴骞辑《拜经楼丛书》本《谢宣城诗集》五卷，校勘较精。

书藏金陵图书馆。

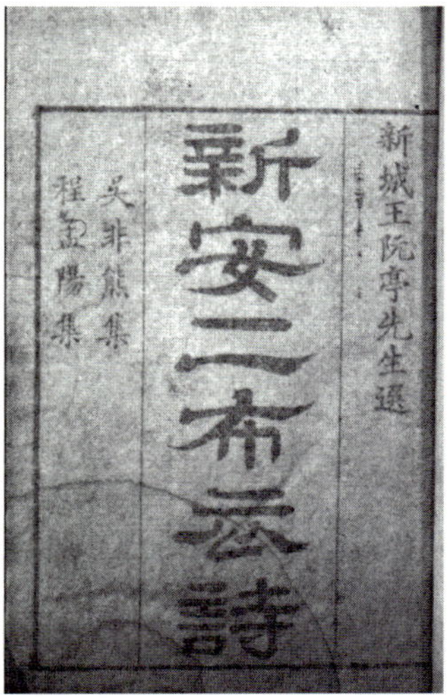

新安二布衣诗八卷　（清）王士禛选

清康熙四十三年（1704）新安汪洪度刻本

框高 17.0 厘米，宽 12.8 厘米，10 行 19 字，白口，四周单边，双黑顺鱼尾。

王士祯（1634—1711），原名王士禛，字子真，一字贻上，号阮亭，又号渔洋山人。山东新城（今桓台县）人，常自称济南人。清顺治十五年（1658）进士，官至刑部尚书，颇有政声。清初杰出诗人、文学家，以其“神韵说”主盟清初诗坛数十年，与朱彝尊并称“南朱北王”。著述颇丰，有《渔洋诗话》、《池北偶谈》、《渔洋山人精华录》、《带经堂集》等。

《新安二布衣诗》，清王士祯选。明末新安二布衣，一为程嘉燧孟阳，一为吴兆非熊，皆以诗名天下，钱宗伯牧斋最赏之。王士祯因歙县门人汪洪度之请，撷吴兆、程嘉燧二人诗作中的菁华，各得诗三百余首，定为八卷。

书藏金陵图书馆。

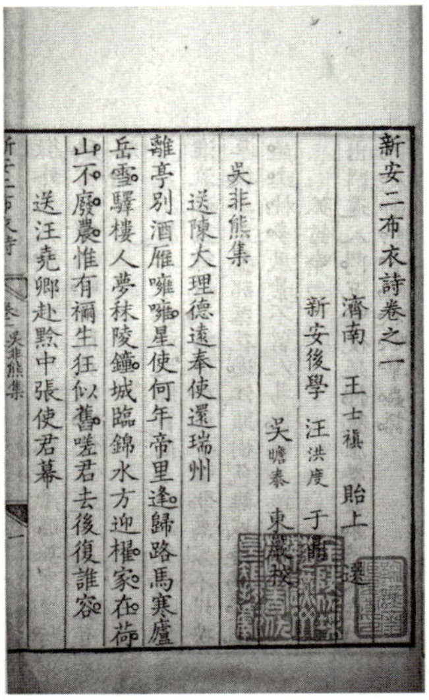
新安二布衣詩卷之一
濟南 王士禛 貽上 選
新安後學 汪洪度 于鼎
吴曉春 東巖 校
吴非熊集
送陳大理德遠奉使還瑞州
離亭別酒雁嗈嗈星使何年帝里逢歸路馬寒廬岳雪驛樓人夢秣陵鐘城臨錦水方迎櫂家在荷山不廢農惟有禰生狂似舊嗟君去後復誰容
送汪堯卿赴黔中張使君幕

新镌历法便览象吉备要通书大全二十九卷　（清）魏鉴汇述

清康熙英德堂刻本

框高 17.0 厘米，宽 12.8 厘米，10 行 19 字，白口，四周单边，双黑顺鱼尾。

魏鉴，生平不详。

《象吉通书》又称《增补象吉备要通书大全》，是清代康熙时江南潭阳人魏明远以《鳌头通书》为蓝本汇编而成，是一本关于风水和择吉日的书籍。收集了历代流传于民间信仰中的河图、洛书、太极、八卦、阴阳、五行、建宅、嫁娶、丧葬、出行等等，成为江南地区汉族民间信仰理论的书籍之一。乾隆六十年（1795），朝鲜正祖给观象监下令：“通书数百家，惟魏鉴《象吉通书》、梅毂成《协吉辨方书》最有条理。”可见此书影响之远。

书藏金陵图书馆。

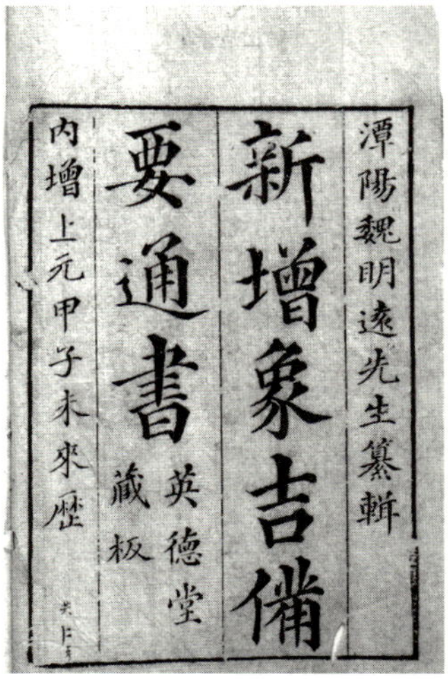
潭陽魏明遠先生纂輯
新增象吉備要通書
英德堂藏板
内增上元甲子未來歷

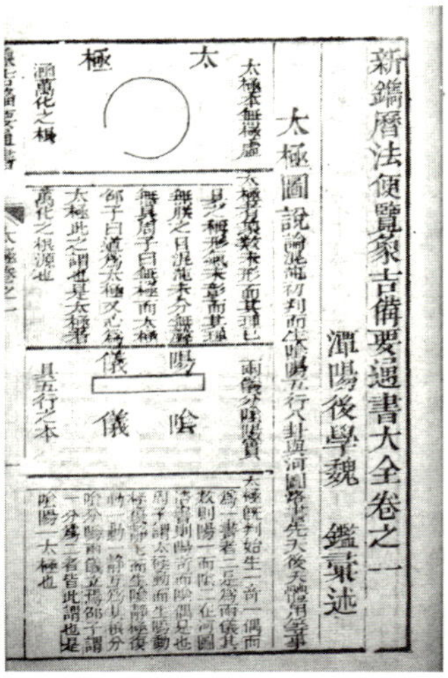
新鐫曆法便覽象吉備要通書大全卷之一
潭陽後學魏 鑑彙述
太極圖說
太極

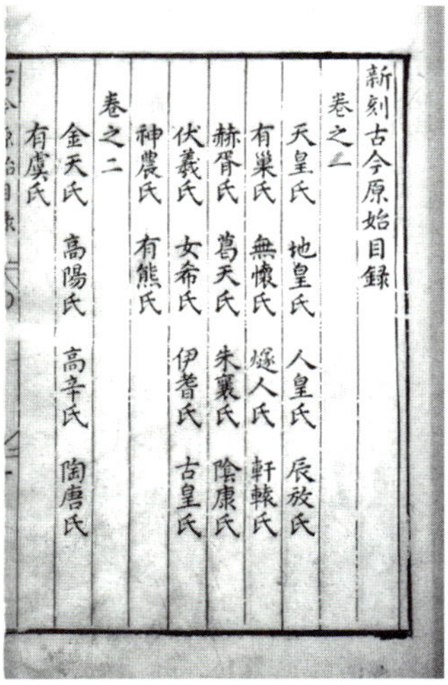
新刻古今原始目録
卷之一
天皇氏 地皇氏 人皇氏 辰放氏
有巢氏 無懷氏 燧人氏 軒轅氏
赫胥氏 葛天氏 朱襄氏 陰康氏
伏羲氏 女希氏 伊耆氏 古皇氏
神農氏 有熊氏
卷之二
金天氏 高陽氏 高辛氏 陶唐氏
有虞氏

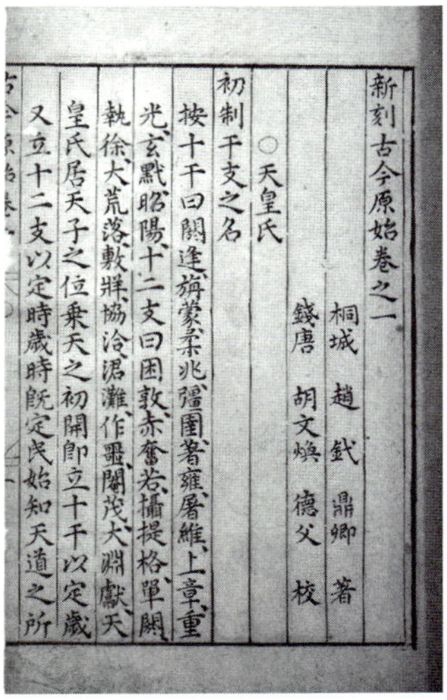
新刻古今原始卷之一
桐城 趙釴 鼎卿 著
錢唐 胡文煥 德父 校
○天皇氏
初制干支之名
按十干曰閼逢旃蒙柔兆彊圉著雍屠維上章重光玄黓昭陽十二支曰困敦赤奮若攝提格單閼執徐大荒落敦牂協洽涒灘作噩閹茂大淵獻天皇氏居天子之位乘天之初開即立十干以定歲又立十二支以定時歲時既定民始知天道之所

陳希夷先生著
紫微斗數全書
和聚公藏板

新刻古今原始十五卷

（明）赵钛撰　（明）胡文焕校

明万历刻本

框高 19.6 厘米，宽 13.4 厘米，10 行 20 字，白口，左右双边，双白鱼尾。

赵钛，生卒年不详，字子举，一字鼎卿，别号八柱野人，桐城人。嘉靖二十三年（1544）进士。官至右佥都御史，巡抚贵州。有《无闻堂稿》、《古今原始》等。

胡文焕，字德甫，一字德文，号全庵，一号抱琴居士。祖籍江西婺源，居于钱塘（今浙江杭州）。精通音律，长于戏曲，博学多才，家富藏书。于万历、天启间建藏书楼“文会堂”，后改名“思蕙馆”。著有《文会堂琴谱》、《古器具名》、《胡氏粹编》、《诗学汇选》、《文会堂诗韵》、《文会堂词韵》等。《四库总目》盛传于世。

《古今原始》，明赵钛撰。该书为类事类书。《四库全书总目》称该书“考究事始，提纲列目。而采摭繁芜，漫无别择，又多不注所出。其皇古诸条，尤荒陋……不考殊甚。至谓五经之外有四书，始于明太祖，则不足与辨矣”。

书藏金陵图书馆。

新锓希夷陈先生紫微斗数全书四卷

（宋）陈抟撰

明嘉靖二十九年（1550）和聚公刻本

框高 18.2 厘米，宽 11.8 厘米，9 行 24 字，小字双行同，白口，四周单边，单黑鱼尾。

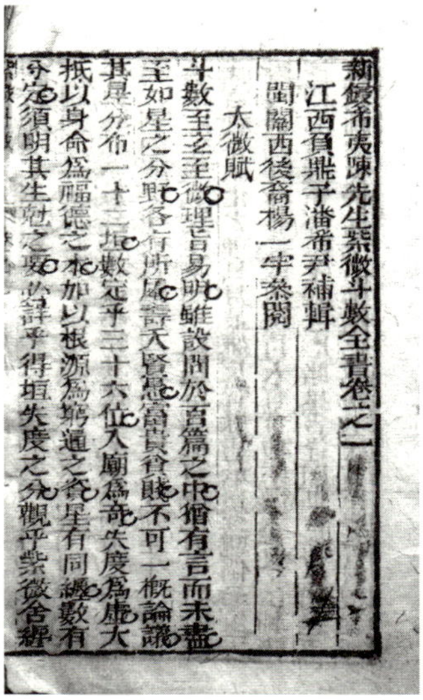
新鍥希夷陳先生紫微斗數全書卷之一
江西負鼎子潘希尹補輯
閩闔西後裔楊一宇參閱
太微賦
斗數至玄至微，理旨易明，雖設問於百篇之中，猶有言而未盡。
至如星之分野，各有所屬，壽夭賢愚，富貴貧賤，不可一概論議。
其星分布一十二垣，數定乎三十六位。入廟為奇，失度為虛。大
抵以身命為福德之本，加以根源為窮通之資。星有同纏，數有
分定。須明其生尅之要，必詳乎得垣失度之分。觀乎紫微舍躬

陈抟（871—989），字图南，号扶摇子，赐号白云先生、希夷先生，亳州真源县人，北宋著名的道家学者、养生家，尊奉黄老之学。北宋雍熙元年（984），太宗召见陈抟，赐“希夷先生”称号。

《新锓希夷陈先生紫微斗数全书》开宗明义地列出紫微推命基本方法的十个步骤：一定时候、二起八字、三立格局、四排星辰、五立坐命、六起大运、七起大限、八书化曜、九书喜忌、十排吉凶。

书藏秦淮区图书馆。

虚舟题跋十卷补原三卷　（清）王澍撰　（清）温纯订

清乾隆三十六年（1771）刻本

框高 18.4 厘米，宽 10.5 厘米，8 行 18 字，小字双行同，白口，左右双边，单黑鱼尾。

王澍（1668—1743），字若林，号虚舟，别号竹云，亦自署二泉寓居，江南金坛（今江苏常州）人，清代书法家。绩学工文，尤以书名。康熙五十一年（1712）进士，入翰林，官至吏部员外郎。康熙时以善书，特命充五经篆文馆总裁官。告归后益躭书，名播海内，摹古名拓殆遍，四体并工，于唐贤欧、褚两家，致力尤深。

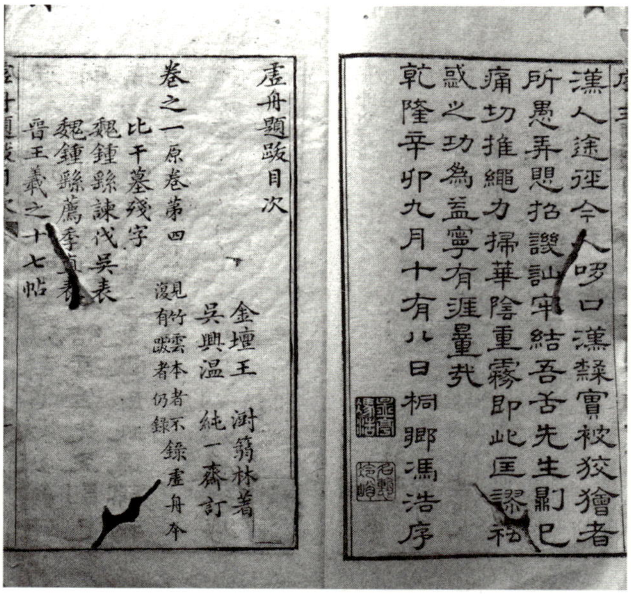
漢人逵徑令人哆口漢隸實被狡獪者
所愚弄題[illegible]牢結吾舌先生剔[illegible]
痛切推繩力掃華陰重霧即此匡謬祛
惑之功為益寧有涯量哉
乾隆辛卯九月十有八日桐鄉馮浩序

虛舟題跋目次
金壇王澍篛林著
吳興溫純一齋訂
卷之一　原卷第四
見竹雲本者不錄虛舟本復有跋者仍錄
比干墓殘字
魏鍾繇諫伐吳表
魏鍾繇薦季直表
晉王羲之十七帖

著有《淳化阁帖考正》、《古今法帖考》、《虚舟题跋》等，《篆书轴》于故宫博物院藏，传世书迹较多。

温纯，生平不详。

《虚舟题跋》并《补原》，王澍撰。乾隆三十二年，与《竹云题跋》同刻，皆沈芥舟先生手书。印本无多，即佚去前三卷。其中版片损失，不能成书。故《四库全书总目》只收《竹云题跋》，而未收此书也。乾隆戊申，吴兴温纯得其残版，重为编订。时芥舟先生健在，乞其补书。故书中字迹大小肥瘦，时或不同，因此故也。

书藏秦淮区图书馆。

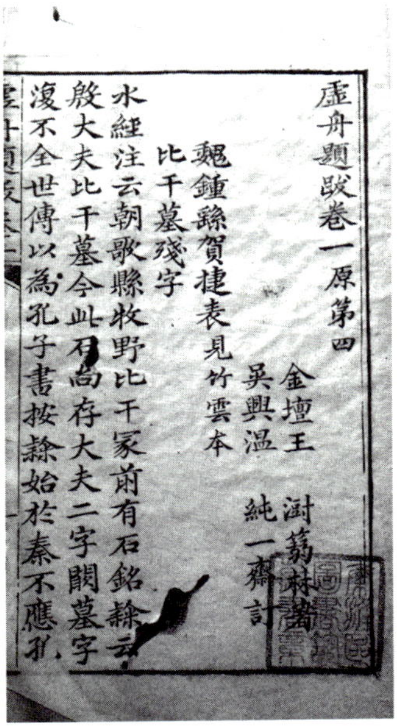
虛舟題跋卷一　原第四
金壇王　澍蒻林著
吳興溫　純一齋訂
魏鍾繇賀捷表　見竹雲本
比干墓殘字
水經注云朝歌縣牧野比干冢前有石銘題云
殷大夫比干墓今此石尚存大夫二字闕墓字
漫不全世傳以為孔子書按繇始於秦不應孔

学古诊则四十则　（清）卢之颐辑

清乾隆三十五年（1770）刻本

框高 18.6 厘米，宽 12.8 厘米，半叶 10 行 18 字，小字双行同，左右双边，黑口，单黑鱼尾。

卢之颐（1598—1664），明代医家，字子繇，浩晋公，又号芦中人，钱塘（今浙江杭州）人。父复亦当地名医。学术上推崇《内经》、张仲景，受佛学影响。编撰《学古诊则》、《本草乘半偈》、《痎症论疏》、《痎证疏方》、《摩索金匮》等。

《学古诊则》，脉学著作，撰年不详。书载医论四十则，主要以阐发《内经》宗旨为主，参以秦越人、张仲景之说，依据卢氏经验，重点发挥脉诊与经络原理，对经络学说阐发尤详。全书分为脉生原始、诊则十法、指法密因等四十则，阐述脉理及诊脉方法。指出诸脉总不越大小、迟数、滑涩、长短、浮沉十纲。各脉又可类从条分为目，如大者为纲，则洪、散、弦、革皆为目；数者为纲，则急、疾、促、动皆为目。诊脉指法必须三指齐截，用指端棱起如线者以按脉中之脊，故医者不宜留长甲。书中多采《内经》、《难经》、《伤寒论》、《金匮要略》等有关论述，并列十二经脉循行路线、病形症状及腧穴部位。

书藏高淳区图书馆。

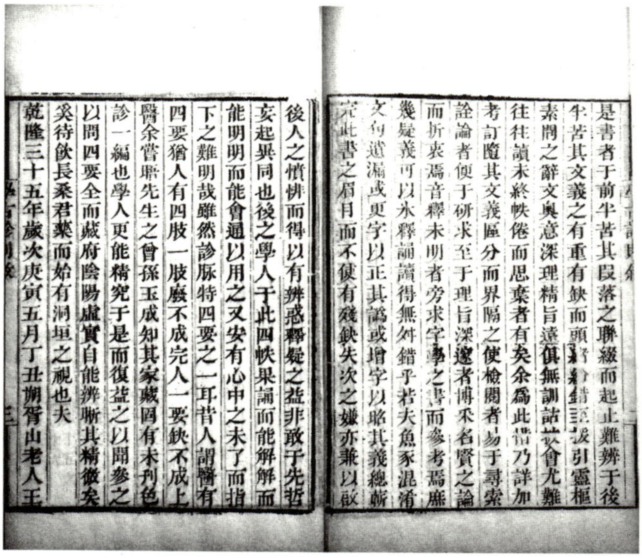
是書者于前半苦其段落之聯綴而起止難辨于後
半苦其文義之有重有缺而顛[illegible]錯[illegible]援引靈樞
素問之辭文奧意深理精旨遠俱無訓詁并會尤難
往往讀未終帙倦而思棄者有矣余爲此懼乃詳加
考訂隨其文義區分而界隔之使檢閱者易于尋索
詮論者便于研求至于理旨深邃者博采名賢之論
而折衷焉音釋未明者旁求字學之書而參考焉庶
幾疑義可以氷釋誦讀得無舛錯乎若夫魚豕混淆
文句遺漏或更字以正其譌或增字以聯其義總蘄
完此書之眉目而不使有殘缺失次之嫌亦兼以啟
後人之憒悱而得以有辨惑釋疑之益非敢于先哲
妄起異同也後之學人于此四帙果誦而能解解而
能明明而能會通以用之又安有心中之未了而指
下之難明哉雖然診脉特四要之一耳昔人謂醫有
四要猶人有四肢一肢廢不成完人一要缺不成上
醫余嘗聆先生之曾孫玉成知其家藏四有未刊色
診一編也學人更能精究于是而復益之以聞參之
以問四要全而藏府陰陽虛實自能辨晰其精微矣
奚待飲長桑君藥而始有洞垣之視也夫
乾隆三十五年歲次庚寅五月丁丑朔胥山老人王

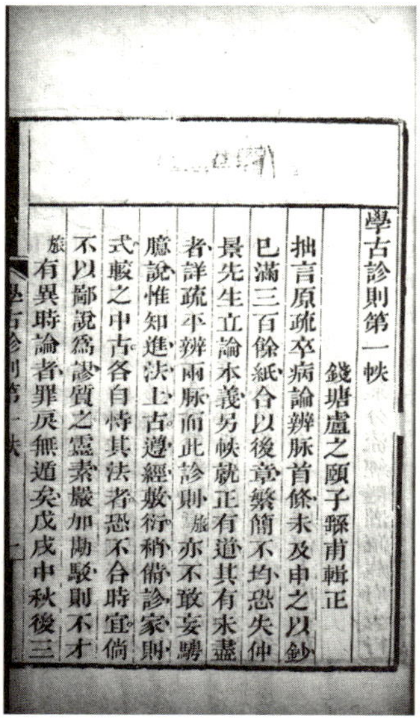
學古診則第一帙
錢塘盧之頤子繇甫輯正
拙言原疏卒病論辨脉首條未及申之以鈔
巳滿三百餘紙合以後章繁簡不均恐失仲
景先生立論本義另帙就正有道其有未盡
者詳疏平辨兩脉而此診則旐亦不敢妄騁
臆說惟知進法上古遵經敷衍稱備診家則
式較之中古各自恃其法者恐不合時宜倘
不以鄙說爲謬質之靈素嚴加勘駁則不才
旐有異時論者罪戾無遁矣戊戌中秋後三

扬州画舫录十八卷　（清）李斗撰

清乾隆六十年（1795）刻本

框高 16.7 厘米，宽 10.9 厘米，10 行 24 字，小字双行同，白口，左右双边，单黑鱼尾。

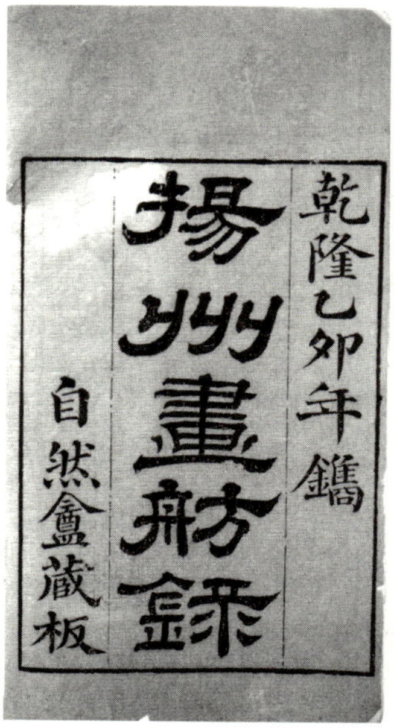
乾隆乙卯年鐫
揚州畫舫錄
自然盦藏板

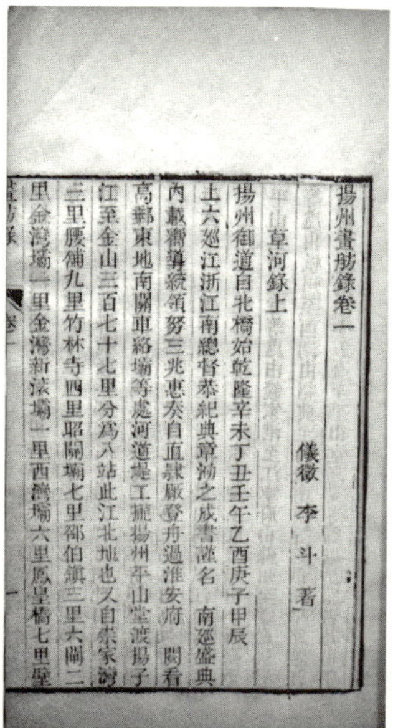
揚州畫舫錄卷一
儀徵 李斗 著
草河錄上
揚州御道自北橋始乾隆辛未丁丑壬午乙酉庚子甲辰
上六巡江浙江南總督恭紀典章彙之成書謹名 南巡盛典
內載高晉尊續領努三兆惠奏自直隸厰登舟過淮安府 閱看
高郵東地南關車邏壩等處河道堤工抵揚州平山堂渡揚子
江至金山三百七十七里分爲八站此江北地也又自崇家灣
三里腰鋪九里竹林寺四里昭關壩七里邵伯鎮三里六閘二
里金灣壩一里金灣新滾壩一里西灣壩六里鳳凰橋七里壁

李斗（1749—1817），字北有，号艾塘（一作艾堂），原籍山西忻县，寄寓仪征。诸生。博通文史兼通戏曲、诗歌、音律、数学。著有《永报堂诗集》、《扬州画舫录》、《艾塘乐府》、《岁星纪传奇》诸书。

《扬州画舫录》是一本笔记集，也是一部由当时人记叙当时事的笔记体式的扬州人民生活史。内容不限于歌场舞榭，而是广涉扬州的风土人情、人文胜迹和社会风貌。从乾隆二十九年收集资料起笔到乾隆六十年撰写完成刊刻，历时整整三十年。

书藏金陵图书馆。

尧峰文钞四十卷　（清）汪琬撰　（清）林佶编

清康熙三十至三十一年（1691—1692）刻本

框高 19.8 厘米，宽 13.6 厘米，13 行 25 字，黑口，左右双边，单黑鱼尾。

汪琬（1624—1691），字苕文，号钝庵，晚号尧峰，长洲（今江苏苏州）人。顺治十二年（1655）进士，康熙十八年举博学鸿儒科，历官户部主事、刑部郎中、编修。擅古文辞，与侯方域、魏禧齐名，有《尧峰文钞》、《钝翁类稿》。

林佶（1660—1722），字佶人，号鹿原，清福建侯官人。康熙三十八年举于乡，五十一年特赐进士，授内阁中书。清藏书家、书法家。工于诗文，通书法，精于小楷和篆隶书。文以汪婉为师，诗以陈廷敬、王士祯为宗。他手抄成编汪琬所撰《尧峰文钞》，陈廷敬《午亭文编》，王士祯《渔洋山人精华录》、《古夫于亭稿》等书，手写体笔画古雅圆润，其刻印书体被刻书家称为“林氏四号”，为书法家、收藏家所推重。家藏极富。藏书楼名“朴学斋”，多孤本和珍善之本。著有《朴学斋稿》、《朴学斋小记》等。

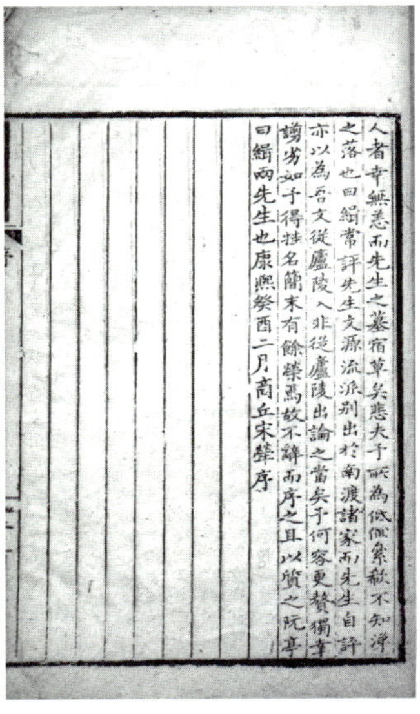
人者幸無恙而先生之墓宿草矣悲夫予所為低佪累欷不知涕
之落也曰緝常評先生文源流派別出於南渡諸家而先生自許
亦以為吾文從廬陵入非從廬陵出論之當矣予何容更贅獨幸
謭劣如予得挂名簡末有餘榮焉故不辭而序之且以質之阮亭
曰緝兩先生也康熙癸酉二月商丘宋犖序

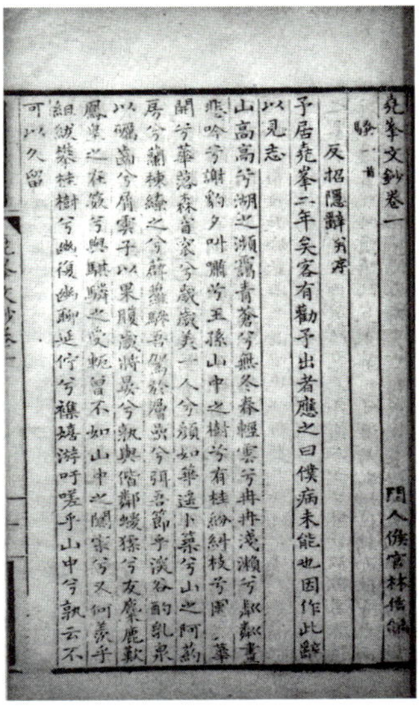
堯峯文鈔卷一　門人候官林佶編
騷一首
反招隱辭并序
予居堯峯二年矣客有勸予出者應之曰僕病未能也因作此辭
以見志
山高高兮湖之瀕靄青蒼兮無冬春輕雲兮冉冉淺瀨兮粼粼晝
悲吟兮謝豹夕叫嘯兮王孫山中之樹兮有桂紛糾枝兮圍圍華
開兮華落森首衆兮歲歲美一人兮顏如華逶迤蘼蕪兮山之阿葯
房兮蘭棟繚之兮薜蘿驂吾駕於層巖兮弭吾節乎深谷酌乳泉
以礪齒兮屑霙子以果腹蕨薇將晨兮孰與偕鄰蟣猿兮友麋鹿歎
鳳凰之在藪兮與騏驎之受軛留不如山中之閑寂兮又何羨乎
組紱攀桂樹兮幽復幽聊延佇兮襍嬉游吁嗟乎山中兮孰云不
可以久留

《尧峰文钞》，诗文别集，清汪琬撰。先是汪氏门人编《钝翁类稿》六十二卷，刻于康熙十五年。《续稿》五十六卷，刻于康熙二十四年。汪氏卒前数月亲加删汰，益以若干晚年之作，编为此集。凡诗十卷，文四十卷，有宋荦及门人惠周惕序，由其门人侯官林佶手书上版。

书藏金陵图书馆。

野客丛书三十卷附录野老纪闻一卷　（宋）王楙撰

明万历会稽商氏半野堂刻本

框高 21.3 厘米，宽 13.8 厘米，9 行 20 字，白口，四周单边，单黑鱼尾。

王楙（1151—1213），字勉夫，号分定居士，宋福州福清（今福建福州）人，徙居平江吴县。少失父，事母以孝闻。宽厚诚实，刻苦嗜书，题所居“定分斋”。功名不偶，杜门著述，当时称为“读书君”。客湖南仓使张颀门三十年，宾主相欢如一日。有《野客丛书》三十卷、《巢睫稿笔》五十卷。

《野客丛书》三十卷，为宋代杂考类著作，内容博洽，经史子集，无不涉及，“骚人墨客佚事，细大不捐”。以考辨典籍、杂记宋朝及历代轶事为主，“分析具载，厘正时误”。《四库全书总目》称其“位置于《梦溪笔谈》、《缃素杂记》、《容斋随笔》之间无愧色也”。书后附《野老遗闻》一卷，其书“不著其名字，惟据楙题词知其为陈长方之底子，所记多元祐诸人遗事”。

书藏金陵图书馆。

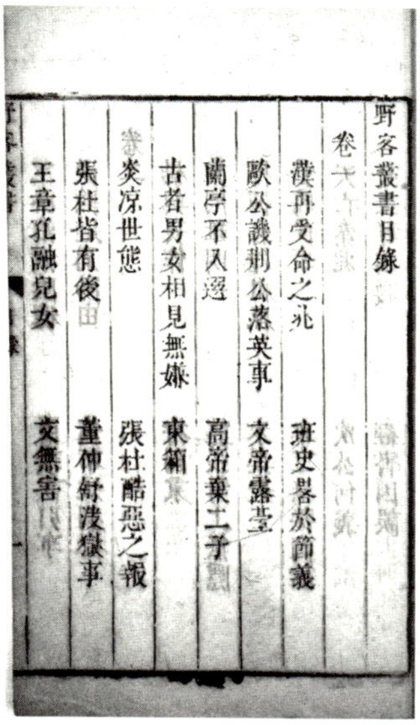
野客叢書目錄

漢再受命之兆　班史易於節義
歐公議荆公落英事　文帝露臺
蘭亭不入選　高帝棄二子
古者男女相見無嫌　東綃
炎涼世態　張杜酷惡之報
張杜皆有後　董仲舒決獄事
王章孔融兒女　文無害

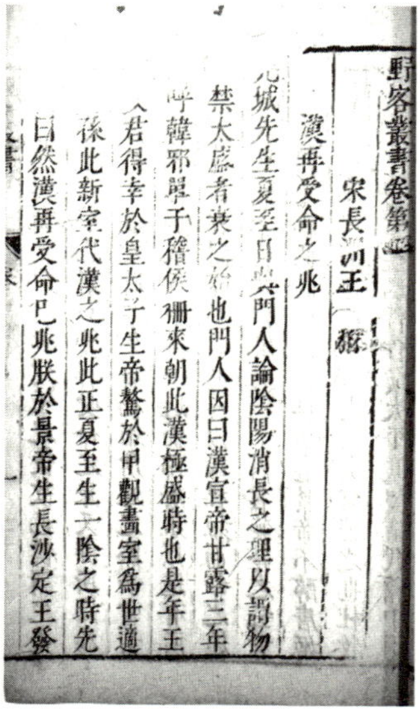
野客叢書卷第一

宋長洲王楙

漢再受命之兆

元城先生夏至日與門人論陰陽消長之理以謂物禁太盛者衰之始也門人因曰漢宣帝甘露三年呼韓邪單于稽侯𤥭來朝此漢極盛時也是年王君得幸於皇太子生帝鰲於甲觀畫室爲世適孫此新室代漢之兆此正夏至生一陰之時先曰然漢再受命已兆朕於景帝生長沙定王發

一笠庵北词广正谱不分卷　（明）徐于室撰　（清）李玉更定

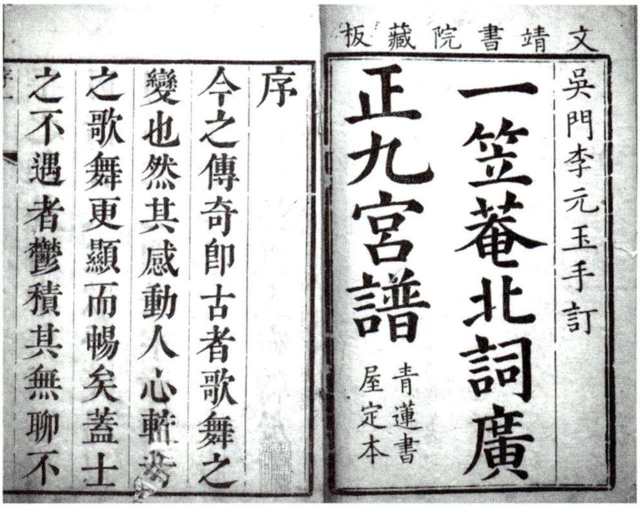
文靖書院藏板
吳門李元玉手訂
一笠菴北詞廣正九宮譜
青蓮書屋定本

序
今之傳奇卽古者歌舞之變也然其感動人心轉移之歌舞更顯而暢矣蓋士之不遇者鬱積其無聊不

清康熙间青莲书屋刻本

框高 20.3 厘米，宽 13.9 厘米，半叶 6 行 25 字，小字双行同，左右双边，白口，单黑鱼尾。

徐于室（1574？—1636？），名庆卿，字于室，松江华亭人（今上海），明大学士徐阶曾孙。

李玉（1610—1670），字玄玉，号苏门啸侣，又号一笠庵主人，吴县（今属江苏苏州）人。出身低微，不得应科举。崇祯末年中乡评副榜，明亡后专事剧本创作。入清后无意仕进，毕生致力于戏曲创作和研究，剧作见于各种曲目书中著录的有四十二种。其中《一捧雪》、《人兽关》、《永团圆》、《占花魁》、《清忠谱》、《眉山秀》、《两须眉》、《太平钱》、《千钟禄》、《万里圆》、《牛头山》、《麒麟阁》、《七国记》、《昊天塔》、《风云会》、《五高风》、《连城璧》、《一品爵》等十八种，如今存有全本；《洛阳桥》、《埋轮亭》（与朱佐朝合作）二种存有散出；《千里舟》仅存佚曲数句。

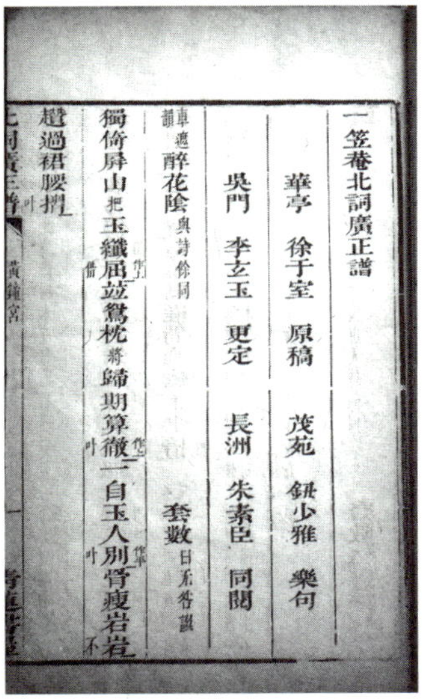
一笠菴北詞廣正譜
華亭 徐于室 原稿　茂苑 鈕少雅 樂句
吳門 李玄玉 更定　長洲 朱素臣 同閱
黃鍾宮
醉花陰　套數

《北词广正谱》，为北曲曲谱，系增订徐于室、钮少雅北词谱而成。卷首题“华亭徐于室原稿，茂苑钮少雅乐句，吴门李玄玉更定，长洲朱素臣同阅”。吴伟业为此谱作序。徐、钮所作北词谱，今已失传。全书十八帙，依六宫十一调编次，末附《南戏北词正谬》、《牌名讹》一帙。共录四百余个北曲曲牌，采选元人及明初作者所撰北词为例，列举不同格式，分别正字衬字，指出句子不拘可以增损者，注明板式声韵。收罗甚广，辨析精审。《四库全书总目》称其“订正诸调，颇为综核”（见《雍熙乐府》）。

书藏高淳区图书馆。

医方汤头歌括一卷　（清）汪昂编

清康熙刻本

框高19.9厘米，宽13.9厘米，10行28字，小字双行同，白口，四周单边，单黑鱼尾。

汪昂（1615—1694），字讱庵，初名恒，安徽休宁县城西门人，曾中秀才，因家庭贫寒，遂弃举子业，立志学医。他苦攻古代医著，结合临床实践，经过三十年的探索研究，编著有《素问灵枢类纂约注》、《医方集解》、《本草备要》、《汤头歌诀》等。

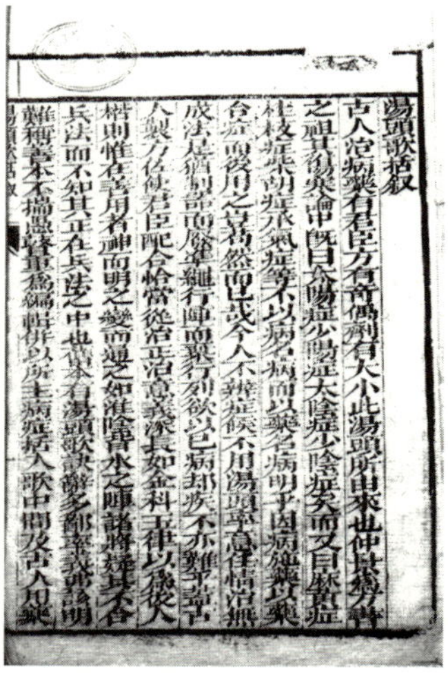

《医方汤头歌括》是一部古代医方著作，书中选录中医常用方剂三百余方，分为补益、发表、攻里、涌吐等二十类。以七言歌诀的形式加以归纳和概括，并于每方附有简要注释，便于初学习诵，是一部流传较广的方剂学著作。刊印后相应地出现了多种后人续补、增注或改编的作品。其中1961年人民卫生出版社的《汤头歌诀白话解》，就是本书较为详明的注释本。现存清刻本、石印本、铅印本五十余种。

书藏秦淮区图书馆。

艺苑名言八卷首一卷　（清）蒋云会纂辑

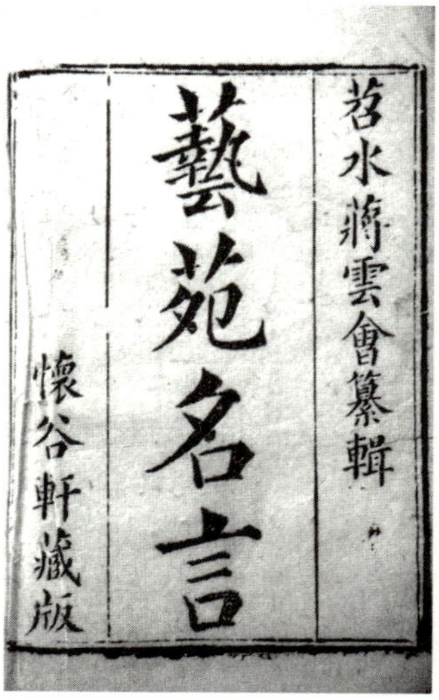
苕水蔣雲會纂輯
藝苑名言
懷谷軒藏版

清乾隆四十一年（1776）怀谷轩藏版刻本

框高13.7厘米，宽9.7厘米，9行20字，小字双行同，白口，左右双边，单黑鱼尾。

蒋澜，字云会，号怀谷，乌程（今浙江湖州）人，约生活于乾隆年间。生平事迹不详。

《艺苑名言》为诗话汇编，清蒋澜辑。此书一名《续诗人玉屑》，八卷，所采历代诗评、诗话、笔记等一百一十余部，约七百余则。编次体例，以卷下分类，然同属一卷之各小类，其性质往往并不相类。这种所谓“不类而类”的含混状态，颇有损于资料书之价值。

书藏六合区图书馆。

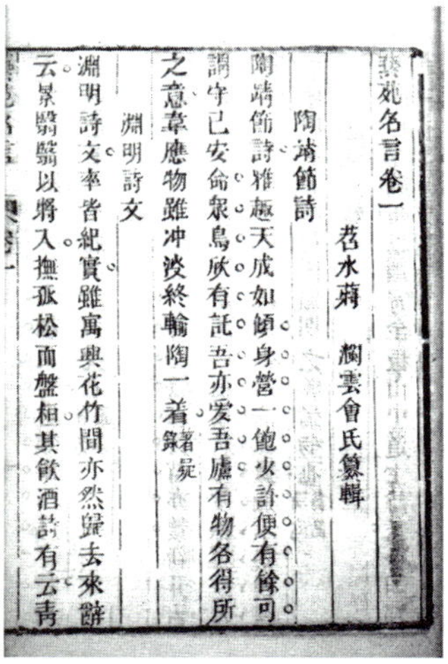
藝苑名言卷一　茗水蒋　槲雲會氏纂輯
陶靖節詩
陶靖節詩雅趣天成如傾身營一飽少許便有餘可謂守己安命衆鳥欣有託吾亦愛吾廬有物各得所之意韋應物雖冲淡終輸陶一着
淵明詩文
淵明詩文率皆紀實雖寓興花竹間亦然歸去來辭云景翳翳以將入撫孤松而盤桓其飲酒詩有云青

绎史一百六十卷世系图一卷年表一卷

（清）马骕撰

清康熙刻本

框高20.0厘米，宽13.8厘米，11行24字，小字双行36字，白口，左右双边，无鱼尾。

马骕（1620—1673），字宛斯，一字聪御，山东邹平人。顺治进士，曾任淮安府推官、灵璧知县。一生精研上古史籍，尤癖好《左氏春秋》，著有《左传事纬》。因其所撰《绎史》一百六十篇，搜集、保存大量先秦古史资料。当世称其为“马三代”。

《四库全书总目》云：“是编纂录开辟至秦末之事。首为《世系图》、《年表》，不入卷数。次《太古》十卷，次《三代》二十卷，次《春秋》七十卷，次《战国》五十卷，次《别录》十卷。仿袁枢《纪事本末》之例，每一事各立标题，详其始末。惟枢书排纂年月，镕铸成篇。此书则惟篇末论断，出骕自作。其事迹皆博引古籍，排比先后，各冠本书之名。其相类之事则随文附注，或有异同讹舛，以及依托附

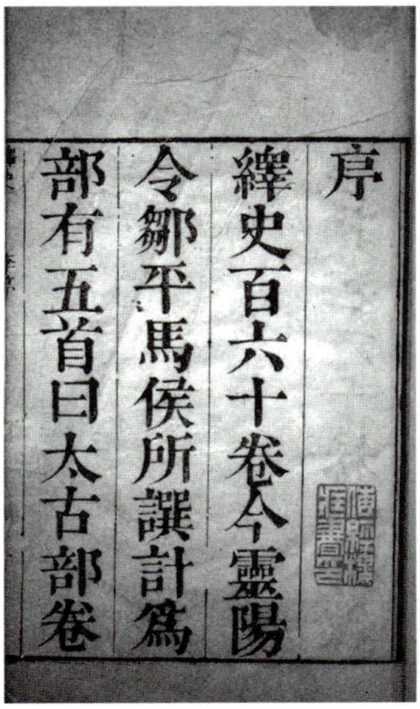
序
繹史百六十卷今靈陽令鄒平馬侯所譔計為部有五首曰太古部卷

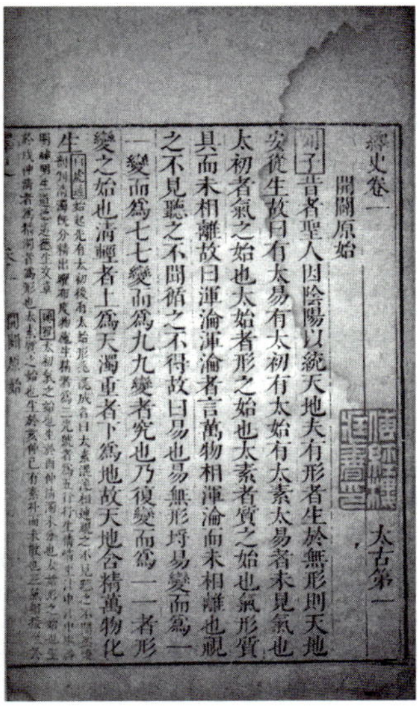
繹史卷一　開闢原始　太古第一
列子曰昔者聖人因陰陽以統天地夫有形者生於無形則天地安從生故曰有太易有太初有太始有太素太易者未見氣也太初者氣之始也太始者形之始也太素者質之始也氣形質具而未相離故曰渾淪渾淪者言萬物相渾淪而未相離也視之不見聽之不聞循之不得故曰易也易無形埒易變而為一一變而為七七變而為九九變者究也乃復變而為一一者形變之始也清輕者上為天濁重者下為地故天地合精萬物化生

会者，并于条下疏通辨证。与朱彝尊《日下旧闻》义例相同。其《别录》则一为《天官》，二为《律吕通考》，三为《月令》，四为《洪范五行传》，五为《地理志》，六为《诗谱》，七为《食货志》，八为《考工记》，九为《名物训诂》，十为《古今人表》。盖以当诸史之表志。其九篇亦荟粹诸书之文，惟《古今人表》则全仍《汉书》之旧。以所括时代与《汉书》不相应，而与此书相应也。虽其疏漏抵牾，间亦不免，而搜罗繁富，词必有征，实非罗泌《路史》、胡宏《皇王大纪》所可及。且史例六家，古无此式。与袁枢所撰均可谓卓然特创，自为一家之体者矣。"

书藏金陵图书馆。

奕妙一卷　（清）范西屏、施襄夏鉴定

清乾隆二十九年（1764）崇雅堂刻本

框高 15.9 厘米，宽 15.9 厘米，白口，四周单边，无鱼尾。

范世勋（1708—？），字西屏，浙江海宁人。清朝三百年第一高手，也是我国古代最为杰出的围棋大师。著名诗人袁枚称许他："虽颜、曾世莫称，惟子之名，横绝四海而无人争。将千龄万龄，犹以棋名，松风丁丁。"

施襄夏（1710—1771），名绍暗，字襄夏，号定庵，浙江海宁人。清代著名围棋国手，与范西屏、黄龙士并称"清代三大棋圣"。施定庵晚年客居扬州，著《弈理指归》，后又著《续编》。

《奕妙》，清梁魏今、程兰如、施襄夏、范世勋撰。一卷。乾隆二十九年，无锡吴峻选刻《奕妙》，并于书前有序云："……近日兰如先生体大思精，而西屏、襄夏二先生，尤称神化。譬之于诗黄则摩诘也，范则太白也，施则子美也，余如张王元白，各

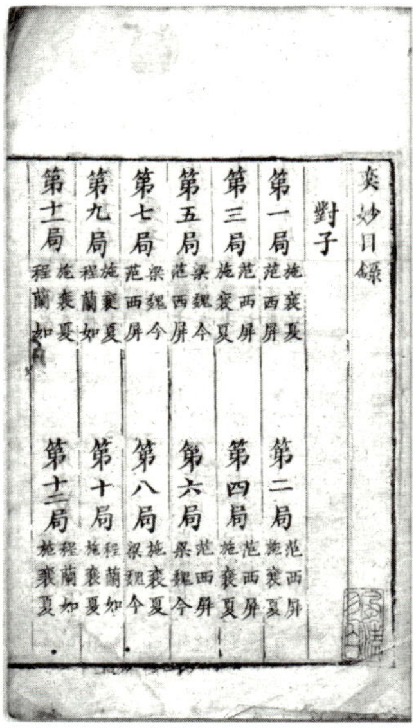
奕妙目錄
對子
第一局 施襄夏 范西屏
第二局 范西屏 施襄夏
第三局 范西屏 施襄夏
第四局 范西屏 施襄夏
第五局 梁魏今 范西屏
第六局 范西屏 梁魏今
第七局 梁魏今 范西屏
第八局 施襄夏 梁魏今
第九局 施襄夏 程蘭如
第十局 程蘭如 施襄夏
第十一局 施襄夏 程蘭如
第十二局 程蘭如 施襄夏

以其妙孤行，而均为艺事之不可少。诸家新谱甚多，余尝录其尤妙者为一帙，以为古不如今者，其在斯乎？适同人爱而梓之，而序其缘起如此。”

书藏金陵图书馆。

余园古今体诗精选四卷　（清）缪沅撰

清乾隆刻本

框高 18 厘米，宽 12.9 厘米，10 行 19 字，小字双行同，白口，左右双边，单黑鱼尾。

缪沅（1672—1729 或 1733），字澧南，号湘芷，一号余园，清泰州人。肇甲子。生而嗜学，诸子百家靡不赅览。康熙四十八年（1709）进士，授编修，充五十一年会试同考官。五十四年，召试乾清宫，列一等。五十六年，视学湖广。每试一郡，必与诸生会讲而去，得人极盛。秩满濒行，两湖诸生送千余里。尝与修《康熙字典》、《子史精华》等书。历官工科给事中、工部侍郎、刑部侍郎。无疾而终。平生与孔尚任、张符骧、宫鸿历、顾嗣立、查慎行、徐用锡等人交好。

《余园古今体诗精选》一作《余园诗选》，四卷。有乾隆三十八年（1773）蕴真堂刻本，嘉庆二十三年（1818）王世丰补刻本。《淮海英灵集》甲集卷一收其诗五十首，《江苏诗征》卷一百四十三收其诗六首，《海陵文征》卷十六收其文四篇。

书藏秦淮区图书馆。

渔洋山人精华录会心偶笔六卷　（清）伊应鼎编述

清乾隆二十四年（1759）刻本

框高 17 厘米，宽 12.9 厘米，10 行 19 字，小字双行同，白口，四周单边，单黑鱼尾。

伊应鼎（1701—1787），字元吉，又字戒平，号侗叟，清山东新城（今桓台）人。诗得渔洋口授，故得其神韵主旨。乾隆元年丙辰进士，授河南安阳知县。致政归里，与友人研学渔洋诗作，著《渔洋山人精华录会心偶笔》评点渔洋诗作，皆发世人未发之妙。有《注唐人诗帖》行世。

《渔洋山人精华录会心偶笔》，清伊应鼎编述，书中评论王士祯诗歌三百零一首，其中对王士祯“神韵说”多有阐发。探索渔洋诗的“意象深旨”和艺术手法，给学诗者指示入门之径。

书藏六合区图书馆。

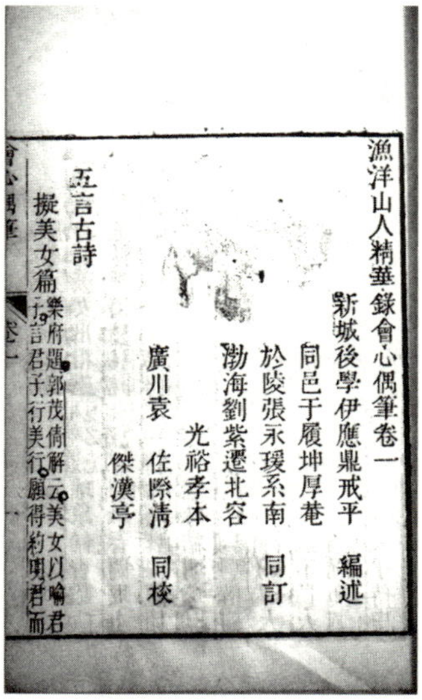
漁洋山人精華錄會心偶筆卷一
新城後學伊應鼎戒平 編述
同邑于履坤厚菴
於陵張永瑗系南 同訂
渤海劉紫遷北容
光裕孝本
廣川袁 佐際清 同校
傑漢亭
五言古詩
擬美女篇

渔洋山人精华录笺注十二卷补注一卷
（清）王士祯撰　（清）金荣笺注

清乾隆凤翙堂刻本

框高 18.5 厘米，宽 14.4 厘米，11 行 20 字，小字双行 30 字，白口，左右双边，单黑鱼尾

王士祯（1634—1711），原名王士禛，字子真、贻上，号阮亭，又号渔洋山人，世称王渔洋，谥文简，新城（今山东桓台）人。工诗，创“神韵说”，文、词亦佳。兼擅书法，精金石篆刻，能鉴别书画、鼎彝之属。著述极丰，有《阮亭诗钞》、《渔洋诗话》等。

金荣，生卒年不详，字林始，昆山人。生活于康熙、雍正间。

《渔洋山人精华录》为王士禛诗选集，分体编排厘为十卷。此书打破原编体制，由分体改为编年。注者认为，如此编排，作者“出处可以概见。且集中大半于役之作，川涂险阻，雨雪往来，读者即目

了然”（《凡例》）。编年参照士禛自编诸集（王氏自编诸集按年编排），其中小有差误者作了调整。金注除笺注典事出处外还注重对该诗写作背景的介绍，因此除重视其自注外，还多从士禛散文笔记，如《蜀道驿程记》、《秦蜀驿程后记》、《陇蜀馀闻》、《皇华记闻》、《池北偶谈》、《皇祖笔记》、《古夫于亭杂录》等著作中录求本事，用为笺注，故多能得诗本意。

书藏金陵图书馆。

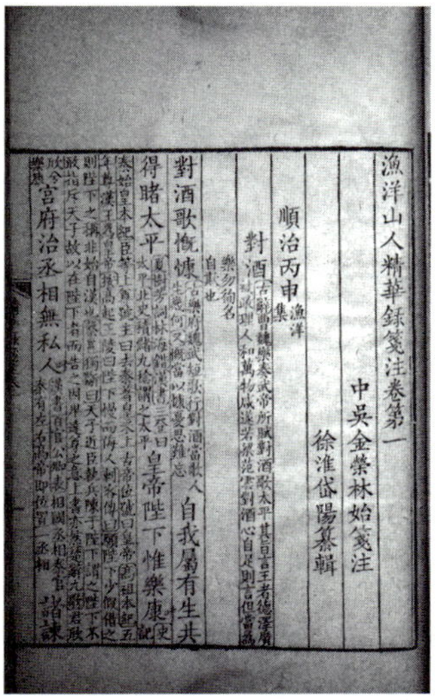
漁洋山人精華錄箋注卷第一
中吳金榮林始箋注
順治丙申集
對酒
對酒歌慨慷人自我屬有生共得睹太平皇帝陛下惟樂康
宮府治丞相無私人

渔洋山人诗集二十二卷 （清）王士禛撰

清康熙八年（1669）吴郡沂咏堂刻本

框高 17.9 厘米，宽 13 厘米，10 行 19 字，白口，四周单边，单黑鱼尾。

王士祯（1634—1711），原名王士禛，字子真，一字贻上，号阮亭，又号渔洋山人，山东新城（今桓台）人。有《渔洋诗话》、《池北偶谈》、《渔洋山人精华录》、《带经堂集》等。

《渔洋山人诗集》为清王士祯诗选集。王渔洋印行了若干小集后，在康熙元年由门人盛符升刊行《阮亭诗选》十七卷，系由顺治十三年（1656）至十八年作品中选一千二百二十二首（据目录为一千二百一十七首）编成，前有钱谦益、冒辟疆、陈维崧等二十七人序及自序两篇。康熙八年又加上康熙后七年间所作，付门人王立极在苏州沂咏堂刊行了《渔洋山人诗集》二十二卷，诗作按年编排，但《阮亭诗选》所收作品又有部分删削。

书藏六合区图书馆。

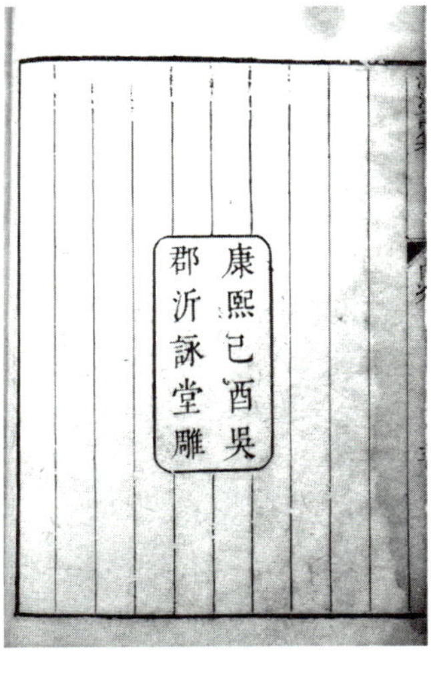
康熙己酉吳
郡沂詠堂雕

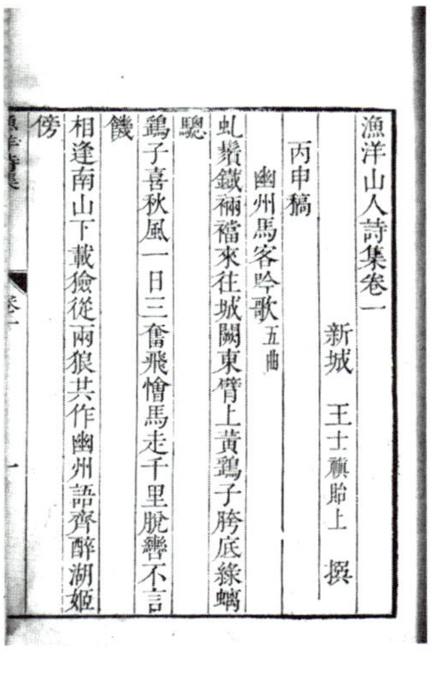
漁洋山人詩集卷一
新城 王士禛貽上 撰
丙申稿
幽州馬客吟歌五曲
虬髯鐵裲襠來往城闕東臂上黃鷂子胯底綠螭驄
鷂子喜秋風一日三奮飛愴馬走千里脫轡不言饑
相逢南山下載獵從兩狼共作幽州語齊醉湖姬傍

玉溪生诗详注三卷　（唐）李商隐撰　（清）冯浩注

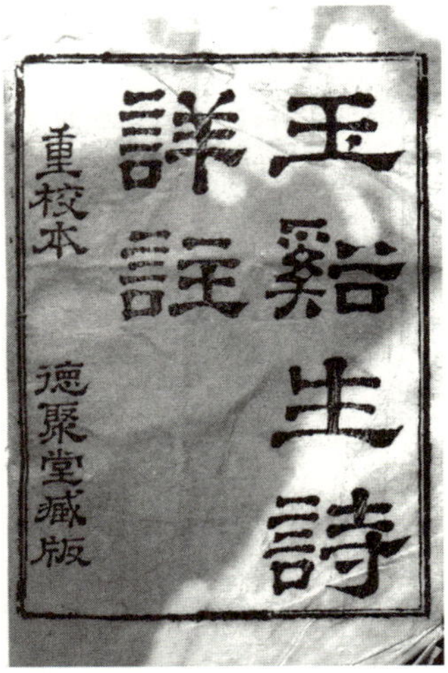

清乾隆三十二年（1767）德聚堂刻本

框高 19 厘米，宽 13.8 厘米，11 行 25 字，小字双行不等，白口，左右双边，单黑鱼尾。

李商隐（约 813—约 858），字义山，号玉溪（谿）生，又号樊南生，祖籍怀州河内（今河南沁阳），出生于郑州荥阳（今河南荥阳），晚唐诗人，开成进士，曾任县尉、秘书郎和东川节度使判官等职。因受牛李党争影响，潦倒终身。所作咏史诗多托古以斥时政，擅长律绝，富于文采，具有独特风格。诗作文学价值很高，他和杜牧合称“小李杜”，与温庭筠合称为“温李”，与同时期的段成式、温庭筠风格相近，且都在家族里排行十六，故并称为“三十六体”。他擅长诗歌写作，骈文文学价值也很高，其诗构思新奇，风格秾丽，尤其是一些爱情诗和无题诗写得缠绵悱恻，优美动人。但部分诗歌（以锦瑟为代表）过于隐晦迷离，难于索解，至有“诗家总爱西昆好，独恨无人作郑笺”之说。

冯浩（1719—1801），字养吾，号孟亭，浙江桐城人。乾隆十三年进士，由编修官至御史。丁忧后不复出，家居四十年，著述自娱，曾讲课于常州、浙东、浙西诸书院，注李商隐诗文尤有成绩。浩所著有《孟亭诗文集》；又注有《玉溪生诗评注》八卷，及《樊南文集详注》八卷，均《清史列传》并传于世。长子冯应榴、少子冯集梧皆有文名。

《玉溪生诗详注》是冯浩对李商隐诗文的重校本。该书于乾隆二十八年由德聚堂首次刊行，但原书错漏之处很多，冯浩做了许多改正增补的工作，其中引文也重新一一核对过。冯浩采用“征典为注，达意为笺”的方法，一方面大量引用典籍注解；另一方面，对一些难懂的词语、句子的意义进行诠释。在笺注的过程中，注意对李商隐诗歌全文进行串讲，并对诗歌的艺术性作出必要的点评。

书藏秦淮区图书馆。

御撰资治通鉴纲目三编二十卷　　（清）张廷玉等纂

清乾隆十一年（1746）刻本

框高 19.7 厘米，宽 13.3 厘米，半叶 11 行 30 字，小字双行同，左右双边，白口，单黑鱼尾。

张廷玉（1672—1755），字衡臣，号砚斋，安徽桐城人。大学士张英次子。康熙三十九年（1700）进士，改庶吉士，授检讨，入值南书房。清康熙时任刑部左侍郎，雍正帝时曾任礼部尚书、户部尚书、吏部尚书、保和殿大学士、首席军机大臣等职。康熙末年，整治松弛的吏治，后又完善军机制度。先后任《亲征平定朔北方略》纂修官，《省方盛典》、《清圣祖实录》副总裁官，《明史》、《四朝国史》、《大清会典》、《世宗实录》总裁官。张廷玉死后谥号文和，配享太庙。

《御撰资治通鉴纲目三编》是清乾隆年间修成的一部编年体明史史书，其凡经两修，现存初修二十卷本和改修四十卷本两种。改修本与初修本相比，在书法、纪年上大体遵循《御批历代通鉴辑览》，在少数民族人名与地名翻译上则改动较大。这些改动体现了高宗对修史事业的控制及其史学和政治思想。该书为研究清代官方史学的重要著作，具有较高的文献价值。

书藏高淳区图书馆。

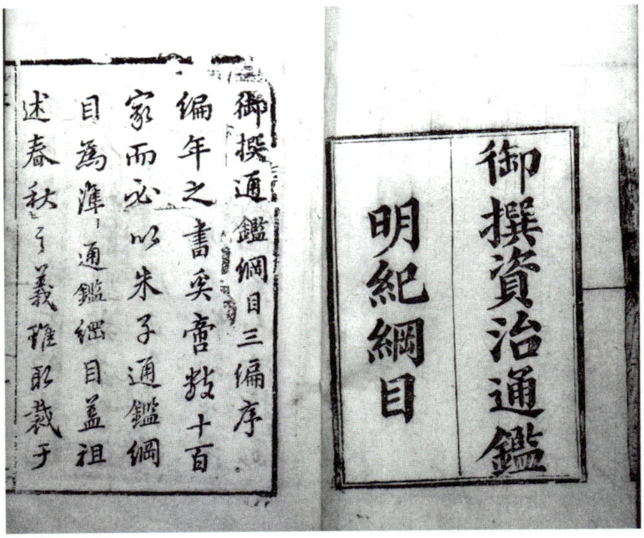

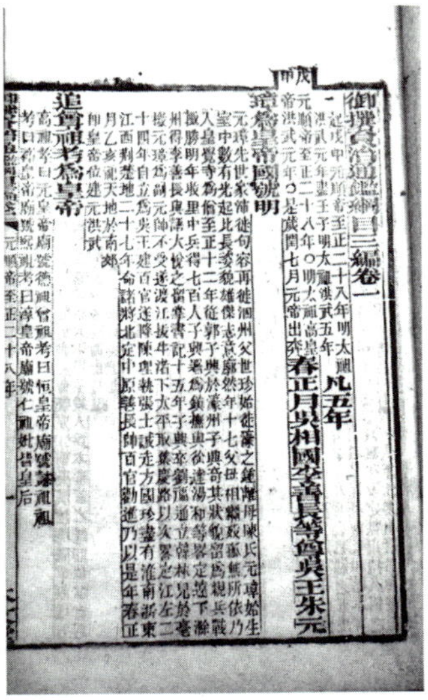

御纂周易折中二十二卷首一卷　（清）李光地等撰

清康熙五十四年（1715）刻本

框高 22.3 厘米，宽 15.4 厘米，11 行 22 字，白口，四周双边，单黑鱼尾。

李光地（1642—1718），字晋卿，号厚庵，福建安溪人。康熙九年进士，历任翰林编修、吏部尚书、文渊阁大学士等职。他既是政治上的活跃人物，又是学术界的知名人士。曾协助平定“三藩之乱”“统一台湾”。李光地精研经史，学宗程朱理学，为清代理学代表人物。他奉诏编撰的《御纂朱子全书》、《周易折中》、《性理精义》则成为清代官方书籍。

《御纂周易折中》一书共二十二卷，清李光地总裁，康熙帝御纂。成书于康熙五十四年，是康熙帝为提倡儒理学而颁行全国的官修书籍。参加此项工作（校对、分修、缮写、监造）的共有四十九人之多，用了两年时间完成了卷帙浩繁的《周易折中》。本书援引以往共二百一十八家的学说，其中包括宋代的九十八家，每每以“本义”“程传”“集说”“按语”及“总结”的方式，尽管基本上是以程朱易学为宗，但其中也不乏对程朱观点的质疑和批评之处，同时对经文卦义也多有发明。可以说，《周易折中》既是以往《易》之集大成者，又提出了很多新的观点。

书藏六合区图书馆。

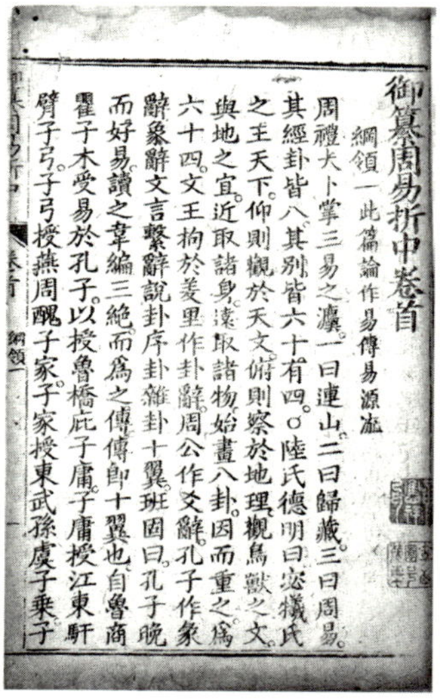
御纂周易折中卷首

綱領一　此篇論作易傳易源流

周禮大卜掌三易之灋。一曰連山。二曰歸藏。三曰周易。其經卦皆八。其別皆六十有四。○陸氏德明曰。宓犧氏之王天下。仰則觀於天文。俯則察於地理。觀鳥獸之文。與地之宜。近取諸身。遠取諸物。始畫八卦。因而重之爲六十四。文王拘於羑里作卦辭。周公作爻辭。孔子作彖辭象辭文言繫辭說卦序卦雜卦十翼。班固曰。孔子晚而好易。讀之韋編三絕。而爲之傳。傳即十翼也。自魯商瞿子木受易於孔子。以授魯橋庇子庸。子庸授江東馯臂子弓。子弓授燕周醜子家。子家授東武孫虞子乘子

御纂周易折中　卷首　綱領一　一

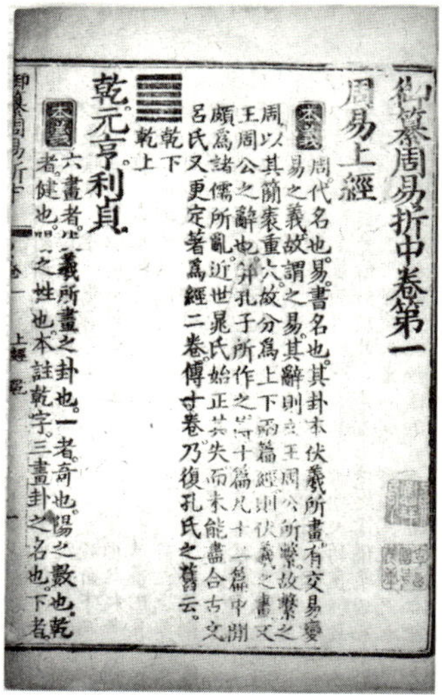
御纂周易折中卷第一

周易上經

本義　周。代名也。易。書名也。其卦本伏羲所畫。有交易變易之義。故謂之易。其辭則文王周公所繫。故繫之周。以其簡袠重大。故分爲上下兩篇。經則伏羲之畫文王周公之辭也。并孔子所作之傳十篇。凡十二篇。中間頗爲諸儒所亂。近世晁氏始正其失。而未能盡合古文。呂氏又更定著爲經二卷。傳十卷。乃復孔氏之舊云。

䷀　乾下乾上

乾。元亨利貞。

本義　六畫者。伏羲所畫之卦也。一者。奇也。陽之數也。乾者。健也。陽之性也。本註乾字。三畫卦之名也。下者。

御纂周易折中　卷一　上經　乾　一

元经薛氏传十卷　（隋）王通撰　（唐）薛收传　（宋）阮逸注

明刻本

框高 19.7 厘米，宽 13.6 厘米，9 行 20 字，小字双行同，白口，左右双边，无鱼尾。

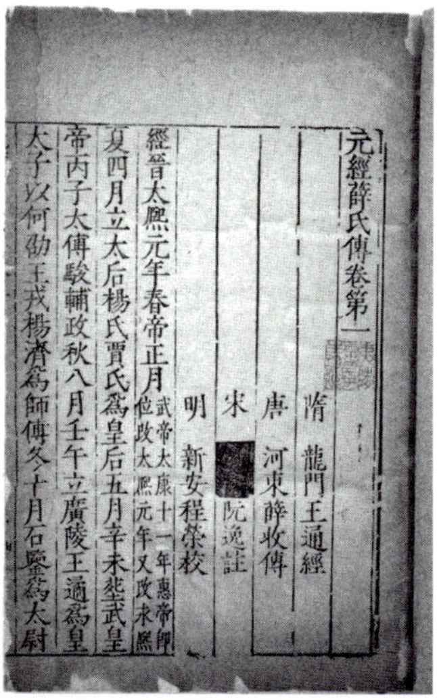
元經薛氏傳卷第一
隋　龍門王通經
唐　河東薛收傳
宋　[redacted]阮逸註
明　新安程榮校
經晉太熙元年春帝正月武帝太康十一年惠帝即位改太熙元年又改永熙
夏四月立太后楊氏賈氏為皇后五月辛未葬武皇
帝丙子太傅駿輔政秋八月壬午立廣陵王遹為皇
太子以何劭王戎楊濟為師傅冬十月石鑒為太尉

王通（584—617），字仲淹，道号文中子，绛州龙门（今山西万荣）人，隋朝著名儒家、教育家。主张儒、佛、道三教合一，但以儒学为主。退居河、汾后，聚徒讲学，潜心著书。撰《十二策》、《续六经》等。王通的门人仿孔子门徒作《论语》而编《中说》（又称《文中子》），成为研究王通思想的主要著作。

薛收（591—624），字伯褒，蒲州汾阳（今山西万荣县）人，秦王府十八学士之一，隋内史侍郎薛道衡之子。

阮逸，生卒年不详，北宋建州建阳（今福建）人，字天隐。北宋音乐家，通声律，精制作。天圣五年（1027）进士，累迁户部员外郎。著有《易筌》、《野言》等。

《元经》，《四库全书总目》云："旧本题隋王通撰。唐薛收续，并作传。宋阮逸注。其书始晋太熙元年，终隋开皇九年，凡九卷，称为通之原书。末一卷自隋开皇十年迄唐武德元年，称收所续。"晁公武《读书志》曰："案《崇文》无其目，疑阮逸依托为之。"陈振孙《书录解题》曰："河汾王氏诸书，自中说以外，皆唐《艺文志》所无。其传出阮逸，或云皆逸伪作也。"

书藏金陵图书馆。

元诗选六卷补遗一卷　（清）顾奎光辑

清乾隆十六年（1751）锡山顾氏家刻本

半框高 16.2 厘米，宽 12.8 厘米，10 行 19 字，小字双行同，白口，左右双边，单黑鱼尾。

顾奎光（1719—1764），字星五，号双溪，江苏无锡人。乾隆十年进士，历官湖南泸溪、桑植知县。顾氏一门，父子兄弟均精诗善词，尤以词学相传。著有《双溪词》，辑有《金诗选》、《元诗选》等。

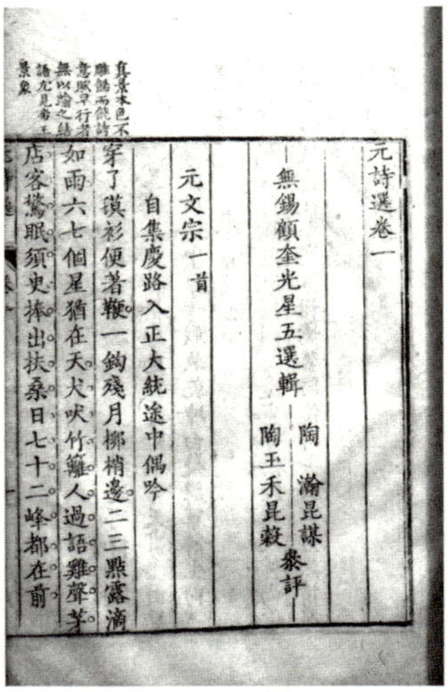
元詩選卷一
無錫顧奎光星五選輯　陶瀚昆謀　陶玉禾昆穀　參評
元文宗一首
自集慶路入正大統途中偶吟
穿了氁衫便著鞭一鈎殘月柳梢邊二三點露滴如雨六七個星猶在天犬吠竹籬人過語雞聲茅店客驚眠須臾捧出扶桑日七十二峰都在前

该书为元诗选本，清顾奎光编选。顾奎光认为“宋、明诗皆有选本，而金、元独少”，因此编选此书录元朝一代诗作。以选小诗为主，也选了一些带有史诗性的长诗。书前附有作者简略生平，间有对元诗长处、特点的评论、品藻，并与宋诗作比较，颇多启发性意见。《元诗选》从初集到癸集陆续刊行于世，其间相隔近二百年。顾氏刊印《元诗选》初集时，刊行于世的元人专集仅百家而已；顾氏通过各种途径据以采择的元集几近四百家，初、二、三集即收录三百四十家，而顾氏去世半个世纪之后，《四库全书总目》所著录并存目的元集仅有一百四十五家了。癸集所收多达两千三百余人，还没有统计在内。大量元人诗作赖以流传至今，顾氏之功诚不可没。

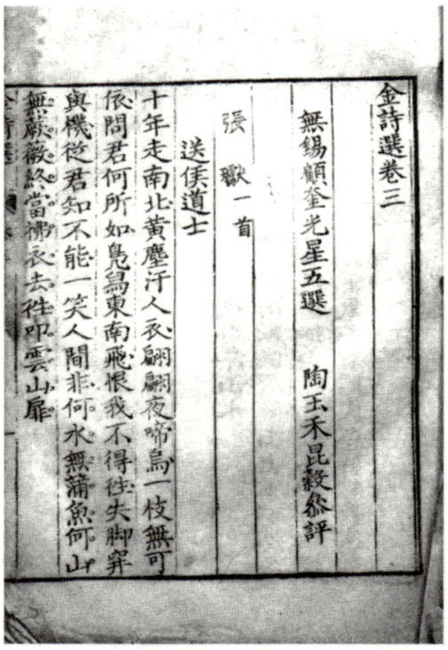
金詩選卷三
無錫顧奎光星五選　陶玉禾昆穀參評
張歟一首
送侯道士
十年走南北黃塵汙人衣翩翩夜啼烏一枝無可依問君何所如鳬鳥東南飛恨我不得往失脚穽與機從君知不能一笑人間非何水無蒲魚何山無蕨薇終當拂衣去往巾雲山扉

书藏六合区图书馆。

元史二百一十卷　（明）宋濂等撰

明冯梦祯刻清康熙四十年（1701）重修本

框高 24.7 厘米，宽 16.2 厘米，10 行 20 字，白口，四周双边，单黑鱼尾。

宋濂（1310—1381），字景濂，号潜溪，别号玄真子、玄真道士、玄真遁叟，浦江（今浙江浦江）人。元末明初文学家。曾被明太祖朱元璋誉为“开国文臣之首”，学者称太史公。与高启、刘基并称为“明初诗文三大家”。

全书凡二百一十卷，包括本纪四十七卷、志五十八卷、表八卷、列传九十七卷，记述了从蒙古族兴起到元朝建立和灭亡的历史。得益于朱元璋强调

“文词勿致于艰深，事迹务令于明白”，《元史》体例整齐，文字浅显，叙事明白易懂。本纪中的《世祖本纪》和《顺帝本纪》最为详尽。志书对元朝的典章制度作了比较详细的记述，保存了大批珍贵的史料，其中以《天文》、《历志》、《地理》、《河渠》四志的史料最为珍贵。列传中创新《释老》一传，记载宗教在元朝所居的地位和发展情况。

书藏六合区图书馆。

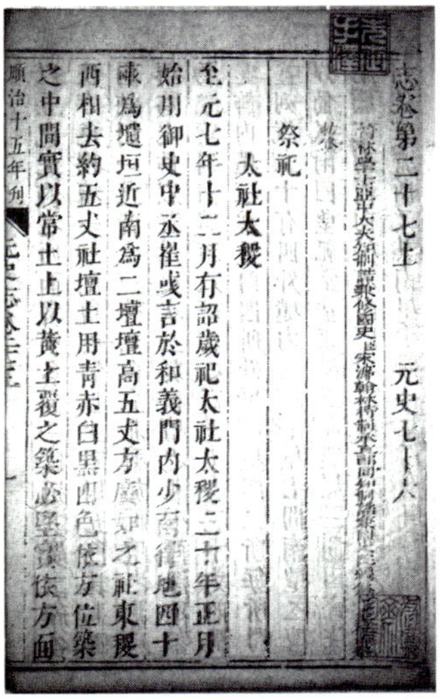
志卷第二十七上 元史七十六
祭祀
太社太稷
至元七年十二月有詔歲祀太社太稷三十年正月
始用御史中丞崔彧言於和義門內少南得地四十
畝為壝垣近南為二壇壇高五丈方廣如之社東稷
西相去約五丈社壇土用青赤白黑四色依方位築
之中間實以常土上以黃土覆之築必堅實依方面
順治十五年刊

元文类七十卷目录三卷　（元）苏天爵辑

明修德堂刻本

高 20 厘米，宽 13.7 厘米，9 行 20 字，小字双行同，白口，四周单边，单黑鱼尾。

苏天爵（1294—1352），字伯修，真定（今河北正定）人，元代文学家。少从安熙学，后又以吴澄、虞集等为师。延祐四年（1317）国子学生公试，名列第一，授大都路蓟州判官，后历任翰林国史院典籍官、湖广行省参知政事、陕西行台侍御史、集贤侍讲学士兼国子祭酒、江浙行省参知政事、大都路总管等职。至正十二年（1352）淮右盐民起义，延及江浙，苏天爵被起用为江浙行省参知政事，总兵饶、信，以老病死于军中。苏天爵的著作，有诗稿七卷，今佚。今存古诗六首，律诗一首。另著《春风亭笔记》二卷、《国朝名臣事略》十五卷、《滋溪文稿》三十卷等。

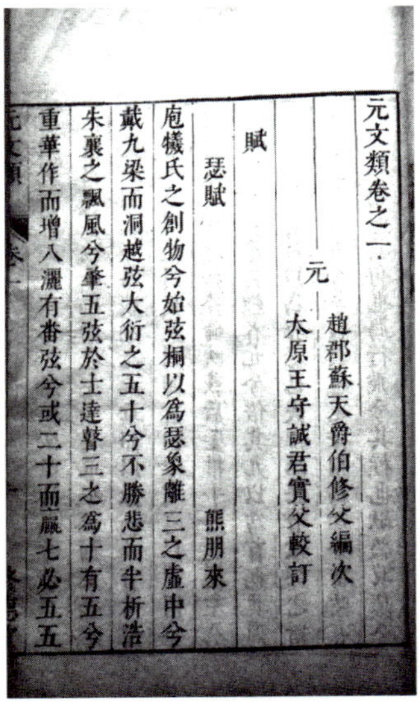
元文類卷之一
元　趙郡蘇天爵伯修父編次
太原王守誠君實父校訂
賦
瑟賦　熊朋來
庖犧氏之創物兮始弦桐以為瑟象離三之虛中兮
藏九梁而洞越弦大衍之五十兮不勝悲而半析浩
朱襄之飄風兮肇五弦於士達瞽三之為十有五兮
重華作而增入灑有番弦兮或二十而贏七必五五

本书为元朝诗文选集，本名《国朝文类》。该书成于顺帝元统二年（1334），共收窝阔台时期至元仁宗延祐时期约八十年间名家诗、文八百余篇，按文体分作四十三类，故名。苏天爵留意本朝史事，曾三居史馆，预修武宗、文宗实录，编辑该书也从留存史事着眼，“以载事为首，文章次之”。元朝官方称该书“虽文字固富于网罗，而去取多关于政治”，把它与姚铉《唐文粹》、吕祖谦《宋文鉴》相比。元代著名文人王鹗、李谦、阎复、元明善等各家文集今已不存，他们的一部分诗文赖该书得以保存。又收姚燧所作碑铭墓碣四十余篇，因现存姚燧《牧庵集》文字经过清朝四库馆臣篡改，由该书得见其部分原貌。书中收录之《经世大典序录》，对研究元代史事尤为重要。

书藏秦淮区图书馆。

云川阁集不分卷　（清）杜诏撰

清乾隆刻本

框高 18.3 厘米，宽 12.9 厘米，10 行 21 字，小字双行同，白口，左右双边，单黑鱼尾。

杜诏（1666—1736），字紫纶，号云川，又称半楼先生，江苏无锡人。康熙四十四年（1705）南巡，献诗，特命供职内廷。五十一年，赐进士，改庶吉士，逾年乞养归，与高僧结“九龙三逸社”。生平不言人短，亲友入仕者，必劝之“留有余于百姓”。尝与杜庭珠合编《唐诗叩弹集》，另有《云川阁诗集》、《浣花词》、《蓉湖渔笛谱》等。

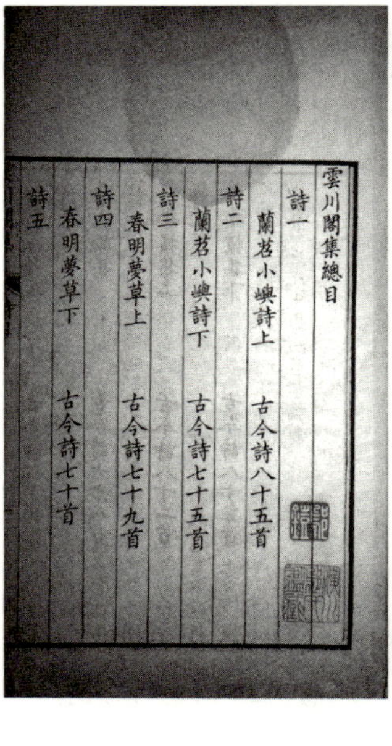
雲川閣集總目
詩一　蘭茗小嶼詩上　古今詩八十五首
詩二　蘭茗小嶼詩下　古今詩七十五首
詩三　春明夢草上　古今詩七十九首
詩四　春明夢草下　古今詩七十首
詩五

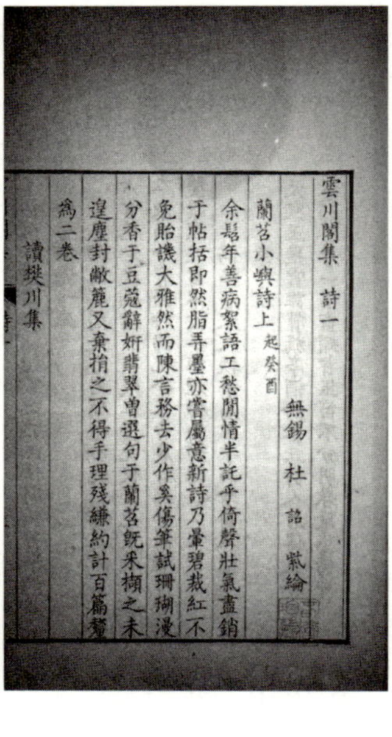
雲川閣集　詩一
無錫　杜詔　紫綸
蘭茗小嶼詩上　起癸酉
余髫年善病絮語工愁閒情半託乎倚聲壯氣盡銷于帖括即然脂弄墨亦嘗屬意新詩乃暈碧裁紅不免貽譏大雅然而陳言務去少作奚傷筆試珊瑚漫分香于豆蔻辭妍翡翠曾選句于蘭茗既采擷之未遑塵封敝簏又棄捐之不得手理殘縑約計百篇釐為二卷
讀樊川集

郑方坤《国朝名家诗钞小传》：“今读云川阁集，略杜之形骸，而得其神俊，有鲸鱼碧海之奇，而兼翡翠兰苕之秀，洵乎大雅扶轮，而善守少陵之家法也已。云川尤工填词，小令师花间，而长调又从南渡诸家得髓，殆亦瓣香蒲渔而少变其面目也欤？”

书藏金陵图书馆。

增补绘像山海经广注十八卷　（晋）郭璞撰　（清）吴任臣注

清尊德堂刻本

框高18.1厘米，宽13.7厘米，半叶9行20字，小字双行同，四周单边，白口，单黑鱼尾。

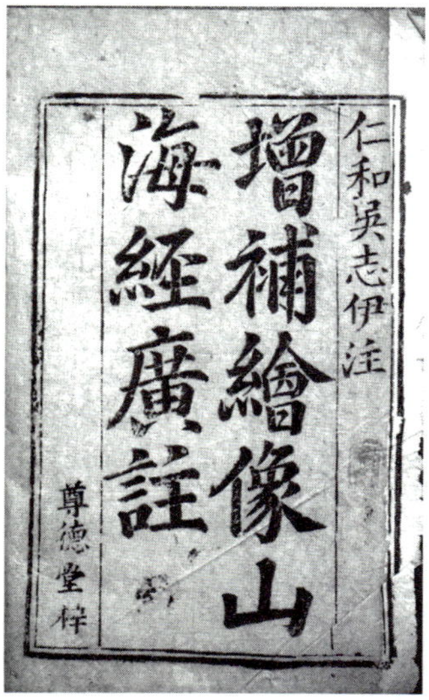
仁和吳志伊注
增補繪像山海經廣註
尊德堂梓

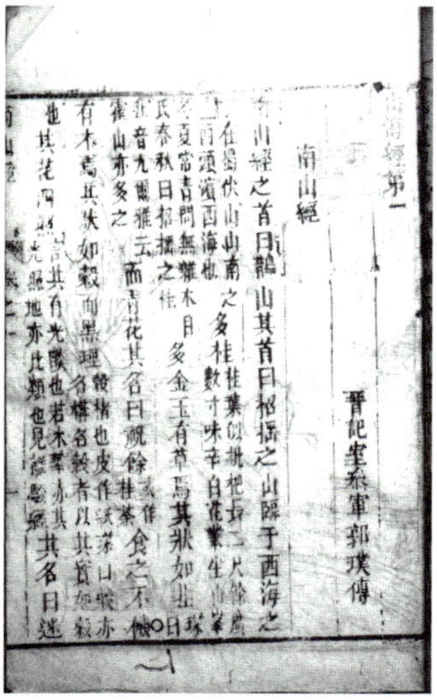

郭璞（276—324），字景纯，河东郡闻喜县（今山西闻喜）人。两晋时期著名文学家、训诂学家、风水学者，建平太守郭瑗之子。

吴任臣（1632—1687），清历史学家、藏书家。本名吴志伊，以字行，改字志伊，一字尔器，初名鸿往，号托园。康熙十八年（1679）举博学鸿词科，授检讨。曾担任《明史》纂修官。精天官、乐律、奇壬之书，为顾炎武所推重，与吴农祥齐名，称“二吴”。取家藏图书，搜唐代后诸霸国事为《十国春秋》一百一十四卷。该目称：是编所采古今书籍无虑数百种，如《册府元龟》、《太平御览》等书，悉辄荟萃成书。著有《周礼大义》、《字汇补》、《春秋正朔考辨》、《礼通》、《讬园诗文集》，另有《山海经广注》。

《四库全书总目》：“是书因郭璞山海经注而补之，故曰广注。于名物训诂、山川道里，皆有所订正。虽嗜奇爱博，引据稍繁，如堂庭山之黄金、青邱山之鸳鸯，虽贩妇佣奴，皆识其物。而旁征典籍，未免赘疣。卷首冠杂述一篇，亦涉冗蔓。然掎摭宏富，多足为考证之资。……列引用书目五百三十余种，多采自类书，虚陈名目……”

书藏高淳区图书馆。

增补万宝全书二十卷　（清）毛焕文补辑

清乾隆四年（1739）刻本

框高 19.8 厘米，宽 11.5 厘米，上下栏双栏，上栏 13 行 14—15 字，下栏 12 行 17 字，小字双行同，白口，四周单边。

毛焕文，清代人，生平不详。

“万宝全书”意为包罗万象，知识涵盖面极广。该书采用分类汇集文献资料的体例，但主要收录普通士商日常生活所需要的实用性知识，包括下列目次：天文门、地理门、人纪门、诸夷门、文翰门、农桑门、清字门、字体门、筹法门、爵禄门、时令门、画谱门、博弈门、茶经门、酒令门、梦解门、劝谕门、马牛门、通书门、铁答门、风鉴门、数命门、笑话门、种子门、宅经门、堪舆门、筮卜门、对联门、医学门、祛病门。

书藏秦淮区图书馆。

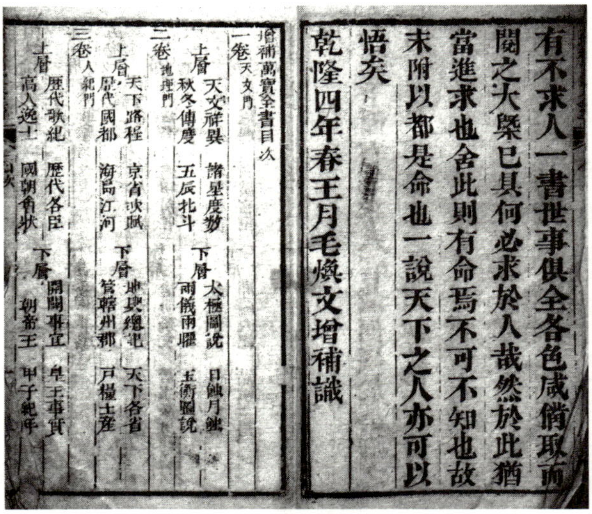

有不求人一書世事俱全各色咸備取而閱之大槩已具何必求於人哉然於此猶當進求也舍此則有命焉不可不知也故末附以都是命也一說天下之人亦可以悟矣

乾隆四年春王月毛煥文增補識

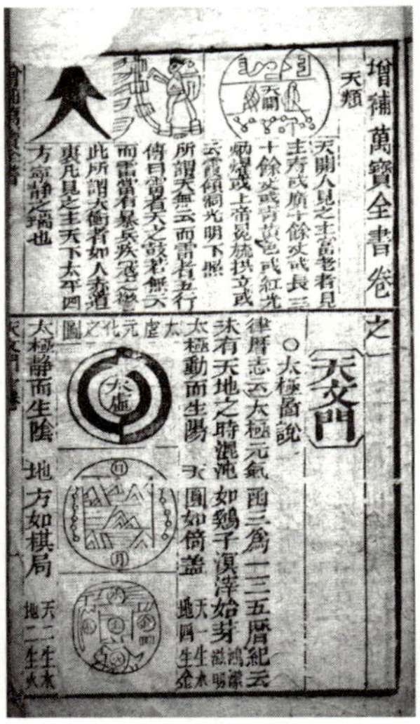

增订南九宫曲谱二十一卷，附录一卷　（明）沈璟辑

明三乐斋刻本

框高 21 厘米，宽 13.7 厘米，半叶 7 行 18 字，小字双行同，四周单边，白口，单白鱼尾。

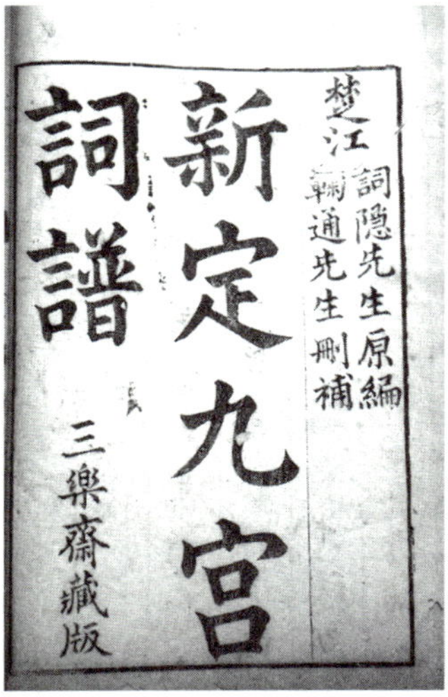

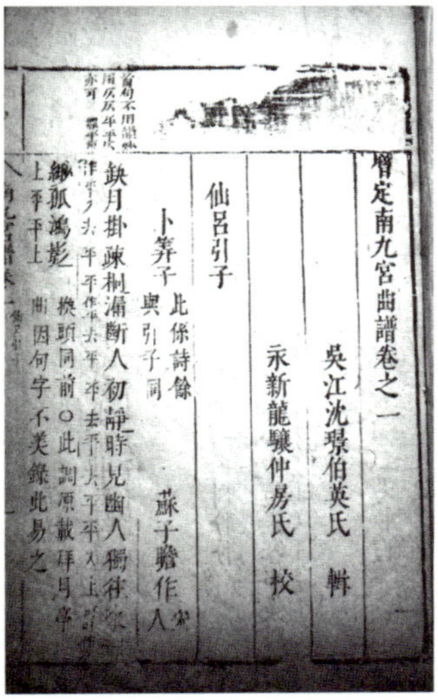

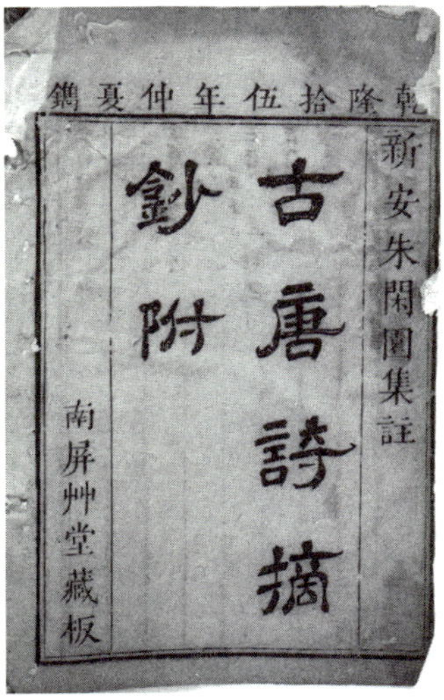

沈璟（1553—1610），字伯英，晚字聃和，号宁庵，别号词隐，吴江（今苏州吴江区）人。明代戏曲家、曲论家。明万历年间的进士，曾任吏部员外郎、光禄寺丞，与当时名曲家王骥德、吕天成、顾大典等探究、切磋曲学，对音律研究有建树。他的主要著作有《属玉堂传奇》十七种，今存《义侠记》、《博笑记》等七八种，另有《词隐先生论曲》等。

《增订南九宫曲谱》凡二十一卷，附录一卷，从当时比较著名的传奇和散曲中选录南曲曲牌七百一十九支，分“引子”“过曲”类归于各个宫调。沈璟以嘉靖时蒋孝旧编《南九宫谱》为基础，蒋孝旧编大部分有目无辞，沈璟予以查考及参补新调。每支曲牌详列不同的格式，包括：分别正字、衬字，标明四声，附点板式，圈定闭口音。曲牌的变体，则以“又一体”附录在原曲（正格）之后。作者对每支范曲均有评述，指出得失，有时还介绍使用的方法及填词须注意的要点等。《南九宫十三调曲谱》乃是沈璟声律理论的代表作，也是昆剧吴江派的重要著作。冯梦龙在《太霞新奏·自序》中认为曲学之“法门大启，实始于沈铨部《九宫谱》之一修”。曲论家徐复祚也在《曲论》中把它誉为“词林指南车”。

书藏高淳区图书馆。

增订唐诗摘钞十六卷　（清）朱之荆集注

清乾隆十五年（1750）南屏草堂刻本

框高 20.2 厘米，宽 13.4 厘米，9 行 21 字，小字双行同，白口，左右双边，无鱼尾，版心下镌“南屏草堂”。

朱之荆，生卒年不详，字树田，约清雍正、乾隆年间人。

《增订唐诗摘钞》，清朱之荆集注。该增订本以清朝黄生撰《唐诗摘钞》为底本，从传抄本中辑佚增补七十余篇，增收休宁人吴修坞为补充《唐诗评》而撰写的《唐诗续评》。书中保留了黄生原序和原注，朱氏增注附于黄注之后；卷前有朱氏《凡例》一文。注释皆从黄氏原选；卷前有《诗序》和《目录》。

书藏金陵图书馆。

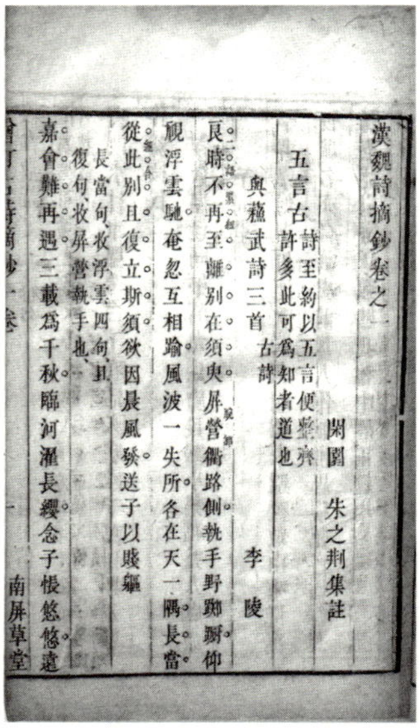

占验存略二卷　（明）郭载騋撰

明崇祯刻本

框高 21.5 厘米，宽 13.3 厘米，11 行 25 字，白口，四周单边，单黑鱼尾。

郭载騋，生卒年不详，字御青，明末深州（今河北深州）人，为怀庆府（今河南沁阳）推官，迁南阳知府，升汝南道。著有《二十铃》、《课经集》八卷等，并校正《六壬大全》十二卷。

郭御青辑有《六壬大全》一书，成书于公元1644甲申年，在《自序》中说："余之心血几为呕尽，壬书中从无如此精研者矣！"该书有名《大六壬大全》者，有名《秘藏大六壬大全》者，有名《第一善本大六壬》者。乾隆时《钦定四库全书》子部术数类收录该书，但删掉了书中的"兵占"和"占验存略"两部分，除四库本外的其他一些刻本，有的保留了"兵占"，但删掉了"占验存略"，只有个别版本是全的。郭御青卷首《自序》的题款为"甲申季秋下博郭载騋御青甫题于白门邸中"。清程树勋先生在其著作《壬学琐记》云："下博郭御青先生，因梓人徐振南之请刻《毕法赋》二卷，《课经集》四卷，共六卷，每卷首页则有

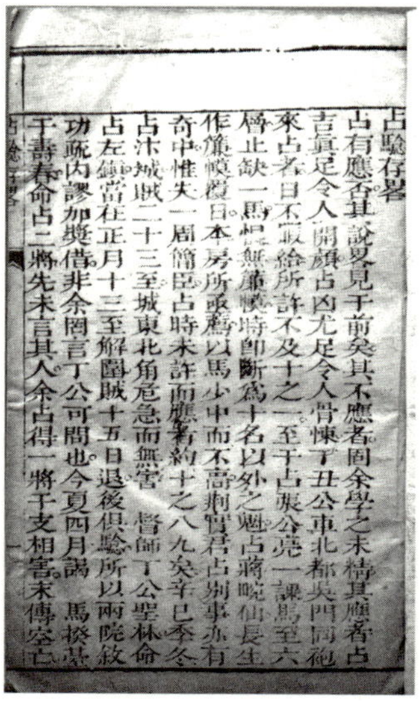

'徐振南梓'数字，是知为初刻原本，后不知何时复益以七卷，共十三卷，名曰《大全》。原本中《占验存略》一篇、《兵占》六课删去。"

书藏秦淮区图书馆。

战国策十卷　（宋）鲍彪校注　（元）吴师道重校

明万历九年（1581）张一鲲刻本

框高 20.8 厘米，宽 13.5 厘米，9 行 20 字，小字双行同，白口，左右双边，单黑鱼尾。

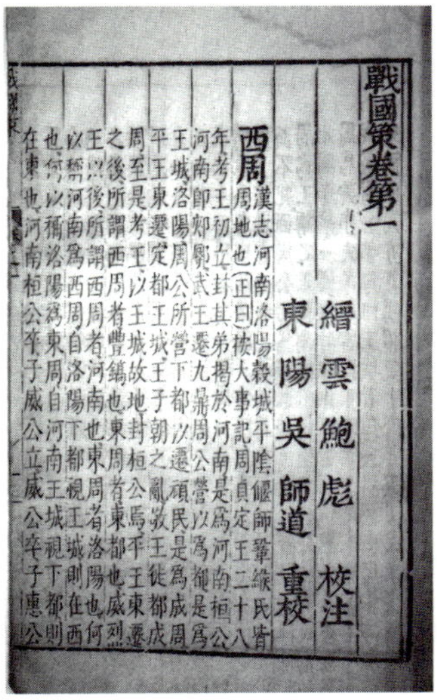

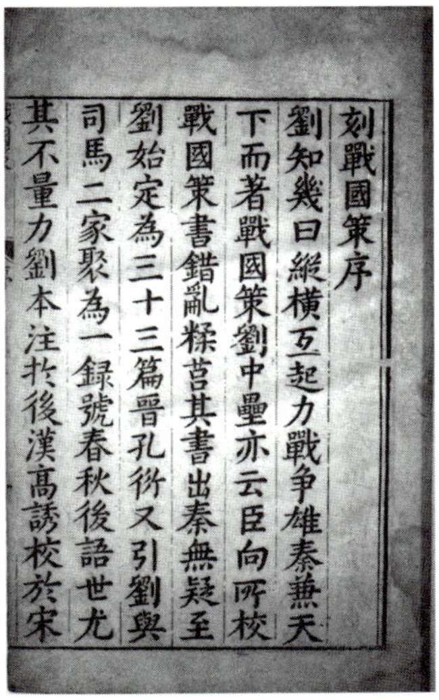
刻戰國策序
劉知幾曰縱横互起力戰爭雄秦兼天
下而著戰國策劉中壘亦云臣向所校
戰國策書錯亂糅莒其書出秦無疑至
劉始定為三十三篇晉孔衍又引劉與
司馬二家聚為一録號春秋後語世尤
其不量力劉本注於後漢高誘校於宋

鲍彪（约 1090—？）两宋之际处州（今属浙江）人，字文虎。建炎二年（1128）进士，累官至左宣教郎、守尚书司封员外郎。宋代训诂学家，殚一生之力，校注《战国策》，凡四易稿，于绍兴十七年（1147）成书十卷。

吴师道（1283—1344），字正传，元婺州兰溪（今属浙江金华）人。元英宗至治元年（1321）进士，官至礼部郎中。工词章，歌诗清丽俊逸。生平以道学自任，晚年益精于学。著作有《礼部集》、《吴礼部诗话》。

《战国策》是一部国别体史书，经刘向整理定名后，为之注者，汉有高诱，宋有曾巩，鲍彪、姚宏亦为之校注。然而鲍彪注《战国策》有两大缺点，一是训释讹舛较多，二是对原书篇章次第以己意改移，非复刘向、曾巩之旧。至元代吴师道，又取姚宏之注与鲍注参校，并引诸书考正之，于是又有鲍彪注、吴师道重校之《战国策》产生。

书藏金陵图书馆。

张文忠公奏疏抄四卷　（明）张居正撰　（明）李贽选评

明刻本

高 20 厘米，宽 13.4 厘米，9 行 20 字，白口，四周单边。

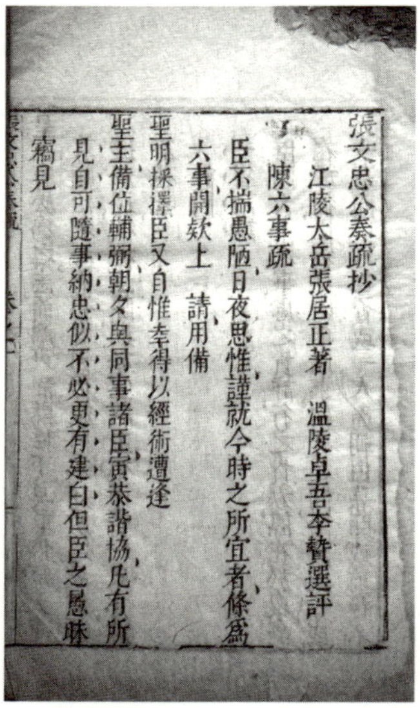
張文忠公奏疏抄
江陵太岳張居正著　温陵卓吾李贄選評
陳六事疏
臣不揣愚陋日夜思惟謹就今時之所宜者條爲
六事開款上　請用備
聖明採擇臣又自惟幸得以經術遭逢
聖主備位輔弼朝夕與同事諸臣寅恭諧協凡有所
見自可隨事納忠似不必更有建白但臣之愚昧
竊見

张居正（1525—1582），字叔大，号太岳，湖广江陵（今湖北荆州）人。明代著名政治家。嘉靖时进士，官至内阁大学士和内阁首辅。他针对明中叶的社会危机，在经济、政治、法律方面提出了一系列改革措施。

李贽（1527—1602），福建泉州人，明代官员、思想家、文学家，泰州学派的一代宗师。李贽初姓林，名载贽，后改姓李，名贽，字宏甫，号卓吾，别号温陵居士、百泉居士等。嘉靖三十一年（1552）举人，应会试。历共城教谕、国子监博士，万历中为姚安知府。旋弃官，寄寓黄安、湖北麻城芝佛院。在麻城讲学时，从者数千人，中间还有不少妇女。晚年往来南北两京等地，最后被诬下狱，自刎死于狱中。李贽在社会价值导向方面，批判重农抑商，扬商贾功绩，倡导功利价值。其重要著作有《藏书》、《续藏书》、《焚书》、《续焚书》、《史纲评委》。他曾评点过的《水浒传》、《西厢记》、《浣纱记》、《拜月亭》等等，仍是至今流行的版本。

本书为张居正奏疏的选评本，对研究明代政治史与张居正的思想有一定参考价值。

书藏秦淮区图书馆。

长白山录一卷　（清）王士禛撰

清康熙刻本

框高 16.4 厘米，宽 12.8 厘米，10 行 19 字，黑口，左右双边，单黑鱼尾。

王士祯（1634—1711），原名王士禛，字子真，一字贻上，号阮亭，又号渔洋山人，世称“王渔洋”，谥文简。山东新城（今桓台）人，常自称济南人。清顺治十五年（1658）进士，康熙四十三年（1704）官至刑部尚书，颇有政声。清初杰出诗人、文学家，继钱谦益之后主盟诗坛，与朱彝尊并称“南朱北王”。诗论创“神韵说”，于后世影响深远。早年诗作清丽澄淡，中年转为苍劲。擅长各体，尤工七绝。好为笔记，有《池北偶谈》、《古夫于亭杂录》、《香祖笔记》等。

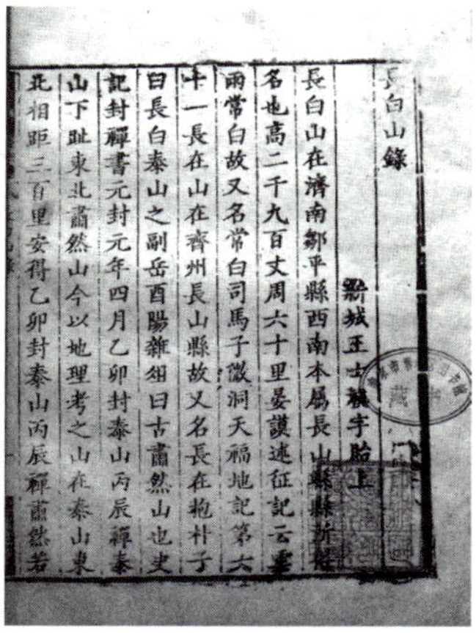
長白山錄
新城王士禛字貽上

《四库全书总目》云：“长白山一名常白山，一名常在山，在邹平县东南。是录皆纪其山形胜及故实艺文，已编入士祯《渔洋文略》第十四卷中……士祯以此一《记》，夺其乡中之流寓，遂诋之为小人，所见亦为不广矣。”

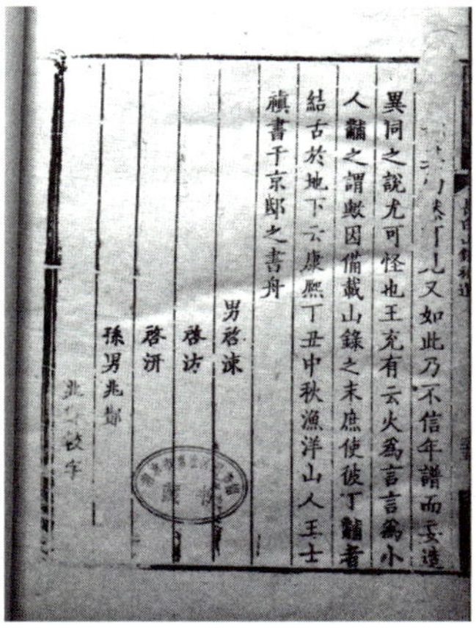

书藏秦淮区图书馆。

正字通十二集卷首一卷
（明）张自烈撰　（清）廖文英辑

清康熙刻本

框高 20.0 厘米，宽 13.2 厘米，8 行 12 字，小字双行 24 字，白口，四周双边，单黑鱼尾。

正字通卷一
連陽廖文英百子輯
一部

张自烈（1597—1673），字尔公，号芑山，又号谁庐居士，江西人。明末清初著名学者、藏书家。崇祯末为南京国子监生，博物洽闻。明亡，闭门著述，晚年隐居庐山，累征不出，主讲白鹿书院。著有《四书大全辨》、《诸家辨》、《古今文辨》、《芑山文集》、《诗集》等四十余种行世。

廖文英，广东连州贡生，崇祯年间曾任南康府推官，在南明，仕至巡抚。顺治十一年（1654）降清，为洪承畴“效用军前”，升任衡州府同知，官至南康知府。

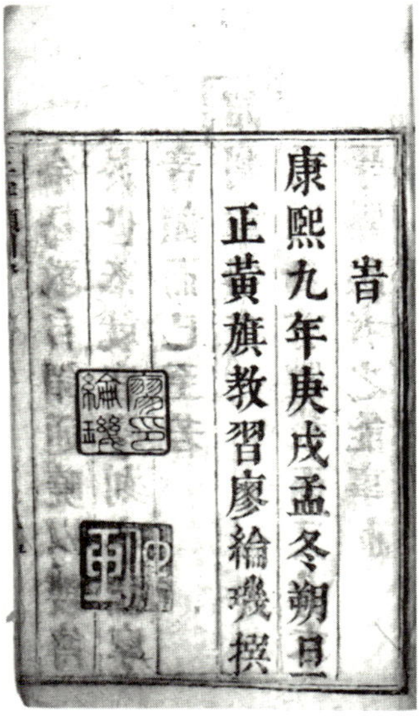

《四库全书总目》考证此书甚详：旧本或题“明张自烈撰”，或题“国朝廖文英撰”，或题“自烈文英同撰”。考钮琇《觚賸·粤觚下篇》，载此书本自烈作，文英以金购得之，因掩为己有，叙其始末甚详。然其前列国书十二字母，则自烈之时所未有，殆文英续加也。裘君宏《妙贯堂余谈》又称文英殁后，其子售版于连帅刘炳。有海幢寺僧阿字知本为自烈书，为炳言之，炳乃改刻自烈之名。诸本互异，盖以此也。其书视梅膺祚《字汇》，考据稍博，然征引繁芜，颇多舛驳。又喜排斥许慎《说文》，尤不免穿凿附会，非善本也。

书藏金陵图书馆。

芝龛记六卷　　题（清）繁露楼居士撰

清乾隆十六年（1751）刻本

框高 17.9 厘米，宽 13.1 厘米，10 行 19 字，小字双行同，黑口，四周单边，单黑鱼尾。

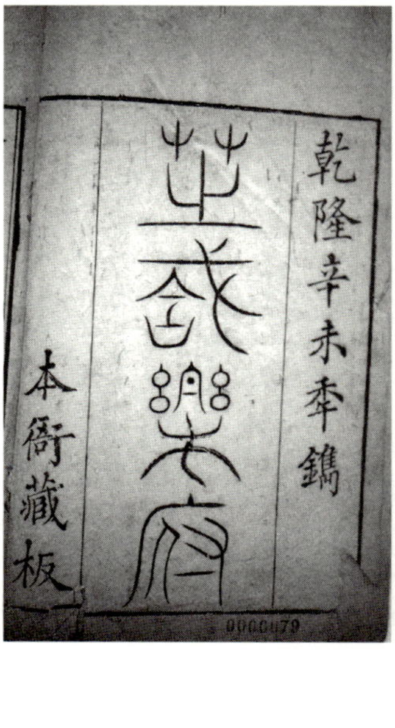

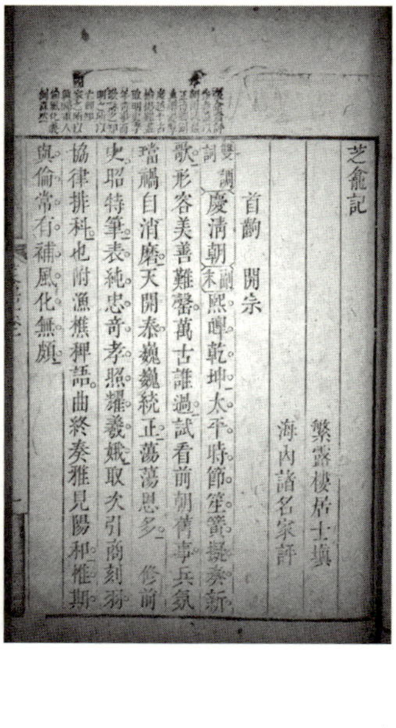

董榕（1711—1760），字念青，号恒岩、定岩、渔庵、谦山、渔山，别署繁露楼居士，河北丰润人。史书称其“读书立政，务实不华”，是周敦颐、二程理学的忠诚追随者，曾编辑《周子全书》、《洛学编》、《圣

学入门》诸书，远近相传，为弘扬周程理学作了积极贡献。所著有《周子全书》、《芝龛记》、《庚洋集》、《庚阳篇集》、《繁露楼诗》等书。

《芝龛记》，传奇剧本，撰于乾隆十六年，分六卷六十出，写明末秦良玉故事。风行一时。秦良玉乃明石砫宣抚使马千乘的妻子，忠州人，有智谋，善骑射，通词翰。明万历间，马千乘到播州镇压农民起义军，秦良玉男装别带一队。马千乘死，秦良玉代之征讨奢崇明。后升为都督佥事、总兵官职。秋瑾女士对其备加赞赏，还专门题诗数首。

书藏金陵图书馆。

中说十卷　（隋）王通撰　（宋）阮逸注

明敬忍居刻本

框高 18.7 厘米，宽 13.7 厘米，8 行 17 字，小字双行同，白口，四周双边，单黑鱼尾，版心下镌“敬忍居”。

王通（584—617），字仲淹，绛州龙门（今山西万荣）人，隋朝著名儒家、教育家。主张儒、佛、道三教合一，但以儒学为主。退居河、汾后，聚徒讲学，潜心著书。撰《十二策》、《续六经》等。

阮逸，生卒年不详，北宋建州建阳（今福建）人，字天隐。北宋音乐家，

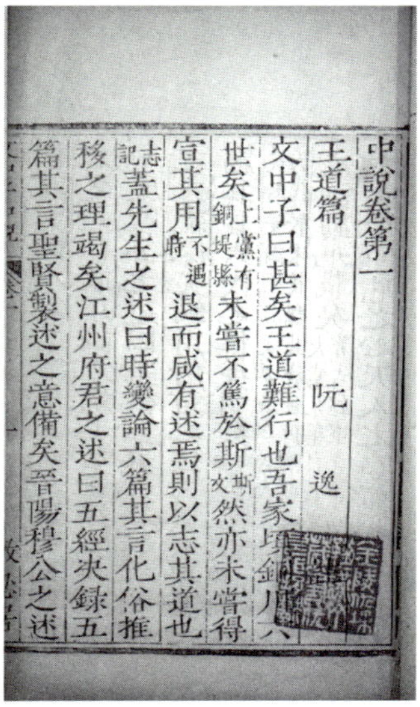
中說卷第一

王道篇　阮逸

文中子曰甚矣王道難行也吾家頃銅川六世矣上黨有銅堤縣未嘗不篤於斯斯文然亦未嘗得宣其用不遇時退而咸有述焉則以志其道也志記蓋先生之述曰時變論六篇其言化俗推移之理竭矣江州府君之述曰五經決錄五篇其言聖賢製述之意備矣晉陽穆公之述

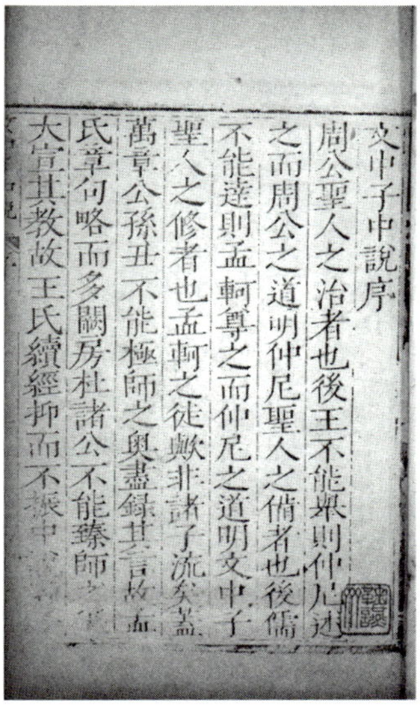
文中子中說序

周公聖人之治者也後王不能舉則仲尼述之而周公之道明仲尼聖人之備者也後儒不能達則孟軻尊之而仲尼之道明文中子聖人之修者也孟軻之徒歟非諸子流矣蓋萬章公孫丑不能極師之奧盡錄其言故孟氏章句略而多闕房杜諸公不能臻師之……大宣其教故王氏續經抑而不振……

通声律，精制作。天圣五年（1027）进士，累迁户部员外郎。著有《易筌》、《野言》等。

《中说》，又称《文中子》，是隋朝思想家王通的门人仿孔子门徒作《论语》而编的，用讲授记录的形式保存下王通讲课时的主要内容，以及与众弟子、学友、时

人的对话集。全书总共分为十个部分，包括王道篇、天地篇、事君篇、周公篇、问易篇、礼乐篇、述史篇、魏相篇、立命篇和关朗篇。

书藏金陵图书馆。

中晚唐诗叩弹集十二卷叩弹续集三卷　（清）杜诏　（清）杜庭珠编

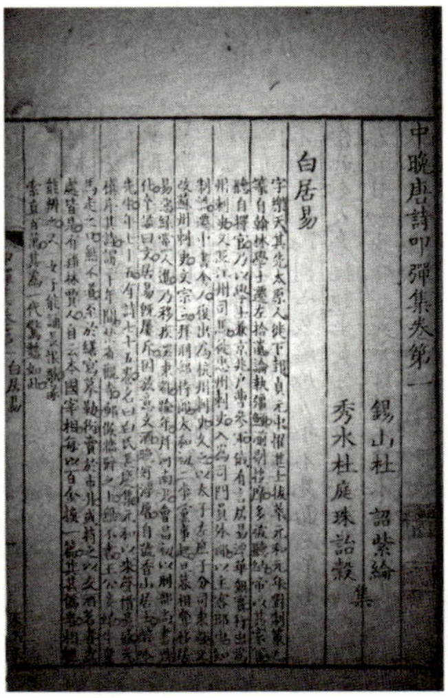
中晚唐詩叩彈集卷第一
錫山杜詔紫綸
秀水杜庭珠詒穀 集
白居易

清康熙四十三年（1704）刻本

框高 18.8 厘米，宽 14.4 厘米，11 行 20 字，小字双行 30 字，白口，左右双边，单黑鱼尾，版心下镌“采山亭”。

杜诏（1666—1736），字紫纶，号云川，别号浣花词客、蓉湖词隐，世称“丰楼先生”，江苏无锡人。清康熙五十一年进士，授庶吉士，以终养告归。著有《云川阁集》、《云川阁集》等。

杜庭珠，生卒年不详，字怡谷，浙江秀水（今嘉兴）人。与杜诏同时，曾官知县，后辞官专心绘画，成为著名画家，尤擅山水，曾绘紫纶“落花人独立，微雨燕双飞”诗意图。有《经纬堂集》。

《中晚唐诗叩弹集》，诗总集。清杜诏、杜庭珠编。十二卷，续集三卷。录唐元和、长庆以下诗一千八百余首，按时代先后编列。正集部分收三十七家诗一千六百一十四首，后编者补选李绅等七十六家诗二百六十五首，为续编。书中有笺释与评语，颇多可采，入录诗人皆附小传。

书藏金陵图书馆。

中兴间气集二卷　（唐）高仲武辑

明崇祯元年（1628）毛氏汲古阁刻本

框高 19.2 厘米，宽 12.9 厘米，8 行 19 字，白口，左右双边，无鱼尾，版心下镌“汲古阁”。

高仲武，生平事迹不详，约生活在代宗大历年间前后。自署“渤海高仲武”，渤海（今山东滨县）似指其郡望而非籍贯。渤海为汉郡名，后汉渤海太守高洪及其子孙为名门望族，所以后世高氏常自称为渤海人。其人玄宗至德宗时在世。约德宗初编成《中兴间气集》二卷，见《新唐书·艺文志四》，为唐人选唐诗重要选本。今流传《唐人选唐诗》本、《唐人选唐诗新编》本。《全唐文》存文二篇。事迹见其《中兴间气集序》。

唐肃宗、代宗两朝，戡平“安史之乱”，史称“中兴”。“间气”意指杰出之人。该书选录肃宗、代宗朝自钱起至张南史二十六家诗一百三十四首。集前《自序》云：“起至德初，迄大历末，凡二十六人，诗一百四十首。”末有元祐戊辰曾子泓《跋》，称独遗郑当一人，逸诗八首，盖在宋时已残阙。故陈振孙《书录解题》云：“所选诗一百三十二首也。”姓氏下各有品题，拈其警句。陆游谓其“品评多妄，盖浅丈夫耳”。

书藏金陵图书馆。

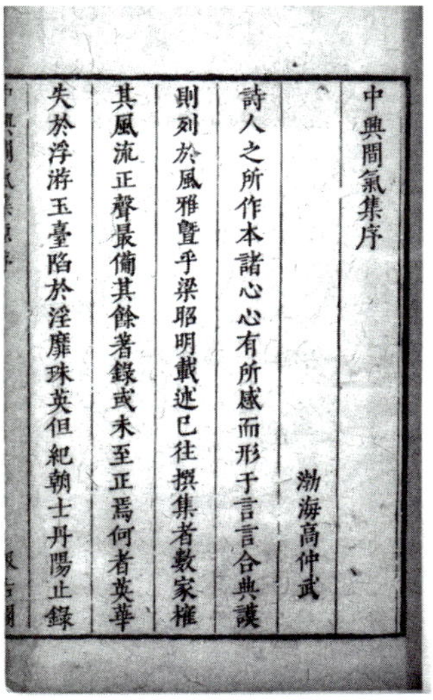
中興閒氣集序　渤海高仲武
詩人之所作本諸心心有所感而形于言言合典謨
則列於風雅暨乎梁昭明載述已往撰集者數家推
其風流正聲最備其餘著錄或未至正焉何者英華
失於浮游玉臺陷於淫靡珠英但紀朝士丹陽止錄

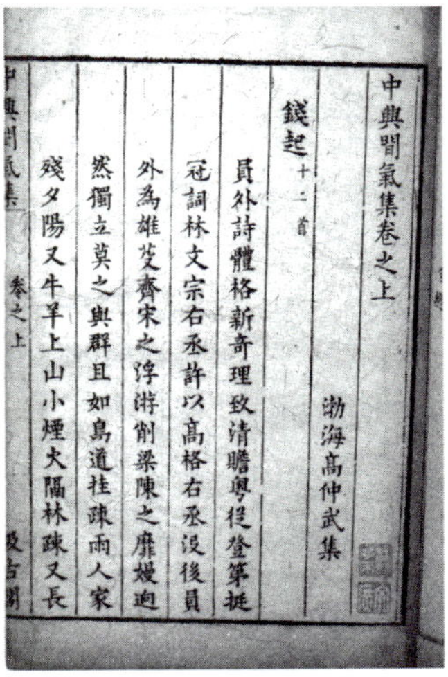
中興閒氣集卷之上　渤海高仲武集
錢起 十二首
員外詩體格新奇理致清贍學徒登第挺
冠詞林文宗右丞許以高格右丞沒後員
外為雄芟齊宋之浮游削梁陳之靡嫚迥
然獨立莫之與群且如鳥道挂踈雨人家
残夕陽又牛羊上山小煙火隔林踈又長

中州乐府一卷　（金）元好问辑

明毛氏汲古阁刻本

框高 18.9 厘米，宽 12.7 厘米，8 行 19 字，小字双行同，白口，左右双边，无鱼尾，版心下镌“汲古阁”。

元好问（1190—1257），字裕之，号遗山，太原秀容（今山西忻州）人。金宣宗兴定五年（1221）进士及第，官至知制诰。金元之际著名文学家、历史学家。金亡后，他隐居不仕，专事著述，其诗、词、文都堪称大家。著有《遗山集》，编有《中州集》、《壬辰杂编》等。

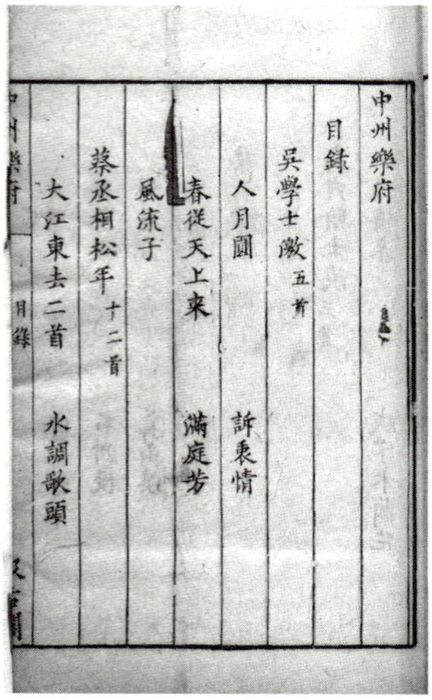

中州樂府
目錄
吳學士激 五首
人月圓 許表情
春從天上來 滿庭芳
風流子
蔡丞相松年 十二首
大江東去二首 水調歌頭

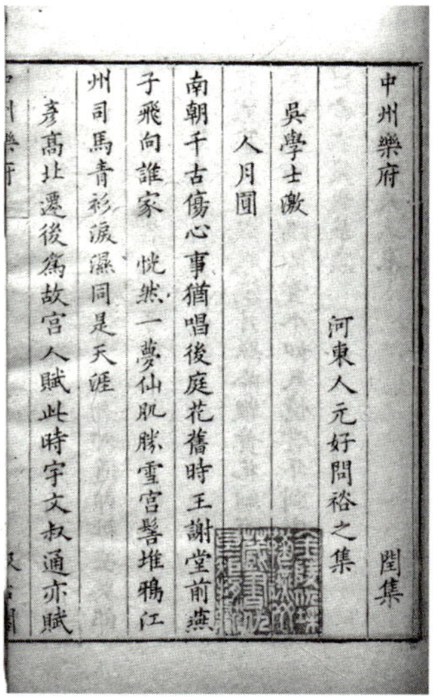

中州樂府 閏集
吳學士激 河東人元好問裕之集
人月圓
南朝千古傷心事猶唱後庭花舊時王謝堂前燕
子飛向誰家 恍然一夢仙肌勝雪宮髻堆鴉江
州司馬青衫淚濕同是天涯
彥高北遷後爲故宮人賦此時宇文叔通亦賦

《中州乐府》，金词选集。元好问编，本与《中州集》合为一部，明嘉靖十五年（1536）嘉定九峰书院始将其中词篇裁出，别题为《中州乐府》。选金代词人三十六家，词一百二十四首，每家附有小传。汲古阁刻本因小传已见诗集中，故删去乐府集中小叙，仅保留不见诗集之词家。此集选词涉及面广，大多数优秀词作都已入选，能够反映出金词面貌，为各金词选本中最佳者。

书藏金陵图书馆。

钟山书院志十六卷　（清）汤椿年纂辑　（清）金增编校

清雍正三年（1725）刻本

框高 17.2 厘米，宽 11.5 厘米，9 行 21 字，小字双行，字数不一，白口，左右双边，单黑鱼尾。

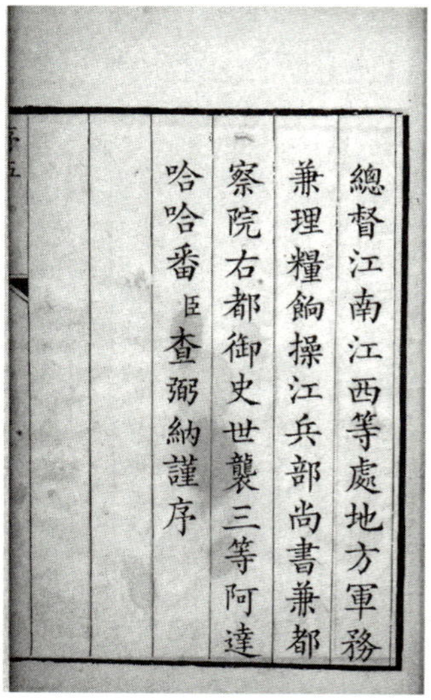

總督江南江西等處地方軍務
兼理糧餉操江兵部尚書兼都
察院右都御史世襲三等阿達
哈哈番臣查弼納謹序

汤椿年，生卒年不详，字祚培，江西南丰人。雍正初，为江西府学廪膳生，入读钟山书院。清乾隆二年（1737）岁贡。

金增，生平不详。

钟山书院是清代江宁第一大书院，雍正元年两江总督查弼纳捐建。《钟山书院志》为南京钟山书院第一部专志，是清代江宁最为著名的书院志，由当时肄业于钟山书院的江西建昌府学廪生汤椿年纂辑，卷首载两江总督查弼纳于雍正三年所作序、凡例及与创建书院有关官员爵秩姓氏。下分匾额、图像、形势、创建、飏言、文告、延师，养士、经籍、教条、讲义、艺文、肄业诸生姓氏等，共十六卷。该书对于研究钟山书院的历史具有很高的参考价值。

书藏金陵图书馆。

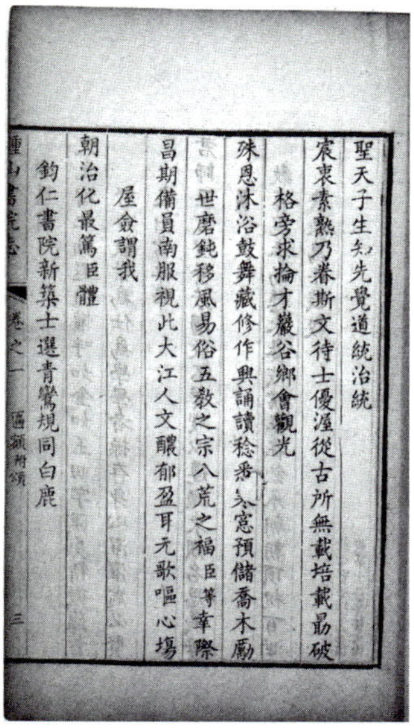
聖天子生知先覺道統治統
宸衷素熟乃眷斯文待士優渥從古所無載培載㬌破
格旁求掄才巖谷鄉會觀光
殊恩沐浴鼓舞藏修作興誦讀稔悉入宦預儲喬木勵
世磨鈍移風易俗五教之宗八荒之福臣等幸際
昌期備員南服視此大江人文醲郁盈耳无歌嘔心場
屋僉謂我
朝治化最篤臣體
鈞仁書院新築士選青鸞規同白鹿
鍾山書院志　卷之一　匾額附頌　三

众妙集一卷　（宋）赵师秀辑

明海虞毛氏汲古阁刻本

框高 19.0 厘米，宽 12.8 厘米，8 行 19 字，小字双行同，白口，左右双边，无鱼尾，版心下镌“汲古阁”。

赵师秀（1170—1219），永嘉（今浙江温州）人，字紫芝，号灵秀，亦称灵芝，又号天乐。赵宋宗室，绍熙元年（1190）进士。南宋诗人，诗学唐代贾岛、姚合一派，为南宋晚期“永嘉四灵”之一。著作有《清苑斋集》等，辑有《众妙集》、《二妙集》等。

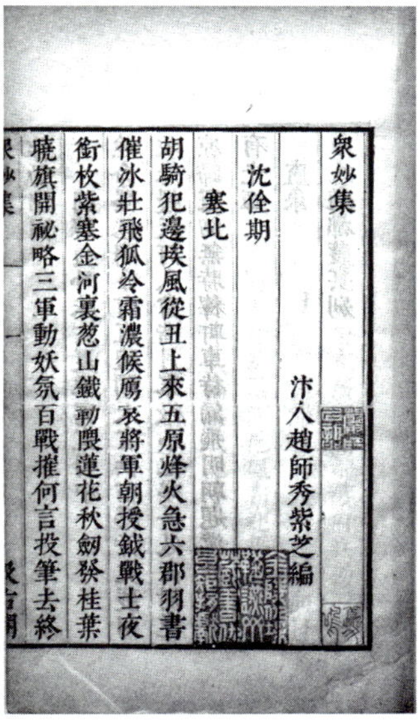
衆妙集
汴人趙師秀紫芝編
沈佺期
塞北
胡騎犯邊埃風從丑上來五原烽火急六郡羽書
催冰壯飛狐冷霜濃候鴈哀將軍朝授鉞戰士夜
銜枚紫塞金河裏葱山鐵勒隈蓮花秋劍發桂葉
曉旗開祕略三軍動妖氛百戰摧何言投筆去終
衆妙集

《众妙集》，诗总集，宋赵师秀编，一卷。录唐代五七言律诗，起沈佺期、讫王贞白，共七十六人，不甚诠次先后，五言居十之九，七言仅十之一。师秀之诗，大抵沿溯武功一派，意境颇狭，而是集乃以风度流丽为宗，多近中唐之格。《四库全书总目》谓其“有近体而无古体，多五言而少七言，确为‘四灵’门径”。

书藏金陵图书馆。

重订李义山诗集笺注三卷集外诗笺注一卷年谱一卷

（唐）李商隐撰　（清）朱鹤龄笺注　（清）程梦星删补

清乾隆八年（1743）东柯草堂刻本

框高18.7厘米，宽13.6厘米，10行21字，小字双行31字，黑口，四周单边，单黑鱼尾。

李商隐（约813—约858），字义山，号玉溪（谿）生，又号樊南生，原籍怀州河内（今河南沁阳），祖辈迁荥阳（今河南荥阳），晚唐著名诗人。唐文宗开成二年（837）进士，曾任秘书省校书郎、弘农尉等职。擅长诗歌、骈文，和杜牧合称“小李杜”，与温庭筠合称为“温李”。其诗构思新奇，风格秾丽。

朱鹤龄（1606—1683），明诸生。颖敏好学，初专力词赋，尝笺注杜甫、李商隐诗，故所作颇出入二家。入清，屏居著述，晨夕不辍，行不识途路，坐不知寒暑，人或谓之愚，遂自号愚庵。所著有《愚庵诗文集》。

程梦星（1678—1755），字午桥，号洴江，又字伍乔，号香溪，清歙县岑山渡（今岭山渡）人。康熙五十一年（1712）进士，改庶吉士，授翰林院编修。康熙五十五年因母忧回扬，购筱园为家园，自此不复出。著有《今有堂集》十卷附《茗科词》一卷；编纂《扬州府志》四十卷、《江都县志》二十卷、《平山堂小志》十二卷、《重订李商隐年谱》一卷、《李商隐诗集笺注》三卷、《李商隐诗话》一卷。

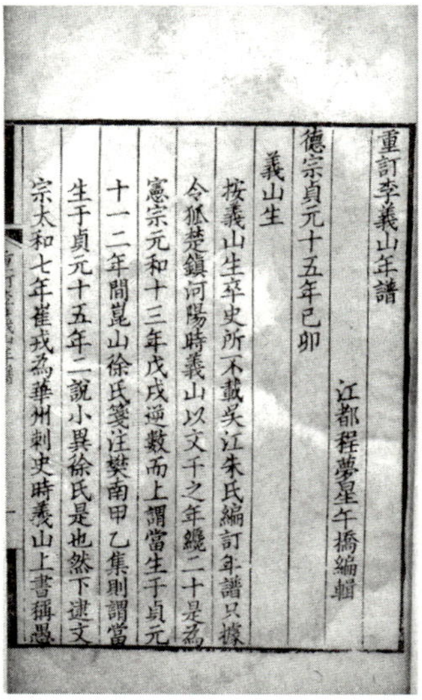
重訂李義山年譜
江都程夢星午橋編輯
德宗貞元十五年己卯
義山生
按義山生卒史所不載吳江朱氏編訂年譜只據令狐楚鎮河陽時義山以文干之年纔二十是爲憲宗元和十三年戊戌逆數而上謂當生于貞元十一二年間崑山徐氏箋注樊南甲乙集則謂當生于貞元十五年二說小異徐氏是也然下逮文宗太和七年崔戎爲華州刺史時義山上書稱愚

李商隐诗旧有刘克、张文亮二家注本，后俱不传。明末释道源始为作注。然其书征引虽繁，实冗杂寡要，多不得古人之意。鹤龄删取其什一，补辑其什九，以成此注。后来注商隐集者，如程梦星、姚培谦、冯浩诸家，大抵以鹤龄为蓝本，而补正其阙误。此程梦星就朱氏原本删繁补缺，其讹者正之，略者补之，繁者删之，务使读者一目了然，是李义山诗集笺注本中不可多得的善本。卷首东柯草堂牌记留存，卷首含《年谱》、《目录》、《诗话》。

书藏金陵图书馆。

重订外科正宗十二卷　（明）陈实功撰　（清）张鹫翼重订

清乾隆五十二年（1787）金阊绿荫堂刻本

框高 20.7 厘米，宽 14 厘米，12 行 26 字，白口，左右双边，单黑鱼尾。

陈实功（1555—1636），字毓仁，号若虚，江苏南通人，明代著名外科学家。自幼精研外科医术，“心习方，目习症，或常或异，辄应手而愈”。陈实功有丰富的实践经验和理论知识，于明万历四十五年（1617）编著《外科正宗》一书，全书共十二卷一百五十七篇，对痈疽、疔疮、流注、瘰疬、瘿瘤、肠痈、痔疮、白癜风、烫伤、疥疮等外伤、皮肤、五官科疾病，“分门逐类，统以论，系以歌，淆以法，则微至疥癣，亦所不遗”。该书分析详尽，论治精辟，治法得当，并附若干医案，令人信服。《外科正宗》向以“列症最详，论治最精”著称，反应了明朝以前我国外科学的重要成就。

张鹫翼，生平不详。

《重订外科正宗》为张鹫翼在《外科正宗》基础上的重新校订本。原著成书于明万历四十五年，张氏深感本书辩证清晰，论治详尽，诚学者之指南，然而由于传抄，刻本讹误颇多，遂为之重新校订，内容同《外科正宗》四卷本。卷一总论外科疾患的病源、诊断与治疗；卷二至卷四分论外科各种常见疾病一百余种，首论病因病理，次叙临床表现，继之详论治法，并附以典型病例，是一部明代最具代表性的外科学著作。

书藏秦淮区图书馆。

乾隆丁未年鐫
崇川陳實功原本
外科正宗
金閶綠蔭堂藏板

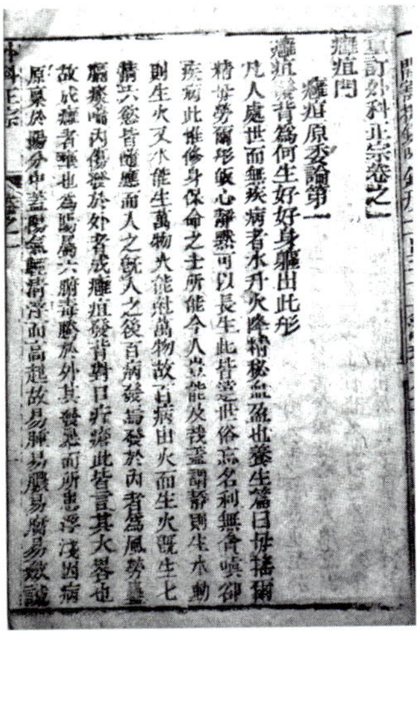
重訂外科正宗卷之一
癰疽門
癰疽原委論第一

周书五十卷　（唐）令狐德棻等撰

明冯梦祯刻清康熙四十年（1701）重修本

框高 19.8 厘米，宽 14.2 厘米，9 行 18 字，白口，四周双边，双黑鱼尾。

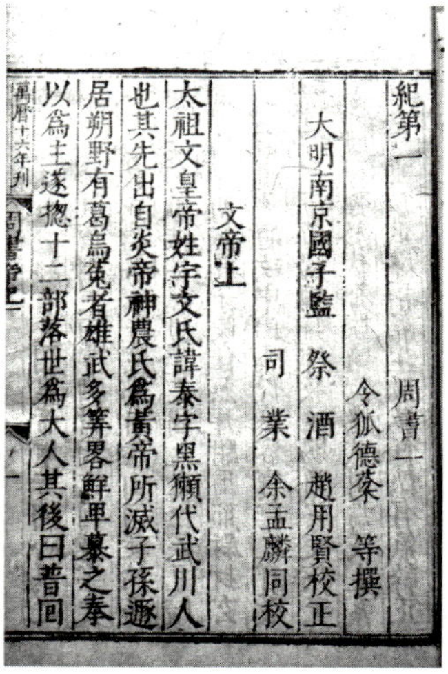
紀第一　周書一
令狐德棻　等撰
大明南京國子監　祭　酒　趙用賢校正
司　業　余孟麟同校
文帝上
太祖文皇帝姓宇文氏諱泰字黑獺代武川人
也其先出自炎帝神農氏爲黃帝所滅子孫遯
居朔野有葛烏菟者雄武多筭畧鮮卑慕之奉
以爲主遂總十二部落世爲大人其後曰普回

令狐德棻（583—666），宜州华原（今陕西铜川）人，唐初政治家，史学家。出身于名门望族，祖父令狐整为北周大将军，父亲令狐熙在北周位至吏部中大夫、仪同大将军。善骑射，解音律，涉群书，尤明《三礼》。多次参加官书的编写，最大贡献为编修《周书》。

全书凡五十卷，本纪八卷，列传四十二卷，是记载北周宇文氏建立的周朝（557—581）史实的纪传体史书。编写人员除令狐德棻外，还有岑文本和崔仁师等人，书中的史论便多出于岑文本之手。内容方面，该书还兼顾了同时代的东魏、北齐、梁与陈等四朝的重大史事，对于帝位更迭、重大动乱，皆详加载明，反映了当时中国历史发展的大势及纷繁的历史事件。《周书》文笔简洁爽劲，清代史家赵翼说它“叙事繁简得宜，文笔亦极简劲”。

书藏六合区图书馆。

周易十卷　（魏）王弼　（晋）韩康伯　（唐）邢璹注

清乾隆四十八年（1783）武英殿仿宋刻本

框高 20 厘米，宽 13.6 厘米，8 行 17 字，小字双行同，四周双边，白口，双黑鱼尾。

王弼（226—249），字嗣辅，山阳（今河南焦作）人，魏国哲学家。汉末著名士族王粲的侄孙。王弼官至尚书郎，少年即有盛名，好论儒道，通辩能言，卒时年仅二十四岁。王弼和夏侯玄、何晏同为玄学的创始者。其所注《周易》偏重哲理的发挥，不同于汉儒的繁琐考证，所注《老子注》对后世影响很大。还有《周易略例》、《老子指略》、《论语释疑》、《道略论》等。

韩康伯（332—380），名伯，字康伯，颍川长社（今河南长葛）人，东晋经学家。官至吏部尚书，领军将军。哲学上继承了何晏、王弼“以无为本”的“贵无论”学说，同时也吸收郭象“独化论”学说。以玄学解经，继王弼《周易上下经注》，而注《周易系辞传》、《说卦传》、《序卦传》、《杂卦传》。今传《周易注》，即合王、韩为一，收入《十三经注疏》中。

邢璹，玄宗时人，始末不甚详，自署为四门助教，《唐书》以鸿胪少卿称之。《太平广记》载其曾奉使新罗，贼杀贾客百余人，掠其珍货，贡于朝。

《周易注》为魏玄学大师王弼所注，尽弃汉儒象数，以《老》、《庄》解《易》，对后世易学编注影响颇深。后人把王弼注《周易》六卷，晋韩康伯注《系辞》、《说卦》、《序卦》、《杂卦》三卷，又初唐四门助教邢璹注《周易略例序》一卷，合为十卷本的《周易注》。《周易略例》系王弼所作，附于他所注《周易》之前，是对《周易》主要思想做总论的论文集。

书藏江宁区图书馆。

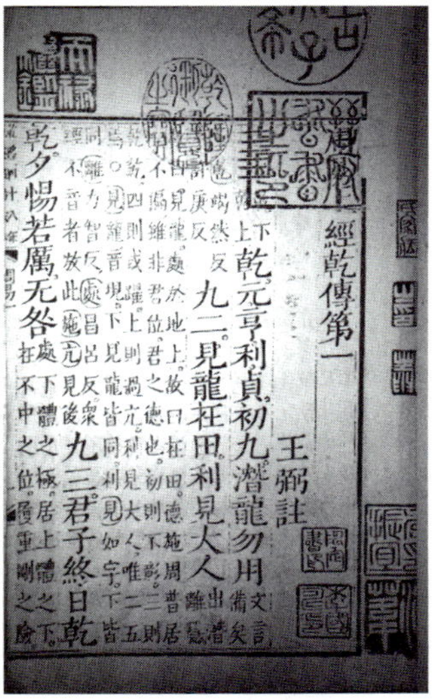

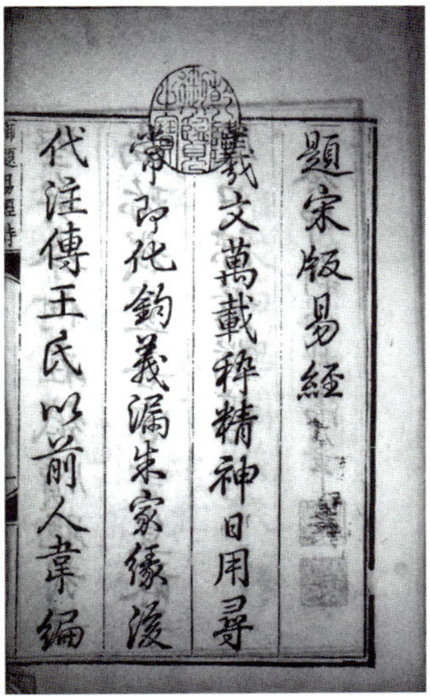

朱子周易本义不分卷　（宋）朱熹撰

清乾隆十年（1745）刻本

框高 18.8 厘米，宽 12.6 厘米，9 行 17 字，小字双行同，白口，四周双边，单黑鱼尾。

朱熹（1130—1200），字元晦，又字仲晦，号晦庵，晚称晦翁，祖籍徽州府婺源县（今江西婺源），宋朝著名的理学家、思想家。朱熹为二程（程颢、程颐）再传弟子，他继承和发展了二程的思想，建立起了一个完整的理学体系，被后世称为“程朱理学”。朱熹的理学思想对元、明、清三朝影响很大，成为三朝的官方哲学。朱熹著述甚多，有《四书章句集注》、《太极图说解》、《通书解说》、《周易读本》、《楚辞集注》，后人辑有《朱子大全》、《朱子集语象》等。

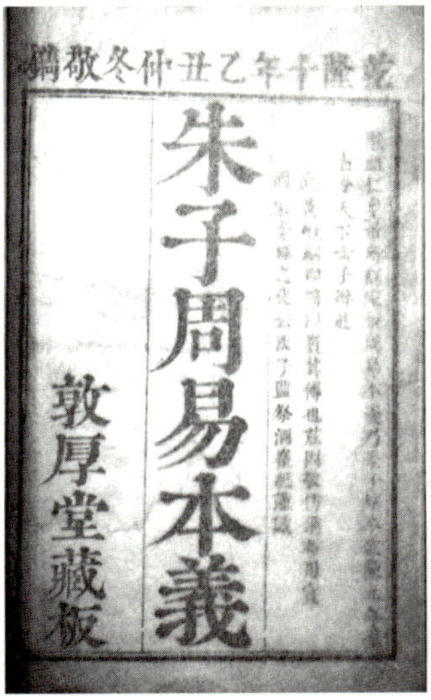

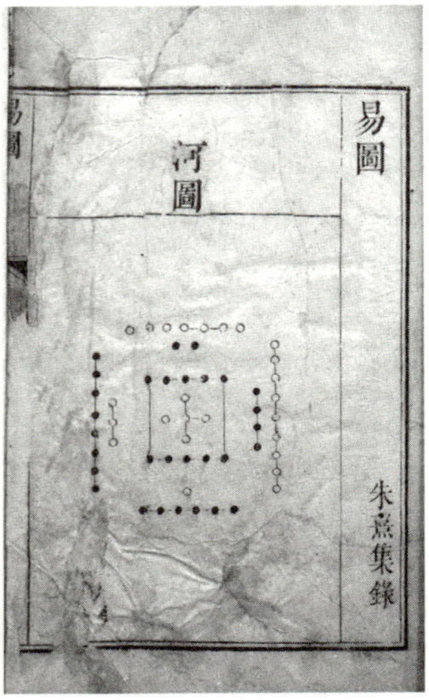

《朱子周易本义》，易学著作，宋朱熹撰，以上、下经为二卷，十翼自为十卷。此书是朱熹的重要著作，也是易学史上颇有影响的注本。朱熹撰此书的目的在于探讨《周易》一书的本来面貌，说明《周易》本来是占筮的典籍，故称之为《本义》，重点在于解释卦爻辞。本书以吕祖谦《古周易》为底本，力倡古《易》之本义。朱熹将各家《易》分门别类，通过分析比较，认为《易》为卜筮之书。

书藏金陵图书馆。

诸葛丞相集四卷　（三国蜀）诸葛亮撰　（清）朱璘辑

清康熙三十七年（1698）万卷堂刻本

框高 20.7 厘米，宽 13.2 厘米，9 行 19 字，小字双行同，白口，四周双边，单黑鱼尾，版心下镌“万卷堂”。

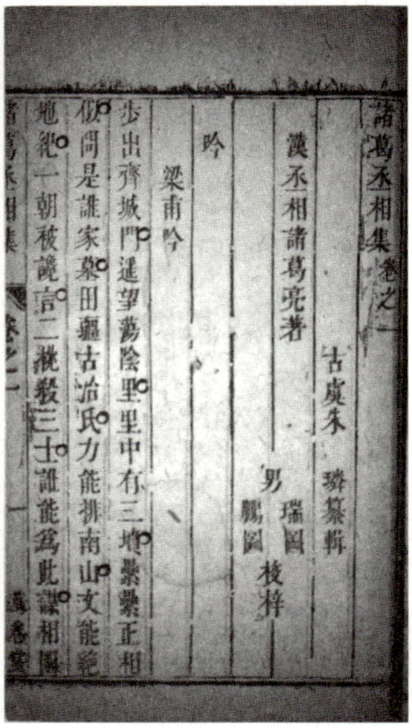

诸葛亮（181—234），字孔明，号卧龙，徐州琅琊阳都（今山东临沂）

人，三国时期蜀汉丞相，杰出的政治家、军事家，帮助刘备建立帝业，形成与曹魏、孙吴鼎足而三的局面。散文代表作有《出师表》、《诫子书》等。

朱璘，生卒年不详，清浙江上虞人，字青岩。康熙二十九年任南阳府知府。康熙三十年在河南南阳创南阳书院，聘襄城李来章主持书院，一时四方来学者数百人。著有《纲鉴辑略》、《明纪全裁》、《耐岩考史录》等。

《诸葛丞相集》为清朱璘在南阳知府任内编纂的诸葛亮文集。首为《年谱》及《传》，皆朱璘自撰。文集收诸葛亮文一百二十九篇，亦按体裁分类。

书藏金陵图书馆。

篆刻针度八卷　（清）陈克恕撰

清乾隆五十一年（1786）存几希斋刻本

框高 12.7 厘米，宽 9.2 厘米，9 行 20 字，小字双行同，细黑口，左右双边。

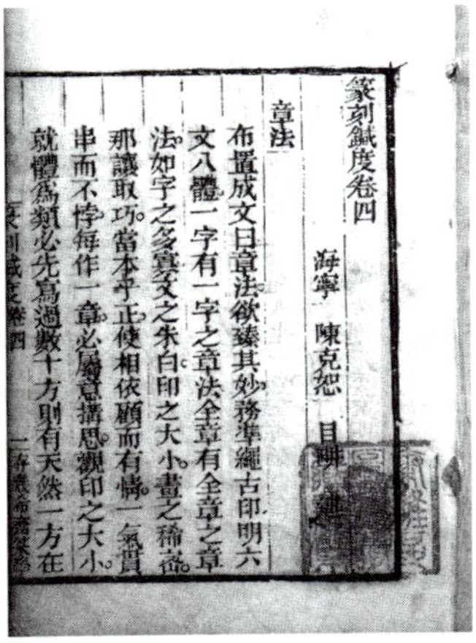
篆刻鍼度卷四　海寧　陳克恕　目耕　輯
章法
布置成文曰章法欲臻其妙務準繩古印明六
文八體一字有一字之章法全章有全章之章
法如字之多寡文之朱白印之大小畫之稀密
邪議取巧當本乎正使相依顧而有情一氣貫
串而不悖每作一章必須意揣思觀印之大小
就體爲類必先寫過數十方則有天然一方在

陈克恕（1741—1809），字体行，号目耕，又号吟香、健清和妙果山人等，浙江海宁人。一生沉浸印学，室名存几希斋，庠生。擅书，工篆刻。篆刻传世极少，虽处浙江，受同时代的邓石如影响更大，如“仲鱼甫”印，已不见浙派风范。主要成就体现在篆刻理论方面，著有《篆刻针度》、《篆学示范》二卷，《篆体经眼》二卷，《印人汇考》和《存几希斋印存》四卷等。

《篆刻针度》为中国清代印学论著，八卷，成书于乾隆五十一年，系汇编前人论述之精华综合而成，其中有许多采自明人徐上达所著《印法参同》。全书分为八卷十九章，共分“考篆、审名、辨印、论材、分式、制度、定见、参考、摹古、撮要、章法、字法、笔法、刀法、总论、用印法、杂记、制印色、收藏、齿石”等二十篇。分章叙述有关印学方面的各种基本常识。

书藏秦淮区图书馆。

篆字汇十二集　（清）佟世男编

篆字彙
遼陽佟偉夫編
多山堂藏板

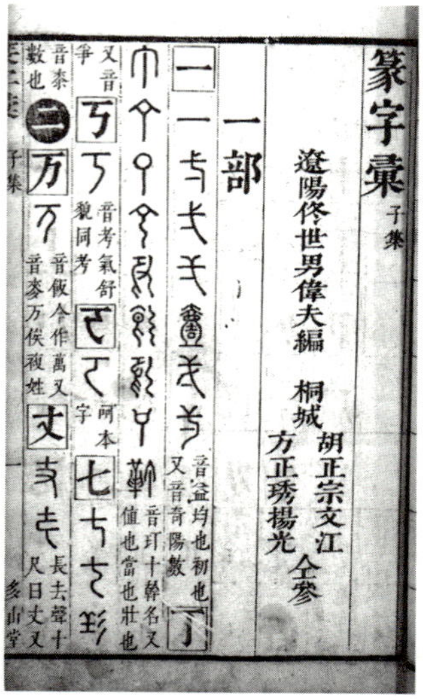
篆字彙 子集
遼陽佟世男偉夫編
桐城 胡正宗文江 方正琇揚光 仝參
一部

清康熙多山堂刻本

框高 20.6 厘米，宽 12.8 厘米，8 行 12 字，小字双行 24 字，白口，左右双边，无魚尾，版心下镌“多山堂”。

佟世男，一作世南，字梅岭，满洲镶黄旗，辽宁辽阳人。康熙中官知县。著有《东白堂词选初集》。

该书为书法著作，体例本《字汇》，以十二地支分为十二集，二百一十四部。用楷书标目，下列篆字，后注音释义，并列俗字、古字等。书中篆字大多采自钟鼎金石，篆文所无之字，则依楷书字画以意造之。此书搜罗广博，考核精列，是研究汉字篆书的重要资料。

书藏金陵图书馆。

壮悔堂文集十卷　（清）侯方域撰

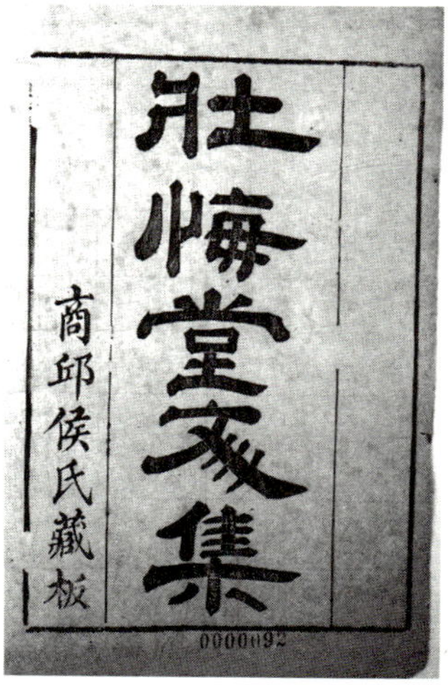
壯悔堂文集
商邱侯氏藏板

清康熙五十一年（1712）刻本

框高 19.0 厘米，宽 13.7 厘米，9 行 18 字，白口，左右双边，无鱼尾。

侯方域（1618—1655），字朝宗，号雪苑，河南商丘人。明末诸生。明户部尚书侯恂之子，祖父及父辈皆为东林党人。生性豪迈不羁，少年即有才名。曾主盟复社，与东南名士交游，与方以智、冒襄、陈贞慧合称“明末四公子”。入清后，应顺治八

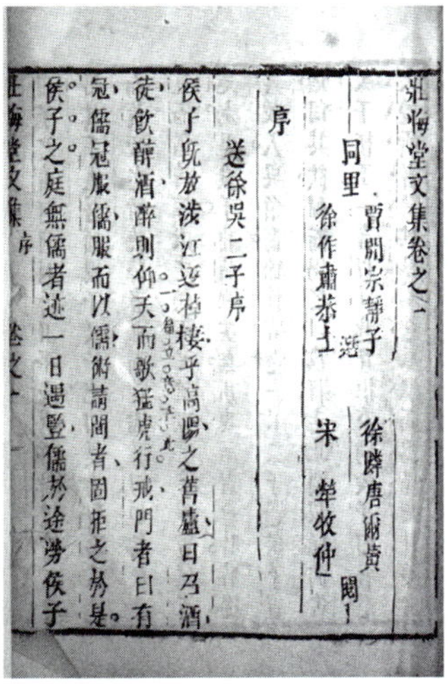

壯悔堂文集卷之一
同里 賈開宗靜子 徐鄰唐爾黃 閱
徐作肅恭士 選 宋犖牧仲
序
送徐吳二子序
侯子既放浪江淮，棲乎高陽之舊廬，日召酒徒飲薛酒，醉則仰天而歌猛虎行，戒門者曰：有冠儒冠、服儒服而以儒術請謁者，固拒之勿是。侯子之庭無儒者迹。一日過豎儒於途，謗侯子
壯悔堂文集 序 卷之一

年（1651）河南乡试，为副员生。三年后抑郁而卒。“壮悔堂”，为其读书治学之所。其著述另有《上忆堂诗集》六卷。

《壮悔堂文集》为其友人徐作肃所选编，包括正集十卷、遗稿一卷。正集卷一、卷二为序，卷三为书，卷四为奏议，卷五为传，卷六为记，卷七为论，卷八为策，卷九为表、说书后，卷十为墓志铭、祭文和杂著，加上“遗稿”十篇，共收文一百四十二篇。初刻于顺治年间，然已难以见到。《答田中丞书》、《癸未去金陵日与阮光禄书》等指斥权贵，行文委婉而暗中有劲道随之，绵里藏针。《与吴骏公书》、《与方密之书》等抒写怀抱，洋洋洒洒，流畅恣肆，富有气势。邵长蘅曾评其文曰：“明文极敝，以讫于亡。朝宗始倡韩、欧之学于举世不为之日，遂以古文雄视一世。”

书藏金陵图书馆。

资治通鉴二百九十四卷 （宋）司马光撰
（元）胡三省音注通鉴释文辨误十二卷 （元）胡三省撰

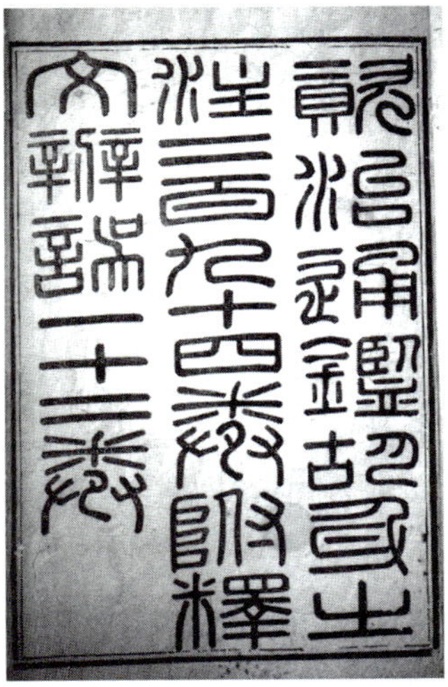

資治通鑑音注
二百九十四卷附釋
文辨誤十二卷

清嘉庆二十一年（1816）胡克家影元刻本

框高21.4厘米，宽14.8厘米，10行20字，小字双行同，黑口，四周双边，双顺黑鱼尾。

司马光（1019—1086），字君实，号迂叟，陕州夏县（今山西夏县）人，世称“涑水先生”，北宋政治家、史学家、文学家。

胡三省（1230—1302），字身之，又字景参，号梅涧，宁海（今浙江宁海）人。博学能文章，尤笃于史学。南宋理宗宝祐年间进士，历任县令、府学教授等职。应贾似道召，从军至芜湖，屡有建言，然贾似道专横不用，后隐居不仕。

司马光历时十九年所编《资治通鉴》是中国历史上第一部编年体通史，记

述了从周烈王二十三年（前403）到五代后周显德六年（959）共一千三百六十二年的丰富的历史事实。全书共计二百九十四卷，另附目录三十卷，《考异》三十卷，取材以正史为主，兼采野史杂志三百二十余种，考辨异同，内容翔实可信，为历代史学家所推崇。胡三省所著《音注》及《释文辨误》对《通鉴》记载的有关典章制度、音韵训诂都有详细注释，特别是对音训、地理诸项，考证尤为精详，订谬殊多。

书藏鼓楼区图书馆。

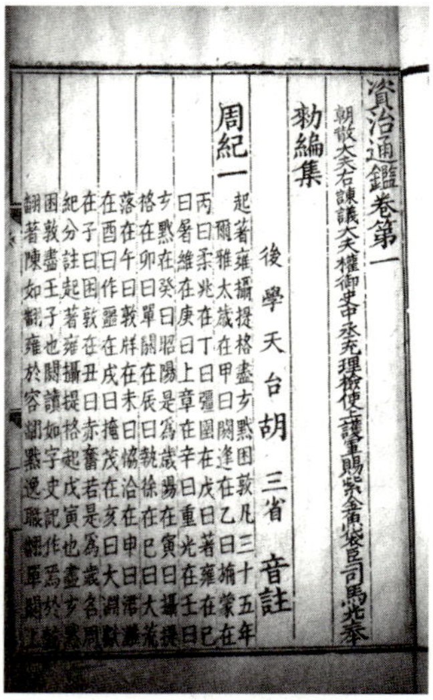
資治通鑑卷第一
勑編集
後學天台胡三省音註
周紀一

子史精华一百六十卷　（清）清圣祖纂

清雍正五年（1727）木刻本

框高13.6厘米，宽9.6厘米，8行24字，小字双行同，白口，四周双边，单黑鱼尾。

《子史精华》是清圣祖康熙帝命允禄、吴襄等纂的一部类书，始编于康熙六十年（1721），成书于雍正五年，共一百六十卷，分天、地、帝王、文学、器物等三十部，部下分类，共二百八十类，各类之中收名言隽句，每条以句中精要

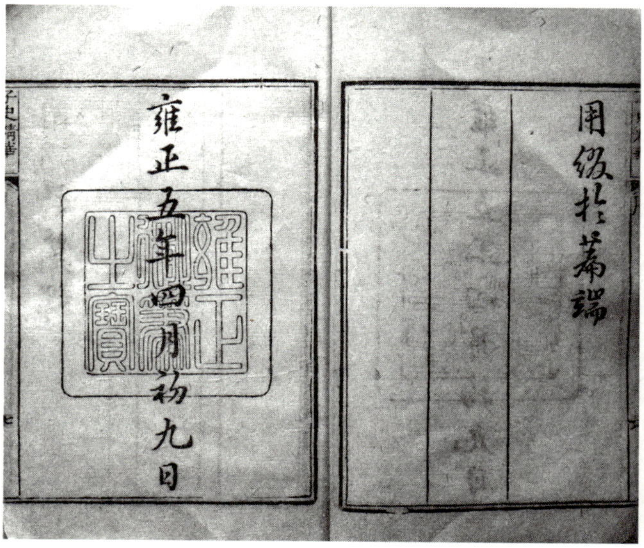

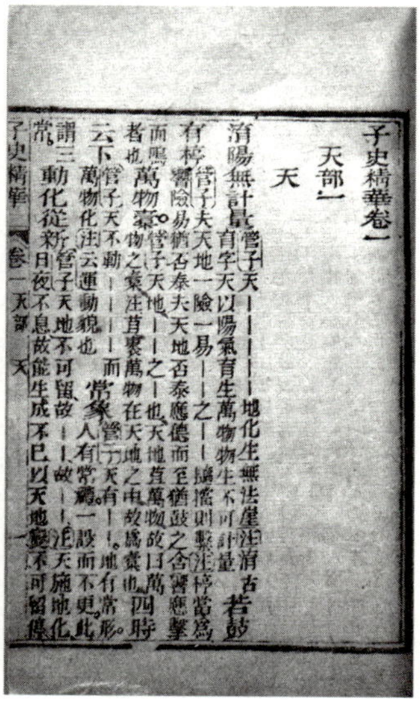
子史精華卷一
天部一
天

词语作标题，以原文和注释分双行夹注于下。本书采辑宏富，考核精良，句中引文裁剪得宜，连贯完整，并详注出处，天文、地理、帝德、王功、兵刑之大、人伦日用之常、九边之殊域、二氏之异教（佛教，道教）、方术技艺之精、草木昆虫之繁，无不涉及。

书藏六合区图书馆。

左氏条贯十八卷　（清）曹基编

清康熙五十一年（1712）致和堂刻本

框高 17.3 厘米，宽 12.6 厘米，9 行 21 字，小字双行同，白口，四周单边，单黑鱼尾。

曹基，生卒年不详，字德培，号恂庵，又号玉坡老人，长洲（今江苏苏州）人。诸生，从汪琬游。著有《葑溪草堂诗存》一卷文一卷、《玉圃堂诗钞》三卷、《云心编》一卷。

《左氏条贯》一书凡十八卷，前有曹基康熙壬辰自序，门人张兼典跋、备要、例言、纂要、总目。曹基以《左氏》原本以事系目，列国诸事杂见于十二公之编年，前后悬隔错综，翻阅殊难，检括殊苦其烦，故仿《国语》之例，分国类叙，先标每国于首，凡事之系于其国者，悉为编入，联络首尾，仍不失编年之旧，以便披览。其事介乎两国者，此录则彼删，相互参考。见并于强大之邦者，相属之事随所属之国附载，绝不相蒙者，另列于后。纪事虽以《左传》为主，而于《公羊》、《谷梁》二传有可采者也因事附见，以备参考。

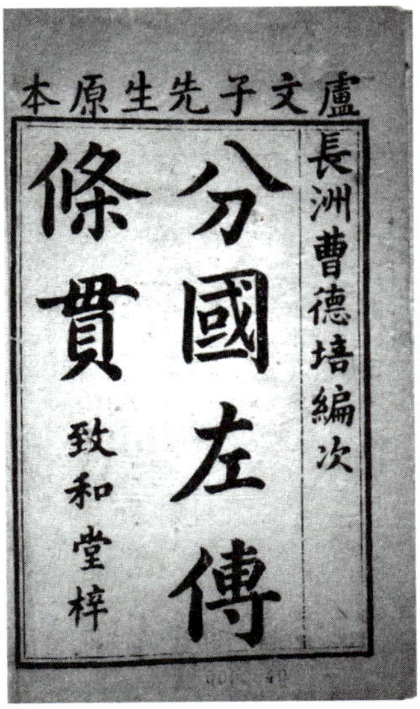
盧文子先生原本
長洲曹德培編次
分國左傳
條貫
致和堂梓

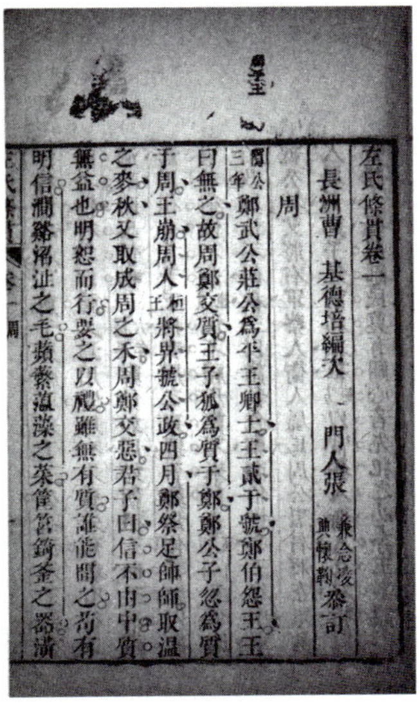
左氏條貫卷一
長洲曹　基德培編次　門人張　秉合
周
鄭武公莊公爲平王卿士王貳于虢鄭伯怨王王曰無之故周鄭交質王子狐爲質于鄭鄭公子忽爲質于周王崩周人將畀虢公政四月鄭祭足帥師取温之麥秋又取成周之禾周鄭交惡君子曰信不由中質無益也明恕而行要之以禮雖無有質誰能間之苟有明信澗谿沼沚之毛蘋蘩薀藻之菜筐筥錡釜之器潢

书藏金陵图书馆。